KB139397

교양으로 읽는

삼국지

교양으로 읽는
삼국지

초판 1쇄 인쇄 2021년 5월 24일
초판 4쇄 발행 2023년 5월 29일

지은이 나관중
옮긴이 장순필

펴낸이 이효원
편집인 김성규
표지디자인 별을 잡는 그물
본문디자인 이수정
펴낸곳 탐나는책
출판등록 2015년 10월 12일 제 2020-000019호
주소 경기도 고양시 덕양구 삼송로 222, 101동 305호(삼송동, 현대헤리엇)
전화 070-8279-7311   **팩스** 02-6008-0834
전자우편 tcbook@naver.com

ISBN 979-11-89550-44-8 03150

* 값은 뒤표지에 있습니다.
* 잘못된 책은 구입하신 서점에서 바꾸어 드립니다.

교양으로 읽는
삼국지

중원을 차지하려는 영웅호걸들의 흥미진진한 이야기

나관중 지음 | **장순필** 옮김

탐나는책

중원을 차지하려는 영웅호걸들의 흥미진진한 이야기 삼국지!

이 책을 편 여러분은 '삼국지'라는 단어가 생소하지는 않을 것이다. 여기서 말하는 삼국이란 위나라, 오나라, 촉나라를 말하는 것이다. 이 세 나라의 지략과 지략이 맞부딪쳐 펼쳐지는 난세의 영웅들의 이야기가 삼국지인 것이다.

이 도서는 약 일백여 년 동안 삼국의 치열한 싸움이 전개되는 방대한 양의 영웅들의 이야기를 단 한 권의 책으로써 '삼국지'를 처음 접하는 모든 사람들에게 쉽게 다가가고 있다.

본문 중에 다음과 같은 내용이 있다.

벗은 허벅지에 살이 두둑이 오른 것을 보자 자기도 모르게 그만 눈물이 쏟아졌다[비육지탄髀肉之嘆]. 잠시 후 방 안으로 들어간 유비를 보고 유표가 의아히 여겨 물었다.

"아니 무슨 까닭인가? 눈물 자국이 있지 않은가?"

"여러 해 동안 말을 멀리한 탓에 넓적다리에 살이 오른 것을 보니 아직 변변한 공도 세우지 못한 채 세월만 흘려 보낸 것 같아 서글퍼서 울었습니다."(233쪽 참조)

삼국지는 여러 군웅들의 꾀와 꾀가 부딪쳐 승자가 가려지는 등 우리 일상생활에도 꽤나 많이 적용할 수 있는 계책들이 즐비하다. 또한 우리가 잘 아는 고사성어도 많이 낳았다.

본 서를 읽다보면, 삼국 즉 위魏·오吳·촉蜀 세 나라가 만들어지고 서로 수 싸움을 통해 이기고 지는 형국이 짜릿하게 전개되는 것을 느낄 수 있을 것이다. 위의 조조, 오의 손권, 촉의 유비에서 시작되어 그 후대에까지 대물려지고 진나라로 통일되는 과정에서 수많은 영웅호걸들의 무용담을 느낄 수 있게 된다.

본 서는 진나라 사람 진수陳壽가 쓴 위魏·오吳·촉蜀 세 나라의 역사를 기록한 정사正史를 바탕으로 한 것이 아니며, 원나라 때 나관중羅貫中이 야사나 설화들을 집대성하고 첨삭해서 지은 삼국지연의三國志演義를 토대로 하고 있다. 이 책 한 권으로 삼국지의 핵심 내용을 충분히 이해할 수 있도록 간추려 정리했다.

독자 여러분은 이 책 한 권으로 삼국지의 전반적인 내용은 물론, 여러분의 현실 생활에서 처한 상황에 대처할 수 있는 처세를 배울 수 있을 것이다.

아무쪼록 '교양으로 읽는 삼국지' 이 책 한 권을 통해 여러분의 삶에 활력이 넘치고 재미를 더할 수 있는 도서가 되기를 희망한다.

차례

유비·관우·장비의
도원결의桃園結義

옛 중국 땅의 하夏나라는 은殷나라에게 은나라는 주周나라에게 멸망되고 말년에 일곱 나라로 나뉘어 다투더니 기원전 221년에 진秦나라가 천하를 통일한다. 그러나 제국의 통일을 이룬 진시황泰始皇이 죽자 진나라도 초楚와 한漢으로 나뉘어 다투다가 한나라의 유방劉邦에게 병합되고 말았다.

유구히 흐르는 황하黃河를 보고 덧없이 흐르는 세월을 유수流

水와 같다고 했던가. 어느덧 한 고조 유방이 한나라를 일으킨 지 이백여 년이 흘렀다. 그 사이 한나라는 차츰 쇠락의 길을 걷더니 왕망王莽이 세운 신新나라에게 무너지고 잠깐 천하를 지배하던 신나라도 후한後漢의 초대 황제인 광무제光武帝에게 나라를 넘겨주고 말았다. 그러나 이백년 뒤 후한 헌제獻帝 때에 이르러 천하가 다시 셋으로 나뉘었고 이로써 삼국 시대가 열리게 되었다.

후한이 기운 것은 환제桓帝·영제靈帝 두 임금 때부터였다. 환제는 외척外戚들이 득세해 권세를 주무르자 궁내관宮內官인 환관宦官의 힘을 빌려 외척을 몰아냈다. 그러나 외척이 제거되자 세상은 금세 환관들의 세상으로 변하고 말았다.

환제가 죽고 영제가 즉위했으나 십상시十常侍라 불리는 열 명의 환관과 외척들마저 득세해 권세를 희롱하니 열세 살의 영제는 허수아비에 불과했다.

관리들의 악랄한 수탈에 지친 백성들은 생활이 날이 갈수록 피폐해지고 전염병까지 창궐했다. 병들어 죽거나 굶어 죽은 시체가 길가에 즐비했다. 환관들의 학정에 하늘마저 노한 듯 천재지변과 괴변이 끊일 새 없었다.

건녕(서기169년) 2년 4월, 영제가 옥좌에 앉으려 할 때 별안간 회오리바람이 휘몰아치더니 커다란 푸른 구렁이 한 마리가 용상 위로 떨어졌다. 또한 지진과 해일이 일어나고 암탉이 변해 수탉이 되는가 하면 열 길이나 되는 검은 구름이 궁전 안을 어둡게 휩싸는 등 수년 사이 괴변이 끊이지 않았다. 조정이 이 꼴이니 나라 사정이 온전할 리 없었다.

백성들이 도탄에 빠져 허덕이자 민심이 흉흉했고 곳곳에서 도적의 무리가 날뛰었다.

이 무렵 거록鉅鹿 땅에서 약초를 캐던 장각張角이라는 사람이 어느 날 산속에서 한 신선으로부터 『태평요술太平要術』이라는 책을 얻게 되었다. 이 책을 익혀 바람을 일으키고 비를 내리는 힘을 얻게 된 장각은 스스로를 '태평도인'이라 칭하고 태평도의 교주가 되었다. 신통력을 가진 장각의 소문이 삽시간에 이 고을에서 저 고을로 퍼져 나가면서 그를 따르려는 제자가 몰려들었다. 장각은 제자들이 늘고 백성들이 따르자 천하를 얻겠다는 야심이 싹트기 시작했다. 그는 전국에 있는 제자들에게 누런 수건을 쓰도록 하고 자신이 만든 노래를 널리 전파했다.

푸른 하늘이 이미 죽었으니
바야흐로 누런 세상이 이루어지리
갑자년에는 천하가 대길하리라

머리에 두른 누런 수건은 푸른 하늘(한나라)을 멸망시키고 새로 누런[黃] 하늘을 연다는 것을 의미이며, 이들을 '황건적黃巾賊'이라 불렀다. 장각은 자신을 천공장군天公將軍, 둘째 아우 장보張寶를 지공장군地公將軍, 셋째인 장량張樑을 인공장군人公將軍이라 칭하고 오십 만에 이르는 부하들을 삼십육 방方으로 나누어 그 아래 세부 조직을 두었다. 황건적이 공격하는 곳마다 관군은 제대로 싸워 보지도 못하고 뿔뿔이 흩어졌다.

이에 조정에서는 전국에 조칙詔勅을 내려 황건적을 치도록 하는 한편 대장군 하진何進은 중랑장中郞將(황제의 시위대장) 노식盧植, 황보숭皇甫嵩, 주전朱鑴에게 명해 황건적을 진압케 했다.

그 무렵 장각의 한 무리가 유주幽州 땅을 습격하기 위해 달려오고 있었다. 유주태수(군의 행정 책임자) 유언劉焉은 그 보고를 듣고 서둘러 경내 곳곳에 방문榜文을 붙여 널리 의병을 모집했다.

이때 유주 탁군涿郡의 탁현涿縣에 살던 한 젊은이가 의병을 모집하는 방문을 유심히 보고 있었다. 그 젊은이의 이름은 유비劉備, 자는 현덕玄德이었는데 키가 팔 척이요, 얼굴은 옥玉처럼 희고, 길게 찢어진 눈은 자신의 큰 귀를 볼 수 있을 정도였고, 붉은 입술은 기름을 바른 듯 윤이 났다. 팔이 길어 무릎에 닿을 듯했으며 유난히 큰 귀는 턱까지 처져 있었다.

그는 성품이 너그럽고 온화한 데다 과묵해 좀처럼 속마음을 얼굴에 잘 드러내지 않았다.

유비는 한나라 중산정왕中山精王 유승劉勝의 후예이자 경제景帝의 현손玄孫으로 황실의 종친이었다. 그의 선대先代인 유승의 아들 유정劉貞이 한 무제 때 이곳 탁현의 벼슬을 제수 받았으나 천자天子께 주금酎金(천자가 매년 지내는 제사 때 바치는 돈)을 내지 못해 관직을 삭탈당하면서 그 후손은 탁현의 누상촌에 자리 잡고 살게 되었다. 어려서 아버지를 여읜 유비는 가세가 기울자 짚신을 삼고 돗자리를 짜 생계를 꾸렸는데 홀어머니에 대한 효심이 지극해 인근에 소문이 자자했다.

유비의 집 앞에는 다섯 길(약 십 척)이나 되는 커다란 뽕나무가 있었는데 마치 천자의 수레 위에 씌우는 양산 같아 보였다. 그 뽕나무 아래에서 놀던 유비는 그 뽕나무를 바라보며 소리쳤다.

"나는 장차 천자가 되어 이 나무 같은 수레를 탈 테다."

숙부인 유원劉元은 그런 유비의 말을 그냥 들어 넘기지 않았다.

유비의 나이 열다섯이 되자 숙부 유원이 문무文武를 겸한 이름난 선비인 노식盧植, 정현鄭玄에게 학문을 배우도록 주선해 주었다. 유비는 이 두 스승의 문하에서 공손찬公孫瓚 같은 훗날의 영웅을 가깝게 사귈 수 있었다. 탁현에 유주태수 유언의 방이 나붙은 것은 유비가 스물여덟의 건장한 청년이 되었을 때였다. 유비는 그 방을 보다 어지러운 천하를 생각하며 자신도 모르게 길게 한숨을 쉬며 탄식했다.

"대장부가 나라를 구할 생각을 하지 않고 어찌 한숨이나 쉰단 말이오?"

유비가 그 소리에 놀라 뒤를 돌아다보았다. 팔 척이나 되어 보이는 장한壯漢에다 부리부리한 고리눈, 시커먼 수염이 사방으로 뻗쳐있는 제비턱에 머리는 표범 같은데 우람한 체구에서 내뿜는 기상이 마치 내닫는 말과 같은 대장부가 태산처럼 우뚝 서 있었다.

"공은 뉘시오?"

"나는 장비라는 사람이오."

그는 성은 장張이요, 이름은 비飛, 자字는 익덕翼德이었는데 누대에 걸쳐 탁군에 살면서 약간의 전답田畓을 가지고 술과 돼지를 잡아 팔고 있었다. 그러나 장사보다 천하의 호걸과 사귀기를 좋아하는 대장부였다.

"나는 유비라는 사람으로 황건적이 난을 일으켜 백성들을 괴롭히고 있는데 백성들을 구할 힘이 없으니 답답해 한숨을 쉬었소."

"그러시오? 그렇다면 함께 뜻을 모아 대사를 도모해 보는 것이 어떻겠소?"

장비는 유비를 가까운 마을 주막으로 이끌었다. 두 사람이 주막으로 들어가 주문한 술과 고기를 권하며 앞날을 논하고 있을 때였다. 주막집 앞에서 수레 구르는 소리가 멎더니 한 사내가 성큼성큼 주막 안으로 들어서며 우렁찬 목소리로 술을 청했다.

"술 한 동이 빨리 주시오. 얼른 한 잔하고 의병 모집에 응하러 가야겠소."

그 소리에 두 사람이 고개를 돌려 그를 보았다. 순간 장비가 자리를 박차고 일어나 반가운 얼굴로 그 사내에게 다가갔다.

"아니 관공關公 아니시오? 그렇지 않아도 내 관공을 찾아갈 작정이었소."

장비가 그의 소매를 이끌며 유비의 맞은편 자리를 권했다. 무르익은 대춧빛 얼굴에 삼각수염이 길게 늘어져 가슴을 덮고 있었다.

봉鳳의 눈에 짙은 눈썹, 입술은 붉게 윤이 나고 키가 구 척이

나 되어 보이는 위품이 늠름한 체구였다.

이 사내는 성은 관關, 이름은 우羽, 자는 운장雲長이었다. 관우는 원래 하동河東 혜량현이 고향이었으나 그곳 벼슬아치가 양민을 괴롭히자 그를 때려눕히고 강호를 떠돌다 이곳 탁현에 몸을 숨기고 있었다. 어려서 공자孔子·맹학孟學을 배워 고서古書에도 밝았으나 본디 무관武官의 가문에서 태어나 무예에 조예가 깊었다. 그렇지만 무엇보다 그의 장대하고 늠름한 풍모가 보는 사람으로 하여금 감탄을 자아내게 했다. 범상치 않은 그 풍모를 보고 유비는 몸을 일으켜 자신을 소개한 후 자리를 권했다.

세 호걸이 한자리에 모이자 서로 몇 마디 주고받지 않았으나 이미 그 뜻이 가슴으로 통했다. 술이 몇 순배 돌고 난 후 장비가 말했다.

"우리 집 뒤에 넓은 도원桃園이 있는데 지금 꽃이 만발하였소. 그곳에서 천지신명께 제사를 지내고 의형제를 맺은 후 이곳의 젊은이들을 모아 큰일을 도모하는 게 어떻겠소?"

"그것 참 좋소이다."

유비와 관우가 한 목소리로 찬성했다.

다음 날 세 사람은 도원에 모여 제단을 만든 뒤 그 둘레에 대나무를 세우고 깨끗한 줄을 두른 다음 검은 소와 흰 말을 제물로 마련했다. 세 사람은 제단에다 소의 피와 술을 붓고 천지신명께 맹세했다.

"저희 세 사람은 비록 성은 다르나 의義를 맺어 형제가 되었습니다. 마음을 함께하고 힘을 모아 어려울 때는 서로 구하고 위태로울 때는 도우며, 위로는 나라의 은덕에 보답하고 아래로는 백성들을 편안케 하고자 합니다. 같은 해 같은 날 태어나지는 못했으되 죽기만은 같은 해 같은 날이기를 맹세합니다. 만일 우리 중 의리를 저버리거나 은혜를 잊는 자가 있다면 하늘과 사람이 함께 그를 죽여주소서."

세 사람은 형제의 예로써 관우와 장비가 나이 많은 유비에게 나란히 절을 올렸다. 이어 장비가 관우에게 절을 올려 형을 대하는 예를 갖추니 유비가 맏이가 되고 관우가 둘째, 장비가 막내가 되었다.

세 사람은 그날로 소를 잡고 술자리를 마련해 마을의 젊은 이들을 불러 모으니 몰려든 젊은이가 놀랍게도 오백 명이나 되었다. 유비 삼형제는 곧 그들을 군사로 만들기 위해 훈련시켰다.

그러나 갑자기 군사가 늘어나고 보니 가장 곤란한 문제가 군량미와 말과 무기였다.

유비·관우·장비는 궁리를 해보았으나 뾰족한 수가 생각나지 않았다. 그런 어느 날 한 젊은이가 헐레벌떡 숨을 헐떡이며 달려와 말했다.

"웬 나그네 두 사람이 수십 필의 말에 물건을 싣고 이리로 오고 있습니다."

유비가 그 말을 듣고 귀가 번쩍 뜨여 소리쳤다.

"하늘이 우리를 도우시는구나."

유비는 관우·장비와 함께 급히 대문 쪽으로 그들을 맞으러 나갔다. 과연 그곳으로 말 장수 두 사람이 오십여 필의 말을 끌고 오고 있었다.

두 사람은 중산中山 고을의 호상豪商인 소쌍蘇雙과 장세평張世
平이었다. 유비는 그들에게 세 사람이 의거를 일으키게 된 내막
과 우국충정을 설명하고 안으로 맞아들여 후히 대접했다. 소쌍
과 장세평은 유비·관우·장비의 늠름한 위풍과 웅지를 담은 성
실한 열변에 감탄했다. 두 사람은 잠시 나지막하게 속삭이더니
입을 열었다.

"저희는 북쪽 지방으로 말을 팔러 가는 참이었습니다. 그런데
남쪽이나 북쪽, 온통 황건적 천지니 언제 어디서 말을 빼앗기고
목숨을 잃을지 모를 일입니다. 황건적을 토벌하는 데 쓰시겠다
니 기꺼이 말을 드리겠습니다."

유비가 진심으로 고마움을 표하자 장세평은 말 등에 실었던
무쇠 일천 근과 오십 필의 말 그리고 금은 오백 냥 등 그의 전
재산을 선뜻 군비로 헌납했다.

장비는 즉시 이웃 마을에 있는 대장장이를 불러 유비에게는
쌍고검雙股劍을, 자신에게는 일 장丈(약 5m)이 넘는 장팔점강모丈
八點鋼矛(장팔사모)를 만들어 달라고 주문하고 관우 몫으로는 무
게가 팔십 근이나 되는 청룡언월도靑龍偃月刀를 만들게 했다.

장정들도 갑옷, 투구, 창, 칼을 만들기 시작해 며칠 후 무기가
모두 준비됐다. 워낙 급히 편성한 작은 군대에 지나지 않았지만
장비의 교련과 관우의 군율, 유비의 덕망으로 장졸들은 날이 갈
수록 점차 군사로서의 면모를 갖추었다. 유비는 날을 잡아 무장
을 갖춘 후 오백 의군을 거느리고 유주성幽州城으로 달려갔다.

황건적을
토벌하러 가다

이 무렵 유주 탁현으로 황건적의 두목 정원지程遠志가 이끄는 오만여 명의 황건적이 성난 파도처럼 몰려오고 있었다.

태수 유언은 세 사람이 의병을 이끌고 오자 몹시 기뻐했다. 황건적이 질풍노도처럼 밀려오고 있는 터라 탁군은 실로 바람 앞의 등불처럼 위급한 지경에 놓여 있었다. 유비와 인사를 나눈 유언이 알고 보니 유비는 조카뻘이 되는 일족이었다.

그로부터 며칠 뒤 태수 유언은 교위校尉(군 감찰 무관) 추정鄒靖에게 유비 등 세 사람의 장수와 함께 군사를 거느리고 출진토록 했다. 명을 받은 유비는 관우·장비 두 아우와 오백 의군을 이끌고 황건적을 맞아들이기 위해 말을 달렸는데 그 의기가 하늘을 찌를 듯했다.

유비가 말을 달려 대흥산大興山 기슭에 이르자 이미 황건적이 그곳까지 몰려오고 있었다. 황건적은 모두 머리를 풀어헤쳐 산발하고 이마에 황색 천을 동여매고 있었다. 황건적의 무리는 오만 대군이었으나 유비의 군사는 오백에 지나지 않았다. 양군이 서로 맞섰을 때 유비가 말을 박차며 나서자 왼쪽은 긴 수염을 휘날리며 관우, 오른쪽은 고리눈을 부릅뜬 장비가 호위했다. 유비가 채찍을 들고 황건의 무리를 가리키며 목소리를 높여 꾸짖었다.

"나라를 거스른 역적아! 네놈들은 어찌하여 빨리 항복하지 않는가?"

이때 황건적의 부장副將 등무라는 자가 유비의 오백의 군사를 보고 가소롭다는 듯 큰소리로 외쳤다.

"하하하! 저토록 적은 군사로 우리를 대적하겠다니 저놈들이 정신 빠진 놈이 아닌가!"

유비군을 얕잡아 본 등무는 스스로 선두에 나서며 유비군을 향해 짓쳐 나왔다. 이때 장비가 기다렸다는 듯이 벽력같은 호통과 함께 달려 나가 장팔사모를 휘두르자 등무는 말에서 곤두박질치며 나가 떨어졌다. 이를 본 정원지가 이를 부드득 갈고 쌍칼을 휘두르며 달려 나왔다.

이번에는 관우가 무게 팔십 근의 청룡언월도를 비껴들고 정원지를 향해 비호같이 달려 나왔다. 장비를 향해 돌진하던 정원지가 난데없이 관우가 달려 나오는 것을 보고 주춤했다.

그때 관우의 청룡언월도가 휘파람 소리를 내며 번뜩였고 정원지 또한 비명 한 번 내지르지 못한 채 두 동강이 나고 말았다. 이를 본 졸개들은 질겁하며 달아나거나 항복했다.

이때 청주성으로 몰려오는 또 다른 황건적을 치기 위해 급히 원군을 보내달라는 급보가 유언에게 날아들었다. 유언은 즉시 유비에게 통첩문을 내보이며 또 한 번 원군이 되어달라고 청했고 유비는 선뜻 승낙했다.

유비 삼형제는 승전의 기쁨을 맛볼 새도 없이 오백의 군사를 이끌고 청주로 달려갔다. 그 뒤를 교위 추정이 오천 군사를 이끌고 뒤따랐다. 청주성을 철통같이 에워싸고 있던 황건적들은 원군이 오는 것을 보고 군사 만 명을 출동시켜 그들을 맞아 싸울 태세를 갖추었다.

유비 삼형제는 그들을 맞아 칼로 베고 창으로 찔러 수많은 군사를 죽였다. 오백여 명의 유비 군사가 용감히 싸웠으나 아무리 그들을 베고 찔러도 적은 꺾이지 않고 사방에서 함성을 지르며 몰려 왔다. 유비가 두 아우에게 말했다.

"우리 군사가 적으니 계교를 써서 맞서야겠네. 운장은 군사 일백 명을 거느리고 산 오른편에 매복하고, 장비는 일백 명을 거느리고 왼편에 매복하게. 날이 밝으면 나는 나머지 군사를 이

끌어 적의 정면으로 나가 싸우다 쫓겨 올 테니 징이 울리면 좌
우에서 나와 협공해주게."

관우와 장비에게 계교를 일러준 유비는 날이 밝자 북을 치고
함성을 지르며 도적의 무리를 향해 정면으로 달려들었다. 유비
가 그들을 맞아 싸우다 기력이 다한 듯 말 머리를 돌려 달아나
기 시작했다.

기세가 오른 도적들은 아우성을 치며 유비를 뒤쫓았다. 양쪽
군사들이 쫓고 쫓기며 산허리를 지날 때였다.

유비는 급히 징을 울리며 말 머리를 돌려 마주 오는 적에게
역습을 가했다. 이어 산 좌우에서 관우와 장비의 복병이 소나기
구름처럼 천지를 뒤흔들 듯한 함성을 지르며 달려 나와 적의 무
리를 공격해 그대로 청주성의 성벽 아래까지 몰아붙였다. 원군
이 황건적을 쳐부수며 성문 아래까지 몰아붙이는 것을 본 청주
성의 태수 공경은 성문을 활짝 열고 마주 달려 나가 그들을 무
찔렀다. 앞뒤 좌우로 적군에 둘러싸인 황건적들은 독 안에 든
쥐 꼴이 되어 수없이 목이 달아나거나 말발굽에 짓밟혔다. 청주
성을 버리고 목숨을 건져 달아난 자의 수는 겨우 헤아릴 정도
였다.

청주태수 공경은 유비·관우·장비 세 사람을 불러 그 공을
치하하며 후한 상을 내리고 술과 고기로 군사들을 배불리 대접
했다.

그날 유비는 개선을 축하하는 자리에서 뜻밖에도 스승이었
던 노식 선생의 소식을 듣게 되었다. 지금 중랑장이라는 벼슬자

리에 올라 광종廣宗 땅에서 황건적의 괴수 장각과 싸우고 있다는 것이었다.

유비는 스승 노식을 돕기 위해 오백 의군을 이끌고 쉴 새 없이 광종으로 향했다. 유비가 광종에 이르자 노식이 몹시 기뻐하면서 반갑게 맞으며 말했다.

"지금은 이곳보다 영천潁川이 더 위급한 지경에 빠져 있네. 영천에는 황보숭과 주전 두 장군이 장각의 아우 장보, 장량과 맞서고 있는데 관군의 형세가 매우 불리한 모양일세. 내가 군사 천 명을 줄 터이니 그곳으로 가 황건적을 소탕하도록 하게."

은사 노식의 간곡한 당부에 유비는 그날로 오백 의군에다 관군 천 명을 더해 영천 땅으로 향했다.

한편 영천에서는 황보숭과 주전이 적과 교전을 벌이고 있었다. 적은 싸움의 형세가 불리해지자 장사라는 곳으로 들어가 잡풀이 무성한 곳에 진을 쳤다. 황보숭은 적이 풀밭에 진을 치는 걸 보고 주전에게 말했다.

"적이 풀밭에 진을 쳤으니 화공火攻으로 대적하는 것이 어떻겠소?"

이에 주전은 모든 군사에게 영을 내려 각기 마른 풀이나 짚단을 한 묶음씩 마련하라 명하고 어둠 속에 매복토록 했다.

밤이 되자 군사들은 마른 풀과 짚단에 불을 댕긴 후 적진을 향해 던졌다. 때마침 불어오는 거센 바람을 타고 황건적의 진영이 불바다가 되었다. 때를 놓치지 않고 황보숭과 주전이 적의 진영을 향해 일제히 밀고 들어가자 황건적들은 우왕좌왕하며 어찌할 바를 모르고 허둥대고 있었다. 허둥대는 적들은 관군의 창칼에 수없이 목이 떨어지거나 불에 타 죽었다.

장보와 장량이 패잔병을 이끌고 허겁지겁 말을 몰며 패주하고 있을 때였다. 돌연 질풍같이 한 떼의 인마人馬가 달려와 앞을 가로막았다. 붉은 깃발을 바람에 나부끼며 달려오는 군사들 맨 앞에 서 있는 장수는 붉은 말에 붉은 투구와 붉은 갑옷을 갖추어 멀리서 보면 마치 타오르는 한 덩이 불길 같았다. 나이는 아직 젊어 보였으나 키가 칠 척은 됨직했다. 몸은 약간 여윈 편이었고 흰 살갗에 가늘고 길게 찢어진 날카로운 두 눈에서는 예리한 지모智謀가 번뜩이는 듯했다. 그는 패국沛國, 초군譙郡 태생인 조조曹操였다. 이번에 기도위騎都尉(황제의 경호 대장)가 되어 오천의 마보군馬步軍을 거느리고 황보숭 장군의 후진이 되어 장보와 장량을 치러 온 것이었다.

조조의 자字는 맹덕孟德, 별명은 길리吉利였으며, 어릴 때의 이름은 아만阿瞞이라고 했다. 조조는 열여덟에 조정에 출사出仕해 낭郎에 부임했다. 때는 한나라 영제靈帝 희평 3년(서기 174년)이었다. 젊고 야심에 찬 그는 이 요직을 하늘이 주신 기회로 삼아 법령을 어긴 사람은 권문세가를 막론하고 엄하게 다스려 낙양 일대에 명성을 널리 떨치게 되었다. 조조가 기도위로 황보숭을 도와 황건적을 토벌하라는 명을 받은 것은 바로 이 무렵이었다.

조조가 이날 관군의 화공을 받고 도망치는 도적들을 맞받아쳐 적 만 명의 목을 베고 빼앗은 기치旗幟(군대에서 쓰는 깃발)와 마필馬匹 또한 수만이었다. 유비가 관우·장비와 더불어 군사 천

오백을 거느리고 뒤쫓아 왔을 때는 조조가 잔당들의 소탕을 끝낸 무렵이었다. 유비는 황보숭과 주전을 만나 예의를 갖춘 후 스승 노식 장군의 명을 받들어 왔음을 고했다. 그러나 황보숭은 시큰둥한 얼굴로 유비에게 말했다.

"위태로운 것은 우리가 아니라 광종의 노식 장군이오. 그대는 군사를 거느리고 노식 장군을 도와주는 것이 좋겠소."

유비는 휘하의 군사를 이끌고 광종을 향해 말 머리를 돌릴 수밖에 없었다. 유비가 광종을 향해 말을 몰아 달려가고 있을 때였다. 저편으로부터 한 떼의 군마가 함거檻車(죄수를 가두어 호송하는 수레) 한 대를 호위하며 마주 오고 있었다. 그런데 놀랍게도 함거 속에 갇혀 있는 사람은 바로 중랑장 노식이었다.

"스승님? 이게 대체 어찌된 일이옵니까?"

노식은 한숨을 내쉬며 대답했다.

"나는 몇 차례 장각의 본거지를 에워싸고 쳐부수려 했네. 그러나 장각이 요술을 부려 제대로 섬멸하지 못했네. 그때 조정에서 좌풍左豊이란 내시를 감독관으로 내려 보냈네. 그런데 그자는 전선의 형세를 살필 생각도 않고 내게 은근히 뇌물을 바치라는 거였네. 내가 군량도 부족한 판에 바칠 뇌물이 어디 있겠느냐며 단호히 거절했더니 좌풍이 나를 모함한 것 같네. 천자께서 진노하시어, 중랑장 동탁董卓으로 하여금 나를 대신토록 하고 나는 낙양으로 압송되어 가는 중이네."

유비는 기가 막혀 위로의 말도 잊은 채 창살 너머로 노식의 손을 움켜잡았다. 두 사람의 얘기를 듣고 있던 장비가 화가 불길처럼 치솟아 얼굴이 시뻘게지더니 장팔사모를 번쩍 들며 소리쳤다.

"큰형님! 이런 기막힌 일이 어디 있소? 관병들을 싹 쓸어 없애버리고 노식 장군을 구출하십시다."

유비가 그런 장비를 향해 호통을 쳤다.

"장비, 무슨 짓이냐? 감히 천자의 명을 거역하려느냐? 조정에도 공론公論이 있을 터인즉, 방자한 짓을 삼가라!"

호송하던 관군들은 장비의 서슬에 겁을 먹은 듯 황급히 함거를 호송해 떠났다. 유비는 망연자실하여 말 위에 앉아 떠나가는 함거를 한동안 지켜보고 있을 뿐이었다.

얼마 후 유비·관우·장비 세 사람은 산골짜기를 지나 두 주州의 갈림길에 이르렀다. 그러나 이제 동탁의 휘하에 있는 광종 땅으로 가는 것도 부질없는 일이었다. 차라리 탁현으로 돌아가 앞날을 도모하기로 했다. 유비·관우·장비 삼형제가 수하를 거느리고 탁현을 향해 행군을 시작한 지 이틀 째 되는 날이었다. 홀연 산 너머에서 요란한 함성이 들려왔다. 유비가 놀라 급히 높은 곳으로 말을 달려 올라가보니 황건적들에게 한 떼의 관군이 패주하고 있었다.

"필시 광종의 관군이 황건적의 무리들에게 참패한 것임에 틀림없네. 노식 장군이 붙들려 가는 사이에 황건적들이 그 틈을 노려 기습을 가한 모양일세."

유비는 군사들을 향해 명을 내렸다.

"즉시 전투태세를 갖추어 진격하라."

유비가 몸소 앞장 서 말을 몰자 관우가 청룡언월도를 치켜들고 뒤를 따랐고 장비도 질세라 장팔사모를 휘두르며 나는 듯이 말을 달렸다. 적군이 관군을 바싹 뒤쫓아 덮쳐오고 있는 가운데 '천공 장군'이라고 쓴 깃발을 가리키며 유비가 소리쳤다.

　"저놈이 도적의 괴수 장각이다. 저놈을 한 칼에 쳐라."

　유비가 쌍고검을 빼들고 선두에서 적도들을 향해 돌진했다. 유비의 쌍고검이 번쩍였고, 청룡언월도와 장팔사모가 춤을 추었다. 북소리, 징 소리, 고함 소리, 비명 소리가 들판을 메우는 가운데 도적의 무리가 여기저기 무밭 갈아엎듯 거꾸러졌다.

　장각은 동탁의 관군을 무너뜨리고 그 기세를 몰아 궁지에 빠진 동탁군을 맹렬하게 뒤쫓고 있던 중이었다. 그런데 느닷없이 나타난 유비 형제와 그 수하 군사가 기습을 해 오니 당황하지 않을 수 없었다. 선봉대가 세 장수에게 덜컥 무너지자 뒤따르던 부대의 대오가 우왕좌왕하며 뿔뿔이 흩어졌다. 그때 패주하던 관군도 뜻밖의 응원군이 나타나 황건적을 무찌르자 말 머리를 돌려 유비 군과 합세했고, 그들은 추격을 멈추고 멀리 오십 리나 달아나버렸다.

　유비 삼형제는 그제야 무기를 거두며 하마터면 목숨을 잃을 뻔한 관군의 대장을 만났다. 광종에서 패주한 관군의 대장은 노식의 후임인 동탁이었다. 가까스로 참담한 패배를 면했을 뿐 아니라 오히려 황건적을 격퇴시킨 동탁은 안도의 한숨을 내쉬며 유비에게 물었다.

　"그대들은 어떤 관직에 있는가?"

"탁군에서 온 의군으로서 백신白身(흰 옷 입은 사람, 곧 평민)입니다."

"뭐, 관직이 없다고? 그러면 시골의 잡군雜軍이란 말이군?"

동탁은 순간 콧방귀를 뀌며 노골적으로 경멸하는 기색을 보이더니 말을 마치고 군막 안으로 들어가 버렸다. 동탁의 자는 중영仲穎, 농서군隴西郡 임조 땅 태생으로 환제桓帝 말에 황제를 호위하는 우림군羽林軍을 뽑을 때 뛰어난 무예로 군사마軍司馬에 천거되었다. 뒷날 하동태수河東太守가 된 이후 오만하고 방자해졌을 뿐 아니라 가슴에 새로운 야심을 품기 시작했다. 동탁이 유비에게 이렇듯 무례하게 굴자 마침내 장비가 이를 부드득 갈았다.

"저런 배은망덕한 놈! 제깟 놈을 살려 준 사람이 누군데 상을 내리지는 못할망정 홀대한다는 말이오? 내 당장 저놈의 목을 쳐 죽이겠소."

유비는 황급히 장비의 앞을 가로막았다.

"동탁은 황실의 무관이다. 함부로 죽이면 천자의 명을 거역하는 것이네."

"그렇다면 나더러 저놈의 명령에 따르라는 거요? 난 싫소. 형님들이나 여기 있겠으면 편안히 있으시오. 나는 다른 데로 떠나겠소."

장비가 분을 삭이지 못해 투덜댔다. 그 말에 유비가 장비를 얼싸안은 채 간곡히 말했다.

"우리 셋은 의형제가 되어 한날 죽기로 천지신명께 맹세하지 않았는가? 이까짓 일로 자네와 헤어지다니 당치도 않네. 떠나려면 함께 떠나세."

유비가 그렇게 말하자 장비도 화를 누그러뜨렸다. 유비는 수하의 장졸을 이끌고 영천에 있는 주전 장군의 진지에 들러 보기로 했다.

이때 대장군인 황보숭은 조조와 함께 황건적을 뒤쫓아 멀리 하남의 곡양과 완성 쪽으로 군사를 이끌고 간 터라 영천에는 주전만이 머무르고 있었다. 주전은 적의 대군과 싸우기에는 군사가 너무 모자라 근심하고 있던 터에 유비가 군사를 이끌고 오자 몹시 기뻐하며 그들을 맞아들였다.

"현덕이 선봉을 맡아 주시오. 군사가 모자란다면 관군 천 명을 합세시키시오."

주전이 유비군을 반갑게 맞아들인 후 융숭히 대접하자 이에 감격한 유비가 힘찬 목소리로 대답했다.

"힘닿는 데까지 장군님을 보필하겠습니다."

이 때, 장보는 팔만의 병력을 이끌고 험준한 산기슭에 진을 치고 있었다. 주전이 유비군을 선봉으로 삼고 공격해 오자 장보는 부장 고승을 앞장 세웠다.

"익덕, 자네가 가서 저자를 쓰러뜨리게."

장비는 유비의 말이 떨어지기가 무섭게 장팔사모창을 비껴들고 말을 달려 나가 고승과 맞부딪쳤다. 창검과 장창이 번쩍이며 어우러졌다. 서로 어울려 싸우기를 이삼 합, 외마디 비명과 함께 고승이 장비의 창에 찔려 말 아래로 굴러 떨어지고 말았다.

유비가 때를 놓치지 않고 군사를 내몰았다. 관우·장비가 청룡언월도와 장팔사모를 휘두르며 말을 달려 나가자 적의 무리들이 뿔뿔이 흩어졌다. 유비가 숨 돌릴 틈도 주지 않고 황건 도당들을 뒤쫓았는데 앞에는 높고 험준한 산봉우리가 길 양쪽으로 이어지고 있었다.

그때였다. 갑자기 산골짜기에서 사나운 회오리바람이 일더니 검은 안개가 하늘을 뒤덮었다. 산봉우리에서 머리를 풀어 헤친 장보가 검은 옷을 입은 채 칼을 들고 입으로는 무어라고 주문을 외우고 있었다. 장보가 형인 장각에게서 배운 요사스런 술법을 쓰고 있는 모양이었다. 천둥번개와 바람이 한결 더 거세졌다. 그와 동시에 검은 하늘에서 한 떼의 군마와 요괴의 모양을 한 빨강, 노랑 종이가 마치 다섯 빛깔의 불덩이처럼 쏟아져 내렸다.

관병들이 겁에 질려 우왕좌왕 허둥대며 혼란에 빠졌다. 유비는 하는 수 없이 황급히 군사를 돌릴 수밖에 없었다. 패군을 이끌고 주전의 진영으로 돌아온 유비가 그동안의 일을 말했다.

"그자가 요술을 부린 것이오. 이쪽에서 돼지·양·개들을 잡아 그 피를 산꼭대기에서 뿌린다면 요술도 깨뜨릴 수 있을 것이오."

주전이 유비에게 방책을 일러주었다.

다음 날 유비는 주전이 일러준 대로 군사들에게 장보의 요술을 깨뜨릴 채비를 하게 한 다음 언덕에 매복케 했다. 적은 전날의 승기로 기세가 오른 터라 계곡 쪽으로 유비군이 다가오자 군사를 거느리고 의기양양하게 싸움을 걸어왔다. 유비는 적을 맞아 한 떼의 군사들을 진군시켰다. 장보의 장졸들은 한동안 싸우는 체하다 전날의 그 골짜기로 다시 도망가기 시작했다. 유비군이 뒤쫓자 장보는 어제의 그 산봉우리 위에서 또다시 요술을 부리기 시작했다. 하늘에서 검은 안개가 일고 천둥이 치며 모래바람이 거칠게 이는 가운데 하늘에서 무수한 인마가 쏟아져 내리자 유비가 말 머리를 돌렸다. 군사들은 전날과 달리 동요 없이 대오를 갖추어 유비의 뒤를 따라 계곡을 빠져 달아나기 시작했다. 기고만장한 황건적들은 군사를 휘몰아 유비군을 뒤쫓기 시작했다.

유비가 막 계곡을 빠져 나갈 때였다. 꽹과리와 북소리가 함께 울리며 불시에 계곡 위에 매복해 있던 관우와 장비의 군대가 황건적들의 머리 위로 돼지·양·개의 피와 오물들을 쏟아 부었다. 그러자 하늘로부터 떨어지던 요괴와 인마들이 종이와 짚단으로 변해 땅바닥에 떨어졌다. 뿐만 아니라 한바탕 휘몰아치던 바람도 기운이 점점 약해지더니 검은 구름이 걷히기 시작하고 이어 하늘도 청명하게 개었다.

"요사스런 적의 요술이 깨졌다. 적을 쳐라!"

이때 관우와 장비가 절벽 위에서 황건적을 공격하고 유비군도 말 머리를 돌려 협공하자 우왕좌왕하던 황건적들은 자기들끼리 부딪치며 쓰러졌다. 유비군은 주전의 군대와 합세해 수많은 황건적을 베거나 사로잡았다.

장보는 술법이 깨지자 급히 말 머리를 돌려 달아나려 했다. 유비는 활에 화살을 메겨 시위를 당겼고 화살은 바람을 가르며 장보의 왼쪽 팔뚝에 푹 박혔다. 장보는 화살을 뽑을 틈도 없이 양성陽城으로 달아나 성문을 굳게 닫은 채 다시는 나오지 않았다. 주전은 군사를 이끌어 양성을 에워싸고 공격하는 한편 사람을 보내 황보숭의 소식을 알아보게 했다. 황보숭의 소식을 탐지하러 갔던 전령이 소식을 전해왔다.

"황보숭 장군은 싸울 때마다 크게 이기고 동탁은 싸울 때마다 패해 천자께서 동탁을 물러나게 하시고 그 자리에 황보숭 장군을 임명하셨습니다. 황보숭 장군이 동탁 군을 이끌고 적의 본거지를 공격했을 때 장각은 이미 병들어 죽은 뒤였습니다. 아우 장량이 형을 대신해 무리를 거느리고 관군과 맞서고 있었습니다. 황보숭 장군은 조조를 선봉으로 삼아 일곱 차례나 싸워 이긴 후 마침내 장량의 목을 베었습니다. 이에 천자께서는 황보숭 장군을 거기장군車騎將軍겸 기주목冀州牧으로 삼았습니다. 조조 또한 공이 크다 하여 제남濟南의 상相으로 봉했다고 합니다. 또 황보숭 장군이 노식 장군은 공은 있으되 죄가 없다고 조정에 아뢰어 다시 중랑장으로 복직되었다고 합니다."

이 보고를 받은 주전은 황보숭과 함께 출전했으나 아직 전공을 세우지 못한 터라 군사들을 독려하며 힘을 다해 양성을 공격하기 시작했다. 적군으로 하여금 눈도 붙이지 못하도록 들이치니 양성은 크게 위태로워졌다.

그런데 성 안에 있던 엄정嚴正이라는 적장이 대세가 이미 기울었음을 알고 두목 장보의 목을 벤 후 그 목을 들고 와 목숨을 애걸하며 항복했다. 주전이 엄정의 항복을 받아들이고 양성에 입성하니 항복하지 않은 황건적들은 뿔뿔이 흩어져 달아났다. 주전은 그 여세를 몰아 여러 고을의 잔당들을 소탕한 후 조정에 표表를 올려 승전을 알렸다.

그리하여 장각 삼형제는 이렇듯 관군에게 격퇴당해 목이 떨어졌으나 그렇다고 황건적이 완전히 자취를 감춘 것은 아니었다. 황건적의 괴수 장각의 막하에 있다가 관군의 공격을 피한 잔당들이 아직도 수만의 무리를 거느리고 여러 고을을 괴롭히고 있었다. 조홍趙弘·한충韓忠·손중孫仲이 거느리는 잔당들은 장각의 원수를 갚겠다며 졸개들을 완성으로 집결시키고 있었다. 조정에서 주전에게 이들 황건 잔당들을 소탕하라고 명하자 주전은 군사를 몰아 완성으로 쳐들어갔다. 주전이 군사를 이끌고 가자 황건적의 잔당 조홍은 한충을 내보내 싸우게 했다. 주전은 유비와 관우·장비 세 사람에게 완성의 서남쪽 성문을 치게 했다. 그것을 알 리 없는 한충은 졸개들을 이끌고 서쪽 성문으로 달려오다가 유비 형제를 보고 크게 놀라 말 머리를 돌렸다. 유비가 기회를 놓치지 않고 그 뒤를 쫓으며 적도들을 공격했다.

이때 주전은 스스로 철기鐵騎 이천을 거느리고 동북쪽으로 달려가 공격했다. 갈피를 잡지 못하던 한충의 병사들은 유비군의 말발굽에 쓰러져갔다. 다급해진 한충은 자칫 성마저 함락당할 판이라 성 안으로 말을 몰았다. 뒤따라온 주전의 군사가 성을 철통같이 에워쌌다.

"적은 이제 원군도 없고 머지않아 군량도 떨어질 것이다."

주전은 성 주위를 물샐틈없이 경계하게 한 후 적의 동태를 살폈다. 완성의 황건 잔당은 얼마 가지 않아 군량이 바닥이 나고 말았다. 게다가 조홍·손중도 서로 연락이 끊긴 터라 한충은 더 이상 버티지 못하고 항복할 터이니 목숨만은 살려달라며 사자를 보냈다. 그러나 주전은 크게 노하며 사자의 목을 베어 버렸다.

주전이 사자의 목을 베자 유비가 의아스럽게 여겨 물었다.

"옛날 한 고조께서 천하를 얻으신 것은 적에게 항복을 권하고 투항한 적을 너그러이 받아들였기 때문입니다. 장군은 어찌하여 한충의 항복을 받아들이지 않으십니까?"

"그때와 지금은 경우가 다르오. 그 당시에는 천하가 어지러워 백성들에게 주인이 없었소. 그래서 적군이라도 항복하면 상을 내리고 백성으로 삼아 민심을 수습하고 힘을 길렀던 것이오. 그러나 오늘날에는 천하가 통일되었고 오직 황건적들만이 모반을 일으켰소. 지금 그들의 항복을 받아들인다면 어떻게 악한 것을 징계할 수 있겠소. 도적들이 이로울 때는 모반을 꾀하다가 형세가 불리하면 항복할 것이 아니겠소."

"듣고 보니 지당하신 말씀입니다. 그러나 사방에서 철통같이 에워싸고 있으면서 항복을 받아들이지 않는다면 적은 죽기로 작정하고 싸울 것입니다. 어떻습니까? 동문과 서문은 터놓은 채 남문과 북문으로 공격하면 적은 반드시 성을 버리고 달아나게 될 것입니다. 이때 한충을 사로잡는 것이 좋을 듯합니다."

"음…, 그거 참 좋은 묘안이오."

주전은 유비의 말을 좇아 동문과 서문을 터놓은 채 남문과 북문으로 일제히 공격해 들어갔다. 과연 얼마 지나지 않아 한충은 군사를 거느리고 성을 빠져 나가기 위해 동문으로 달아나고 있었다. 유비가 군사를 몰아 그를 뒤좇았다. 한충은 난전 속에서 화살을 등에 맞고 말 아래로 떨어졌다. 대장이 말 위에서 떨어지자 적은 어찌할 바를 모르고 사방으로 흩어졌다. 관군은 추격을 멈추지 않고 그들을 뒤따라 섬멸했다. 이때 조홍·손중은 완성을 지키던 한충의 목이 떨어진 것을 알고 크게 노해 주전의 군대를 덮쳤다. 적이 갑자기 밀어닥치자 주전의 군대는 동요하기 시작했다.

주전은 잠깐 물러서기로 작정하고 자기의 진중을 향해 말을 달렸다. 적은 주전의 군대를 뒤좇아 군사들을 마구 베고 찔러댔다. 조홍과 손중은 주전 군을 본진으로 쫓은 후 다시 완성을 되찾고는 성문을 굳게 닫았다.

주전과 유비는 십 리쯤 떨어진 곳에 진을 치고 다시 완성을 탈환할 계획을 짜고 있었다. 그때였다. 돌연 한 떼의 군사가 그들 앞으로 밀어닥쳤다. 얼핏 보아 천오백쯤 되는 군사가 대오도 정연하고 보무도 당당하게 달려왔다.

대오의 맨 선두에 청려靑驢(수려한 말)를 몰며 위풍도 당당히 들어서는 장수가 있었다. 흰 얼굴에 번듯하게 넓은 이마, 붉은 입술, 반달처럼 치솟은 눈썹, 범상치 않은 풍모를 갖추고 있었다.

그는 오군吳郡과 부춘富春에 사는 손견孫堅으로 자字는 문대文

臺였다.

일찍이 회계에서는 허창許昌이란 자가 반란을 일으켜 스스로 양명황제陽明皇帝라 칭하며 그 아들 허소를 시켜 여러 고을을 선동하니 그를 따르는 무리가 수만 명에 달했다. 손견은 만여 명의 민병을 모아 고을의 사마司馬와 합세해 이들 도둑들을 토벌하고 허창과 그 아들 허소의 목을 베었다.

그 뒤로 '강남에는 뛰어난 장수 손견이 있다.'라는 말을 듣게 되었다. 이제 스물여덟이 된 손견도 역도들을 치라는 조정의 명을 받들게 되자, 회수淮水와 사수泗水의 젊은이들 천오백여 명을 이끌고 주전의 군대에 합세하기 위해 달려오는 길이었다.

이에 주전이 반기면서 손견은 완성의 남문을, 유비는 북문을 공격하게 했다. 주전은 서문을 치되 동문만은 적군이 달아날 수 있도록 퇴로로 터놓았다. 손견은 수하 장졸들보다 앞서 순식간에 남문을 향해 말을 달려 단신으로 성벽을 기어올랐다.

"오군의 손견이 예 왔다. 도적들은 내 칼을 받아라."

적병 속에 뛰어든 손견의 칼이 춤을 추자 순식간에 적병 이십여 명의 목이 달아났다. 이를 본 적장 조홍이 창을 치켜들고 손견 앞으로 달려왔다. 손견은 성 위에서 몸을 날려 잽싸게 조홍의 창을 빼앗고 그를 찔러 말 아래로 떨어뜨렸다.

그걸 본 또 한 사람의 적장 손중은 북문에서 싸울 생각을 잊고 혈로를 뚫어 달아날 길만 찾았다. 때맞춰 유비가 달아나는 손중을 향해 쏜 화살이 손중의 목을 꿰뚫었다. 손중은 외마디 비명과 함께 몸을 뒤집으며 말 위에서 굴러 떨어지고 말았다.

드디어 완성을 되찾고 남양 일대의 십여 고을은 모두 평정되어 황건적은 자취를 감추었다.

주전은 황건의 무리를 깨끗이 소탕하고 손견·유비와 함께 낙양으로 개선했다. 조정에서는 주전의 공을 크게 치하해 거기장군에 봉하고 하남윤河南尹(하남 지방의 장군)을 제수했다. 그러나 유비에게는 벼슬은커녕 말 한마디 치하도 없었다.

그런 어느 날, 유비 일행은 암울한 마음을 이기지 못해 거리에 나가 거닐고 있던 중 우연히 입궐하는 낭중郎中(천자의 근시 차관급) 장균張均을 만났다. 장균은 지난날 황제의 칙사로 전쟁터에 시찰을 나온 적이 있었다. 그때 유비의 전공을 보고 크게 치하했던 사람이었다. 낭중 장균은 유비가 공을 세우고도 벼슬을 제수 받지 못했음을 알고 황제를 배알하고 아뢰었다.

"십상시들의 목을 베고 황건적 토벌에 공이 있는 사람에게 벼슬을 내리시겠다고 포고하십시오. 그래야만 사해四海(천하)가 맑고 평안해질 것입니다."

장균의 말에 십상시들은 크게 놀라며 대책을 마련했다. 십상시들은 영제에게 진언해 추가로 은상을 베풀기로 한 후 선정이라도 베풀 듯 몇몇 훈공자를 가려내어 벼슬을 제수했다. 그리하여 유비에게 중산부中山府 안희현安喜縣의 현위縣尉라는 낮은 관직이 주어졌다. 유비는 부임하는 날부터 백성들을 위해 선정을 베풀어 백성 모두 그를 우러르고 따랐다. 유비가 부임한지 넉 달이 되자 조정에서 각 고을에 황제의 조칙을 내렸다. 황건의 난을 평정했을 때 거짓으로 군공軍功이 있다고 조정을 속여 관직을 받은 자가 있으므로 이를 살펴 옳고 그름을 바로잡겠다는 조칙이었다. 안희현에도 독우督郵(고을을 순회하며 감독하는 관리)가 내려왔다.

독우는 역관驛館(관원들의 숙소)에 이르자 높은 자리에 앉고 유비는 뜰아래 서 있었다. 한동안 유비를 내려다보고 있던 독우가 불쑥 물었다.

"유 현위는 어느 고장 출신인가?"

"이 몸은 중산정왕의 후예로서 탁현에서 의병을 모아 삼십여 회를 싸운 작은 공이 있다 하여 이 현위를 제수 받았습니다."

그러자 독우가 별안간 호통을 쳤다.

"닥치어라! 황제께서 각처 각지를 순찰하게 명하신 것은 그대와 같이 공이 있다고 사칭하거나 천자의 종친을 사칭하는 벼슬아치들을 척결하기 위해서다."

유비는 할 말을 찾지 못해 입을 다물고 있다가 그 자리를 물러났다. 현청으로 돌아 온 유비는 현리들을 불러 독우가 화를 낸 까닭을 물었다.

"독우 칙사가 위세를 부리시는 것은 바로 뇌물을 바라시기 때문입니다."

그 소리를 들은 유비는 어처구니가 없어 한탄해 마지않았다.

"내가 무슨 재물이 있어 뇌물을 바친단 말인가?"

다음 날도 유비가 뇌물을 가져올 기미가 보이지 않자 독우는 유비가 거느리고 있는 현리에게 유비가 천자의 종친을 사칭하며 백성들을 괴롭힌다는 거짓 상소문을 쓰게 했다. 독우의 하는 꼴이 못마땅해 홧김에 술 몇 잔을 들이켠 뒤 독우가 묵고 있는 역관 앞을 지나던 장비가 이 사실을 듣게 되었다. 장비는 노기가 뻗쳐 한 주먹으로 대문을 부수고는 수졸 몇을 손에 잡히는 대로 때려눕힌 후 독우의 머리채를 거머쥐더니 역관 밖으로 끌고 나왔다.

장비는 사방을 휘둘러보더니 말뚝이 눈에 띄자 그곳에 독우를 묶었다. 그리곤 말뚝 곁에 있는 버드나무 가지를 우지끈 꺾더니 독우를 향해 사정없이 매질을 시작했다.

이날 유비는 칙사의 횡포에 분노를 느껴 아예 인수印綬(관인의 끈)를 독우에게 넘기고 벼슬을 내주리라 작정하고 있던 참이었다. 그때 네댓 명의 고을 사람이 헐레벌떡 뛰어와 이 사실을 알렸다. 유비가 크게 놀라 급히 달려가 보니 독우가 바짓가랑이가 너덜너덜 찢긴 채 말뚝에 묶여 장비에게 매를 맞고 있었다. 유비를 본 독우가 눈물을 흘리며 떨리는 목소리로 애원했다.

"현덕공! 나 좀 구해 주시오."

유비가 새끼줄을 풀고 독우를 땅에 내려놓자 관우가 유비에게 다가와 말했다.

"형님! 우리가 큰 공을 세웠음에도 고작 현위라는 미관말직에 지나지 않았는데, 그나마도 관직이라고 지키다가 이런 놈에게까지 모욕을 당한 게 아닙니까? '가시덤불에는 봉황이 깃들지 않는다.'는 옛말이 있습니다. 차라리 이곳을 떠나 다시 앞날을 도모해 보는 것이 어떻겠습니까?"

"알았네, 아우의 말이 지당하네. 나도 그렇게 생각하고 있었네."

유비는 가슴에 걸고 있던 현위의 인수를 풀어 독우에게 주며 엄한 목소리로 말했다.

"관직을 빙자해 네놈처럼 백성들을 괴롭히는 놈은 죽여 없애는 것이 마땅하나 인명을 귀하게 여김이 덕이라 목숨만은 살려 준다."

유비는 그날 밤 탁군을 향해 길을 떠났다.

칙사 독우는 목숨을 부지하게 되자 제 잘못을 뉘우치기는커녕 오히려 정주태수에게 달려가 장비에게 당한 봉변을 낱낱이 일러바쳤다. 정주태수는 독우의 말만 믿고 여러 고을에 유비 삼형제를 잡아들이라는 통문通文을 돌리고, 당장 군사를 풀어 유비 일행을 잡으러 나서게 했다.

안희현을 떠난 유비 일행은 추격 군을 피해 밤이면 숲에서 노숙을 하며 산길을 따라 며칠을 걸어 한나라 황실의 종친인 대주代洲태수 유회劉恢에게 몸을 의탁했다.

한편 조정에서는 황건의 난이 평정되자 그때까지 숨을 죽이고 있던 환관인 십상시들이 다시 위세를 떨치기 시작했다. 십상시들은 저희 말에 따르지 않는 자들은 벼슬자리에서 내쫓았다.

궁정의 문란과 부패로 인해 백성들은 폭정과 착취에 신음하고 있었으며 원성은 높아만 갔다. 조정이 이러니 각처에서 반란이 일어나 도적의 무리들이 노략질을 일삼았다. 각처의 태수들이 이 사실을 조정에 표문表文으로 고했으나 십상시들은 황제에게 알리지도 않고 모두 비밀에 붙였다.

십상시들은 뒤늦게 구성과 어양의 반란군 장거·장순 형제를 치기 위해 손견을 장사태수로 삼아 구성을 치게 했다. 또 유우劉虞를 유주목사로 삼아 장거 형제를 치게 했다. 손견은 황개·한당·정보·조무 등 네 장수를 거느리고 싸움을 시작한 지 채 오십 일도 되지 않아 구성을 쳐 반란군을 평정했다.

한편 어양의 장거 형제를 치던 유우는 한실의 종친인 대주태수 유회에게 원군을 청했다. 유회는 때마침 자기의 신세를 지고 있던 유비를 유우에게 천거했다. 이에 유우는 유비를 도위都尉(하급 장교)로 삼아 군사 삼천을 주어 장거를 치게 했다.

유비가 대주병과 함께 며칠 동안 숨 돌릴 사이도 없이 장거와 장순의 본거지를 에워싸 몰아쳐 섬멸했다. 이에 유우가 조정에 유비의 공훈을 아뢰니 조정에서는 죄를 용서하고 평원현령平原縣令으로 봉했다. 유비 형제는 평원 땅에서 매일 군사를 조련하며 때가 오기를 기다리고 있었다.

어지러운 황실皇室과
조조曹操의 야심

때는 중평中平 6년(서기 189년) 4월. 병으로 몸져누워 있는 영제에게는 하후何后와 후궁 왕미인王美人이 있었다. 그 왕미인에게서 황자 협協이 태어났다.

이렇게 되자 하후는 짐독鴆毒(강력한 맹독)을 써서 왕미인을 독살한 뒤 황자 협을 영제의 모후인 동 태후董太后로 하여금 거두게 했다. 동 태후는 황자 협을 거두어 기르며 영제에게 영특한 협을 황태자로 봉하라고 권한 일이 있었다. 영제 또한 어미를 여읜 협 황자가 가여워서인지 대장군 하진河進의 누이동생 하후가 낳은 변辨 황자보다 더욱 애지중지했다.

십상시들 쪽에서 보면 언제나 위협이 되는 것이 외척들이었다. 거기다가 하 태후 소생인 변辨이 제위를 이으면 하진이 더욱 득세할 것을 염려했다. 하진은 본디 소와 돼지를 도살하며 살아가던 백정의 아들이었다. 그러나 누이동생이 낙양에서 빼어난 미인인 까닭에 궁녀가 되어 황제의 총애를 받으면서부터 하진도 벼슬자리에 올라 마침내 천하를 호령하는 대장군이 된 것이다.

십상시들은 영제의 병이 위중해지자 하진을 궁궐로 불러들여 제거하려는 음모를 꾸몄다. 급히 입궁하라는 어명을 받고 하진은 부랴부랴 대궐로 향했다. 하진이 중문을 지나려 할 때 심복인 사마司馬(경호 대장) 반은이 십상시들의 음모를 알아챘다. 하진은 크게 분노해 조정의 여러 대신을 불러 모아 십상시들을 제거할 의논을 했다. 그때 말석에 앉아 있던 젊은 벼슬아치가 가만히 몸을 일으키면서 말했다.

"십상시들의 세력이 워낙 커 한꺼번에 그들을 주살한다는 것은 어려운 일입니다. 또한 자칫 기밀이 흘러나간다면 도리어 멸족의 화를 면하기 어려울 것입니다."

뭇 사람들의 시선이 그에게로 쏠렸다. 그는 전군교위典軍校尉(경비 대장) 조조였다.

이때 반은이 급히 달려와 알렸다.

"방금 황제께서 승하하셨습니다. 건석 등 환관들이 십상시와 의논해 황제께서 승하하신 것을 극비에 붙이고 거짓 조서詔書로 장군을 궁으로 불러들여 죽이고 황자 협을 황제로 삼으려는 모의를 꾸미고 있습니다."

반은의 말에 하진은 크게 노했다.

"쥐 같은 무리들이 감히 나를 해치려 하다니……. 누구 나와 함께 역적들을 토벌할 사람 없는가?"

"사예교위司隷校尉(수도 인근의 군현을 관할하는 군정장관) 원소袁紹가 여기 있소이다. 바라건대 제게 정병精兵 오천만 주십시오. 즉시 금문에 들어가 환관 놈들을 모조리 주살하고 새 황제를 세우겠습니다."

모든 사람의 시선이 일제히 그 젊은이에게 쏠렸다.

준수한 용모와 두껍고 넓은 가슴, 딱 벌어진 어깨하며 그 체구가 위풍당당해 한눈에도 무예가 뛰어난 용장임을 엿보게 했다. 원소는 사도司徒(삼공의 하나) 벼슬을 지낸 원봉袁逢의 아들로 자字는 본초本初였다. 4대에 걸쳐 삼 공公(재상)을 배출한 여남汝南 여양汝陽의 명문 출신으로 사예교위를 지내고 있었다. 하진은 크게 기뻐하며 원소에게 출진토록 명했다.

원소는 갑주甲冑로 몸을 감싼 후 어림군御林軍(궁전을 지키는 군사) 오천을 이끌고 궁전으로 달려갔다. 하진은 하옹·순유·정태 등 삼십 여 명의 대신과 함께 원소의 뒤를 따랐다. 원소를 뒤따라온 하진은 대신들과 함께 곧바로 영제의 재궁梓宮(시체를 넣는 관) 앞에 나아가 하후의 소생인 변辯 태자太子를 옹립하고 새 황제의 즉위를 만천하에 선포했다. 원소는 직접 장검을 빼든 채 궁중을 수색하기 시작했다.

이때 십상시의 우두머리 건석은 황망한 가운데 궁궐의 정원 꽃밭에 몸을 숨기고 있었다. 그러자 같은 내시인 곽승이 칼을 빼들어 건석을 찔러 죽인 후 대장군 하진에게 투항했고, 이에 건석이 거느리던 금군禁軍들도 대세가 하진에게 기울자 모두 그에게 귀순했다. 사태가 위급해지자 십상시 장양은 하 태후에게 목숨을 구해달라고 애원했다. 하 태후는 내시들 덕에 궁에 들어와 태후가 된 몸이라 그들을 보호해 주었다. 원소가 궁중 내시들을 소탕할 기회라고 하진에게 말했으나 원래 우유부단한 하진이었다.

한편 하진이 건석을 죽이고 하 태후의 소생인 변을 천자로 옹립하자 동 태후가 은밀히 장양 등 십상시의 무리를 궁으로 불러들여 대책을 논의했다.

"태후마마께서는 조회 때 나아가 주렴을 드리우시고 뒤에 앉아 정사에 관여하십시오. 또한 황자 협을 왕으로 책봉하시고 국구國舅(황제의 장인) 동중董重에게 큰 벼슬을 내려 병권을 장악하게 하시면 큰일을 도모하실 수 있으실 것입니다."

동 태후는 장양의 말을 듣자 기쁘기 한량없었다.

동 태후는 조정에 나아가 칙지를 내려 황자 협을 진류陳留왕에 봉하고 동중에게는 표기장군驃騎將軍(대장군 아래 직위)의 벼슬을 내린 후 장양 등 십상시들에게도 다시 요직을 주어 정사를 돌보게 했다.

이 사실을 안 하 태후는 크게 놀랐다.

이날 밤 하 태후는 하진을 불러 계략을 꾸몄다. 그들은 동 태후가 정궁正宮이 아니라는 이유를 들어 궁 밖으로 쫓아낸 후 짐독을 먹여 독살했다. 그러나 하진은 병을 핑계 삼아 동 태후의 장례식에도 참석지 않고 일체 문 밖 출입을 하지 않았다. 그런 하진에게 원소가 찾아왔다.

"동 태후를 짐독으로 죽인 자는 장군이라고 장양·단규 등이 유언비어를 퍼뜨리며 흉계를 꾸미고 있다 합니다. 그들의 뿌리를 뽑아 후환을 제거해야 합니다. 급히 지방에 있는 장수들에게 격문檄文을 보내 그들로 하여금 환관들을 몰살하라고 은밀히 명하십시오."

"과연 좋은 생각이오."

원소의 말에 망설이던 하진은 곧 심복들에게 황제의 조서를 주어 밀사를 은밀히 사방으로 보냈다. 조서는 서량 땅에 있는 자사刺史(감찰군) 동탁董卓에게도 전해졌다.

동탁은 황건적을 토벌할 때 아무런 군공도 없으나 내관인 십상시 일파에게 많은 뇌물을 바쳤다. 십상시들이 동탁을 자기들의 심복으로 만들 속셈으로 오히려 현관顯官(높은 벼슬)의 지위에 봉해 이십만의 병력까지 거느린 자사가 되게 한 것이다.

서량에서 이십만 대군을 거느리게 된 데다 늘 마음속에 야심을 품고 있던 동탁은 당대의 재사才士인 이유李儒를 사위로 맞이하고 호시탐탐 천하를 꿈꾸며 기회를 엿보고 있었다. 근거지인 섬서陝西에는 또 한 명의 사위인 중랑장 우보牛輔를 두어 지키게 하고 동탁 자신은 이각李催·곽사郭氾·장제張濟·번조樊稠 등 모든 장수를 총동원해 거느리고 낙양으로 향했다.

한편 십상시들도 하진의 음모를 알고 하 태후로 하여금 전지를 내려 하진을 태후 궁으로 불러들이게 한 뒤 하진이 입궐하자 자객을 매복시켰다가 하진을 죽여 버렸다.

하진이 죽임을 당했다는 걸 알게 된 원소와 조조는 노기충천해서 칼을 빼들고 궁중 깊은 내전으로 군사를 몰아 짓쳐 들어가 조충·정광·하운·곽승 등을 잡아 목을 베고 환관 천여 명을 도륙했다.

궁궐은 순식간에 폭도로 돌변한 장졸들에게 여지없이 짓밟혔다. 타오르는 불길과 검은 연기, 여기저기 고함 소리와 궁녀들의 비명 등 문자 그대로 피에 물든 아비규환이었다. 그때 정병들이 휘두르는 살육의 칼날을 용케 피한 장양·단규·조절·우람 등 십상시들의 우두머리들은 어린 황제와 진류왕 협, 하 태후를 겁박해 화염을 뚫고 장락궁長樂宮을 빠져나왔다. 쉬지 않고 도망친 장양과 단규는 북망산北邙山에 이르렀으나 추격대가 뒤쫓자 강물에 몸을 던져 자결했다.

황제와 진류왕은 강변의 풀숲에 의지한 채 사태의 추이를 알수 없어 서로 손을 꼭 잡고 몸을 숨기고 있었다. 그즈음 장수 민공은 군사를 풀어 황제와 진류왕을 찾게 했으나 찾지 못한 채 군사를 거두어 돌아갔다.

거기서 그리 멀지 않은 곳에 해묵은 장원莊園(사유지) 하나가 있었다. 그 집주인 최의는 집 뒤에 쌓아둔 풀 더미에서 두 소년이 누워 잠을 자고 있는 것을 보고 그들을 집 안으로 불러들여 쉬게 했다. 한편 민공은 황제를 찾아 헤매던 중 우연히 최의의 장원에 이르게 되어 그곳에서 소년 천자와 진류왕을 모시고 낙양으로 향했다. 황제와 진류왕은 무사히 궁으로 돌아와 흩어진 궁중을 정돈하고 모든 물건을 조사해 보았다. 그런데 난리 통에 황제의 권위를 상징하는 전국옥새傳國玉璽가 없어져 어디에서도 찾을 수가 없었다.

동탁은 군사를 낙양성 부근 성문 밖에 주둔시키고 자신은 날마다 천여 명의 철갑병을 거느리고 성 안으로 들어가 낙양 시내를 제 세상인 양 활보하고 다녔다. 동탁이 온명원溫明園에 대신들을 초대해 크게 잔치를 베푸니 대신들은 모두 동탁을 두려워해 참석하지 않는 사람이 없었다. 동탁은 정적에 싸인 좌중을 둘러보며 왼손은 칼을 매단 요대腰帶에 대고 오른손을 힘차게 흔들며 입을 열었다.

"천하가 변화무쌍한 이때, 나는 이제 금상을 폐하고 진류왕을 새 황제로 받들고자 하는데 제공들의 의견은 어떠하오?"

"안 될 말이오. 대체 그대가 누구이기에 감히 폐립廢立을 논한단 말이오?"

모든 사람이 놀라 바라보니 바로 형주자사 정원丁原이었다.

"닥쳐라! 나에게 거역하는 자는 죽음이 있을 뿐이다."

동탁은 비단 장포長袍의 소매를 걷어 올리고 장검의 손잡이에 손을 얹은 채 정원에게로 다가갔다.

이때 동탁의 모사 이유가 정원을 보니 그의 등 뒤에 우람한 체격의 위풍당당한 한 대장부가 떡 버티고 서 있었다. 손에 방천화극方天畵戟을 움켜쥔 채 동탁을 노려보고 있었는데 한눈에도 예사 인물이 아님을 알 수 있었다. 이유는 얼른 주인의 소매를 잡아당겨 말리며 뒷날 다시 의논할 것을 권했다.

그는 정원의 양자로 성은 여呂이고, 이름은 포布, 자子는 봉선奉先이었다. 오원군五原郡 태생으로 힘과 무예가 뛰어난 걸출한 장수였다.

그 다음 날이었다. 형주자사 정원은 찬역簒逆의 마음을 품은 동탁을 죽이기로 결심하고 군사를 거느리고 성으로 달려가 동탁에게 싸움을 걸었다.

"이놈, 역적을 도모하는 동탁은 나와서 천벌을 받아라!"

대로한 동탁은 서둘러 단단히 무장을 하고 이유와 함께 군사를 거느려 성밖에 나아가 진두陳頭에 나섰다. 그러나 여포가 한 자루의 방천화극을 풍차 돌리듯 하며 싸우는 솜씨가 가히 종횡무진이었다. 동탁은 하는 수 없이 군사들을 물렸다. 이날 밤 동탁은 본진本陣으로 부장들을 불러 모은 후 탄식했다.

"여포란 자를 내 휘하에 둘 수만 있다면 내 천하를 얻는데 무엇을 염려하겠는가?"

"제게 한 가지 계책이 있사오니 주공主公께선 염려하실 것 없습니다."

동탁이 놀라서 쳐다보니 호분 중랑장 이숙이었다.

"그래 어떤 좋은 계책이 있다는 말이오?"

"제게 하루에 천 리를 달린다는 장군님의 애마愛馬 적토赤兎

와 한 주머니의 금은주옥金銀珠玉만 주십시오. 저는 여포와 고향이 같아 그의 성품을 잘 알고 있습니다. 그의 용맹은 비길 데 없으나 자신에게 이利로우면 앞뒤를 돌보지 않고 의義를 잊는 사람입니다. 제가 그를 달래보겠습니다."

동탁은 이숙의 계책을 받아들여 비장의 명마 적토마와 황금 천냥, 명주明珠 수십 필 그리고 옥대玉帶 하나를 주었다. 적토마는 하루에 능히 천 리를 달린다는 희대의 명마로 온몸이 붉게 타오르는 듯한 새빨간 털을 가지고 있었다. 목에서 꼬리까지의 길이는 한 장丈이요, 발굽에서 목까지의 높이가 여덟 자이며, 울부짖을 때는 하늘로 치솟으며 바다로 뛰어드는 듯했다.

다음 날 밤, 이숙은 은밀히 여포의 진영을 방문해 가져간 황금과 보석들을 꺼냈다. 눈이 부신 보석과 찬란한 옥대를 본 여포는 눈을 크게 떴다.

"실은 이 말은 동 공董公께서 자네에게 예물로 보낸 것이네. 자네를 사모해 보낸 것일세. 적토마는 그분의 애마인데 성城 하나를 주어도 바꾸지 않겠다고 말할 만큼 아끼는 말이라네. 그러나 자네의 용맹을 흠모해 끌고 가라는 말씀이었네."

이숙의 말에 여포는 감복하여 떨리는 목소리로 물었다.

"동 공께서 이 여포에게 그토록 큰 사랑을 베푸시는데, 나는 무엇으로 보답해야 한단 말이오?"

"나처럼 재주 없는 사람에게도 중랑장이라는 벼슬을 제수해 주셨는데, 자네 같은 용장을 어찌 나와 비교하겠나? 어떤가? 정원을 죽여 그 목을 가지고 나와 함께 동 장군한테 가지 않겠나?"

"음…."

여포는 적토마와 금은보화에 정신을 빼앗긴 나머지 이숙의 꾀에 걸려들었다. 그날 밤 이경 때쯤이었다. 여포는 칼을 차고 정원의 장막 안으로 들어가 한 칼에 정원을 베어 죽였다.

워낙 갑작스럽게 일어난 일이라 정원은 손 한번 쓰지 못한 채 쓰러지고 말았다.

이튿날 여포가 정원의 목을 들고 이숙을 찾아가자 동탁은 이제 두려울 것이 없었다. 동탁이 스스로 전군을 거느리는 영전군사領前軍師가 되고 여포를 기도위 중랑장騎都尉中郎將 도정후都亭侯에 봉했다. 동탁은 궁중에서 큰 잔치를 베풀고 다시 여러 대신을 초청해 황제를 폐한 후 진류왕을 황제의 자리에 앉혔다. 동탁의 위세에 눌려 감히 숨도 제대로 못 쉬는 대신들 중 중군교위 원소만 자리를 박차고 뛰쳐나갔다.

새로 보위에 오른 진류왕 협은 자는 백화伯和요, 영제의 둘째 아들로 하 태후에게 독살당한 왕미인의 아들이니 그가 바로 후한의 마지막 황제인 헌제獻帝였다. 이때 그의 나이 겨우 아홉이었다. 동탁은 연호를 초평初平 원년이라 고치고 스스로 상국相國(정승)의 지위에 오른 후 이유를 보내 하 태후와 폐제를 죽여 없앴다.

하 태후와 소제, 당비를 죽인 이후 동탁의 무도함은 극에 달했다. 매일 밤 궁에 들어가 궁녀들을 번갈아 욕을 보이는가 하면 무엄하게도 용상龍牀에 올라 잠을 갔다. 조정 대신들 중 중랑장 오부가 기회를 노리다가 단도를 빼들고 동탁을 죽이려다가 오히려 죽임을 당했다.

그러던 어느 날, 궁중의 별당에 들어선 사도 왕윤은 모여 있는 백관들을 찬찬히 둘러보았다. 마침 동탁의 사람들은 보이지 않고 믿을만한 대신들뿐이었다. 왕윤이 자신의 생일이라고 속이고 대신들을 집으로 청했다.

이윽고 술이 몇 순배 돌자 왕윤이 입을 열었다.

"고조高帝께서 천하통일을 이룩한 지 사백 년, 오늘날 그 사직이 동탁의 손에 넘어갔으니 이 일을 어찌하면 좋겠소?"

왕윤의 말에 그곳에 모인 사람들이 일제히 목을 놓아 통곡했다.

그때 좌석의 맨 아래쪽에서 박장대소하는 사람이 있었다. 백관들이 깜짝 놀라 그곳을 바라보니 바로 효기교위 조조였다.

"조정의 여러 공경대부公卿大夫께서는 밤낮을 가리지 않고 울고만 계실뿐 동탁을 물리칠 계책이 없는 것이 우스웠을 뿐이오."

"그럼 동탁을 죽일 계책이라도 있다는 말인가?"

"이 조조操가 요즈음 동탁에게 몸을 굽혀 가까이 섬기는 것은 실로 그를 한 칼에 없앨 기회를 엿보기 위함이었소. 이제는 동탁도 저를 믿어 저는 언제든 그를 가까이 할 수가 있소."

"아니, 맹덕은 벌써부터 그러한 결심을 하고 있었단 말이오?"

백관들은 하나같이 희색이 만면했다.

조조가 왕윤을 향해 정색을 하고 허리를 굽히면서 말했다.

"왕공의 가문에는 옛날부터 칠보七寶를 아로새긴 명검이 전해
온다는 소문을 들었소이다. 그 명검을 잠시 빌려 주시면 승상부
丞相府로 들어가 동탁을 찔러 죽이겠소."

"맹덕이 그렇게만 해준다면 어찌 한 자루의 칼을 아끼겠소."

왕윤은 친히 술잔을 따라 조조에게 권한 뒤 가신에게 명해
칠보검을 가져오게 하여 조조에게 주었다.

다음 날 조조는 왕윤에게서 받은 칠보검을 차고 여느 때와
같이 승상부에 등청했다. 조조는 즉시 서원으로 가서 동탁에게
문안 인사를 올렸다. 동탁은 침대 위에 비스듬히 누워 쉬고 있
고, 곁에는 여포가 칼을 찬 채 서 있었다.

"맹덕은 오늘 어찌 이렇게 늦었는가?"

"제 말이 늙어 걸음이 더딘 탓에 늦었습니다."

그러자 동탁이 고개를 돌려 여포를 돌아보며 말했다.

"봉선이 네가 가서 얼마 전 서량에서 진상한 말 한필을 골라
맹덕에게 주도록 하라."

여포가 동탁의 말을 듣고 밖으로 나갔다.

조조가 급한 마음을 억누르며 기회를 엿보는데 몹시 비대한
동탁이 같은 자세로 오래 누워있기가 거북한 듯 반대편 벽을
향해 돌아누웠다. 조조는 재빨리 칠보검을 뽑아 들고 동탁에게
다가가려 했다. 그러자 칼날의 광채가 동탁의 돌아누운 벽에 걸
린 거울에 반사되어 아지랑이처럼 반짝 빛났다. 동탁이 거울로
그걸 보고 깜짝 놀라 급히 몸을 돌리며 날카로운 눈으로 조조
를 쏘아보며 물었다.

"맹덕, 지금 무얼 하는가?"

그때 밖에서 여포가 말을 끌고 들어오는 기척이 났다. 조조는 내심 크게 당황했으나 마음을 가다듬고 태연한 얼굴로 칼을 동탁에게 바쳐 올리며 말했다.

"제가 며칠 전 드물게 보는 명검을 한 자루 구했습니다. 승상께서는 항상 소인을 아껴 주시어 작은 정성이오나 이 검을 바치오니 받아주시기 바랍니다."

"음…."

칠보로 장식된 칼을 보고 있는 사이 조조가 동탁에게 천연덕스럽게 청했다.

"상국께서 주신 명마이니 한번 타 보았으면 합니다."

조조가 자기가 준 말에 흡족해하자 동탁도 기뻐하며 말고삐에 안장을 얹어 주게 했다. 말 등에 훌쩍 오른 조조는 갑자기 말 등에 채찍을 가해 나는 듯이 달아났다. 조조가 말을 몰아 나간 지 한 식경이 지나도 돌아오지 않자 그제야 동탁은 조조에게 속은 것임을 알았다.

"내가 속았구나. 방문을 붙여 조조를 사로잡도록 하라."

동탁의 명에 따라 포고문을 지닌 군졸들이 각처로 달려갔다.

한편 기지로 궁을 빠져 나와 낙양을 뒤로한 채 준마에 채찍을 가한 조조는 초군礁郡의 중모현中牟縣에 이르렀을 때 제대로 손도 써보지 못한 채 관문을 지키는 군사에게 어이없이 사로잡혔다. 관문의 군사들은 조조를 묶어 현령에게 끌고 갔다. 현령은 그가 한눈에 조조임을 알아보았다. 그날 밤이었다. 누구인지 알 수는 없으나 조조가 갇힌 함거로 다가오는 발자국 소리가 들렸다. 조조가 고개를 들어보니 낮에 사로잡힌 자신을 함거에 가두게 한 바로 그 현령이었다.

"그대는 동탁 상국에게 중용重用되었다고 들었는데 어찌하여 스스로 화를 자초했는가?"

"제비나 참새 따위가 어찌 봉황의 큰 뜻을 알겠느냐. 어서 동탁에게 끌고 가 상금이나 받으라."

"조공, 나를 너무 가벼이 보지 마시오. 나 역시 하늘에 뻗치는 큰 뜻을 품고 있으나 이제까지 섬길만한 주인을 못 만나 허송세월하는 것이 한탄스러울 따름이오."

현령은 손수 함거의 자물쇠를 열고 조조의 결박을 풀어준 후 상좌에 앉게 하고 넙죽 절을 올렸다.

"저의 성은 진陳이며, 이름은 궁宮, 자는 공대公臺라고 합니다. 조공의 충의에 감복해 따르고자 하니 부디 물리치지 마십시오."

조조는 사지에서 벗어났을 뿐만 아니라 뜻하지 않은 곳에서 동지를 얻으니 기쁨을 감출 길이 없어 그의 두 손을 꼭 잡았다. 그날 밤 진궁은 조조와 함께 나는 듯이 말을 몰았다. 밤낮으로 쉬지 않고 달린 두 사람은 사흘째 되는 날 해질 무렵쯤 성고成皐라는 고을로 들어섰다. 조조가 채찍으로 숲을 가리키며 말했다.

"이 마을에는 성은 여呂, 이름은 백사伯奢라는 분이 계신데 선친과는 형제처럼 가깝게 지내 온 분이오. 오늘 밤은 그 댁으로

가 묵도록 합시다."

두 사람이 여백사의 집으로 들어가자 여백사는 뜻밖의 손님에 놀라면서 두 사람을 반갑게 맞아들였다.

"누추하나마 오늘 밤은 여기서 편안히 묵으시오. 마침 집 안에 술이 없으니 좋은 술을 받아 오리다."

여백사는 나귀를 타고 총총히 집을 나갔다.

그러나 술을 사러 간 주인은 한참을 기다려도 돌아오는 기척이 없었다. 시간이 흘러 초경쯤 되었을 때, 어디선가 이상한 소리가 들려왔다.

"죽이자면 묶는 편이 좋겠지요?"

문득 낮은 목소리로 주고받는 말소리가 들려왔다.

"놓치지 않으려면 묶어야지."

'오냐. 우리들을 이 방에 가두어 놓고 해치려는 계획이구나. 그렇다면 우리가 먼저 선수를 치자.'

두 사람은 칼을 빼들고 갑자기 뛰쳐나가 놀라는 가족들과 하인들을 닥치는 대로 베니 모두 여덟 명이나 죽였다.

조조는 또 숨어 있는 사람이 없나 하여 부엌을 들여다보았다. 그런데 그곳에 돼지 한 마리가 묶여 있는 것이 아닌가!

"아뿔싸!"

돼지를 잡으려고 칼을 갈고 있던 사람을 의심한 나머지 모두 죽여 버린 것이었다. 두 사람은 서둘러 말을 타고 여백사의 집을 떠났다. 그들이 말을 달려 두어 마장(리)쯤 갔을 때였다. 술을 사러 갔던 여백사가 나귀를 타고 이쪽으로 다가오고 있는 것이 보였다. 술단지 두 개가 얹혀 있고, 손에는 과일과 채소가 들려 있었다. 조조는 재빨리 칼을 뽑아 여백사를 베어 버렸다.

"좀 전에는 실수였지만 이번에는 왜 죽였소?"

진궁이 못마땅하다는 듯 조조에게 물었다.

"차라리 내가 세상 사람들을 저버릴지언정 세상 사람들이 나를 저버리게 할 수는 없소."

결코 남에게 배반당하지 않겠다는 조조의 차가운 대답에 진궁은 크게 당황했다.

'이 사람은 천하 만민을 구원하려는 사람이 아니라 천하를 빼앗으려는 사람이었구나.'

낙담한 진궁은 그날 밤 잠든 조조를 죽이려다 그만두고 홀로 길을 떠났다. 조조가 잠에서 깨어 보니 진궁이 보이지 않았으나 더이상 머뭇거릴 수도 없어 말을 달려 고향인 하남 위홍魏弘 진류陳留 땅에 당도했다.

고향에 이른 조조가 아버지 조숭의 친구인 거부巨富 위홍에게 군자금을 청하자 위홍은 흔쾌히 승낙했다. 군자금이 마련되자 조조는 의병을 모집하는 거짓 조서를 만들어 각 고을마다 띄웠다. 또한 기장이 길고 폭이 좁은 흰 기에 '충의忠義'라고 쓴 깃발을 자신의 집 뜰에 세워 두었다.

며칠이 안 되어 인근 마을 장정들과 향사鄕士들이 꾸역꾸역 몰려들었다. 조조에게 맨 먼저 달려온 사람은 양평 위국의 악진樂進으로 천여 명을 이끌고 왔다. 이어 산양의 거록에서 이전李典이, 패국초군의 하후돈夏侯惇, 하후연夏侯淵 형제가 군사 삼천을 이끌고 왔다. 또한 조인曺仁·조홍曺洪 외에 서주자사 도겸陶謙, 서량태수 마등馬騰, 북평태수 공손찬, 북해태수 공융孔融 등의 호걸들이 수천수만의 군사를 거느리고 달려왔다.

원소를 비롯한 의군은 도착순으로 제1진에서 17진까지 편성되었는데 모두 하나 같이 만 명 이상의 군사를 거느리고 있었다. 그런데 14진의 대장 북평태수 공손찬이 조조의 조서를 받고 군사 만 오천을 거느리고 평원현平原縣에 이르렀을 때였다. 길가의 뽕나무 숲속에서 황색 깃발을 펄럭이며 그를 맞는 한 떼의 군마가 있었다. 공손찬이 맨 앞의 장수를 보니 평원현령 유비였다. 유비 일행도 조련시킨 군사를 이끌고 공손찬을 따라 조조의 의군에 가담하게 되었다.

17로 제후들과
서로의 수 싸움

조조가 각처에서 몰려든 제후를 맞으며 진영을 배치하니 길게 줄을 이은 대열이 삼백 리나 이어졌다. 전국에서 모여든 제후들이 십팔 개국에 이르고 군사가 이십 만이었다. 조조가 제후들을 청해 크게 잔치를 열고 맹주盟主로 원소를 천거하자 제후들이 모두 찬동했다. 대장군 원소는 장사태수 손견을 선봉으로 삼았다. 명을 받은 손견이 본부 군마를 거느리고 낙양 동쪽에 있는 사수관泗水關을 향해 출동했다.

한편 권세를 움켜쥔 뒤 날마다 잔치를 열어 술을 마시고 있던 동탁은 관문에서 날아온 급보를 받고 크게 놀랐다.

"아버님, 그까짓 조조나 원소 따위의 군대는 제게는 한갓 허수아비일 따름입니다. 제후들의 목을 모조리 베어 도성 문에 높이 매달겠습니다."

여포의 말에 동탁이 크게 기뻐하며 껄껄 웃었다.

"봉선이 있기 때문에 내가 베개를 높이고 편안히 잠을 잘 수 있겠구나."

그때였다. 징수들 중 한 사람이 앞으로 나서며 우렁찬 목소리로 외쳤다.

"그까짓 닭을 잡는 데 어찌 소 잡는 칼을 쓰겠습니까? 제가 가서 주머니 속의 물건을 꺼내듯 제후들의 목을 베어 오겠습니다."

키가 구 척이요, 호랑이 같은 우람한 어깨에다 이리의 허리, 표범의 머리에 원숭이의 팔을 지닌 장수였다. 관서 태생으로 이름은 화웅華雄이라 했다. 동탁은 화웅의 의기를 보고 오만의 병력을 주어 사수관으로 출진하게 했다.

이때 연합군의 선봉인 손견의 후진에는 제북濟北 상相인 포신鮑信이 진을 치고 있었다. 그는 손견이 의병의 선봉장이 되자 공을 빼앗기게 된 것을 못마땅하게 여겨 은밀히 아우인 포충에게 먼저 공을 세우게 했으나 화웅은 포충을 한칼에 베어 죽였다.

한편 손견은 이 사실을 모른 채 정공법正攻法을 펴 곧장 사수관의 정면으로 밀고 들어갔다. 손견은 사수관으로 갈 때 날랜 네 사람의 장수를 앞세웠다.

화웅은 사수관 안으로 군사를 물린 후 관의 문이란 문은 전부 닫아 버렸다. 뒤이어 손견의 군사가 관으로 덮쳐들자 문루에서 돌·철궁·불화살 등이 빗발치듯 퍼부었다. 어찌해 볼 도리가 없었던 손견이 군사를 물린 후 양 진영은 한동안 대치 상태가 지속되었다. 손견은 원술에게 양초糧草(군량과 말먹이 풀)를 보급해 줄 것을 청했다. 그러자 손견에게 원한을 품고 있던 원술의 심복 중 한 사람이 원술에게 속닥거렸다.

"손견은 강동江東의 호랑이입니다. 그를 선봉으로 삼아 낙양을 함락시키고 동탁을 제거한다 하더라도 그것은 이리를 쫓은 다음 호랑이를 맞아들이는 꼴이 될지도 모릅니다."

원술은 그 말을 듣고 적당히 핑계를 대며 양초를 끝내 보내지 않았다.

한편 화웅이 거느린 동탁군은 염탐꾼을 풀어 손견군의 이러한 동정을 살핀 후 밤이 되자 기습을 감행했고 사기가 떨어진 손견군은 제대로 싸울 생각도 못하고 허둥대며 달아나기에 바빴다. 부하 장수 정보와 황개 등도 난전 속에서 뿔뿔이 흩어져 보이지 않았다. 손견이 진지에서 말을 채찍질해 달아나자 조무祖茂만이 손견의 곁을 떠나지 않고 뒤따랐다.

기세가 오른 화웅이 손견의 뒤를 따르며 외쳤다.

"손견은 도망가지 말고 게 섰거라!"

손견은 말을 달리며 얼른 화살을 손에 잡았다. 두 번이나 화살을 쏘았으나 모두 화웅이 몸을 피했다. 다급해진 손견은 세 번째 화살을 당겼으나 너무 세게 당겼는지 활이 두 동강 나며 뚝 부러졌다. 손견은 부러진 활을 버리고 말 머리를 돌려 달아날 수밖에 없었다. 그런데 손견의 투구 위에 쓴 빨간 두건이 적의 표적이 되었다. 그러자 조무가 손견의 투구와 바꿔 쓰고 좌우로 갈라져 말을 달리다 화웅의 칼에 목이 달아나고 말았다. 손견은 이십 리쯤 길을 갔을 때야 겨우 흩어졌던 정보·황개·한당 등의 휘하 장졸들을 만날 수 있었다.

한편 후방의 본진에 있던 원소는 연이어 날아드는 패전 소식에 크게 당황하고 있었다.

"손견도 화웅에게 패했으니 이를 어떻게 하면 좋겠소?"

그러나 기세등등한 적군의 위세와 적장 화웅의 만부부당萬夫不當한 용맹에 눌렸음인지 제후 모두 꿀 먹은 벙어리였다.

이때 화웅의 선봉은 어느새 원소군의 본진까지 육박해 오고 있었다.

원소가 좌중을 둘러보며 말했다.

"누구 저들을 막을 자가 없소? 누가 한번 싸워 보겠소?"

"소생이 한번 가보겠습니다."

원술이 총애하는, 용맹이 뛰어난 장수 유섭이었다.

원소가 기뻐하며 그에게 술 한잔을 내렸다. 유섭은 단숨에 술을 들이켠 후 말을 몰아 달려 나갔으나 화웅과 겨룬 지 삼 합이 못되어 죽고 말았다. 이어 다른 장수들도 달려 나간 지 얼마 되지 않아 화웅의 칼에 당하고 말았다.

원소가 크게 한탄하며 말했다.

"이 자리에 모인 이 많은 제후의 신하 중 화웅을 칠 만한 장수 한사람이 없다니……."

그때였다.

"제가 화웅의 목을 베어 당하에 바치겠습니다."

모두 놀라 목소리를 좇아 좌석의 맨 끝으로 고개를 돌렸다. 키가 구 척이 넘었고 수염은 허리까지 늘어졌는데 봉의 눈에 누에 같은 눈썹이 꿈틀거리는 듯했다.

"저 장수는 누구인가?"

"유현덕의 아우, 관우라고 합니다."

"지금 어떤 벼슬을 지내고 있소?"

"유현덕 휘하의 마궁수로 있습니다."

이 말을 들은 원소의 아우 원술이 벌컥 화를 냈다.

"일개 마궁수 따위가 어찌 제후들 앞에서 큰소리를 치느냐, 썩 물러나지 못하겠느냐!"

이때 조조가 원술을 가로막고 나섰다.

"잠깐 기다리시오. 만일 패하고 돌아오면 그때 벌을 내려도 늦지 않을 것이오."

조조가 이렇게 말했어도 원소가 머뭇거리자 관우가 다시 입을 열었다.

"화웅의 목을 베지 못한다면 내 목을 바치겠소."

관우가 말을 타려 하자 조조가 뜨거운 술을 한잔 가득 부어 권했다.

"화웅의 목을 베고 와서 마시겠습니다."

관우는 청룡언월도를 비껴들고 몸을 날려 말에 올랐다.

관우가 적진으로 달려 나간 지 얼마 되지 않아 군사들이 일제히 북과 징을 울리며 함성을 지르니 하늘과 땅이 온통 무너지는 듯했다.

잠시 후 말방울 소리가 절렁절렁 울리더니 말 한 필이 들어서는데 보니 그 위에 관우가 타고 있었다. 관우는 화웅의 목을 땅위에 내팽개치더니 조금 전에 따라놓아 아직 식지 않은 술을 마셨다. 관우가 적장 화웅의 목을 베어 오자 조조는 뛸 듯이 기뻐했다.

한편 화웅이 죽자 동탁은 대경실색하며 여포와 이유를 불러대책을 상의한 끝에 이십만 대군을 일으켜 두 갈래로 나누어출동시켰다. 그리고 이어 이각과 곽사에게는 군사 오만을 주어한발 앞서 진군케 한 뒤 동탁이 도착할 때까지 나가 싸우지 말고 사수관을 지키기만 하라는 엄명을 내렸다.

그리고 자신은 십오만 대군을 거느리고 낙양에서 남쪽으로오십여 리 떨어진 호뢰관虎牢關에 주둔하고 여포에게는 군사 삼만을 주어 관 앞에 대채大寨를 세워 지키게 했다.

원소는 하내태수 왕광, 동군태수 교모, 산양태수 원유, 북해태수 공용, 상당태수 장양, 서주자사 도겸, 북평태수 공손찬 등8로 제후들을 호뢰관으로 보내고 나머지 제후들에게는 그대로사수관을 공격케 했다.

그러나 여포를 맞아 싸운 연합군의 장수들은 여포의 방천화극에 추풍낙엽처럼 목이 떨어졌다. 여포가 공손찬의 진영에 이르자 공손찬이 난전 속에서 창을 들고 여포를 맞았지만 당하지 못하고 달아났다.

여포가 하루에 천 리를 달린다는 적토마를 채찍질해 공손찬의 등 뒤까지 바짝 다가가 화극으로 찌르려는 찰나였다. 한 장수가 눈을 부릅뜨고 호랑이 수염을 사납게 곤두세운 채 일 장 팔 척 장팔사모를 치켜들고 여포를 가로막으며 벽력같이 호통쳤다.

"아비를 세 번씩이나 바꾼 쓸개 빠진 종놈아! 연인燕人(연나라 사람) 장비가 여기 있다."

장팔사모와 방천화극이 일진일퇴를 거듭하며 어우러졌다. 그때 관우가 말에 채찍질을 가해 말을 몰았다. 팔십 근 청룡언월도를 서릿발처럼 휘두르고 전포자락을 휘날리며 내달린 관우는 여포를 협공했다. 유비도 마치 하늘이라도 가를 듯 쌍고검을 휘두르며 여포를 향해 달려 나갔다. 아무리 천하의 여포라지만 그렇게 되자 더 이상 버티지 못했다.

"뒷날 다시 만나 싸우자!"

여포는 가까스로 몸을 빼 자신의 공격을 피한 유비를 뒤로하고 말 머리를 돌려 방천화극을 휘두르며 나는 듯이 호뢰관 쪽으로 달아났다.

동탁이 호뢰관 싸움에서 패해 화를 삭이지 못하고 씨근덕대자 모사 이유가 말했다.

"적의 세력이 강성해 낙양을 지켜내기가 어려울 것 같으니 낙양을 버리고 도읍을 장안長安으로 옮기시는 것이 어떻겠습니까?"

"천도遷都하란 말이냐?"

그날 밤 여포와 함께 군사를 돌려 낙양으로 돌아 온 동탁은 문무백관을 조당에 모아 놓고 천도할 뜻을 밝혔다. 동탁이 갑자기 도읍을 옮기려 하자 백관들은 물론 백성들이 놀라 동요할 것이라며 반대했다. 동탁은 반대하는 대신들의 목을 베거나 관직을 삭탈해 내쫓게 한 후 천도하라는 명을 내렸다. 동탁은 낙양의 수천부호들의 재산을 빼앗았다. 동탁이 낙양을 버리고 장안으로 떠났다는 소식을 접하게 된 제후들은 군사를 거느리고 낙양성으로 들어갔다.

낙양에 진을 친 뒤 조조가 원소에게 말했다.

"동탁은 재물을 실은 수많은 수레며 부녀자들을 대동하고 있어 행려行旅도 느리고 사기도 크게 떨어져 있을 것이오. 이런 좋은 기회를 놓치지 말고 추격해 동탁을 사로잡는 것이 어떻겠소?"

"지금 연이은 싸움으로 병마는 지쳐 있소. 낙양을 점령했으니 이삼 일 휴식할까 하오."

조조는 그 말을 듣더니 결연히 자리를 박차고 일어나 진영으로 들어가 하후돈 등의 장수와 함께 군사 만 명을 이끌고 동탁의 뒤를 쫓았다.

동탁은 즉시 서영을 불러 이유에게 조조군을 막게 하고 여포에게도 따로 정병 삼만을 주어 추격해 오는 조조군을 막게 했다. 조조는 군사를 휘몰아 갔으나 세 방면에서 쳐들어오는 여포·이각·곽사의 군대를 대적하기에는 중과부적이었다. 더욱이 여포를 당해내지 못한 하후돈이 말 머리를 돌리자 여포는 승기를 잡아 그를 급히 추격했다. 한번 밀리기 시작한 조조의 군사는 걷잡을 수 없이 무너져갔다. 조조는 말 머리를 돌려 달아나다가 오히려 매복해 있던 서영과 정면으로 맞닥뜨렸다.

매복해 있던 서영의 군사들 중 한 무리가 일시에 쏟아져 나와 창으로 찌르자 조조의 말이 창에 찔렸다. 말이 울부짖으며 앞다리를 들고 곧추서자 조조는 말 등에서 땅바닥으로 굴러 떨어졌다.

이때 조조의 아우 조홍이 난군難軍 속에서 가까스로 목숨을 건져 홀로 산중을 헤매다 적군의 고함 소리를 듣고 급히 달려왔다. 말과 함께 쓰러져 있는 조조에게 서영의 군사들이 달려들려는 순간이었다. 깜짝 놀란 조홍이 바람같이 달려가 한 군사는 뒤에서 칼로 후려치고, 덤벼드는 또 한 군사는 정수리를 쳐 거꾸러뜨렸다.

조조는 저승길에서 부처라도 만난 듯 반가웠으나 몸에 이미 화살을 맞아 상처를 입고 있어 추스를 수가 없었다.

"나는 이제 틀렸다. 아우나 빨리 이곳을 빠져 나가거라."

"천하를 위해 이 홍은 없어도 되지만 형님은 아니 됩니다."

조홍이 그렇게 말하자 조조도 힘을 얻은 듯 몸을 일으켰다.

하늘이 도왔음인지 위기일발의 사지死地에서 벗어난 조조 일행이 한참을 달리고 있는데 또 한 떼의 군마가 다가왔다. 조조가 놀라 그들을 자세히 살펴보니 다행히 그들은 조인·이전·악진 일행이었다. 조인 등은 조조가 무사한 것을 보고 눈물을 흘리며 기뻐했다. 조조는 일단 하내군河內郡으로 피신해 후일을 도모하기로 했다.

한편 낙양은 아직도 검은 연기와 희뿌연 먼지로 가득 차 있었다. 제후들은 제각기 진영을 정하고 군사를 풀어 불을 끄며 시가를 정돈했다. 제일 먼저 낙양으로 들어온 손견은 옛 조정의 건장전健章殿 터에 군막을 치고 폐허가 된 궁궐을 대대적으로 손보기 시작했다.

그날 밤 손견에게 종자從者 한 사람인 정보가 손가락으로 가리키며 외쳤다.

"건장전 남쪽 우물 속에서 오색이 영롱한 빛이 뻗쳐오릅니다."

손견이 횃불을 밝히고 우물 속을 살펴보게 하자 우물 속으로 들어간 종자가 잠시 후 한 여인의 시체를 건져 올렸다. 여인의 목에 자그마한 비단주머니 하나가 걸려 있었는데 그 속에 주홍빛이 감도는 작은 상자가 있고 상자 속에는 도장이 한 개 있었다. 그 도장은 전국傳國의 옥새玉璽였다.

"이곳에 오래 머물러 계실 것이 아니라 급히 강동으로 돌아가셔서 대사를 도모하시는 것이 좋을 듯합니다."

일찍부터 손견의 야심을 알고 있던 정보의 거리낌 없는 진언을 들은 손견은 이 사실을 비밀에 붙였다. 다음 날 손견은 지체하지 않고 군사를 거두어 강동으로 떠났다.

뒤늦게 손견이 옥새를 가지고 군사를 이끌어 자기 고향으로 돌아갔다는 것을 안 원소는 크게 노해 형주자사 유표劉表에게 밀서를 보내 옥새를 뺏게 했다.

한편 동탁을 뒤쫓다 간신히 목숨을 구한 조조가 낙양에 당도하니 여러 제후가 소연小宴(작은 잔치)을 베풀고 조조를 대접하며 위로했다. 몇 순배의 술이 돌자 조조가 분연히 입을 열었다.

"동탁이 장안으로 떠날 때 추격하면 얼마든지 그를 잡을 수 있었소. 그러나 제공들께서는 주저하며 뒤쫓지 않았으니 어찌 한탄할 일이 아니오."

원소를 비롯한 제후들은 어느 누구도 입을 열지 못했다.

'원소를 비롯한 제후들이 서로 각기 엉뚱한 뜻을 품고 있어 함께 큰일을 도모하지 못하겠구나.'

조조는 생각이 이에 미치자 지체하지 않고 남은 군사를 수습해 양주楊洲를 향해 떠났다. 그 무렵 손견은 고향 땅 강동을 향해 가던 도중 형주자사 유표를 만나 군사 태반을 잃고 강동으로 달아났다. 그러나 손견의 품속에는 전국의 옥새가 타오르는 그의 야망과 함께 깊숙이 간직되어 있었다.

그 무렵 낙양의 진중에서는 동군태수 교모喬瑁와 연주자사 유대劉岱가 군량미로 인한 싸움을 벌이고 있었다. 오랫동안 군사를 거느리다 보니 가장 큰 문제가 군량軍糧이었다. 낙양에 둔병屯兵한 이후 제후들끼리 군량미를 약탈하는 일이 일어나자 서로 의심하고 경계하기에 이르렀다. 그러자 기주冀州목사 한복韓馥이 원소에게 군량미를 보내 군용에 보태 쓰게 했다.

이때 모사 봉기逢紀가 조용히 원소에게 진언했다.

"기주는 땅이 넓고 곡식과 물자가 풍부하니 차제에 기주를 취해 장래의 발판으로 삼아야 합니다."

원소는 그 말에 기주를 차지하기로 하고 봉기의 계책에 따르기로 했다. 원소는 북평태수 공손찬에게 함께 기주를 쳐 나누어 갖자는 밀서를 보냈다. 공손찬은 이 밀서를 받고 크게 기뻐했다. 기주는 공손찬이 이전부터 탐내고 있던 땅이었으나 한때 동지였던 한복이 태수로 있는 터라 주저하던 중이었다. 공손찬은 즉시 군사를 일으킬 준비를 서둘렀다. 원소는 다시 공손찬이 기주를 취하기 위해 군사를 이끌고 온다는 밀서를 한복에게도 보냈다.

한복은 밀서를 보고 크게 놀라 신하들과 더불어 대책을 의논한 뒤 원소에게 구원을 청했다. 마침내 원소는 위풍당당히 기주성에 입성해 기주를 차지해 버렸다.

한편 공손찬은 뒤늦게 기주가 이미 원소의 손아귀에 들어간 것을 알고 아우 공손월을 원소에게 보내 약속대로 기주 땅 반을 달라고 요구했다.

그러나 사신으로 갔던 공손월은 원소에게 목이 떨어지고 말았다. 공손찬은 대로해 전군에 출동을 명했다. 양군은 반하磐河를 사이에 둔 채 진을 치고 싸움을 시작했다.

원소의 휘하에 있던 맹장 문추文醜에게 패해 달아나던 공손찬은 벼랑 아래로 굴러 떨어졌다.

'이젠 끝이로구나.'

공손찬이 사력을 다해 허리의 장검을 뽑아들고 가까스로 일어서려 할 때였다. 별안간 언덕 위에서 뛰어내린 한 젊은 장수가 공손찬을 쫓는 문추의 앞을 가로막으며 장창을 겨누었다.

"문추는 내 창을 받으라!"

문추의 창에서 몸을 피한 공손찬이 정신을 차려 자기를 구하려는 장수를 바라보니 키가 팔 척에 떡 벌어진 어깨가 한눈에 들어 왔다. 공손찬이 간신이 몸을 일으키며 보니 젊은 장수가 문추와 맞서 물러섬 없이 당당히 싸우고 있었다. 문추는 공손찬의 휘하 장수들이 가세하며 공격해 오자 말 머리를 돌려 자기 진영으로 말을 몰았다. 공손찬은 뒤이어 달려온 구원군 덕에 목숨을 구한 뒤 젊은 장수에게 인사를 청했다.

"장군의 높은 성함을 듣고 싶소."

"저는 상산常山, 진정眞定 땅 사람으로 성은 조趙, 이름은 운雲이요, 자는 자룡子龍이라고 합니다. 본디 원소의 휘하에 있었습니다만 원소에게 충군구민忠君救民(나라에 충성하고 백성을 구함)의 마음이 없음을 보고 그를 떠나 장군을 찾아가는 길이었습니다."

공손찬은 조운을 치하한 후 함께 자기 진영으로 돌아와 군사를 수습했다.

다음 날 공손찬은 반하교로 나아가 군사와 철기병鐵騎兵을 좌우로 나누어 진을 치게 했다. 그 형세는 새가 날개를 편 듯했다. 원소는 강 건너편 언덕에서 멀리 적진을 바라보고 있었다. 공손찬이 좌우로 나누어 진을 편성하자 이쪽도 선봉을 두 대隊

로 나누어 포진시켰다. 그리고는 하북의 명장 안량·문추 두 장수를 선봉으로 삼고 궁노수弓弩手(화살을 연달아 쏘는 일을 맡았던 군사) 천 명씩을 각각 나누어 공손찬의 기마대 공격을 막게 했다. 이윽고 양군은 일진일퇴를 거듭하며 싸웠으나 안량·문추의 좌우협공에 공손찬은 황급히 말 머리를 돌려 달아났다.

그러나 공손찬의 진중에서 한 진만은 그 아수라장 속에서도 꿈쩍도 않고 있었다.

이날 양군의 접전은 실로 일진일퇴의 공방을 거듭했다.

조자룡의 활약으로 그나마 꺼져가던 대세를 만회한 공손찬이 본진에서 겨우 숨을 돌리고 있을 때였다. 느닷없이 원소가 일시에 군사를 몰고 쳐들어왔다. 군사를 추스를 여유가 없었던 공손찬은 급히 말을 재우쳐 달아났다.

원소가 공손찬을 추격해 오 리쯤 달렸을 때, 돌연 산모퉁이에서 함성이 일며 한 무리의 군마가 짓쳐 나왔다.

"원소야, 게 섰거라. 평원의 유비 현덕이 여기 왔다!"

공손찬이 원소와 싸운다는 소식을 듣고 공손찬을 도우려고 달려오던 도중 원소를 만나게 된 유비였다. 원소는 혼비백산해 손에 들었던 보검마저 땅에 떨어뜨린 채 허둥지둥 달아나기에 바빴다.

원소의 군사가 대패해 달아나자 공손찬은 본래의 진영에 다시 진을 치고 군사를 수습했다.

공손찬은 유비를 진중으로 이끌어 정중히 치하하고 조운을 유비에게 소개했다. 공손찬은 문추에게 쫓겼을 때부터 조운이 보여준 눈부신 활약과 뛰어난 용병用兵, 그리고 그 인품을 자세히 유비에게 들려주었다.

원소와 공손찬이 일진일퇴를 거듭하며 싸운다는 소식은 곧 장안의 동탁에게도 전해졌다.

어느 날 모사 이유가 찾아와 고했다.

"천자의 조칙詔勅을 보내 두 사람을 화해시키십시오. 화해를 권하면 기뻐하며 응할 것입니다. 그렇게 되면 승상의 권위를 만천하에 높이게 되고 승패 없는 괴로운 싸움을 피하게 된 두 사람은 승상께 감화되어 자연히 따르게 될 것이옵니다."

동탁이 듣고 보니 그럴듯한 말이었다. 동탁은 곧 조칙을 보내 화해를 권했다.

두 사람의 화해는 쉽게 이루어졌다. 천자의 명을 받든다는 명분을 내세웠으므로 두 사람은 거리낄 것이 없었다.

그 후 공손찬은 장안으로 감사의 표문表文을 올리면서 유비 현덕을 평원平原의 상相(태수)으로 봉하기를 원한다는 표를 상주上奏했다. 동탁은 공손찬의 표에 대해 선선히 승낙했다.

유비가 평원으로 떠나기 전 조운이 찾아와 함께 평원으로 가기를 청했으나 유비가 뒷날을 기약하며 헤어졌다.

한편 원소의 아우 원술은 그 무렵 근거지인 남양南陽에 있다가 형 원소가 기름진 옥토인 기주를 얻었다는 소식을 듣고 원소에게 말[馬] 천 필을 달라고 요구했다. 그러나 원소는 화가 나서 사자를 나무라며 돌려보냈다. 이에 원술은 이를 갈며 분노했다. 원술 또한 야심을 품고 있었던 터라 그가 거느린 군사가 적지 않았다. 생각다 못한 원술은 가까이에 있는 형주태수 유표劉表에게 사신을 보내 양곡 이십만 섬을 빌려달라고 요청했다. 그러나 유표는 핑계를 대며 원술의 청을 거절했다.

원술은 분한 김에 강동의 손견에게 몰래 밀서를 보냈다.

지난날 유표가 공公의 길을 막고 옥새를 내놓으라고 괴롭힌 것은 다 나의 형 원소가 시킨 것이외다. 형 원소는 또다시 유표와 함께 장군을 공격하기로 은밀히 약조했으니 공은 조속히 거병하여 형주를 취하시오. 나는 장군을 도와 기주를 칠 것이오. 장군이 형주를 얻고 내가 기주를 얻으면 이는 한꺼번에 장군의 두 원수를 갚는 길이 아니겠소. 결코 일을 그르치지 않기를 바랄 뿐이오.

원술이 보낸 밀서를 받아든 손견은 대뜸 거병을 작정했다.

'그렇지 않아도 이를 갈고 있던 중이다. 이제야말로 지난 날 나를 괴롭힌 유표에게 원수를 갚을 기회다.'

손견이 거병을 작정하자 오백여 척의 전선戰船이 언제라도 강을 건널 수 있도록 준비되었다. 손견은 준비가 완료되자 명을 내려 진병進兵케 했다.

손견은 장남 책策과 휘하 장수들을 거느리고 군선軍船에 올라 진군을 시작해 승전을 거듭했다. 손견은 유표의 패잔병을 휩쓸며 양양성 북쪽 한수까지 진격하는 한편 수군水軍은 한수漢水에 머물게 했다.

손견은 양양성을 점령하기 위해 사방으로 군사를 포진시켜 성을 철통같이 에워싸고 공격했다. 그러나 그는 적의 매복 전술에 휘말려 화살을 맞고 바위에 깔려 최후를 맞이했다.

한편 손책은 한수로 철수한 뒤에야 아버지 손견의 죽음을 알았다. 아버지 손견의 시체가 적진에 있음을 알게 된 손책은 사로잡은 적장 황조와 아버지의 시신을 교환한 뒤 군사를 거두어 뱃머리에 조기弔旗를 달고 강동으로 돌아왔다.

이때 그의 나이 열일곱이었다.

손책은 강도江都에 머물면서 어진 선비와 천하의 영웅호걸들을 널리 불러 모으고 세력을 키우기 시작했다.

연환계連環計에 당한
동탁의 최후

이 무렵 동탁의 교만과 횡포는 나날이 심해져 갔다. 그는 상
국에서 태정태사太政太師(황제의 스승)로 앉더니 장안에서 이백오
십 리쯤 떨어진 미오媚塢라는 물 맑고 경치가 빼어난 곳에 성을
쌓게 했다. 미오성에는 열다섯에서 스무 살까지의 미동美童과
미녀美女 팔백을 뽑아 후궁後宮에 머물게 했다. 지난날 낙양의
능침에서 파낸 재물과 보석들도 모두 미오성에 산더미처럼 쌓

아 두고 있었다.

동탁은 마음에 들지 않는 대신은 가차 없이 목을 베는 등 날이 갈수록 잔인무도해졌다.

사도司徒 왕윤王允은 이러한 동탁의 전횡專橫과 악행惡行에 통분을 금치 못하고 있었다. 집에 돌아와서도 왕윤은 무법부도한 동탁에 대한 울분과 고뇌로 잠을 이루지 못했다. 왕윤이 차가운 이마에 손을 얹고 밝은 달을 우러르며 깊은 시름에 잠겨 있을 때, 어디선가 탄식하는 가느다란 흐느낌 소리가 들려왔다.

왕윤은 의심쩍어 주위를 둘러보았다. 연못 건너편에 있는 모란정牡丹亭의 창문에서 달빛에 반사된 가느다란 불빛이 비쳤다.

발소리를 죽이고 슬그머니 다가가 엿보니 정자 안에는 가기歌妓 초선貂蟬이 홀로 앉아 있었다. 가기란 고관의 저택에 양육되면서 손님이 있을 때 연회에 나와 노래를 부르고 춤도 추며 시중을 드는 여종이었다. 콧날이 오뚝하고 파란 빛이 도는 눈을 지닌 그 소녀를 왕윤은 자기 친딸처럼 귀여워하면서 길렀다. 그런 초선도 이제 방년芳年 열여섯의 요조숙녀窈窕淑女로 자라나 자색姿色과 가무歌舞가 빼어난 미인으로 성장하고 있었다. 총명한 초선은 왕윤이 자기를 친딸처럼 아껴 주며 귀여워해 주자 그 은혜를 가슴 깊이 새기고 있었다.

"어찌하여 이 밤중에 탄식하며 홀로 울고 있느냐?"

초선이 깜짝 놀라 자세를 가다듬고 무릎을 꿇었다. 초선은 고개를 숙이며 나지막한 음성으로 말을 이었다.

"근자에 이르러 대감님을 뵈오니 미간에 수심이 떠날 날이 없

는 듯하옵니다. 혹시 천첩이라도 쓰실 곳이 있으시다면 만 번을
죽어도 사양치 않고 이 몸을 던지겠사옵니다."

"음……."

왕윤은 초선에게 자신의 근심을 털어놓았다.

"지금 백성들은 도탄에 빠져 허덕이고 언제 죽을지 모르며,
임금과 신하 사이가 달걀을 쌓아 놓은 듯 위험하기만 하다. 동
탁에게는 여포呂布라는 양자가 있는데 그놈의 무용은 천하에
당할 자가 없구나."

초선은 눈을 초롱초롱하게 뜨고 왕윤이 가슴속에서 토해 내
는 말에 귀를 기울이고 있었다.

"오늘 문득 네 말을 듣고 보니 한 가지 계책이 떠오르는구나.
두 사람을 맞붙게 하는 연환계連環計(36계 중 35번 째)가 그것이다.
먼저 너를 여포에게 시집보내기로 허락한 후 다시 동탁에게 너
를 바치는 것이다. 네가 두 놈 사이에서 서로 반목反目하도록 만
들어 여포로 하여금 동탁을 죽이게 한다면 이는 천하를 구하며
악惡을 없애는 길이 된다. 천하를 바로잡을 길이 그것밖에 없구
나."

"염려 마옵소서. 천첩도 지혜를 다하겠사오며 만약 대의大義
를 이루지 못해 난도질당해 죽어도 후회하지 않을 것이옵니다."

이튿날 왕윤은 가보로 전해져 오던 황금관을 꺼내 세공을 시
켜 칠보七寶로 장식한 후 사람을 시켜 은밀히 여포에게 보냈다.
여포는 용맹이 출중했지만 단순한 사람이었다. 고마움을 표시
하기 위해 즉시 적토마를 타고 왕윤의 집으로 달려갔다.

왕윤은 몸소 문 밖에까지 나가 여포를 반갑게 맞이하며 후당으로 이끈 후 상좌에 앉히고 술과 안주를 차려 대접했다.

몇 순배의 술이 돌고 여포가 웬만큼 취하자 방 밖에서 초선이 들어와 여포에게 술잔을 권했다. 여포는 그런 초선을 황홀한 눈빛으로 바라보고 있었다. 달보다 환하고 꽃보다도 예뻤다. 초선의 움직임에 따라 훈훈한 향기가 코를 스쳤고, 가슴은 마구 뛰었다.

"장군! 이 아이를 장군의 첩妾으로 보낼까 하온데 장군의 의향이 어떠시오?"

여포는 자기 귀를 의심했다. 여포는 그만 자신의 체면도 잊고 황급히 왕윤에게 물었다.

"대감, 그 말씀이 진정이십니까?"

"어느 앞이라고 감히 거짓말을 하겠소."

"초선을 저에게 주신다면 소장은 견마犬馬의 충성으로 왕 사도를 받들어 모시겠습니다."

여포는 꿈인지 생시인지 덩실덩실 춤이라도 추고 싶었다.

그로부터 며칠이 지난 후였다. 왕윤은 조정에 출사해 여포가 보이지 않는 기회를 틈타 동탁을 집으로 초대했다. 왕윤은 산해진미를 장만하게 하고 대청에 연회석을 만들었다.

동탁이 오자 왕윤이 동탁에게 술잔을 올리며 말했다.

"제가 어려서 천문天文을 좀 배웠습니다만, 당금當今의 천문을 보건대 한조漢朝의 운명도 이미 다한 듯하옵니다. 이제 태사의 공덕이 천하에 떨치고 있습니다. 태사께서 순舜이 요堯를 잇고, 우遇가 순舜을 잇듯 한漢을 이어받으신다면 그야말로 천심天心과 민의民意에 합당할 것입니다."

동탁은 흐뭇한 기색을 감추지 못하며 술잔을 맘껏 들이켰다. 왕윤은 접대에 소홀함이 없이 방 안에 촛불을 밝혀 놓고 다시 주안상을 차리게 한 후 입을 열었다.

"마침 저희 집에 제가 기른 가기가 있는데 그 기예가 볼 만하니 한번 보여드릴까 합니다."

왕윤이 주렴珠簾을 올리게 하니 주악奏樂 소리가 은은히 울리는 가운데 시첩에게 에워싸인 초선이 나타나 춤을 추기 시작했다. 경국지색傾國之色의 미인, 초선은 소매를 나풀거리며 교태 어린 몸짓으로 춤을 추었다. 그녀를 위해 사죽관현絲竹管弦의 절묘한 소리가 울려 퍼졌다.

동탁은 초선의 아름다운 모습과 춤 솜씨에 넋을 잃고 바라보았다. 동탁은 홀린 듯 넋을 잃고 있다가 노래가 끝나자 초선의 노래 솜씨를 입에 침이 마르도록 칭찬했다.

"선녀는 바로 이 초선을 두고 하는 말인가 보오."

왕윤이 기다리던 말이라 이때를 놓치지 않고 입을 열었다.

"이 아이를 태사께 바칠까 합니다만……."

동탁의 입이 함박만큼 벌어졌다. 자신이 원하던 바라 귀가 번쩍 뜨이는 말임에 틀림없었다. 왕윤은 즉시 수레를 준비시켜 초선을 먼저 승상부로 태워 보냈다. 초선이 자기의 부중府中으로 가자 동탁도 회가 동해 마음이 급해졌다. 동탁이 몇 순배의 술이 돌자 취기를 핑계로 돌아갈 채비를 차렸다. 왕윤은 말을 타고 동탁의 수레를 따르며 승상부까지 배웅했다. 왕윤이 집으로 돌아오는 길이었다. 저편 어둠 속에 붉은 등불들이 길을 훤히 밝힌 가운데 말발굽 소리도 요란하게 이쪽으로 달려오는 한 무리의 기마대가 있었다. 기마대의 선두에는 적토마를 탄 여포가 있었다.

여포가 왕윤 앞으로 다가오더니 말을 세운 후 대뜸 왕윤의 옷깃을 움켜잡으며 소리쳤다.

"사도가 초선을 수레에 태워 승상부로 들여보냈다고 하던데 그게 대체 어찌된 일이오?"

왕윤은 정색을 하고 말했다.

"사실 그 일은 이렇게 되었소이다. 어제 조당朝堂에 나갔다 태사를 만났소. 그런데 태사께서 이 늙은이를 보시더니 '내가 상의할 일이 있어 내일 사도 댁으로 찾아가겠소.' 하십디다. 그래서 변변치 않은 술자리를 마련해 놓고 기다렸던 것이외다. 태사께서 오시고 술이 몇 순배 돈 후 이 늙은이가 초선을 불러내 태사님께 인사를 시켰습니다. 그러자 태사께서 '오늘이 마침 길일吉日이니 내가 당장 여식을 데리고 가서 봉선과 짝을 지워 주겠소.' 하십디다. 태사님께서 그렇게 말씀하시는데 어느 분부라고 이 늙은이가 감히 거역한단 말이오?"

왕윤의 말을 듣고 보니 여포는 할 말이 없었다. 그토록 씨근덕거리던 숨소리가 금세 수그러들더니 머리를 조아려 사과했다.

다음 날 아침이 되자 여포는 양부인 동탁이 자기를 부르리라 여기며 승상부중을 떠나지 않고 하회를 기다렸다. 그러나 해가 중천에 떠올라도 동탁에게서는 아무런 기별이 없었다.

여포는 기다리다 못해 곧바로 동탁의 침전寢殿으로 갔다.

"태사께서는 기침하셨는가?"

"태사께서는 어젯밤 새로 들어온 어느 여인과 침소에 드신 뒤 아직 기침을 아니하셨습니다."

여포는 그 말을 듣는 순간 눈알이 뒤집히는 듯했다. 여포는 곧장 동탁의 침소가 있는 후당으로 들어가 방 뒤꼍 난간 쪽에 몸을 가린 채 방 안의 동정을 살폈다.

이때 초선이 자리에서 일어나 창문 앞에서 머리를 빗고 있었다. 문득 창밖 연못에 속발관束髮冠(관모)을 쓴 몸집이 큰 사람의 그림자가 어른거리는 게 보였다.

초선이 살그머니 곁눈질해서 보니 그는 바로 여포였다. 초선은 짐짓 눈썹을 잔뜩 찌푸리고 슬픔에 쌓인 표정을 지었다. 그러다 비단 수건으로 연신 눈물을 훔치는 시늉도 해 보였다. 여포는 초선이 슬픔에 싸여 눈물을 흘리는 것을 보자 가슴이 메는 듯했다. 동탁은 그때서야 자리에서 일어나 중당中堂(재상이 정무 보는 곳)에 앉아 있었다.

여포는 곁눈으로 주위를 살폈다. 그때 주렴 안을 서성이던 한 여인이 얼굴을 반쯤 내밀었다. 초선이었다. 여포를 바라보는 초선의 시선에는 그를 향한 애틋한 그리움과 은근한 정이 담겨 있었다. 그런 초선을 바라보는 여포는 마음이 산란해 제 정신이 아니었다. 이때 조반을 들던 동탁이 문득 고개를 들어 그 모습을 보았다.

"별일이 없으면 봉선은 그만 물러가거라!"

동탁은 심상치 않은 여포와 초선의 눈길에 의심이 일며 노기가 치솟았으나 이를 억누르고 말했다.

동탁은 그 후 초선의 미색에 빠져 달포 남짓 그 방에서 나오지 않았다. 그는 밤과 낮을 가리지 않고 초선을 가슴에 품고 탐했다.

어느 날 여포는 동탁이 몸이 불편해 자리에 누워 있다는 말을 듣고 문안차 승상부에 등청했다.

여포가 문안 갔을 때 동탁은 마침 잠들어 있었다. 동탁이 깨어나기를 기다리며 서 있는데, 문득 침상 저쪽에서 초선의 모습이 보였다. 초선은 애처로운 눈빛으로 여포를 바라보았다. 그 모습을 바라보는 여포는 가슴이 찢어지는 듯했다. 이때 잠들었던 동탁이 심상치 않은 느낌이 들었는지 눈을 떴다. 여포가 서 있는 모습을 본 동탁은 정신을 차리며 그를 바라보았다. 그러나 여포가 한 곳으로 정신이 쏠려 바라보고 있자 동탁도 고개를 돌려 그곳을 바라보았다. 침상 저쪽을 바라보니 그곳 휘장揮帳 밖에 초선의 모습이 어른거렸다.

동탁은 불끈 화가 치솟아 호통을 쳤다.

"네 이놈! 감히 내 계집을 희롱하다니!"

여포는 동탁의 호통에 가슴이 철렁 내려앉았다. 여포가 동탁의 호통에 어쩔 줄 몰라 머뭇거리고 있자 동탁의 노기는 더욱 끓어올랐다.

"여봐라, 게 누구 없느냐? 저놈을 당장 끌어내고 앞으로 이곳엔 얼씬도 못하게 하라!"

동탁은 큰소리로 좌우를 불러 여포를 밖으로 끌어내게 하고, 다시는 중당에 들지 못하게 엄명을 내렸다.

여포 또한 분노를 억누를 길이 없었으나 그 자리에서 물러날 수밖에 없었다.

어느 날 동탁이 헌제獻帝와 이야기를 나누고 있었다.

여포는 전殿 밖에서 창을 들고 서 있었는데 초선의 아름다운 얼굴이 자꾸만 눈앞에 어른거렸다. 가슴에 타오르는 열정을 주체하지 못한 여포는 창을 든 채 승상부로 말을 달렸다. 승상부에 다다른 여포는 말을 문 앞에 매어 두고 방천화극을 든 채 초선이 있는 후당으로 갔다.

"장군께선 어인 일로……."

초선이 놀란 체하며 여포에게 물었다.

"그대를 보러 온 것이오."

두 사람은 정자의 그늘진 곳으로 자리를 옮겨 나란히 섰다. 초선이 여포의 가슴에 얼굴을 묻고 소리 없이 흐느끼기 시작했다. 초선은 흐르는 눈물을 비단으로 훔치며 여포에게 하소연을 늘어놓기 시작했다.

"동 태사께서 저를 장군께 데려다 준다기에 거역하지 못하고 따라왔습니다만……. 이미 더럽혀진 이 몸, 다시는 장군님을 섬길 수 없으니 차라리 목숨을 끊어 제 마음을 보여 드리고자 합니다."

초선은 울음을 삼키며 말을 마치고 정자 아래 있는 연못에 몸을 던지려 했다.

여포가 황망히 초선의 옷자락을 부여잡으며 말했다.

"초선, 잠깐만 기다려라. 내가 이승에서 너를 아내로 삼지 못한다면 어찌 영웅이라 할 수 있겠느냐?"

여포가 이렇게 외치자 초선이 그제야 그를 올려다보며 물었다.

"지금의 그 말씀이 장군님의 진심이옵니까? 그렇다면 첩을 하루빨리 구해 주시기를 바랄 뿐입니다."

이때 황제에게 정사政事를 상주上奏하고 있던 동탁이 문득 심상치 않은 예감이 일어 당하堂下를 보니 아니나 다를까, 여포의 모습이 보이지 않았다.

동탁은 좌우를 물리치고 곧장 후당으로 뛰어들었다. 동탁이 후원으로 들어서자 여포와 초선이 봉의전 아래 곡란曲欄에서 서로 붙들고 옥신각신하는 것처럼 보였다. 동탁의 눈에 불꽃이 튀었다. 열화와 같이 노한 동탁은 한 모퉁이에 세워져 있는 화극畵戟을 집어 들며 우레와 같은 소리를 버럭 질렀다.

"이놈, 여포야!"

동탁은 손에 쥐고 있던 방천화극을 치켜들어 힘껏 여포를 향해 던졌다.

여포는 날아오는 화극을 슬쩍 피하며 주먹으로 내려쳐 떨어뜨렸다. 뒤따라간 동탁이 그 화극을 주워들고 다시 뒤쫓으려 했으나 여포는 이미 후당 문밖으로 달아난 뒤였다. 동탁은 후당으로 들어갔다. 초선이 휘장을 움켜쥐고 울고 있었다.

"제가 후원에서 꽃구경을 하고 있는데 여 장군께서 후원으로 뛰어들었습니다. 여 장군으로 말하면 태사님의 양자님이 아니시옵니까? 저는 하는 수 없이 봉의전까지 달아났는데 그자가 불쑥 첩을 껴안고 놓아 주지를 않았습니다."

초선이 애처로이 흐느끼며 말하자 동탁의 마음도 사르르 녹아내렸다.

"여포가 초선을 그토록 탐하니 너를 여포의 아내로 보내고 싶은데 네 뜻은 어떠냐?"

"태사께서는 무슨 말씀을 그렇게 하십니까? 첩의 몸은 이미 귀인을 섬겼거늘 차라리 죽을지언정 그런 종놈에게 몸을 더럽히고 싶지는 않습니다."

말을 마치기가 무섭게 초선은 벽에 걸려 있는 동탁의 보검을 뽑아 들고 목에 갖다 댔다.

초선의 갑작스런 행동에 동탁은 급히 그녀의 손에서 칼을 뺏어 내던지고 급히 초선을 껴안았다. 동탁은 그런 초선을 보며 내심 기쁨에 겨워 더욱 사랑스런 마음이 들었다.

어느 날 여포가 끓어오르는 분노와 슬픔을 달래고 있을 때였다. 문득 뒤에서 인기척이 났다.

"온후溫侯가 아니시오. 이런 곳에서 무얼 하고 계십니까?"

여포가 돌아보니 바로 사도 왕윤이었다.

"그 초선을 늙은 도둑이 가로채고 말았소이다."

여포는 지금까지의 자초지종을 소상히 들려주었다. 왕윤은 하늘을 우러러보다가 땅을 발로 차기도 하며 여포의 이야기를 듣고 있었다.

이야기를 다 듣고 난 왕윤은 길게 한숨을 쉬면서 말했다.

"장군 같은 천하의 영웅이 이 같은 욕됨을 당하니 실로 애석한 일이외다. 이것은 다 나의 허물이니 여 장군, 용서를 빌 따름입니다."

여포는 왕윤의 말을 묵묵히 듣더니 참고 있던 분노가 터져 나오는지 분연히 말했다.

"내가 그 늙은 도적을 죽이고 싶은 마음은 간절하나 그래도 이미 부자지간으로 불러왔으니 뒷사람이 손가락질할까 그것이 두려울 뿐이오."

"그건 그렇지 않소. 장군의 성씨는 여呂 씨이고, 태사의 성씨는 동董 씨가 아니오? 이는 양부니 양자니 하는 명목으로 장군의 무용을 계속해서 태사의 휘하에 묶어 두겠다는 속셈이나 다름없소이다."

왕윤의 말에 여포는 무릎을 치며 말했다.

"옳은 말씀이오."

"장군께서 만일 태사를 해하고 한실을 건진다면 장군의 이름은 청사靑史(역사상의 기록)에 길이 빛날 것이오."

"이 여포의 뜻은 이미 정해졌으니 사도께서는 의심치 마십시오."

여포는 조정의 원로대신이요 마음이 곧고 충성심이 높기로 이름난 왕윤이 자기에게 그토록 큰 힘이 되어 주자 이젠 주저할 것이 없었다.

왕윤은 곧 동지들을 불러 모아 계책을 마련했다. 동탁이 미오성으로 떠난 어느 날, 기도위 이숙을 미오성의 동탁에게 보내 황제께서 환후가 잦아 마침내 태사께 선위禪位(임금의 자리를 불리는 일)하시려 하니 급히 입궐하라는 조서를 전하게 했다. 동탁은 조서를 보자 입이 귀밑까지 찢어졌다.

동탁이 제위에 오르기 위해 대궐 앞에 이르자, 궁궐의 규칙인 만큼 동탁은 수행하는 모든 군사를 대궐문 앞에 대령케 했다. 그곳에서는 이십여 명의 군사만이 수레를 밀어 궁궐로 들게 되어 있었다. 동탁의 수레가 전문 안으로 밀려들어가자 왕윤의 고함 소리가 쩌렁쩌렁 울렸다.

"미오의 역적이 여기 왔노라. 무사들은 어서 나오라!"

왕윤의 말이 미처 끝나기도 전에 '와아!' 하는 함성과 함께 백여 명의 무사가 양쪽에서 쏟아져 나왔다.

무사들은 일제히 동탁을 향해 덤벼들었다. 무수한 창과 칼이 그를 찌르고 베었다. 가슴이며 어깨와 머리 등 가릴 것이 없었다.

동탁이 비대한 몸으로 땅바닥을 구르면서 절규했다.

"아들아, 봉선아 어디 있느냐?"

그러자 수레 뒤편에서 여포가 달려 나오며 소리쳤다.

"천자의 조칙이다. 역적은 어명을 받들어 창을 받으라."

여포의 외침이 들리는가 싶더니 방천화극이 어느새 동탁의 목을 꿰뚫었다. 옆에 있던 이숙이 보검을 휘둘러 동탁의 목을 베니 그의 몸에서 목이 굴러 떨어졌다. 모든 장수와 관원이 일제히 만세를 불렀다.

　이때 동탁의 나이 54세. 한의 헌제 초평 3년(서기 172년) 4월 23일이었다.

무자비한 조조의
백만 대군

　동탁이 참수 당하자 그 부하였던 이각·곽사·장제·번조 등
네 장수는 서량으로 달아났다. 곧 동탁의 잔당에 대한 토벌령
이 내려졌다. 모사 가후의 계책에 따라 왕윤이 서량의 백성을
모두 몰살시키려 한다는 거짓 소문을 퍼뜨리고 군사를 모집
했다. 이왕 죽을 바에야 싸우다 죽겠다는 작정으로 모두 군대
에 자원하니 십만 대군이 되었다.

왕윤이 여포를 불러 의논했다.

"그까짓 쥐 같은 무리는 단숨에 쳐 없애겠소."

여포가 껄껄 웃으며 급히 군사 몇 만을 이끌고 출진했다. 이각은 여포에게 정면으로 부딪쳐서는 승산이 없음을 알고 여포군을 계곡으로 유인한 후 곽사에게 후방을 치도록 했다. 이각과 곽사가 여포를 협공해 물러났다 싸우기를 되풀이하니 여포군은 제풀에 지쳐갔다. 그 틈을 타 장제·번조 두 장수는 각각 장안으로 진격했다.

여포는 급히 군사를 수습해 장안을 향해 진군했다. 그러나 장안성은 동탁의 잔당들에 의해 붉은빛으로 물든 채 불길에 휩싸여 있었다. 여포는 불길에 휩싸인 채 가솔들을 이끌 틈도 없이 많은 군사를 잃은 채 물러나고 말았다.

'원술이라도 찾아가 뒷일을 의논하자.'

여포는 마음을 정하고 군사 중 백여 기를 이끌고 남양으로 말을 몰았다. 여포마저 장안성을 떠나자 이각과 곽사는 왕윤을 보자 칼을 빼들어 그의 목을 치고 그 가족까지도 몰살시켰다.

왕윤을 참살한 이각과 곽사는 헌제를 겁박해 원하는 벼슬에 오르고 장제·번조에게도 각기 높은 벼슬을 내렸다. 그리하여 이제 천하의 대권은 동탁의 손에서 농락당하다 다시 그 잔당 네 사람의 손아귀로 넘어갔다.

한편 이 소식을 전해들은 서량태수 마등馬騰과 병주자사 한수韓遂가 대군을 일으켜 장안으로 달려왔다. 그러나 이각의 군사들은 성벽의 방비를 단단히 한 채 성문을 굳게 닫고 지킬 뿐 싸움에 응하지 않았다. 마등과 한수는 군량미가 바닥나고 군사들의 사기가 떨어지자 하는 수 없이 철군하고 말았다.

그 무렵 뜻밖에도 청주에서 황건적 수십만이 다시 봉기했다. 이각·곽사는 그곳 가까이에 있는 산동의 동군東郡태수 조조를 황제에게 천거했다. 황제는 곧 조서를 내려 조조에게 황건적을 토벌하게 했다.

조조는 그 무렵 동군을 근거지로 삼아 군사를 늘리며 조련시키는 한편 많은 인걸을 모았다.

조정에서 황건적을 토벌하라는 영이 내려 조조가 그동안 조련시킨 군사들을 이끌고 황건적을 치니 가는 곳마다 승리를 거두었다. 조조가 출진한 지 백여 일 만에 삼십 만에 이르는 포로를 잡고 황건적을 완전히 소탕하자 조정에서 그 공을 높이 여겨 진동장군鎭東將軍에 명했다. 조조는 항복한 군사와 백성들 가운데 힘센 장정들을 뽑아 백만에 가까운 대군을 양성했다.

한편으로는 천하의 명사들을 초청하고 전국 방방곡곡에서 조조의 위명을 듣고 찾아오는 인재와 영웅호걸들을 받아들였다. 모여든 사람 가운데는 순욱荀彧과 그의 조카 순유荀攸, 곽가郭嘉같은 인재와 우금于禁, 전위典韋같은 용맹스러운 장수도 있었다.

때는 초평 3년이었다. 조조는 시선을 천하로 돌리는 한편 낭야琅琊라는 벽촌에 살고 있는 부친과 일가권속을 모셔오도록 했다.

서주자사 도겸陶謙은 평소 조조와 친분을 맺고 싶던 차에 조조의 부친 일행이 이곳을 지나게 되자 그들을 영접하고 극진히 대접한 후 휘하의 장개張闓라는 장수에게 군사를 주어 호위하게 했다. 일행이 어느 산중에 이르자 때마침 변덕이 심한 가을 날씨라 갑자기 천둥번개가 치고 굵은 빗방울이 뚝뚝 떨어졌다. 일행은 비에 흠뻑 젖은 채 하룻밤을 절에서 묵어가기로 했다. 본래 황건적의 잔당이었다가 도겸에게 항복했던 장개는 조숭曹嵩(조조의 아버지) 일행이 지닌 금은재화가 탐이나 수하들을 선동해 조조 부친 일행을 몰살시키고 달아났다.

조조는 이 흉변을 전해 듣고 땅을 치며 통곡하다가 혼절했다. 조조는 도겸이 부하를 시켜 아버지를 죽였다고 여겼다.

"아들로서 불구대천의 원수를 갚지 않고 어찌 하늘을 볼 수 있을 것인가, 당장 군사를 이끌고 가 서주에 풀 한 포기 나지 못하게 하리라."

조조는 그날로 대군을 수습케 하고 스스로 군사를 이끌고 서주로 말을 몰았다. 선봉은 하후돈·우금·전위가 맡았다.

조조의 군사가 가는 곳마다 무고한 백성을 죽이자 대군이 지나간 뒤에는 닭이나 개 한 마리 남지 않았다. 조조군이 성난 파도처럼 몰려오자 도겸은 긴 한숨을 쉬며 성 안의 장수들과 대책을 의논했다. 그러자 별가종사別駕從事(자사의 보좌관) 미축糜竺이 나서 북해태수 공융孔融과 청주자사 전해田楷에게 구원군을 요청하자는 의견을 냈다. 다급한 도겸은 그 말에 따라 진등陳登은 청주, 미축은 북해로 떠나게 했다.

북해태수 공융은 공자의 이십대 후손으로 어려서부터 총명하기로 이름났다. 그는 천하의 명사들과 사귀기를 좋아해 '집에는 손님이 가득하고 술통에는 술이 가득함이 내가 가장 바라는 것이오.'라고 말하곤 했다.

그런 공융에게 미축이 찾아오자 그를 반기며 도겸이 보낸 서한을 본 후 먼저 조조에게 화해를 권하는 서한을 보내기로 했다. 그런데 공융에게도 뜻하지 않았던 사태가 벌어졌다. 황건적 잔당 관해가 수만의 무리를 이끌고 쳐들어온 것이었다.

이때 성 밖에서 한 장수가 나타나더니 황건적의 진을 헤집고 성 쪽으로 달려왔다. 그는 달려드는 도적의 무리들을 향해 번개같이 창으로 후려치는가 하면 찌르고 베며 무인지경을 달리듯이 다가왔다.

도둑들이 주춤거리는 사이 공융은 급히 성문을 열어 그를 맞아들였다. 그 젊은 무사는 말에서 내려 공융에게 예를 올렸다.

"성은 태사太史이며, 이름은 자慈입니다. 저의 노모께서 공의 은덕을 많이 입었다는 말을 들었습니다."

공융은 그 말을 듣고 매우 기뻐했다. 비록 그를 처음 대하나 이미 그의 용맹을 전해 듣고 있던 터였다. 성문 밖 이십여 리쯤에 태사자의 노모가 살고 있었다. 태사자는 항상 집을 떠나 있는 터라 늙은 노모는 생활이 여간 어렵지 않았다. 공융이 이를 알고 식량과 의복을 보내 준 적이 있었던 것이다. 공융은 태사자에게 갑옷과 준마, 안장을 내리고 후히 대접하며 청했다.

"나는 유현덕이란 분에게 원군을 청하고 싶은데 도적들에게 둘러싸인 판국이라 마땅히 보낼 사람이 없네."

"제가 다녀오겠습니다."

태사자가 주저하지 않고 선뜻 나섰다.

태사자 혼자 말을 달리자 관해는 수백 기의 병마를 이끌고 뒤쫓았다. 그러나 태사자가 창을 활로 바꿔 잡고 화살을 쏘니 빗나가는 화살이 하나도 없었다. 눈 깜짝할 사이에 수십 명이 그 화살에 쓰러지자 도적들도 더 이상 뒤쫓지 못했다. 태사자는 포위를 뚫고 그날 밤 안으로 평원현에 당도해 유비에게 공융의 서신을 전했다.

유비는 자기에게 구원을 청한 것이 흐뭇해 옷깃을 바로잡으며 말했다.

"공孔 태수가 세상에 유비가 있다는 것을 알아주는구나!"

유비는 곧 관우와 장비 두 아우와 함께 삼천의 정예군을 이끌고 북해로 달려가 황건적을 쳤다.

공융은 유비를 성 안으로 맞아들여 예를 올린 후 성대하게 축하연을 베풀었고, 미축을 불러 유비에게 소개하며 서주성을 구원해 줄 것을 간곡하게 청했다. 유비는 공융의 간곡한 부탁에 마침내 청을 받아들였다. 그러나 군사가 적어 공손찬으로부터 군사 오천을 빌리고 조운도 데리고 갈 수 있도록 허락을 받은 후 서주로 향했다. 공융은 이 사실을 도겸에게 알리기 위해 미축을 먼저 서주로 보내고 자신도 출발 준비를 갖추었다.

때마침 미축과 함께 청주로 구원을 청하러 갔던 진등도 돌아왔다. 유비군이 서주성으로 입성하자 고립무원이 되어 전전긍긍하고 있던 성 안의 병사들이 환호성을 울리며 기뻐했다.

도겸은 유비에게서 활달한 기상을 지닌 영웅의 풍모를 갖추었으면서도 온화한 가운데 폭이 넓은 대인大人의 품격을 엿보았다. 도겸은 그런 유비를 만나 내심 크게 기뻐했다. 도겸은 원래 장수라기보다는 선비에 가까웠다. 이제 나이도 들어 지금처럼 천하의 군웅이 할거하는 시대에 그들과 맞서 이 땅을 지키기가 벅차다는 것을 느껴오던 터였다. 도겸은 미축에게 서주자사의 패인牌印(도장 함)을 가져오게 한 뒤 유비에게 내놓으며 말했다.

"이 도겸을 대신해 한실의 종친인 공이 성주 자리를 맡아 주시오."

"저는 대의를 받들어 공을 도우러 왔을 뿐입니다."

유비가 놀라며 사양하자 도겸이 거듭 권했다. 그러나 유비는 끝내 사양했다. 유비는 우선 조조에게 글을 보내 화해를 권해 보겠다고 나섰다. 유비가 화해를 권유하는 서찰을 써 조조군 진영으로 보냈으나 조조는 서찰을 북북 찢으며 노했다.

이때 파발마가 달려와 조조에게 아뢰었다.

"장군님이 계시지 않는 틈을 타 여포가 연주를 공격해 빼앗은 뒤 다시 복양僕陽으로 진격해 오고 있습니다."

조조는 크게 놀라지 않을 수 없었다. 조조는 자칫 자신의 근거지조차 잃고 말 형편이었다.

그러자 곽가가 나서며 입을 열었다.

"이렇게 된 바에야 유비의 청을 받아들여 고향으로 돌아가는 것처럼 서찰을 써 보내십시오. 그러면 주공께서 현덕에게 은혜를 베푸시는 것이 됩니다."

조조는 곽가의 말이 그럴듯했다. 그의 말에 따라 유비에게 답신을 전한 후 연주로 군사를 돌렸다.

한편 여포는 이각과 곽사의 난이 일어나자 장안을 떠나 원술에게 몸을 의탁하러 갔으나 원술은 그를 받아들이지 않았다. 이어 원소, 장량에게 차례로 몸을 의탁했으나 오래가지 못했다.

여포는 하는 수 없이 장량의 곁을 몰래 벗어나 장막의 휘하로 들어갔다.

이때가 바로 장막의 아우 장초張超가 막 진궁을 데리고 왔을 때였다. 지난 날 조조를 떠났던 진궁이 장초를 찾아왔는데 장초가 형 장막을 만나게 했다. 진궁은 장막을 보자 조조가 없는 틈을 타 여포로 하여금 연주를 치게 하라고 권했다. 장막은 귀가 솔깃해 그 말에 따르기로 하고 곧 군사를 일으켜 연주로 향했다. 장막은 여포에게 군사를 주어 연주를 친 뒤 여세를 몰아 복양까지 진격했다. 불시에 여포군을 맞은 조조의 여러 고을은 손쉽게 무너졌다. 다만 견성·동아·범현만이 조조 휘하의 장수 순욱·정욱의 결사적인 저항으로 지켜졌다.

한편 유비의 화해 서찰 덕에 조조가 군사를 물리자 도겸은 큰 잔치를 베풀었다. 잔치가 무르익자 도겸은 유비를 청해 상좌에 권하고 여러 사람을 둘러보며 말했다.

"부디 나를 대신해 서주태수가 되어 주시오. 이 늙은이는 쉬면서 병이나 고칠 수 있도록 허락해 주시오."

그러나 유비는 끝내 도겸의 간청을 물리쳤다. 도겸은 유비가 기어이 패인을 받지 않자 가까운 소패小沛라도 맡아 서주를 지켜달라고 청했다. 유비는 그마저 거절할 수 없어 승낙했다. 잔치가 끝나자 공융·전해·조운은 군사를 이끌고 작별을 고했다. 유비와 조운은 눈물을 흘리며 석별의 정을 나누었다.

이때 조조는 대군을 이끌고 연주로 회군했다. 조조가 돌아오자 조인이 먼 곳까지 마중 나와 그동안의 전황을 상세히 설명하며 여포 군사의 위세가 강대함을 알려주었다. 조조는 군마를 이끌고 질풍처럼 복양으로 진군했다.

조조가 군사를 몰고 온다는 소식이 전해지자 진궁이 여포에게 기습을 가하자고 간했다. 그러나 여포는 그 말에 귀를 기울이지 않았다.

"나는 한 필의 말로 천하를 종횡한 사람이오. 어찌 조조 따위를 걱정하겠소."

조조가 복양 들에 진을 치자, 다음 날 여포가 군사를 이끌고 나와 조조군과 물고 물리는 싸움이 벌어졌다. 조조가 우금의 계책에 따라 야습으로 진을 빼앗았으나 여포가 다시 기습을 해오자 조조는 진퇴양난에 빠졌다. 이때 전위가 양손에 무게 팔십 근이나 되는 창을 휘두르며 길을 헤쳐 조조를 구했다.

복양성으로 돌아온 여포는 진궁을 불러 조조를 칠 방책을 의논했다. 진궁은 조조에게 여포가 성을 비우고 여양으로 떠났다는 소식을 이곳에서 첫손꼽는 부호 전田 씨가 보내는 것처럼 거짓 편지를 보내 유인하자는 계책을 냈다. 여포는 곧 거짓 서찰을 쓰게 하여 조조에게 사자를 보냈다.

조조는 서찰을 읽고 난 뒤 크게 기뻐했다.

조조가 의심 없이 그 밀서를 믿은 것은 전 씨를 알고 있었기 때문이기도 하지만 여포가 계략까지 꾸밀 지모가 되지 못한다고 여겨서였다. 조조는 만약을 대비해 군대를 셋으로 나눈 후 복양성으로 짓쳐들었다.

이때 성 위에서 은은히 징 소리가 들리더니 성문 위에 횃불이 훤히 밝혀지며 성문이 활짝 열리고 순식간에 적교吊橋(올리고 내릴 수 있는 다리)도 내려졌다. 조조군이 오면 성문을 열겠다는 전 씨가 전한 밀서의 내용과 어긋남이 없었다.

"성문이 열렸다. 기회를 놓치지 말고 쳐들어가라!"

그러나 때는 이미 늦었다. 성 안에서 일시에 요란한 함성이 울려 퍼지는가 싶더니 포성이 울리고 적병이 쏟아져 나왔다. 성 안은 어디를 보아도 온통 적병이요, 불이요, 검은 연기뿐이었다.

'이제는 끝장이구나!'

조조는 이를 악물고 얼굴을 숙이며 적병 옆을 스쳐 지나가려 했다. 그때 맞은편에서 군사들에게 횃불을 들리고 말을 몰며 적장 여포가 다가왔다. 조조는 얼굴을 손으로 가리고 여포 옆을 지나쳤다. 그러자 여포가 창을 내밀어 조조가 쓰고 있는 투구의 정수리를 '땅!'하고 가볍게 쳤다.

"조조가 어디로 달아났는지 모르느냐?"

조조는 가슴이 섬뜩했으나 정신을 가다듬고 목소리를 달리해 반대편을 가리키며 말했다.

"저쪽 황색 말을 타고 가는 놈이 조조입니다."

여포는 그 말을 듣고 급히 황색 말을 향해 달려갔다.

조조는 혼비백산하여 말을 달렸다.

그때였다. 한 장수가 조조에게 다가왔다. 온몸에 피를 뒤집어 쓴 채 양손에 철극을 들고 있는 전위였다. 전위가 조조를 호위하며 길목마다 적을 베면서 길을 열어 성문 밖으로 달려 나갔다.

이때 조조를 찾아 나선 하후연이 전위를 발견하고 달려왔다. 그들은 말을 달려 가까스로 진영으로 돌아왔다. 조조는 장수들을 둘러보면서 껄껄 웃으며 말했다.

"여포 따위의 계략에 빠졌으니 실로 부끄러운 일이다. 나도 그놈에게 계교로서 보답할 생각이다."

"장계취계將計就計(적의 계략을 역이용함)를 펼치기로 하되, 내가 화상을 크게 입어 오늘 밤에 죽었다고 거짓 소문을 퍼뜨리고 발상發喪의 행차를 보여라."

조조는 이에 군사들에게 영을 내려 발상을 하고 자신이 죽었다는 말을 퍼뜨리게 했다.

조조가 죽었다는 말을 들은 여포는 마음이 급해 앞뒤 헤아릴 겨를도 없이 즉시 휘하의 군마를 이끌고 마릉산馬陵山으로 향했으나 매복군에게 패해 가까스로 목숨을 부지해 복양성으로 달아났다.

서주성을 빼앗긴
장비

이때 서주태수 도겸은 나이가 이미 예순세 살이었다. 거기다 중병을 얻어 자리에 눕게 되자 유비에게 사자를 보내 유비를 불러들이고 서주를 맡아달라고 청했다.

그러나 유비는 패인을 받지 않았다.

"제발 서주를 맡아 주구려. 그래야만 이 늙은이가 마음 놓고 눈을 감을 수 있을 것 같소."

도겸은 말을 마치고 답답하다는 듯 손을 들어 유비를 가리키더니 그만 숨을 거두었다. 도겸의 휘하 장수들은 도겸의 유언에 따라 유비에게 관인官印을 바치고 백성들도 엎드려 눈물로 서주를 다스려 달라고 청했다.

이에 유비는 마지못해 잠시나마 서주를 다스릴 것을 허락했다. 그리고 유비는 손건을 청해 미축과 함께 종사관으로 삼고 진등을 참모에 명한 뒤 거느리고 있던 소패의 군사들을 서주성 안으로 불러들였다.

한편 조조는 도겸이 죽고 유비가 태수가 되었다는 소식을 듣고 노했다.

"유비 그 자가 화살 한 개도 쏘지 않고 서주를 몽땅 차지하다니……. 유비를 먼저 죽인 후 도겸의 시체를 육시戮屍(시체의 목을 다시 베는 형벌)해 아버지의 한을 풀어드리리라!"

조조는 서주 정벌을 서둘렀다. 그러자 순욱이 말렸다.

"만약 서주를 취하려 하실 때 작은 병력으로 임하면 일은 성사되기 어려울 것이요, 그렇다고 많은 군사를 일으키면 이곳이 빌 것입니다. 또한 여포가 그 허를 노릴 것이므로 연주를 잃을 우려가 있습니다. 주공께서 연주를 버리고 서주를 취하시는 것은, 큰 것을 버리고 작은 것을 취하는 것이요, 편안함을 버리고 위태로운 것을 택하는 격입니다."

조조는 순욱의 말을 옳게 여겨 여남, 영주 일대의 황건적 잔당을 쳐 양곡을 뺏기로 했다.

며칠 후 조조는 군사를 이끌고 먼저 진陳 땅을 치고 이어 여남과 영천으로 나아갔다. 황건적 잔당의 두목 하의와 황소가 조조군을 맞았으나 적장 황소는 이전의 손에 사로잡혔고 하의도 얼마 못 가 사로잡히는 몸이 되고 말았다. 하의를 사로잡은 사람은 허저許楮라는 장수로 그 무예와 용맹이 전위와 버금가는 용사였다. 조조는 허저를 진중으로 받아들여 도위都尉 벼슬을 내렸다. 조조는 여남과 영천 땅을 평정한 뒤 견성으로 돌아갔다.

그 무렵 연주성에는 여포 휘하의 장수 설란과 이봉이 있었는데 이들은 연주성 밖으로 나가 노략질만 일삼았다. 조조는 이때를 놓치지 않고 곧 군사를 이끌고 연주로 쇄도해 연주성을 빼앗고 그 기세를 몰아 여포가 있는 복양성으로 군사를 이끌었다. 복양성의 여포가 나아가 조조를 맞았다. 허저가 여포를 향해 큰 칼로 춤추듯 내두르며 돌진했다.

조조는 하후돈·하후연·이전·악진 네 장수까지 나가 싸우게 했다. 여포는 아무리 맹장이라 하나 한꺼번에 당대의 맹장 여섯을 당할 수 없어 복양성으로 말 머리를 돌렸다. 여포가 복양성에 이르자 성문 위 문루門樓에서 싸움을 지켜보고 있던 부호 전씨가 급히 해자 위에 가로놓인 적교를 올리게 했다.

전 씨는 조조에게 거짓 밀서를 써 조조가 참패하도록 만든 장본인인데 여포가 패하자 그를 성 안으로 들지 못하게 할 계략을 꾸민 것이다.

여포는 그제야 전 씨가 배반한 것을 알고 펄쩍 뛰면서 욕설을 퍼부었다. 여포는 하는 수 없이 정도定陶 방면으로 말 머리를 돌려 달아났다. 여포의 심복 진궁이 여포에게 권했다.

"유비가 서주의 자사가 되었다니 그곳으로 가 보시지요."

여포는 진궁의 말을 좇아 서주의 유비를 찾았다. 유비가 여포를 맞으려 하자 미축, 관우, 장비 모두 반대했다. 유비가 고개를 저으며 말했다.

"여포의 사람됨을 모르는 바 아니나 구원을 청하는데 어찌 모른척할 수 있겠는가? 지난날 여포가 조조의 연주를 쳐 서주의 위기를 구한 적도 있었지 않은가?"

유비는 성 밖으로 나가 여포를 맞았다. 그러나 장비가 여포를 못마땅하게 여겨 싸우려 들자 여포에게 가까운 소패성에 머물도록 했다.

한편 조조가 산동을 평정하자 조정에서 그를 건덕장군建德將軍 비정후費亭侯로 봉했다.

이 무렵 조정의 실권은 이각과 곽사의 수중에 들어가 있었다. 이각은 스스로 대사마大司馬가 되고 곽사는 대장군이 되어 동탁 못지않은 횡포를 부리며 천자를 능멸하고 백성들을 학대했다. 백성들 사이에서는 '역적 하나가 죽으니 다시 두 역적이 조정에 생겼구나!'하는 한탄이 떠돌았다.

이에 태위太尉(국방부장관) 양표楊彪와 대사농大司農(재무부장관) 주전珠鑴이 두 역적을 제거할 계책을 꾸몄다. 두 백관은 은밀히 헌제의 윤허를 얻고 황건적 잔당을 섬멸한 조조에게 밀조를 내려 장안으로 불러들이게 했다. 이각과 곽사를 제거할 계책은 곽사의 아내를 이용한 반간지계反間之計(이간시키는 계교)였다. 양표는 자신의 아내를 시켜 곽사가 이각의 아내와 정을 통한다는 거짓말을 하게 했다. 곽사의 아내는 원래 질투심이 강한 여자였다. 사실 여부를 알아보기도 전에 이각의 초대가 있어도 못 가게 말렸다.

어느 날 이각이 곽사의 집으로 술과 안주를 보내오자 곽사의 아내는 불현듯 한 가지 계교가 떠올랐다. 그녀는 음식에 독약을 넣어 곽사에게 가져갔다. 곽사가 수저를 들자 그의 아내가 황급히 고기 한 점을 집어 마당에 있는 개에게 내던졌고 개가 덥석 고기를 받아 삼키더니 사지를 쭉 뻗으며 죽고 말았다. 양표의 반간지계에 빠진 이각과 곽사는 마침내 군사를 이끌어 싸움을 벌였다. 이각과 곽사가 거느린 군마가 장안 밤거리에서 서로 죽이고 죽는 혼전을 벌였다.

이때 이각의 조카 이섬은 황제와 복 황후를 수레에 태워 미오성에 옮겨 놓았다. 황제를 볼모로 잡아 두기 위해서였다.

이각과 곽사의 싸움은 두 달 가까이 이어졌으나 승부가 나지 않았다. 그러는 사이 섬서성에 주둔하고 있던 장제가 대군을 이끌어와 두 사람에게 화해를 권했다. 오랜 싸움에 군사는 줄고 세력이 약해진 양군은 대군을 이끌고 있는 장제의 권고에 화해를 수락할 수밖에 없었다. 그리하여 볼모의 고통 속에서 지내던 조신들도, 유폐되었던 황제도 풀려났다. 황제는 양봉의 장수 서황, 황제의 외척 동승 등과 함께 낙양으로 향했다. 황제의 어가가 낙양에 당도했으나 궁전은 이미 잿더미가 되었고 잡초만 우거진 허허벌판이었다. 천자는 조서를 내려 흥평興平이란 연호를 건안建安 원년元年(서기 186년)으로 고쳤다. 폐허가 된 낙양은 몇 년 째 흉년까지 겹쳐 천자의 수라상에 올릴 양식을 걱정해야 했다.

한편 조조는 천자가 폐허가 된 낙양에 귀환해 궁박한 생활을 이어가고 있다는 소식을 듣고 있던 차 황실을 도우라는 천자의 조서를 받게 되었다. 천자의 조서가 아니더라도 이미 군사를 내기로 작정하고 있던 조조였다. 조조는 곧 이십만 군사를 일으켜 산동으로 진군했다. 가는 도중 이각과 곽사의 반란군을 진압하고 낙양으로 개선했다.

천자는 조조가 이각과 곽사군을 대파하자 한층 더 조조를 믿고 의지하게 되었다. 조조는 양곡이 풍부한 허도許都로 천도하는 것이 좋겠다고 여겨 헌제에게 천도할 것을 아뢰었고 날을 잡아 어가가 허도로 출발했다.

허도로 향하던 도중 조조에게 반기를 든 양봉과 한섬의 군사를 만나 한바탕 싸움을 벌였다. 이 싸움에서 적장 서황의 무예가 절륜함을 본 조조는 그를 회유해 수하 장수로 받아들였다. 천자의 어가가 허도에 이르자 궁중을 정하고 종묘를 건조하는 한편 관아를 증축해 면모를 일신시켰다.

조조는 스스로 대장군 무평후武平侯가 되어 대권을 한손에 쥐자 미루어 두었던 서주 정벌을 서둘렀다.

그러자 모사 순욱이 나서 계책을 냈다.

"천도 이후 바로 대군을 이끄는 것보다 이호경식지계二虎競食 之計의 계책을 펴는 것이 어떻겠습니까? 유비에게 서주목徐州牧

의 벼슬을 내리고 여포를 죽이게 하면 여포도 유비를 죽이려 들 것이니 이가 곧 서주를 두고 두 호랑이를 다투게 하는 계책입니다."

조조는 순욱의 말에 크게 감탄했다. 곧 천자께 아뢰어 유비에게 정동장군 의성정후宜城亭侯로 봉하고 서주목으로 삼는다는 조서와 함께 여포를 죽이라는 한 통의 밀서를 보냈다. 유비가 조정으로부터 서주태수로 명하는 조서를 받았다는 소식을 들은 여포는 유비를 축하하기 위해 서주성을 찾아왔다. 유비가 조조의 밀서를 여포에게 보여 주었다. 여포가 눈물을 흘리며 유비에게 말했다.

"이는 분명 조조가 사군과 나 사이를 이간시키는 간교인가 합니다."

"맹세코 이 비備는 그런 불의를 저지르지 않을 것입니다."

유비가 여포를 안심시키자 여포는 다시 한 번 유비의 넓은 도량에 감격하며 물러났다.

한편 허도로 돌아간 조조의 사자가 이 사실을 조조에게 고했다. 계책이 실패로 끝나자 순욱이 다시 계책을 냈다.

"그렇다면 이번에는 '구호탄랑지계驅虎呑狼之計'를 써 보도록 하시지요. 즉, 범을 몰아 이리를 잡는 계교입니다. 원술에게 사람을 보내 '유비가 천자께 표를 올려 남군南郡을 빼앗고자 한다.'고 전하고 유비에게 원술을 치도록 하십시오. 두 사람이 싸우게 되면 자연히 호랑이 굴인 서주성의 방비가 허술해질 것입니다. 비어 있는 호랑이 굴을 이리가 놓아 둘리 없습니다. 본디 의리 없는 여포이니 그가 기회를 놓치지 않고 서주성을 취할 것입니다."

조조는 즉시 남양의 원술과 서주의 유비에게 사람을 보내면서 유비에게는 위조한 조서를 보냈다. 천자가 보낸 조서를 본 유비는 곧 조조의 책략임을 알았다.

"비록 조조의 책략이라곤 하나 천자의 명을 거스를 수는 없지 않은가?"

유비는 내키지 않는 출진이었으나 곧 군마를 수습했다. 유비가 천자의 명이라면 물리치지 않으리라는 순욱의 예견은 그대로 적중했다. 유비가 출진하며 장비에게 성을 지킬 동안 술을 마시지 말라고 하자 장비가 아끼던 술잔까지 깨뜨리며 다짐했다. 유비는 장비에게 진등과 함께 서주성을 지키도록 하고 관우와 함께 남양으로 향했다.

그 무렵 하남 땅에서 착실히 그 세력을 키워가고 있던 원술도 조조의 서신을 보고 크게 노하며 상장上將 기령紀靈에게 십만의 군사를 주어 유비를 치게 했다. 유비의 군사가 남양의 임회군 우이현이란 곳에 이르자 양군은 서로 한 차례 맞부딪쳤으나 승부를 내지 못하고 서로 진을 굳게 지킬 뿐 대치하고 있었다.

한편 서주성을 지키고 있던 장비는 성 안을 두루 살피며 솔선수범했다. 그런 장비를 보고 장졸들도 야영을 하듯 땅 위에서 잠을 자고 식사를 하며 근무지를 떠나지 않았다. 어느 날 장비는 충실히 임무를 수행하고 있는 장졸들의 노고를 치하하기 위해 술 창고에서 큰 술통 하나를 꺼내 술잔을 돌리게 하며 위로했다. 그것이 화근이었다.

그러자 장졸들이 술을 한 사발 떠와 말했다.

"저희들만 마시자니 도저히 술이 넘어가지 않습니다. 한 잔만 드십시오."

그 말에 술잔을 물리치지 못하고 받아 마신 장비는 자제력을 잃고 그만 연거푸 술을 들이켰다. 이런 장비를 조표라는 문관이 어이없는 얼굴로 바라보는데 이번에는 장비가 술잔을 돌리게 했다.

조표가 거절하자 장비가 벌컥 화를 냈다.

"저는 정말로 술을 마시지 못합니다."

조표의 말에 장비의 얼굴이 점점 더 붉어지더니 고리눈을 부릅떴다.

"내 명을 어기려 드느냐?"

"익덕 공, 술을 마시지 못한다는 건 거짓이 아니오. 내 사위 여포의 체면을 보아서라도 이제 그만 용서해 주오."

조표의 말에 장비는 속이 부글부글 끓어올랐다. 여포에게 이를 갈고 있던 장비는 그만 고리눈을 부릅뜨고 그에게 곤장을 치게 했다. 보다 못해 진등이 말렸지만 소용없었다. 장비는 곤장 쉰 대를 치고는 주위의 간곡한 만류로 그제야 곤장을 놓았다.

군사의 부축을 받고 돌아간 조표는 분을 참지 못한 채 서찰을 써 소패의 여포에게 사람을 보냈다. 여포의 심복 진궁이 서찰을 읽고 난 후 여포에게 말했다.

"지금이 서주를 뺏을 절호의 기회입니다. 장비 홀로 서주성을 지키고 있으며, 그 또한 만취해 있습니다."

여포는 곧 갑옷을 꿰입고 말에 올랐다. 여포가 군사를 이끌고 가자 성 안의 조표가 성문을 열었다. 여포군이 어둠 속에 성 안으로 밀려들어 술 취한 장비의 군사들을 베기 시작했다. 장비는 술에 취해 잠이 들었다가 비명 소리에 잠이 깼다.

"아뿔싸, 큰일 났구나!"

장비는 장팔사모를 움켜쥐고 말 위로 뛰어올랐다. 그러나 이미 때는 늦었다. 성 안에는 여포군과 조표의 부하들이 합세해 날뛰고 있었다. 장비가 사모창으로 닥치는 대로 휘둘렀으나 만취한 몸이었다.

장비의 부장 십여 명이 혼란 속에 그를 호위하며 동문東門으로 혈로를 열어 그곳을 빠져 나갔다. 조표가 그런 장비를 뒤쫓으며 소리쳤다.

"네놈의 목을 쳐 원한을 풀겠다. 게 섰거라!"

그 소리가 조표의 목소리임을 안 장비가 갑자기 말을 되돌려 달려 나가서 단 삼 합 만에 조표의 목을 베었다. 뒤따르는 군사 백여 명도 사모창 앞에 낙엽 구르듯 뒹굴었다. 장비는 그제야 정신이 드는 듯 길게 탄식하며 유비가 있는 회남 땅으로 향했다.

회남에 이르자 장비는 고개를 숙이고 울먹이며 유비에게 서주성을 빼앗긴 경위를 고했다. 그러자 관우가 격노해 발을 구르며 장비를 나무랐다.

장비가 갑자기 칼을 빼들고 제 목을 찌르려고 했다. 유비가 황급히 칼을 빼앗은 후 말했다.

"옛말에 '형제는 수족과 같고 처자는 의복과 같다.'고 했다. 옷은 해지면 다시 지을 수 있으나 손발이 끊기면 어찌 이을 수가 있겠느냐? 비록 성과 가솔을 잃었다 하나 그 일로 어찌 형제의 의를 끊겠느냐?"

유비가 눈물을 흘리며 말하자 관우와 장비도 감격에 겨워 목이 메였다.

그 무렵 여포가 서주를 차지했다는 소식은 원술에게도 전해졌다. 원술은 뛸 듯이 기뻐하며 여포에게 사람을 보냈다.

"공께서 현덕의 후진을 공격해 함께 유비를 친다면 양곡 오만 석, 군마 백 필, 금은 만 냥, 비단 천 필을 드리겠다고 하셨습니다."

여포는 재물에 욕심이 났다. 원술의 제의에 두말없이 응하기로 하고 고순에게 오만의 군사를 주어 유비를 치게 했다. 그 소식을 듣게 된 유비는 고순의 군사는 두려울 것이 없으나 우선 군사를 물려 형세를 살피기로 했다. 고순이 우이에 당도했을 때 유비군은 이미 광릉 땅으로 물러난 뒤였다.

유비군이 물러난 것을 본 고순은 원술군 기령의 진지로 달려가 약속한 물건을 내놓으라고 했다. 하지만 원술은 유비를 사로잡아 오면 주겠다며 술수를 썼다.

"그 일은 제가 우리 주군을 만나 처리하겠으니 공은 일단 군사를 이끌고 돌아가시오."

고순도 더 이상 할 말이 없어 회군한 후 여포에게 이 사실을 고했다. 여포가 원술의 태도에 의구심을 품고 있는데 원술의 서찰이 당도했다.

유비군이 광릉에 숨어 있소. 그의 목을 벤다면 약속한 재물을 드리겠소. 대가를 치르지 않고 어찌 재물만 재촉하시오.

여포가 속았음을 알고 화가 머리끝까지 치솟아 원술을 치려 하자 진궁이 말렸다.

"아니 됩니다. 원술은 군사도 재물도 넉넉합니다. 유비에게 화해를 청해 소패에 머물게 하고 기회가 오면 그를 선봉으로 삼아 원술을 치게 하십시오."

진궁의 말이 실로 묘책이 아닐 수 없었다. 이에 여포는 '장비가 술에 취해 매질을 일삼아 잠시 성을 지키고 있었을 뿐'이라며 유비에게 소패로 돌아오라는 서찰을 보냈다. 관우와 장비가 여포를 못마땅하게 여겼으나 유비는 두 아우를 달랬다.

"지금은 몸을 굽혀 하늘이 내린 기회를 기다리세. 아직은 때가 아니네."

그리하여 유비가 소패성으로 들자 여포가 소패성으로 유비의 가솔들을 보내 주고 식량과 비단을 보내 한동안 유비와 여포 사이에는 화해가 이루어졌다.

천하를 도모하는
손책

한편 유표와 싸우다 전사한 손견의 아들 손책은 아버지를 곡
아曲阿 땅에 묻은 후 가족들은 그곳에 살게 하고 자신은 큰 뜻
을 간직한 채 제국을 떠돌아다니다 원술의 권유에 따라 수춘성
에 머물고 있었다.

손견이 유표와 싸우게 된 것도 목숨을 잃게 된 것도 실은 원
술의 사주가 그 동기였다. 그런 인연으로 하여 원술은 손책을

아들처럼 돌보아주며 그를 회의교위로 삼았다.

　손책은 원술이 지난날 선친의 땅이었던 강동을 넘보자 울적한 마음을 달랠 길이 없었다. 손책은 천하를 종횡하던 선친에 비해 자신의 처지가 한심스러워 절로 깊은 탄식을 내뱉었다. 그때 이전에 아버지 손견 수하의 종사관이었던 주치朱治가 원술에게 전국의 옥새를 맡기고 군사를 빌리라는 계책을 내었다.

　다음 날 손책은 눈물을 흘리며 유요劉繇의 침략을 받아 곤경에 처한 강남 곡아의 숙부와 노모를 구해야겠다는 핑계를 대며 원술에게 군사를 빌려달라고 청했다. 손책이 원술에게 옥새를 내밀자 원술은 기쁨을 감추지 못했다.

　원술은 손책에게 군사 삼천과 말 오백 필을 내주었다. 손책은 군사를 이끌고 아버지 때부터 그를 섬겼던 정보程普·황개黃蓋·한당韓當과 함께 나는 듯이 강동으로 말을 몰았다. 가는 도중에 어린 시절의 친구이자 여강 서성 사람인 주유周瑜가 군사를 이끌고 와 합세했다. 주유는 용모가 수려하며 얼굴이 옥같이 희고 풍채도 당당한 청년이었다. 그는 손책이 군사를 거느리고 강동으로 출발했다는 소식을 듣고 휘하의 군사들을 이끌고 달려온 것이었다. 주유는 강동의 명사인 장소張昭·장굉張紘을 천거해 뜻을 함께하기로 하고 강동으로 향했다.

　손책은 숙부의 땅을 빼앗은 양주자사 유요부터 치기로 했다. 유요는 손책이 군사를 이끌고 곡아로 오자 '장강의 요지'라고 알려진 우저牛渚란 곳에 진을 치고 장영張英에게 대군을 주어 막게 했다. 그러나 손책에게 귀순하려는 장흠과 주태周泰가 군량 창고에 불을 질러 크게 패했다. 손책이 군사를 이끌고 오자 그의 휘하로 들어가기 위해 불을 지르고 귀순한 것이었다. 장흠과 주태를 얻은 손책은 기쁨을 감추지 못했다.

장영은 영채營寨(군대 집단 거처)에 불까지 나자 우저를 버리고 남은 군사를 수습해 곡아로 돌아갔다. 손책은 신정산 북쪽에 영채를 세운 후 정보와 황개 등 장수 열세 명을 거느리고 적의 진지를 엿보기 위해 신정산 중턱으로 나아갔다.

그때 그 부근까지 나온 유요의 척후병이 손책 일행을 보고 유요에게 이 사실을 고했다. 그러자 진중의 한 하급 장수가 뛰쳐나와 외쳤다.

"하늘이 주신 기회입니다. 제가 손책을 사로잡아 오겠습니다."

그는 지난날 북해 싸움 때 황건적에게 포위된 공융을 구한 후 지금은 유요의 휘하에 있는 태사자였다.

"도망가지 마라, 손책!"

태사자가 창을 비껴들고 손책을 향해 달려들자 손책도 창을 들고 그를 맞았다.

싸우기를 오십여 합이 되었으나 승부가 가려지지 않았다. 손책은 태사자의 절륜한 창 솜씨를 보고 내심 놀라고 있었다. 이때 유요가 군사 천 명을 이끌어 태사자를 도우러 오자 손책의 휘하 장수 십삼 기가 달려와 혼전을 벌였다.

이럴 즈음 손책군의 주유가 곡아를 점령했다는 급보가 유요에게 전해졌다. 손책은 주유로 하여금 군사를 이끌고 곡아를 치게 했다. 주유는 동향인 진무와 함께 유요의 영채를 빼앗았다. 근거지인 곡아를 잃은 유요는 당황해 밤 사이에 진지를 뽑아 철수하니 태사자도 그를 따를 수밖에 없었다.

그날 밤 손책은 군사를 다섯 갈래로 나누어 유요의 군사를 들이쳤다. 유요의 군사들은 때 아닌 기습에 놀라 싸울 생각도 못하고 혼비백산해 달아났다.

유요를 물리치고 곡아성을 점령한 손책은 보무도 당당히 성 안으로 들었다. 손책은 여세를 몰아 연안의 패잔병을 소탕했으나 싸움 도중에 적장 장영이 쏜 화살이 손책의 좌측 허벅지에 꽂혔다. 손책이 신음 소리를 내며 말 위에서 굴러 떨어졌다. 장수들이 달려와 손책을 부축하고 급히 진영으로 돌아왔다.

"손 장군이 애석하게도 운명하셨다."

그날 밤 손책의 진중에는 슬픈 통곡 소리가 울려 퍼졌다.

이 소식은 곧 장영의 귀에도 들어갔다. 장영은 무릎을 치며 기뻐하고 염탐꾼을 보냈다. 장영은 염탐꾼으로부터 그날 밤 죽은 손책의 유해를 암매장한다는 말을 듣고는 밤이 되기를 기다려 장례 행렬이 나가자 손책의 진영을 기습했다. 그러자 장례 행렬이 급히 오와 열로 나뉘더니 질서정연한 전투 진용을 갖추었다.

장영은 그제서야 계략이었음을 알았으나 이미 때는 늦었다. 사방에서 손책의 복병들이 나타나 장영의 군사들을 급습했다. 장영의 군사들이 죽고 달아나는 혼전 속에서 손책이 어느새 장영에게 칼을 내리쳐 장영은 두 동강이 나고 말았다. 장영이 죽자 수하의 군사들은 모두 무기를 버리고 항복했다.

손책이 이처럼 용맹을 떨치며 세력을 넓혀가자 세상 사람들이 그를 항우와 비견하며 '소패왕小覇王' 또는 '강동의 손랑孫郎'이라 부르기도 했다.

강동의 남과 북을 종횡하며 말고삐를 늦추지 않던 손책이 경현에 이르렀다. 손책은 태사자의 무용을 아껴 그를 사로잡아 자기 사람으로 만들고 싶었다. 손책은 주유의 계책에 따라 진무에게 열 명의 날랜 군사로 결사대를 꾸려 성 안에 숨어들어 불을 지르게 했다. 진무는 단신으로 기와로 쌓아올린 성벽에 단검을 박아 칼로 사다리를 만들며 성벽을 기어오른 후 밧줄을 내려 결사대가 오르게 했다. 진무의 결사대가 성 안에 흩어져 불을 지르자 불은 삽시간에 번져갔다.

때를 맞춰 성의 서·남·북쪽에서 손책군이 들이닥쳤다. 태사자의 군사들은 급히 끌어 모은 농군이나 나무꾼들로 불을 끌 엄두도 못내고 갈팡질팡하기 시작했다. 태사자는 성 안의 형세를 살피다 동문은 적군의 군세가 허술하자 그 문으로 군사들을 이끌고 나갔다. 한동안 달리다 보니 매복군의 화살이 비 오듯 쏟아져 군사들은 죽거나 부상당했다. 태사자는 많은 군사를 잃고 달리다 보니 어느새 혼자가 되었다. 갈대가 무성한 곳을 달리고 있는데 말이 발을 헛디디며 웅덩이에 빠졌고 태사자는 말 위에서 곤두박질하며 나뒹굴었다. 그러자 복병들이 우르르 달려들어 온몸을 꽁꽁 묶었다. 손책은 사로잡혀 온 태사자의 결박을 친히 풀어 주고 마치 옛 친구를 대하듯 따뜻이 맞아 주었으며 마침내 태사자의 마음을 움직여 손책의 휘하에 둘 수 있었다.

손책은 '동오東吳의 덕왕德王'이라고 자칭하는 오군吳郡의 엄백호, 회계태수 왕랑 등을 정벌하자 강동의 본성인 선성宣城을 아우 손권孫權에게 지키도록 하고 장수 주태를 딸려 주었다. 손책은 숙부 손정에게 회계성을 맡기고 주치를 오군의 태수로 삼아 다스리게 한 후 군사를 거두어 강동으로 돌아왔다. 이로써 강남·강동의 팔십일 주는 이제 모두 손책의 통치 하에 들게 되었다. 군사는 강하고 땅은 비옥해 양곡과 물산이 풍부하자 소패왕 손책은 눈을 천하로 돌렸다. 손책은 조조에게 사자를 보내 친교를 맺고 회남의 원술에게도 사자를 보내 옥새를 돌려달라는 서찰을 보내는 한편 빌렸던 군사들과 많은 공물貢物을 보냈다.

한편 원술은 스스로 황제가 되겠다는 야망을 품고 군비와 세력 확장에 힘을 기울이고 있던 중 손책의 사자가 와 옥새 반환을 요구하자 크게 화를 냈다.

"손책은 내게 군마를 빌려 오늘날 강동 땅을 모두 차지했다. 그런데 이제 와서 배은망덕하게도 옥새를 돌려달라고 하다니!"

원술이 군사를 일으키려 하자 휘하의 양대장楊大將이 말했다.

"손책의 군세가 강하고 군량도 넉넉하니 그를 치는 것보다는 유비를 제거해 세력을 넓힌 후 도모해도 늦지 않을 것입니다."

원술은 그의 진언에 따라 여포의 환심을 얻어놓고 그 사이에 유비를 친 후 여포까지 제거하기로 했다. 원술은 곧 지난날 여포에게 약속했다가 파기했던 군량 오만 석, 금은 만 냥, 말과 비단 등을 보냈다. 양곡을 받은 여포는 크게 기뻐하며 원술의 뜻을 받아들였다. 원술은 지체하지 않고 군사를 일으키고 기령을 대장 삼아 소패의 유비를 치게 했다. 유비는 소패의 작은 성에 머물며 군량마저 부족한 상황이었다. 이 소식이 전해지자 유비는 여포에게 구원을 청하는 서찰을 보냈다.

여포의 책사 진궁도 원술의 속셈을 헤아리고 있었다.

"원술은 주공을 견제해 놓고 유비를 치자는 속셈입니다."

여포는 진궁의 말에 고개를 끄덕이며 소패로 구원병을 보내는 한편 자신도 군사를 거느리고 양군의 중간에 출진했다.

한편 원술의 장수 기령은 여포가 유비를 도우려 출진했다는 소식을 듣고 사자를 보내 항의했다. 그러자 여포는 원술과 유비 모두 자신을 원망하지 않게 만드는 방책을 냈다. 여포는 유비와 기령에게 같은 날 같은 시각에 초대하는 서찰을 보냈다. 초대를 받은 유비는 관우·장비와 함께 여포의 군영으로 가 마련해 둔 주안상 자리에 앉았다. 그러나 기령은 유비를 치기 위해 십만 대군을 이끌어 온 터라 여포의 화해에 응할 처지가 아니었다.

그러자 여포가 화극을 든 채 원문轅門(군영의 문) 밖 멀리 떨어진 곳으로 단숨에 달려 큰 창을 거꾸로 꽂고 돌아와 말했다.

"예서 저 원문까지 백오십 보는 넉넉히 될 것이오. 이제 저 창의 가지를 겨누어 내가 활을 쏘겠소. 내가 맞히면 화해하고 맞히지 못하면 일체 간섭을 않겠소."

기령은 여포의 말에 거역할 수도 없었지만 백오십 보나 되는 거리에서 창의 가지를 쏘아 맞힐 리가 없다고 여겼다. 유비 또한 적은 군사로 대군과 맞서기가 어려워 마다할 수 없었다.

여포는 소매를 걷어 올린 후 시위에 화살을 메겨 활줄을 당겨 시위를 놓았다. 시위를 떠난 화살은 저쪽 창의 작은 곁가지에 '착!' 소리를 내며 꽂혔다. 지켜보던 장졸들이 우레와 같은 합성을 지르며 감탄했다.

약속대로 기령, 유비는 각기 군사를 거두어 돌아갔다. 기령이 하는 수 없이 회남으로 돌아가 여포의 서신을 전하며 전후 사정을 고하자 원술은 화가 북받쳐 발을 구르며 소리쳤다.

"엉큼한 놈. 내가 몸소 서주·소패를 짓밟아 주리라!"

그러자 고개를 숙이고 있던 기령이 조심스레 원술에게 간했다.

"지금 군사를 이끄시면 여포와 유비가 서로 머리와 꼬리가 되어 맞설 것입니다. 그보다는 주공의 아드님과 여포의 딸이 마침 혼인할 나이이니 혼인의 뜻을 건네 보는 것이 어떻겠습니까? 이른바 가깝지 않은 이가 가까운 사이를 이간시킬 수 없다는 '소불간친지계疏不間親之計'를 써 보도록 하시지요."

원술이 듣고 보니 신묘한 방책이었다. 곧 예물을 갖추고 한윤에게 글을 써 주어 여포에게 보냈다. 여포는 한윤의 말에 크게 기뻐하며 청혼을 허락했다.

이 무렵 진등의 아버지 진규陳珪는 벼슬자리를 떠나 집에서 노환으로 누워 있던 중 혼인 소식을 듣고 급히 자리에서 일어났다. 평소 유비를 공경하고 있던 진규는 이 혼인이 원술의 계책임을 알았다.

진규는 여포에게 원술의 속셈을 헤아려 주었다.

"원술이 주공의 따님을 볼모로 잡고 유비를 칠 것입니다. 소패성이 그의 수중에 들어가면 위험한 것은 이 서주입니다. 원술과 사돈이 되면 장군은 곧 역적의 친척이 되니 천하 사람들이 장군을 경원敬遠하게 될 것입니다."

진규의 말에 여포는 정신이 아찔해지지 않을 수 없었다. 급히 회남으로 향하던 혼인 행렬을 되돌리게 했다.

그런 어느 날이었다. 여포의 수하가 산동에서 말 삼백여 필을 사서 가져오다 이백여 필을 복면을 한 도적떼들에게 빼앗기고 와서는 비록 복면을 하고 있었으나 그중 우두머리는 소패성의 장비가 틀림없다고 말했다. 여포는 그 소식에 이마에 핏발을 세우며 적토마를 타고 군사를 이끌어 소패성으로 향했다. 장비는 평소 여포에게 서주성을 빼앗긴 데 울화를 참지 못하다가 때마침 여포의 졸개들이 말을 끌고 소패 경계를 지나자 말을 빼앗은 것이었다. 뒤늦게 이 사실을 알게 된 유비가 장비를 나무랐으나 이미 성은 위태로운 지경에 이르고 말았다. 유비는 하는 수 없이 성을 떠나기로 작정했다. 그리하여 밤에 장비가 죽기를 작정하고 싸우며 혈로를 뚫어 성을 빠져 나왔다.

조조,
호색에 빠지다

소패성을 빠져 나온 유비는 허도의 조조에게 손건을 보내 여포에게 성을 빼앗기게 된 경위를 소상하게 설명하고 그의 수하로 들어가고 싶다는 뜻을 전하게 했다. 조조는 평소 경계해 오던 유비가 그의 수하로 들기를 청하자 이를 좋은 기회로 여겨 받아들이고 잔치를 베풀어 극진히 대접했다.

조조의 책사 순욱과 정욱이 스스로 찾아온 유비를 제거해 후환을 없애자고 권했다. 그러나 조조는 그들의 말을 물리치고 천자께 표를 올려 예주豫州 태수로 주청했다. 이어 유비에게 군사 삼천, 양식 만석을 주어 임지로 떠나게 하면서 흩어진 장졸들을 불러 모아 여포를 칠 채비를 하도록 일렀다.

그런데 뜻밖의 급보가 날아들었다. 동탁의 옛 장수 장제의 조카 장수가 가후를 모사로 삼고 형주태수 유표와 결탁해 완성宛成에 진을 치고 허도를 치려 한다는 것이었다. 조조가 그 급보를 듣고 크게 노하며 먼저 장수부터 공격하려 했으나 서주의 여포가 마음에 걸렸다. 조조가 진병한 틈을 타 여포가 허도를 노릴지도 모르는 일이었다. 출진을 망설이던 조조는 순욱의 말을 따라 여포의 벼슬을 평동장군으로 높여 딴 마음을 품지 않도록 한 다음 유비와 화해를 권고했다. 여포는 조조가 관직을 올려 주고 예물까지 잔뜩 보내자 몹시 기뻐했다. 여포를 달래놓은 조조는 곧 장수를 정벌하기 위해 대군을 이끌고 출진했다. 때는 건안建安 2년 5월이었다.

장수는 조조의 대군과 싸워 이길 승산이 없자 가후의 권고에 따라 조조에게 항복했다. 조조는 장수가 스스로 사자 가후를 보내 항복하자 크게 기뻐했다. 조조는 가후의 청산유수와 같은 언변과 인품에 감탄해 그를 자기의 모사로 삼고 싶었으나 가후는 완곡히 물리쳤다. 조조가 군사 약간을 거느리고 완성으로 들어가자 장수는 날마다 조조를 위해 연회를 베풀었다.

그런 어느 날 밤, 밤늦게까지 주연을 즐기다 침전으로 들어가던 조조가 조카 조안민에게 넌지시 물었다.

"성 안에 혹시 기녀가 있느냐?"

조안민은 조조의 심중을 눈치 채고 우연히 목격한 아름다운 부인이 있는데, 바로 장수의 숙부인 죽은 장제의 처 추 씨라고 말했다. 조안민은 곧 무사를 거느리고 가 장제의 처를 데려왔다. 조조가 보니 백옥같이 흰 살결과 난초꽃을 방불케 하는 눈이 긴 속눈썹으로 덮인 채 바르르 떠는 그 모습이 과연 빼어나게 아름다운 여인이었다.

"그대를 만난 건 하늘의 뜻인가 하오. 나의 이 열정을 받아 주시오."

조조는 아예 거처를 성 밖의 진으로 옮겨 장막 밖을 전위에게 지키게 했다. 조조는 장막 안에서 매일 밤낮을 가리지 않고 추 씨의 몸을 탐하며 몇 날 며칠을 보냈다.

"조조 그놈이 내 얼굴에다 침을 뱉어도 유분수지……."

조조에게 추 씨가 이끌려 간 지 여러 날이 되자 소문을 듣게 된 장수가 크게 노했다.

장수는 가후의 계책에 따라 조조를 호위하는 전위에게 술을 잔뜩 먹여 취하게 한 뒤 조조의 진영에 불을 질렀다.

그때 술에 취해 곯아 떨어졌던 전위가 지독한 연기 냄새와 요란한 징 소리, 고함 소리에 취중에도 일어나 적의 칼을 빼앗아 들고 달려 나가 순식간에 기병 이십여 명을 찌르고 베었다. 그러자 만취한 전위에게 장수의 졸개들이 그를 에워싸고 활을 쏘아대자 때마침 늦은 봄이라 위통마저 벗었던 전위는 선혈을 내뿜으며 땅바닥에 나뒹굴고 말았다.

조조는 치솟는 불길에 놀라 전위를 찾았으나 보이지 않자 급히 말을 타고 진채를 빠져 나왔다.

조조의 뒤를 쫓던 장수의 추격대가 쉴 새 없이 화살을 쏘아대자 조조의 오른팔에 화살이 꽂히고 말에도 몇 대의 화살이 꽂혔다. 조조가 간신히 육수 강변에 이르렀을 때 조카 조안민은 추격대에 사로잡혀 죽임을 당하고 조조의 말도 화살을 맞아 넘어지고 말았다. 조조가 가까스로 강기슭을 기어올랐을 때 장남 조앙曹昻이 달려와 자신이 탄 말을 조조에게 내주고 무수히 날아든 적의 화살에 목숨을 잃고 말았다.

장남 조앙의 목숨을 대가로 겨우 사지에서 벗어난 조조는 그의 소식을 듣고 달려온 부하 장수들을 만났다.

형주에 이른 조조는 자기 대신 죽은 전위 등을 위해 제단을 크게 만들어 그들의 넋을 위로했다.

"맏아들과 조카를 잃은 것보다도 전위를 잃은 것이 참으로 비통하다."

조조가 소리 내어 울자 여러 장수가 감격해 목이 메었다.

조조는 곧 도읍인 허도로 회군했다. 허도에 돌아오니 서주의 여포를 달래느라 벼슬과 예물을 주어 왕칙을 사자로 보냈는데, 그가 여포의 사자 진등을 대동하고 돌아와 있었다. 진등과 말을 나눈 조조는 그의 사람됨을 보고 내심 기뻐했다. 진등 또한 이전부터 여포가 천하를 논할 인물이 아님을 알고 있던 터라 조조를 대하는 순간 마음이 기울고 있었다.

"공의 춘부장 진대부의 명성을 나도 이미 들은 바 있소. 공과도 이제 지기知己(친구)가 되었으니 나와 뜻을 함께하는 것이 어떻겠소?"

조조가 속마음을 털어놓자 진등도 망설이지 않고 그 뜻에 따랐다. 조조는 진등에게 광릉태수의 벼슬을, 그의 부친 진규에게는 이천 석의 녹을 내리고 진등이 떠나는 날 친히 배웅했다. 그리하여 조조가 여포를 칠 때 진등 부자는 서주에서 내응內應키로 했다.

여포,
곤궁에 빠지다

한편 여포가 청혼을 거부하자 원술은 노발대발하며 소리 쳤다.

"이 승냥이 같은 자가 이토록 방자하게 굴다니……"

원술은 즉각 이십만 대군을 일으키고 군사를 일곱 갈래로 나누어 서주로 진격하게 했다.

그 무렵 원술은 공공연히 황제를 참칭僭稱하며 야망을 드러내기 시작했다. 연호를 중 씨中氏라 하고 조정에서 사용하는 문무 백관의 관부官府를 정하고 천지신명께 천자가 된 제례를 올렸다.

원술이 대군을 이끌어 오자 진등이 계책을 냈다.

"원술의 군사는 모두 급히 끌어 모은 오합지졸입니다. 더욱이 일곱 갈래의 군사 중 제6로의 한섬과 제7로의 양봉은 본래 한漢 왕실을 받들었으나 몸 둘 곳이 없어 원술에게 의지하고 있습니다. 이들을 잘 달래 적진에서 내응토록 하십시오."

여포는 청산유수 같은 진등의 말에 감탄하며 곧 그의 말에 따랐다. 마침내 진등의 계책에 빠진 원술군은 크게 패했다.

참담한 패배를 당한 채 회남으로 돌아간 원술은 패배를 설욕할 궁리를 거듭하다 강동의 손책에게 사자를 보내 밀서를 전하게 했다. 원술이 보낸 밀서는 여포를 치기 위해 구원병을 청하는 글이었다. 그러나 손책은 구원병을 보내기는커녕 크게 노해 소리쳤다.

"원술은 나의 옥새를 돌려주지 않아 내가 그를 치려하거늘 어찌 도울 수 있겠는가?"

손책은 원술의 사자를 호통을 쳐 돌려보냈다.

이럴 즈음 조조로부터 사자가 와 천자의 조서를 전했다. 손책을 회계태수로 봉하는 동시에 회남에 진병해 원술을 치라는 명이었다. 이에 손책은 장소의 진언에 따라 강을 건너 원술의 측면을 칠 것이니 허도에서 대군을 내려 원술군의 정면을 치도록 하라는 밀서를 써 사자를 허도로 보냈다.

조조는 손책의 뜻을 받아들이기로 하고 군사를 일으키는 한편 예주의 유비와 서주의 여포에게도 서찰을 띄워 이 싸움에 끌어들였다. 조조가 조인에게 허도를 지키게 하고 십칠만 대군을 이끄니 때는 건안 2년 9월이었다. 조조는 여포의 군사를 왼쪽에, 유비의 군사를 오른쪽에, 그리고 자신은 중군中軍을 이끌기로 하고 하후돈과 우금을 선봉으로 삼은 뒤 수춘성으로 향했다.

조조의 연합군이 물밀 듯이 쳐들어오자 원술은 교유를 선봉으로 삼고 군사 오만 명을 주어 맞게 했으나 교유는 하후돈의 창에 찔려 나뒹굴고 말았다. 이에 원술은 수춘성 여덟 문을 굳게 닫아걸고 싸움에 응하지 않았다. 그런데 또다시 손책이 군사를 이끌고 온다는 파발이 날아오자 회수淮水를 건너 피신하고 말았다. 조조의 군사가 수춘성에 이른 것은 이 무렵이었다.

원술은 이풍·악취·양강·진기 네 장수에게 십만 명의 군사를 주어 수춘성을 지키게 했는데 조조가 수춘성에 당도해 보니 몇 년 동안의 가뭄과 물난리로 인해 백성들이 굶주리고 있었다. 성을 에워싼 지 한 달이 가까워지자 조조의 진중에도 군량이 바닥났다. 조조는 군량미를 담당하는 왕후王后에게 군량미 배급하는 되를 작은 되로 바꾸게 하여 배급을 줄이게 했다. 그러자 군사들이 여기저기서 조조를 원망하기에 이르렀다. 조조는 왕후를 불러 말했다.

"자네의 목을 빌려 주게."

"옛? 저는 아무 잘못이 없습니다."

"알고 있네. 그러나 십칠만 명의 군사들을 달래려면 그 길밖에 없네. 그대의 처자식은 내가 평생 돌보아 주겠으니 걱정 말게."

조조는 곧 왕후를 끌어내 군사들이 보는 앞에서 목을 치고 그가 배급량을 줄여 군량을 빼돌렸다는 방문을 붙였다. 방문을 본 군사들은 그제야 모든 원한을 왕후에게 돌리고 더 이상 불평하지 않았다. 군사들의 원망을 가라앉힌 조조는 삼 일 안에 수춘성을 함락시키지 못하면 장수들의 목을 베겠다는 엄명을 내리고 몸소 솔선해 성 아래로 다가가 군사들의 의기를 돋우었다. 성에 의지하고 있던 원술군은 성을 에워싼 조조군의 목숨을 건 결사적인 공세를 끝내 견디지 못해 수춘성 안은 불바다가 되고 말았다.

조조는 수춘성을 점령한 뒤 원술을 뒤쫓으려 했다. 그러나 허도로부터 뜻밖의 급보가 날아들었다.

"지난날 유표에게 몸을 의탁했던 장수가 다시 군사를 모아 반란을 일으켰습니다."

조조는 손책에게는 장강의 양쪽 기슭에 진을 치고 유표를 방비하게 하고 여포와 유비를 근거지로 돌려보내되 유비에게는 은밀히 뒷날 여포를 칠 일에 만전을 기하게 했다. 조조가 군사를 돌려 허도에 이르니 단외는 이각을, 오습은 곽사의 목을 베어 조조에게 바쳤다. 조조가 그들에게 벼슬을 내려 공을 치하하고 장수를 치기위해 군사를 일으키니 건안 3년 4월이었다.

때마침 보리 수확기였는데 조조의 군사가 행군하자 군사들을 본 백성들이 감히 보리를 베지 못하고 달아났다. 이에 조조는 보리밭을 함부로 밟지 못하도록 엄명을 내렸다.

그런데 공교롭게도 조조가 말을 타고 보리밭 옆을 행군하는데 말발굽 소리에 놀란 비둘기 한 마리가 날아오르자 놀란 말이 날뛰다가 보리밭을 쑥대밭으로 만들었다.

"내가 만든 법을 스스로 어겼거늘 어찌 군사들에게만 법을 지키라고 할 수 있겠느냐?"

조조는 그 말과 함께 허리에 찬 칼을 뽑아 자신의 목을 찌르려 했다. 주위의 장수들이 달려와 이를 제지하고 곽가가 '춘추의 가르침에도 존귀하신 분께는 법을 적용할 수 없다.'고 말하자 조조는 자신의 머리카락을 잘라 땅에 던지며 말했다.

"내 머리털로 내 목을 대신하겠다."

장병들은 조조가 스스로 자른 머리털을 보며 크게 놀라 아무도 군령을 거스르지 못했다.

한편 장수는 조조가 군사를 이끌고 오자 유표에게 원병을 청하는 한편 휘하의 장수 장선을 보내 맞서게 했다. 그러자 조조군에서는 허저가 나가 몇합 싸우지 않아 그의 목을 쳤다. 여세를 몰아 장수군을 덮치자 장수는 남양성에 들어가 성문을 굳게 닫고는 싸우려 들지 않았다.

이때 허도에 있던 순욱이 원소가 군사를 일으켜 허도를 침범할 것이라는 첩보를 접하고는 급히 조조에게 이 사실을 알렸다. 조조는 크게 당황해 그날로 허도로 회군했다. 조조가 급히 회군하는 것을 본 가후는 허도에 위급한 사태가 생긴 때문이라 여겨 그 뒤를 쫓아 치게 했다. 회군에 바빠 배후방비가 허술했던 조조는 장수군에게 크게 패하고 말았다. 조조가 패군을 이끌고 허도에 이르자, 공손찬을 치려 하니 군량과 군사를 빌려 달라는 원소의 편지가 전해졌는데 편지의 내용이 아랫사람 대하듯 교만하기 이를 데 없었다.

조조는 당장 원소를 치고 싶었으나 패군한 터라 군세가 모자랐다. 그런 조조에게 곽가가 가만히 아뢰었다.

"옛날 한 고조가 항우를 이긴 것은 힘이 강해서가 아니었습니다. 원소와 승상을 견주어 볼 때 승상께서 이길 수밖에 없는 이유가 열 가지나 됩니다. 첫째, 원소는 허례허식을 좋아하나 승상께선 항상 순리에 따르십니다. 둘째, 원소는 천자를 거스른 역적이나 승상께선 천자를 받들어 백성을 다스립니다. 셋째, 원소는 문란한 정치를 하지만 승상께선 법에 따른 정치를 하십니다. 넷째, 원소는 대범한 체 하나 의심이 많아 일족들만 등용하지만 승상께서는 재주에 따라 사람을 쓰십니다. 다섯째, 원소는 모략을 즐기고 결단력이 없으나 승상께선 계책을 정한 후엔 신속히 행하십니다. 여섯째, 원소는 소문만 믿고 사람을 쓰나 승상께선 지혜로 대하십니다. 일곱째, 원소는 선행을 널리 자랑하지만 승상께선 남모르게 배려하십니다. 여덟째, 원소는 중상모략에 가볍게 흔들리나 승상께서는 한 번 뜻을 정하시면 흔들림이 없습니다. 아홉째, 원소는 옳고 그름이 마음에 따라 수시로 변하나 승상께서는 법을 펴심이 엄격하고 밝습니다. 마지막으로 원소는 허세를 부리고 병법에 소홀하나 승상께서는 용병술이 뛰어나시니 어찌 원소를 이기지 못하겠습니까?"

"너무 과분한 칭찬이오."

조조가 웃으며 말했다.

그러자 순욱도 조조에게 진언했다.

"지금 경계해야 할 인물은 서주의 여포입니다. 원소가 공손
찬을 치려고 하니 이 틈을 타 여포를 공략해 동남지방을 평정
한 뒤 원소를 치는 것이 상책인가 합니다. 우리가 먼저 원소를
친다면 여포는 그 틈을 타 허도를 넘볼 것입니다."

조조는 순욱의 말을 따라 원소에게는 대장군 태위의 벼슬을
내리고 공손찬을 칠 때 돕겠다는 답서를 보냈다. 한편으로는 유
비에게 글을 보내 여포를 칠 의향을 전했다. 조조의 답서를 받
은 원소는 크게 기뻐하며 군사를 일으켜 공손찬을 치기 위해
나섰다.

이 무렵 진궁은 여포에게 진규·진등 부자를 경계하라고 일렀
지만 여포는 오히려 진궁을 꾸짖었다.

'충언忠言이 씨가 먹히지 않으니 반드시 큰 화를 입겠구나.'

진궁은 혼자 탄식하며 울적한 마음을 달래기 위해 소패에서
가까운 곳으로 사냥을 나갔다가 파발마 한 필이 급히 달려가
는 것을 보고 그를 사로잡아 몸을 뒤져보았다. 그런데 뜻밖에도
조조에게 군사를 보내주면 여포를 치겠다는 유비의 밀서가 나
왔다. 이 사실을 알게 된 여포는 화가 머리끝까지 치솟았다. 곧
휘하 장수들을 몇 갈래로 나누어 조조의 땅인 여남과 연주를
공격하고 예주의 유비도 치게 했다.

이리하여 여포와 휘하의 고순高順·장요張遼 등이 군사를 이끌

고 예주에 이르자 유비는 급히 조조에게 구원을 청했다. 고순은 군사를 내몰아 예주를 공격했으나 유비는 문을 굳게 닫아걸고 싸움에 응하지 않았다.

한편 조조는 유비가 구원을 청하자 하후돈·하후연 등의 장수에게 군사 오만을 주고 선봉을 맡게 한 뒤 자신도 대군을 거느리고 그 뒤를 따랐다. 선봉대를 거느린 하후돈은 여포의 고순 군사와 맞닥뜨렸다.

이때 여포의 장수 조성이 하후돈을 겨누어 활을 쏘았고 화살은 하후돈의 왼쪽 눈에 꽂혔다. 하후돈이 '악'하는 외마디 소리를 지른 후 정신을 가다듬고 눈에서 화살을 뽑자 눈알이 화살촉에 박혀 뽑혀 나왔다.

"부모님의 피와 정기로 만든 것을 어찌 버릴 수 있으랴."

하후돈은 이렇게 소리치며 눈알을 입에 넣고 씹었다.

하후돈은 창을 비껴들고 달려오는 조성을 향해 내달아 한 창으로 조성을 찔러 죽였다. 이 모습을 지켜보던 양편 군사들은 그저 혀만 내두를 뿐이었다.

이때 고순이 군사를 이끌고 나와 하후돈의 군사를 덮쳤다. 하후돈의 군사들은 손쓸 겨를도 없이 크게 패하고 말았다. 하후돈은 동생 하후연의 도움으로 목숨을 건졌으며 여건과 이전은 패잔병을 수습해 제북으로 달아났다. 고순은 여세를 몰아 유비를 치기위해 여포군과 합세했다.

여포는 장요·고순과 함께 군사를 세 갈래로 나누어 유비를 쳤다. 여포의 군사가 세 방면으로 물밀듯이 몰려오자 유비군은 중과부적이었다. 유비는 가족들을 돌볼 겨를도 없이 성을 버리고 서문으로 빠져 나갔다. 성을 빼앗은 여포는 미축에게 유비의 가족을 서주로 옮기게 했다. 유비가 조조의 진중에 이르러 그간의 사정을 들려주었다.

조조는 조인에게 삼천의 군사를 주어 소패성을 치게 하고 자신은 유비와 함께 여포를 치기 위해 소관蕭關으로 향했다. 이때 여포는 진대부에게 서주를 지키게 하고 자신은 소패성으로 향했다.

소패가 조조군의 습격을 받고 있다는 급보에 여포는 진등과 함께 조조군을 치기 위해 준비를 서둘렀다. 출진에 앞서 진대부와 진등 부자는 조용히 밀담을 나눈 후 여포에게 만약을 대비해 성 안의 가솔과 재물이나 군량을 하비성에 옮겨놓게 했다.

이때 소관이 위급하다는 소식이 전해졌다. 소관에서는 태산을 근거로 활동하던 산적인 손관과 오돈이 여포와 손을 잡고 조조군을 막고 있었는데 진궁이 그곳에 머물고 있었다. 이에 여포에게 형세를 살피고 오겠다는 핑계를 대고 진등이 먼저 소관을 다녀와 말했다.

"지금 소관의 방비는 진궁과 장패가 맡고 있으나 그 휘하 군사 대부분이 손관이나 오돈의 병졸로 조조가 대군을 이끌고 오자 성을 조조에게 바치려 하고 있습니다. 급히 진병하시어 어두워지면 진궁과 힘을 합해 손관과 오돈을 쳐 소관을 구하십시오."

여포는 진등의 말에 고개를 끄덕이며 말했다.

"알겠소. 공은 다시 소관으로 가 어두워지면 진궁과 함께 성 위에서 횃불을 올리고 건문乾門을 열어두시오. 횃불을 신호 삼아 내가 성으로 들어가겠소."

그러자 진등은 서둘러 소관에 이르러 진궁에게 말했다.

"오늘 조조의 대군이 갑자기 공격지를 바꾸어 서주로 향했소. 급히 군사를 거느리고 서주로 진군하라는 주공의 명이시오. 장군이 조조의 후미를 치면 주군께서는 선봉을 쳐 앞뒤에서 적을 무찌르자는 말씀이었소."

주군의 명이라 거역할 수도 없는 일이었다. 날이 어두워지자 진궁은 소관을 버리고 군사들을 수습해 서주성을 향해 진군하기 시작했다. 진등은 진궁이 군사를 이끌고 성 밖으로 나서자 텅 비다시피 한 성루城樓에 불을 질렀다. 진등의 계책인 줄도 모르고 봉화불이 오르자 여포는 소관을 향해 군사를 몰고 갔다. 이때 진궁도 서주로 진군하던 중 칠흑 같은 어둠이 온 누리를 뒤덮고 있는 터여서 양군은 서로를 적으로 오인하고 한바탕 뒤엉켜 싸웠다.

그런데 진등이 조조에게도 성루의 봉홧불을 신호 삼아 소관성을 치라는 밀서를 보냈던 터라 조조도 소관성으로 군사를 내몰고 있었다. 가는 도중 아군끼리 싸우는 여포군을 베고 찌르며 급습하니 여포군은 지리멸렬, 사상자가 헤아릴 수조차 없을 지경이었다.

새벽녘까지 싸우다 그때서야 아군끼리 싸웠음을 알고 망연자실한 여포가 급히 서주로 말 머리를 돌려 달려갔으나 그때는 이미 미축이 서주성을 굳게 닫고 여포를 향해 비 오듯 화살을 퍼붓고 있었다. 그제야 진등의 간계임을 깨달은 여포가 진등을 찾았으나 그는 보이지 않았다.

"이 모두가 진등 그놈이 꾸민 간계구나!"

여포가 숨 돌릴 틈도 없이 소패로 말을 달려 가 보니 성루 높이 조조의 기가 나부끼는 가운데 진등이 여포를 굽어보며 꾸짖었다.

"한나라의 신하였던 내가 어찌 너 같은 역적놈을 섬기겠는가!"

여포가 이를 갈며 소리쳤다.

"이성을 빼앗아라! 물러서는 자는 내가 목을 베리라!"

여포가 단숨에 성을 무너뜨릴 기세로 공격을 서두르고 있는데 홀연 뒤쪽에서 함성이 일며 한 떼의 인마가 달려들었다. 그들은 지난번 여포의 공격에 소패성을 빠져나가 산속에 숨어 있던 장비의 군사였다. 뒤이어 관우와 조조군이 밀려오자 여포는 진궁과 함께 갈 곳이라고는 한 군데뿐인 하비성으로 말을 달렸다.

서주를 차지한 조조는 유비·관우·장비와 진등 부자에게 큰 잔치를 열어 대접하고 진등 부자에게는 많은 녹봉과 벼슬을 더해주었다.

조조는 유비로 하여금 회남으로 가는 길목을 지켜 원술이 여포와 손잡는 것을 막게 하고 자신은 대군을 이끌고 여포를 뒤쫓아 하비성으로 향했다. 조조가 하비성 앞에 이르자 군사들에게 책栅(울타리)을 두르고 망루望樓를 세우며 튼튼한 진영을 세우라고 명을 내렸다.

　여포는 식량이 넉넉한 데다 깊은 사수泗水가 성을 둘러싸고 있어 안심하고 있었다. 진궁이 여포에게 먼 길을 와 지쳐있는 적을 치라는 '이일대로以逸待勞'의 계책을 냈으나 여포는 듣지 않았다.

　이에 진궁은 다시 '의각지세犄角之勢'(양쪽에서 잡아당겨 찢으려는 양면 작전)'의 병법으로 조조를 치게 했다.

　여포가 진궁의 말을 따라 성 밖으로 나가 싸울 준비를 하려하자 아내 엄 씨가 펄쩍 뛰며 말렸다. 진궁은 이번에는 여포에게 조조의 양도糧道(군량 수송 도로)를 끊어 버리자고 했으나 아내가 눈물을 흘리며 만류하자 여포의 마음이 흔들렸다.

　'아아, 이제 우리는 죽어도 묻힐 땅조차 없겠구나!'

　진궁이 그런 여포를 보며 홀로 탄식했다.

　어느 날 모사 허사와 왕해가 여포를 찾아와 회남의 원술에게 지난날의 혼인 일을 내세워 구원군을 청하라고 권했다. 여포는 그 말에 귀가 솔깃했다.

　지난날의 혼사를 실행에 옮겨 곤궁에서 벗어나기 위해 사자를 원술에게 보냈다. 원술은 손바닥 뒤집듯 하는 여포의 심한 번복이 믿을 수 없어 의심부터 했다. 그러나 조조가 여포를 치고 나면 다음에는 수춘성으로 군사를 이끌고 올 것임을 알고 있었다. 이에 원술은 먼저 여포의 딸을 보내면 구원에 나서겠다고 답하고 사자를 돌려보냈다.

여포의
최후

한편 사자로부터 원술의 뜻을 전해들은 여포는 조조의 방비가 엄해 직접 딸을 데리고 포위망을 뚫기로 했으나 장비와 유비가 겹겹이 에워싸고 서황과 허저까지 합세하자 하는 수 없이 하비성으로 되돌아가고 말았다. 여포는 답답하고 침울한 마음에 성에 틀어박혀 술로 날을 보냈다. 그 하비성 밖에 영채를 내린 조조도 이미 겨울철로 이어지고 있어 동사하는 군마가 점점 늘어났으며 양초도 부족했다. 조조가 홀로 근심에 싸여 있는데 곽가와 순욱이 묘책을 냈다. 하비성을 둘러싸고 있는 사수와 기수의 두 강에 둑을 쌓아 두 강의 물줄기를 한데로 터놓고 그 물줄기를 돌려 하비성을 물속에 잠기게 하자는 계책이었다. 조조가 군사들을 동원해 두 강의 둑을 끊고 하비성으로 물길을 돌려놓자 하비성은 순식간에 물바다가 되고 오직 동문만 물에 잠기지 않았다.

여포는 그 즈음 매일 밤낮없이 초선과 엄 씨를 오가며 주색酒色에 빠져 있었다.

성이 물에 잠기는 걸 본 부장 하나가 급히 이 사실을 알렸으나 술에 취해 있던 여포는 부장을 꾸짖었다.

"내게 물 위를 평지 걷듯 하는 적토마가 있거늘 무얼 걱정하느냐?"

그러던 어느 날 여포는 문득 거울을 보다 주색에 빠져 초라해진 자신의 몰골을 보고 깜짝 놀랐다. 그날부터 여포는 술을 마시는 자는 참형에 처한다는 금주령을 내렸다. 금주령을 내린 며칠 뒤였다. 여포의 휘하 장수인 후성이 말을 도난당할 뻔했으나 이를 사전에 알고 말을 되찾았다. 장수들이 이를 치하하자 후성이 이전에 담가두었던 술을 대접하려고 여포에게 허락해 줄 것을 청했다. 여포는 노발대발하며 후성에게 곤장 오십 대를 치게 했다.

후성은 이에 분함을 참지 못하고 위속·송헌과 함께 배반할 것을 모의했다. 먼저 후성이 조조에게 적토마를 바치며 투항하게 된 연후를 고했다. 성 안에서 위속과 송헌이 내응키로 했다는 말을 들은 조조는 뛸 듯이 기뻤다.

다음 날 새벽, 한참 깊은 잠에 빠져 있던 여포가 요란한 함성에 놀라 방천화극을 집어 들었다. 조조군이 강을 건너와 성벽을 기어오르며 수많은 화살을 성 안으로 쏘아댔다. 여포는 성벽을 기어오르는 조조군을 찌르고 베며 한낮이 되도록 싸웠다. 그러다 조조군의 공격이 뜸한 사이 지친 몸을 잠시 쉬다 깜빡 잠이 들었다. 그때 송헌이 여포의 화극을 숨긴 후 위속과 함께 여포의 몸을 밧줄로 두 겹 세 겹으로 묶었다. 위속이 심복에게 망루에서 백기를 흔들게 하자 조조군이 다시 함성을 지르며 성을 공격했다.

"여포를 사로잡았으니 어서 성 안으로 드시오."

위속이 동문을 활짝 열어젖히며 소리치자 하후연이 군사들을 이끌고 밀물처럼 밀려들어 성을 빼앗았다.

여포를 사로잡은 조조는 유비와 함께 백문루白門樓의 누대에 높이 앉아 사로잡힌 천여 명의 포로들을 끌어오게 했다. 먼저 여포가 끌려나왔다. 여포의 장대한 온몸은 밧줄로 꽁꽁 묶여 있었다.

"이토록 욕되게 하지 않아도 되지 않소? 묶은 밧줄을 조금 느슨하게 해 주시오."

여포의 말에 조조가 쓴웃음을 지으며 대꾸했다.

"호랑이는 느슨하게 묶지 않는 법이다."

여포는 조조 주위에 늘어선 장수들 사이에 후성·위속·송헌이 있는 것을 보고 소리쳤다.

"어찌하여 나를 배반했느냐?"

"처첩들에게 빠져 있던 장군에게 곤장을 맞거나 핍박을 받은 기억밖에 없소이다."

후성이 입가에 비웃음을 날리며 대꾸했다. 이어 고순이 이끌려오자 조조는 그의 목을 치게 했다. 이어 장수 서황이 진궁을 끌고 왔다. 조조는 진궁을 보자 입가에 반가움과 냉소가 뒤섞인 웃음을 머금으며 물었다.

"실로 오랜만일세. 그대는 스스로 지모가 많다고 하지 않았는가? 그런데 어떻게 오랏줄에 묶인 패장이 되었는가?"

"여포가 내 말을 따라주지 않았기 때문이다."

진궁이 옆에 웅크리고 있는 여포를 턱으로 가리키며 말했다.

"그런데 어찌하여 여포를 섬긴 것인가?"

"그는 우매하고 포악스럽기는 하나 그대처럼 간교하여 거짓으로 대의를 앞세워 황실을 넘볼 간웅은 아니다."

"그럼 그대를 어떻게 하면 좋겠나?"

"오직 죽음이 있을 뿐이다. 어서 내 목을 쳐라."

진궁은 그 말과 함께 뚜벅뚜벅 사형장을 향해 긴 돌층계를 내려갔다. 진궁이 목을 내밀어 칼을 받았다. 조조는 그의 노모와 처자를 허도로 보내 돌보게 하고 진궁의 시신을 거두어 정중하게 장사지내게 했다.

진궁이 떳떳한 죽음을 택한 그 순간 여포가 유비를 보고 처량한 목소리로 애원했다.

"유공은 높은 자리에 앉아 있으면서 어찌 나를 위해 한 마디 해주시지 않으시오?"

그 말을 들은 유비가 가볍게 고개를 끄덕였다. 여포가 이번에는 조조를 보고 말했다.

"승상께서 나를 부장으로 삼으신다면 천하 대사를 도모하는 데 어려움이 없을 것이오."

그 말에 조조가 유비를 돌아보며 물었다.

"공은 어찌 생각하시오?"

조조의 물음에 유비가 차갑게 말했다.

"승상께서는 지난날 정원과 동탁의 일을 잊으셨습니까?"

유비가 던진 뜻밖의 말에 여포는 그를 노려보며 울부짖듯 소리쳤다.

"이 귀 큰 당나귀 같은 놈아! 지난날 내가 베풀었던 은혜를 잊었는가?"

"여포, 부끄럽지 않은가? 당당히 죽을 일이지 무슨 말이 그리 많으냐?"

그때 도부수刀斧手들에게 끌려오던 장요가 큰소리로 여포를 보며 꾸짖었다.

조조는 곧 여포의 목을 벤 뒤 그의 목을 길거리에 효수하도록 했다.

이번에는 도부수들에게 끌려온 장요를 보고 조조가 말했다.

"음, 어딘가 낯이 익은 것 같군!"

"복양성에서 만나지 않았더냐? 그날 불길이 좀 더 크게 일었더라면 네놈 같은 역적은 없었으리라.”

조조가 그 말에 그를 벨 기세로 칼을 빼들자 유비가 일어나 조조의 팔을 붙들었다.

“그는 하비성에서 유일하게 마음이 곧고 바른 장수입니다. 살려서 크게 쓰시지요.”

이때 관우도 나서서 그를 살려 줄 것을 청하자 조조는 칼을 내던지고 손수 결박을 풀어 새 옷을 입힌 다음 자리를 권했다. 장요는 조조가 이토록 정중히 대접해 주는 데다 유비와 관우의 호의에 감격해 항복했다.

하비성을 점령한 조조는 모든 뒷일을 끝내고 유비와 함께 허도로 돌아갔다.

허도로 돌아가는 도중 서주에 이르렀을 때, 백성들이 길가에 몰려 나와 조조에게 유비가 다시 서주를 다스리게 해달라고 엎드려 간청했다.

“먼저 천자를 알현한 뒤 서주에 돌아와도 늦지 않을 것이오.”

조조가 무거운 목소리로 백성들에게 말했다.

허도로 돌아온 조조는 천자에게 유비의 군공軍功을 상주했다.

유비가 천자를 배알했을 때 헌제가 유비의 성이 유 씨인 것을 알고는 조정의 세보世譜를 자세히 읽어 보게 하니 유비는 황제의 숙부뻘이었다.

“짐에게 현덕과 같은 황숙이 있었다니 놀라운 일이오.”

헌제는 비록 촌수는 멀다 하나 숙부뻘 되는 이런 영웅을 만

나게 되자 크게 기뻐하며 숙질간의 예를 갖춘 후 좌장군左將軍
에 의성정후宜城亭侯로 봉했다. 이후 사람들은 유비를 '유 황숙皇
叔'이라 불렀다.

　그러나 조조와 그의 휘하 모사들은 유비가 황제의 두터운 신
임을 받자 못마땅하게 여겼다. 모사 정욱이 조조에게 이제 조정
을 뒤엎자는 뜻을 비쳤다. 조조는 대답 대신 백관들의 동정을
엿보기 위해 천자를 청해 사냥을 가도록 준비하게 했다. 조조
는 사냥몰이 문으로 군사 십만을 풀어 이백여 리에 이르는 사
냥터를 에워싸게 했다. 만조백관을 비롯해 유비 삼형제도 이 사
냥에 참가했다. 사냥터인 허전許田에 이르러 사냥을 하던 도중
몰이꾼의 함성에 놀란 사슴 한 마리가 가시밭을 헤치며 튀어나
왔다. 헌제가 세 차례나 활을 쏘았으나 빗나가고 말았다.

　"이번에는 승상께서 쏘아 보시오."

　헌제는 황제가 쓰는 보석으로 아로새긴 보조궁과 황금촉이
달린 금비전을 조조에게 건넸다. 조조가 보조궁에 금비전을 메
겨 들고 사슴을 쏘자 금비전이 사슴의 등에 박혀 풀 위로 쓰러
졌다. 문무백관들은 사슴의 등에 금비전이 꽂혀 있자 모두 황제
가 쏜 것으로 알고 일제히 '황제 폐하 만세'를 외쳤다.

　이때 조조가 황제의 앞을 가로막고 두 손을 높이 쳐들어 화
답했다. 그 순간 모든 군신의 얼굴빛이 흙빛으로 변하며 만세
소리를 멈추었다. 이 모양을 지켜보던 관우가 눈을 부릅뜨며 손
을 칼집으로 가져갔다. 이를 본 유비가 깜짝 놀라 눈짓으로 만
류했다.

유비가 관우의 행동을 눈치 챌까 웃음지으며 조조에게 다가가 치하했다.

"승상의 활 솜씨는 신기神技와 같습니다."

"이는 오로지 황제 폐하의 홍복이 아니겠소."

자기 같은 유능한 사람이 있으니 황제는 복이 많다는 뜻이 아닌가. 군신들은 조조의 말에 흥이 깨진 듯 입을 다물었다. 헌제도 사냥이 끝나자 서둘러 환궁했다.

헌제는 대궐로 돌아오자마자 분함을 참지 못해 눈물을 흘리며 복 황후에게 자신의 처지를 호소했다.

그러자 복 황후의 아버지 복완伏完이 거기장군 동승董承(동귀비의 아버지)을 천거하며 그로 하여금 조조를 없앨 모계謀計를 아뢰었다.

다음 날 천자는 복완의 진언에 따라 비단옷 한 벌과 밀조를 넣어 꿰맨 옥대玉帶를 동승에게 내리며 조용히 일렀다.

"경은 돌아가서 옥대를 자세히 살펴 부디 짐의 뜻을 저버리지 말라."

그러나 동승이 은밀히 헌제를 만난 일은 곧 조조의 귀에 들어갔다. 조조가 곧 궁궐로 들어 궁을 막 나서려는 동승을 불러 비단옷과 옥대를 살펴보았으나 별다른 점을 찾지 못했다.

놀란 가슴을 쓸어내리며 집으로 돌아온 동승도 밤이 되자 옥대와 도포를 살펴보다 깜박 졸게 되었다. 때마침 창틈으로 바람이 불어와 옆에 놓인 촛불이 바람에 흔들리며 심지에서 불똥이 튀어 옥대 위로 떨어져 조그만 구멍이 났다. 그런데 그 구멍

속에서 피로 쓴 천자의 조서가 보였다.

"충의열사를 규합해 조조를 제거하고 사직을 바로잡으라."

천자의 조서를 읽고 난 동승은 눈물로 밤을 새웠다.

다음 날 동승이 둘도 없는 친구 왕자복王子服에게 이 일을 의논하니 그는 황제에게 충성을 맹세하는 연판장連判狀을 만들고 손가락을 깨물어 피로 지장을 찍었다. 왕자복은 이어 오자란 장군을 천거했고 동승도 충집과 오석 그리고 서량태수 마등馬騰도 뜻을 함께하며 연판장에 서명했다.

그런 다음 동승은 어느 날 밤 유비를 찾아갔다. 유비가 처음에는 의심했으나 천자의 조서를 보자 유비도 동승의 진심을 알고 연판장 일곱 번째에 '좌장군 유비'라고 썼다.

그날 이후 유비는 외출을 삼간 채 집 뒤뜰 빈터에 채소밭을 가꾸기 시작했다. 관우와 장비는 채소밭을 가꾸며 두문불출하는 유비에게 불평을 늘어놓았다.

"형님께서는 천하의 큰일은 마다하시고 어찌하여 농사꾼 흉내나 내시고 계십니까?"

그러던 어느 날 관우와 장비가 잠시 집을 떠난 사이 조조가 유비를 불러 초청했다.

"매화나무에 매실이 영근 것을 보고 이야기나 나눌까 하여 청했소이다."

조조의 말에 유비는 안도의 한숨을 내쉬었다. 조조는 유비를 이끌어 승상부의 후원에서 함께 술을 마셨다. 술이 몇 순배 돌아가고 두 사람 모두 얼굴에 술기운이 감돌 무렵 갑자기 하늘에 먹구름이 뒤덮었다.

"용龍이다! 용이 하늘로 오르고 있다!"

술시중을 들던 하인 하나가 놀라 소리쳤다. 과연 검은 구름이
뒤엉켜 먼 산등성이 위로 떠오르는 모양이 마치 승천하는 한
마리 용과 흡사했다. 이어 후드득거리며 장대같이 굵은 빗방울
이 쏟아지기 시작했다.

"유공께서는 용의 조화를 알고 계시오?"

"얼핏 들은 바 있으나 자세히는 알지 못합니다."

"용은 본래 몸집의 크고 작기를, 오르기와 아래로 숨기를 자
유자재로 하오. 몸을 크게 할 때는 구름을 일으키고 강물을 뒤
집으며 바닷물을 말아 올리기도 하오. 또 작아질 때는 콩알 속
에 자기 몸을 숨기기도 하오. 그 솟아오름은 대우주를 종횡하
며 잠길 때는 물 아래 엎드리되 잔물결조차 일으키지 않소. 이
제 봄이 완연하니 용도 때를 만나 기지개를 켜며 하늘로 오르
는가 보오. 용과 마찬가지로 천하의 영웅도 뜻과 시운을 얻어
사해四海를 종횡함이 이와 같은 이치가 아니겠소."

유비는 조조가 영웅을 용에 비유하자 속으로 잔뜩 경계하고
있는데 조조가 물었다.

"공은 천하를 두루 살폈으니 당대의 영웅이 누구인지 알고
계실 것이오. 천하의 영웅이 누구라고 여기시오?"

"들은 바에 따르면 회남의 원술이 병사兵事에도 능통하고 군
사와 군량도 넉넉하다 하니 영웅이 아니겠소?"

조조가 차디차게 웃었다.

"그자는 무덤 속의 백골일 뿐이오."

"그럼 하북의 원소를 꼽을 수 있지 않겠습니까?"

"그자는 담이 작고 꾀부리기를 좋아하지만 결단성이 없는 필부요."

"그럼 유표나 익주의 유장, 장수, 장로 등은 어떻소?"

"그들은 입에 담을 가치조차 없는 소인배들이오."

"그 외는 아는 바가 없습니다."

유비는 조조의 집요한 물음에서 벗어나기 위해 이렇게 말했다.

"무릇 영웅이란 큰 뜻을 품고 뛰어난 계략을 지니면서도 우주를 포용하는 호기와 천지를 삼키겠다는 의지를 품은 자를 말함이오."

"그런 영웅은 제가 보기에는 없는 것 같습니다만."

그러자 조조가 손가락으로 유비를 가리키고 다시 자기 얼굴을 가리키며 말했다.

"바로 유공과 나요."

그 말에 유비는 깜짝 놀라 손에 들고 있던 젓가락을 바닥에 떨어뜨렸다. 때마침 폭포수 같은 소나기와 함께 뇌성이 크게 일었다. 유비가 천천히 젓가락을 주우며 말했다.

"우렛소리에 놀라 그만 젓가락을 떨어뜨렸습니다."

유비의 말에 조조가 가만히 웃으며 말했다.

"대장부가 우렛소리를 두려워하시오?"

조조는 '우렛소리에 저토록 놀라니 그도 필부에 불과하지 않은가'라고 생각하며 의심을 풀고 껄껄 웃었다.

그때 유비가 승상부로 불려갔다는 소식을 듣고 관우·장비가
달려왔다.

"저 두 장수에게도 술을 갖다드려라."

조조는 하인들에게 명하여 관우와 장비에게도 술을 대접토
록 했다.

얼마 후 술자리를 파하고 돌아가는 길에 유비는 젓가락을 떨
어뜨리며 조조의 의심을 피한 일을 이야기해 주었다.

유비의 말에 관우·장비는 감탄하며 잠시나마 마땅치 않게
여겼던 자신들을 부끄러워했다.

조조는 다음 날도 유비를 청해 술을 마셨으나 그에 대한 의
심이 사라져 자기의 사람으로 여겼다. 그때 원소의 동태를 정탐
하러 갔던 자가 돌아와 고했다.

"공손찬이 원소에게 대패해 스스로 목숨을 끊었습니다."

유비는 공손찬의 죽음에 가슴이 아팠다. 또한 그의 휘하에
있던 조운이 생각났다.

'그렇다, 조조에게서 벗어날 수 있는 기회가 아닌가.'

유비는 슬픈 가운데도 한 가지 묘안이 떠올랐다. 유비가 문
득 목소리를 가다듬고 원술을 사로잡아 공손찬의 넋이라도 위
로해 주고 싶다고 덧붙이자, 유비가 한때는 공손찬의 사람이
었다는 걸 알고 있는 조조는 선뜻 응낙했다.

유비,
서주로 향하다

다음 날 조조는 유비에게 군사 오만을 주어 주령과 노소를 동행케 했다. 유비는 급히 군사를 이끌어 길을 재촉하며 허도를 빠져나왔다. 그런 유비를 보고 관우가 물었다.

"이번 행군을 왜 이토록 서두르십니까?"

"허도에 있는 동안은 새장 속에 갇힌 새요, 그물에 걸린 물고기나 다름없었다. 이제 그의 그물을 벗어나 물고기가 대해로 들

어가고 새장의 새가 푸른 하늘을 날게 되었는데 어찌 서두르지
않겠는가!"

그 말에 관우와 장비는 비로소 유비의 뜻을 알아차리고 군마
를 재촉했다. 유비를 서주로 떠나보냈다는 사실을 알게 된 곽가
와 정욱이 깜짝 놀라 승상부로 달려갔다.

"이제 그에게 군사까지 주어 보냈으니 곧 호랑이에게 날개를
달아준 것이며 용을 바다로 들게 한 격입니다."

그때서야 일이 잘못되었음을 알게 된 조조가 후회하며 허저
에게 군사 오백을 주어 유비를 뒤쫓아 유비와 군사들을 허도로
되돌리게 했다. 행군을 재촉하던 유비는 후방에서 흙먼지가 자
욱하게 일어나는 것을 보았다. 유비는 그들이 조조의 군사임을
알아차리고 진을 치고 허저를 맞았다.

"승상께서 긴히 상의할 일이 있어 회군하시라 합니다."

"장수가 한번 진병하면 임금의 지휘도 따르지 않을 수 있다
하였소. 승상의 허락을 받은 터이니 장군은 돌아가서 내 말을
전하시오."

관우와 장비가 좌우에서 허저를 노려보고 있는 가운데 유비
가 엄한 얼굴로 말했다. 허저는 하는 수 없이 허도로 돌아가 조
조에게 유비의 말을 전했다. 조조는 유비의 말이 거짓이었음을
알았으나 되돌아올 유비가 아니라는 생각에 더 이상 뒤쫓지 않
았다.

유비가 서주에 도착하자 조조의 명으로 이곳을 지키고 있던
차주車冑가 영접했다. 유비는 차주에게 원술의 동태와 회남의

정세를 살피도록 했다. 승상부의 군사를 이끌고 가자 조조의 명을 받고 온 것으로 알고 있는 차주는 두말없이 유비의 말에 따랐다.

며칠 지나지 않아 원술의 동태를 살피던 탐마가 돌아와 원술이 곧 원소에게 가기 위해 서주를 지날 것이라고 보고했다. 유비는 관우·장비와 함께 군사 오만 명을 거느리고 원술이 지나갈 만한 길목을 지켰다.

오래잖아 원술의 선봉 기령이 군사를 이끌고 오자 오랫동안 싸움터를 떠나 좀이 쑤시던 장비가 나는 듯이 말을 몰았다. 기령도 말을 몰고 나와 겨룬 지 십여 합이 채 못 돼 장비가 벽력같은 소리를 내지르며 사모창을 휘두르자 기령이 말에서 굴러 떨어졌다. 기령이 맥없이 무너지자 원술이 몸소 군사를 이끌며 뛰쳐나왔다.

원술을 본 유비가 말채찍으로 가리키며 꾸짖었다.

"내가 황제의 조서를 받들어 너를 치러 왔다. 순순히 항복하면 목숨은 살려 주겠다."

"돗자리나 짜던 농사꾼 녀석이 누구 앞에서 큰소리치느냐? 내 너를 사로잡아 목을 치리라."

원술이 소리치며 군사를 내몰았다. 유비가 그 기세에 눌린 듯 잠시 군사를 물리자 원술이 기세 좋게 유비 진영으로 돌진해 왔다. 그러자 왼편에서는 주령과 노소, 오른편에서는 관우와 장비가 군사를 이끌고 달려들고 유비도 말 머리를 돌려 마주 오는 원술군을 주살하니 원술군은 우왕좌왕하며 무너지기 시작했다. 원술은 간신히 패잔병을 수습해 하북 행을 단념하고 다시 수춘성으로 향했다.

설상가상으로 원술은 가는 도중 지난날 자신을 배신하고 산적으로 있던 뇌박·진란이 이끄는 무리들에게 군량과 재화 등을 약탈당하고 남은 군사를 수습해 보니 겨우 천여 명이었다.

때는 더위가 기승을 부리는 6월인 데다 양식도 떨어져 굶어 죽는 군사도 많았다. 패잔병들은 행군을 계속할 때마다 줄어들었다. 한때는 황제라고 칭했던 원술이 염천하炎天下(뜨거운 여름)의 들판에서 걸음을 옮기다 쉰 목소리로 말했다.

"짐에게 꿀물을 다오!"

"꿀물을 달라고? 있다면 핏물이나 말 오줌밖에 없소."

옆에 있던 부하가 비아냥거렸다.

"저런 무례한 놈을……."

부아가 치민 원술은 외마디 비명처럼 소리 지른 후 그대로 땅바닥에 쓰러져 피를 한 말이나 토하더니 죽어 버렸다.

원술이 죽자 조카 원윤이 원술이 지니고 있던 옥새를 거둔 후, 그 시신과 유족들을 이끌고 가다가 광릉 땅에서 서구라는 자의 습격을 받아 몰살당하고 말았다.

그런데 죽은 원윤의 몸에서 뜻밖에 옥새를 발견한 서구는 즉시 허도로 가서 조조에게 바쳤다. 조조는 크게 기뻐하며 건달 서구를 광릉태수에 봉했다. 유비는 원술이 죽자 조정에 표문을 올려 이 사실을 알리고 조조에게도 따로 글을 보내 주령과 노소를 허도로 돌아가게 했다. 조조의 군사 오만은 서주와 그 일대를 지킨다는 구실을 대고 돌려보내지 않았다. 조조는 크게 화를 냈다. 조조는 순욱의 진언에 따라 즉시 차주에게 몰래 사자를 보냈다.

차주는 조조로부터 유비를 제거하라는 밀서를 받자 진등을 불러 그 일을 의논했다.

진등이 내심 깜짝 놀랐으나 시치미를 떼고 대답했다.

"지금 유비는 사방으로 흩어진 백성들을 불러 모아 환심을 사려고 성 밖에 나가 있습니다. 장군은 군사들을 매복시켰다가 그가 돌아오기를 기다려 영접하는 체하고 나가 그를 치십시오."

차주는 기뻐하며 즉시 그 준비를 서둘렀다.

밤이 되자 진등은 말을 타고 성 밖으로 나갔다. 밤길을 한동 안 달려가다 관우와 장비를 만난 진등은 그들에게 차주가 꾸민 계획을 알려주었다.

"이런 쥐새끼 같은 놈, 내 당장 그놈을 붙잡아 물고를 내고 말 겠소."

장비가 이를 갈며 날뛰었으나 관우가 그를 제지하며 계책을 내놓았다.

"저편에서 군사를 매복시켜 놓고 우리를 기다린다니 밤이 되 기를 기다리세. 우리가 조조의 군사로 가장하고 그놈이 마중 나 오게 하여 불시에 기습하세."

밤이 되자 관우는 허도에서 서주로 올 때 조조의 군사를 거 느리고 왔으므로 조조의 깃발을 앞세우고 성문을 열라고 외 쳤다.

차주는 반신반의했으나 조조의 깃발을 든 채 계속해서 성문을 열라고 소리치자 하는 수 없이 갑옷에 투구를 쓰고 스스로 군사 천 명을 거느린 다음 적교를 내리게 했다.

그러자 관우가 쏜살같이 말을 달려 단칼에 차주의 목을 베어 떨어뜨렸다. 장비는 차주의 가족까지 찾아내 모두 죽였다.

뒤늦게 전후 사정을 알게 된 유비가 장비의 무자비한 처사를 꾸짖었으나 이미 엎질러진 물이었다. 허도의 조조에 대한 유비의 두려움과 걱정은 더욱 커졌다. 유비가 근심어린 얼굴로 진등에게 이 일을 의논하자 진등이 말했다.

"조조가 두려워하는 것은 원소입니다. 황숙께서 정현, 정강성鄭康成 선생을 찾아가 도움을 청하도록 하십시오."

"원소가 아직 나와 왕래가 없을뿐더러 내가 그의 아우를 죽게 하였으니 어찌 나를 도와주려고 하겠소?"

"그러니까 원소가 선비로 여기는 정강성 선생을 중간에 넣어 다리를 놓게 하자는 것입니다."

유비는 곧 진등과 함께 정현의 집을 방문했다. 정현은 무릎을 꿇고 청하는 옛 제자를 위해 곧 붓을 들어 글을 써 주었다. 유비는 정현의 글을 손건에게 주며 급히 원소에게 전하게 했다.

정현의 서신을 본 원소가 혼잣말로 중얼거렸다.

"현덕이 내 아우를 죽게 했는데 내가 어찌 그를 돕는단 말이냐? 그러나 정현 선생의 글 또한 물리칠 수 없지 않은가?"

그는 휘하의 문무백관을 한 자리에 모아 놓고 의논했다.

저수와 전풍은 지금 군사를 일으키는 것은 이롭지 않다는 의견이었다. 그러나 심배와 곽도는 당장 군사를 일으키자는 의견이었다.

원소는 마음을 정하지 못하고 있었다. 이때 허유와 순심이 뒤늦게 나타나자 그들에게도 의견을 물었다.

"지금이야말로 한실의 역적을 쳐서 황실의 법통을 세울 때입니다. 주공께서는 군사를 일으키시는 것이 옳겠습니다."

원소는 두 사람이 그같이 말하자 비로소 마음을 정하고 기마병, 보병 각각 십오만씩, 삼십만 대군을 일으켜 여양黎陽으로 나아가기로 했다.

원소군이 출진 준비를 마치자 곽도가 진언했다.

"주공께서 군사를 일으켜 조조를 정벌함에 앞서 조조의 그릇됨과 죄악을 낱낱이 들추는 격문을 만들어 대의명분을 세우십시오."

원소는 곽도의 말을 좇아 기실記室(서기) 진림陳琳으로 하여금 격문을 짓게 했다. 진림의 뛰어난 글재주는 이미 천하에 널리 알려져 있었다. 환관인 할아버지 때부터 조조에 이르기까지 죄상을 낱낱이 밝히는 진림의 유려한 명문名文을 본 원소는 매우 기뻐하며 그 격문을 각 주군에게 돌리게 하고 각 지방의 관문이나 나루터, 길목 등에 방을 붙이게 했다. 허도에도 이 격문이 날아들었다.

격문을 본 조조는 온몸에 식은땀을 비 오듯 흘리더니 자리를 박차고 일어났다.

"누가 이 글을 썼느냐?"

옆에 있던 조홍이 대답했다.

"소문에는 진림이란 놈이 썼다 합니다."

조조는 껄껄 웃으며 말했다.

"진림의 글이 비록 훌륭하나 원소가 군사를 부리는 힘이 그에 따르지 못하지 않느냐. 내가 그에게 본때를 보일 것이다."

조조는 그렇게 말하며 유대劉岱와 왕충王忠에게 오만의 군사를 주어 유비를 치게 하고 자신은 이십만 대군을 이끌고 여양으로 나아가 원소의 대군과 팔십 리 거리를 두고 영채를 세우되 호를 깊이 파고 보루를 높이 쌓아 방비부터 튼튼히 했다.

그러나 양군이 서로 상대가 먼저 공격해 오기만을 기다리는 사이 어느덧 두 달이 지났다.

조조는 휘하 장수들에게 청주와 서주, 관도 등 요충지를 지키게 하고 일단 허도로 돌아갔다. 허도로 돌아온 조조는 서주로 사자를 보내 서주성 밖에 진을 치고 있던 유대와 왕충에게 진격하라는 영을 전했다. 조조의 명을 받은 유대와 왕충은 서로 선두에 나서기를 주저하다가 제비뽑기로 선두를 정해 왕충이 먼저 군사 오천을 이끌고 나갔다. 서주성에서는 관우가 삼천 군사를 이끌고 나섰다. 왕충을 맞아 몇 합을 부딪친 뒤 관우는 청룡언월도를 왼손으로 옮겨 쥔 다음 오른손을 뻗어 왕충의 갑옷 깃을 움켜잡았다. 관우는 왕충을 말안장에서 끌어내려 옆구리에 끼더니 본진을 향해 달렸다. 마치 어린아이를 잡아 겨드랑이에 끼고 가는 듯했다.

왕충이 관우에게 사로잡힌 채 적진으로 끌려가는 걸 보자 군사들은 사방으로 흩어지며 달아났다.

"관우 형님이 왕충을 사로잡았으니 이번에는 제가 유대를 사로잡아 오겠소."

유비는 장비에게도 군사 삼천을 주며 죽이지 말고 그를 사로잡아 오게 했다. 그러자 장비도 마침내 계교를 써 유대를 사로잡았다.

장비가 유대를 사로잡아 오자 유비는 유대를 성 안으로 맞이해 먼저 잡혀온 왕충과 함께 극진히 대접한 후 말했다.

"나는 승상의 큰 은혜를 입은 몸입니다. 어찌 감히 승상을 거스를 수 있겠습니까? 두 분께서 허도로 돌아가시거든 부디 잘 말씀해주십시오."

"저희 목숨을 살려 주신 은혜를 어찌 잊겠습니까. 기회를 보아 승상께 유공의 참뜻을 전하도록 하겠습니다."

유비는 유대와 왕충을 허도로 보낸 후 군사를 나누어 관우는 하비성을 지키게 하고 자신과 장비는 소패성에 머물렀다. 그리고 서주는 손건·간옹·미축·미방이 지키도록 하고 유비의 두 아내인 감 부인과 미 부인을 하비성에 머물게 했다.

한편 허도로 돌아간 유대와 왕충의 보고에 조조는 그들의 관직을 빼앗고 내쫓았다.

조조가 유비 토벌에 나서려 하자 공융이 입을 열었다.

"지금은 엄동설한이어서 함부로 군사를 움직일 시기가 아닙니다. 형주의 유표와 양성의 장수는 몰래 제휴해 조정에 대해서도 불손한 태도를 보이고 있습니다. 승상께서 먼저 그들을 끌어들이십시오."

조조는 공융의 말을 좇기로 하고 유엽을 양성으로 보내 장수를 달래게 했다. 유엽은 장수를 만나기에 앞서 그의 모사 가후를 먼저 찾아갔다. 가후는 유엽을 보낸 조조의 뜻을 헤아려 보면서 반가이 맞았다. 가후는 유엽을 자기 집에 머물게 한 뒤 장수에게 그 일을 의논하며 조조에게 투항하기를 권했으나 장수는 조조의 아들 앙昻과 조카 안민安民, 대장 전위까지 죽인 것을 생각하며 망설였다. 유엽이 조조가 이미 사사로운 원한을 잊은 지 오래라며 장수를 달랬다. 마침내 뜻을 정한 장수는 곧 그의 말을 좇아 다음 날 가후 등을 데리고 허도로 가 조조에게 항복했다.

한편 동승은 건안 5년(서기 200년) 정월 초하루, 조정에서의 신년 하례 때 교만스런 조조의 횡포를 보고는 분통이 터져 그만 병이 들어 눕게 되었다. 헌제는 동승이 몸져누웠다는 말을 듣자 당대의 명의로 이름이 높은 길평吉平으로 하여금 치료하게 했다.

"이제야 국구國舅(임금의 장인)께서 어찌하여 병을 얻었는지 알겠습니다. 국구의 병은 조조 때문이었군요."

동승은 깜짝 놀라 한동안 말문을 열지 못하다가 황제의 밀조를 내보이며 본심을 털어놓았다.

"역적 조조를 하루아침에 제거할 묘책이 있습니다."

"조조는 건강하나 단지 하나 두풍頭風을 앓고 있는데 약을 지어주는 사람은 저 이외에는 없습니다. 약에 독을 타서 먹이면 모든 일이 끝납니다."

동승은 크게 기뻐하며 길평과 함께 조조를 죽이기로 모의를 꾸몄다. 그러나 동승의 하인인 진경동이 이들의 모의를 엿듣고 이 일을 조조에게 밀고했다.

이 사실을 알게 된 조조는 동승을 비롯한 동조자 왕자복, 충집, 오란, 오석과 일족 칠백 명을 참살해 버렸다. 이어 조조는 동승의 딸인 동귀비董貴妃도 목을 졸라 죽였다.

조조가 즉시 그의 수하 군사 삼천여 명을 어림군御林軍(황제 직속 근위병)으로 삼아 궁문을 지키게 하고, 조홍을 그 대장으로 임명하니 천자는 외부와 단절된 채 감금당한 신세가 되고 말았다.

피비린내 나는 회오리바람이 허도를 휩쓸고 지나가자 조조는 마등과 유비의 일을 거론했다. 두 사람이 다 동승과 함께 모의에 가담한 사실이 조조로서는 참을 수 없는 일이었다. 조조는 정욱을 불러 그 일에 대해 의논했다.

"동승과 함께 모의했던 유비와 마등을 없애야겠다."

정욱이 고개를 저으며 답했다.

"마등이 군사를 거느리고 서량에 주둔하고 있는데 군사들은 용맹스럽기로 이름나 있습니다. 현덕 또한 서주의 요지를 차지하고 있는데 세력이 크지는 않으나 가벼이 볼 수 없는 처지입니다. 그보다는 관도官渡에서 군세를 늘리고 있는 원소가 문제입니다."

"그렇지 않다. 유비는 마등과 달리 인걸이다. 그를 치지 않고 두면 인재들이 모여들어 날개를 달게 될 것이다. 그렇게 되면 때는 이미 늦을 것이다."

마침 곽가가 들어왔다. 조조는 곽가를 보자 그에게도 의견을 물었다.

"먼저 현덕을 정벌해야 합니다. 현덕은 서주를 다스린 지 얼마 되지 않아 아직 군사들의 마음을 잡지 못하고 있습니다. 승상께서 군사를 일으키신다면 유비의 서주를 일격에 평정하실 수 있을 것입니다."

조조는 이십만 군사를 일으킨 뒤 다섯 갈래로 나누어 서주를 공격케 했다.

이 소식을 전해들은 유비는 하북의 원소에게 손건을 사자로 보내 구원을 청했다. 그러나 원소는 다섯 아들 중 가장 총애하는 막내아들이 병들어 목숨이 위태로운 지경에 이르렀다며 군사 내는 일을 뒤로 미루었다. 손건이 물러나려 하자 미안했는지 원소가 손건에게 당부했다.

"돌아가거든 유공에게 만약 서주가 위급에 처하면 언제라도 이곳으로 오라고 하시오."

손건은 그 길로 다시 말을 몰아 서주로 돌아갔다. 유비가 침통한 마음으로 두 아우에게 의논하자 장비가 우렁찬 목소리로 말했다.

"형님! 걱정하지 마십시오. 조조의 병마는 먼 길을 쉬지 않고 달려와 지쳐 있을 것입니다. 그들이 진을 치기 전에 기습하면 무찌를 수 있습니다."

유비는 장비의 말을 좇아 기습을 가하기로 하고 성을 나섰다.

그 무렵 조조군이 행군을 서둘러 소패에 다다를 즈음 불현 듯 세찬 동남풍이 일며 선두의 대장기가 부러졌다.

그걸 본 순욱과 모개가 오늘밤 적의 기습이 있을 징조라고 진언하자 조조는 군사를 아홉 갈래로 나누되 여덟 갈래로 하여 금 한 갈래의 진영을 둘러싸게 하고 매복시켰다. 이를 알 리 없는 유비가 군사를 두 갈래로 나눈 후 밤이 되기를 기다려 적진을 급습했다. 그러나 적진은 군막과 기치와 화톳불만 보일 뿐 군사들은 보이지 않았다. 장비가 당황하며 군사를 물리려 할 때 홀연 불길이 치솟고 함성이 일더니 사면팔방에서 조조군이 밀려 나왔다.

장비가 장팔사모를 휘두르며 닥치는 대로 적을 거꾸러뜨렸으나 동에서는 장요, 서에서는 허저, 남에서는 우금, 북에서는 이전이 달려 나왔고 동남쪽에서는 서황, 서남쪽에서는 악진, 동북쪽에서는 하후돈, 서북쪽에서는 하후연이 달려 나오니 중과부적이었다. 거기다가 유비군은 원래 조조의 군사였다.

그들은 무기를 버리고 투항했다. 장비는 닥치는 대로 적을 베던 중 서황徐晃이 앞을 가로막고 악진이 뒤쫓았으나 포위망을 뚫고 겨우 이십여 기를 거느린 채 망탄산 방면으로 달렸다.

유비 또한 기습을 당해 군사들의 태반을 잃고 혈로를 뚫기에 바빴다. 하후연의 공격을 피해 소패성으로 향했으나 소패성 쪽에서 불길이 솟아오르는 것을 보고 말 머리를 하비로 돌렸는데 그곳 또한 조조군이 길을 막고 있었다. 유비는 갈 길을 잃고 망연자실했으나 불현듯 위급할 때는 기주로 오라던 원소의 말이 생각났다. 유비는 단신으로 청주부에 이르렀다. 청주의 자사인 원소의 장남 원담袁譚은 유비를 맞아들였고 이를 알게 된 원소가 기주성 삼십여 리 밖까지 나와 유비를 맞았다.

소패와 서주성을 단판 싸움으로 점령한 조조의 기세는 하늘을 찌를 듯했다. 서주에는 간옹과 미축이 지키고 있었으나 그들도 조조의 대군 앞에서는 역부족이라 끝내 성을 버리고 달아났다.

조조는 관우가 지키고 있는 하비성을 무너뜨리기 위해 모사들을 불렀다.

"나는 이전부터 관운장의 무예와 의리를 높이 보아왔소. 그를 어떻게 해서든지 내 수하로 만들고 싶소."

조조가 이렇게 말하자 곽가가 고개를 저으며 말했다.

"관운장은 충절과 신의가 두터운 장수라 그가 성을 버리고 항복할 것을 기대하기 어려운 일입니다."

그러자 장요가 나섰다.

"제가 한번 나서보겠습니다. 일찍이 관공과 사귄 적이 있습니다."

장요를 지켜보던 정욱이 입을 열었다.

"비록 운장과 가깝다고 하나 그는 말로 달래서는 투항하지 않을 것입니다. 그보다는 범을 함정에 빠뜨린 뒤 달래는 계책을 쓰는 것이 어떻겠습니까?"

정욱의 계책은 항복한 유비의 군사들이 도망쳐 온 것처럼 하비성으로 보내 그들을 첩자로 내응토록 하고 관우를 유인한 다음 투항하도록 달래자는 것이었다. 조조는 정욱의 말에 따라 항복해 온 유비의 군사들을 하비성으로 보냈다. 관우는 그들이 조조군에게 패해 도망쳐 왔다고 자초지종을 말하자 의심하지 않고 성에 머물게 했다.

다음 날 하후돈이 군사 오천여 명을 거느리고 와 관우에게 갖은 욕설을 퍼부어댔다. 참다못한 관우가 삼천여 군사를 거느리고 성문을 열고 달려 나와 퇴로를 끊었다. 정욱의 계책에 떨어진 관우가 하비성을 잃은 채 주위를 살펴보니 맞은편에 토산 土山이 보였다. 관우가 군사를 이끌어 산 위에 머물게 하자 조조군이 토산을 에워싸고 화살을 날려 많은 병사가 꺾였다.

다음 날 날이 밝아오자 문득 말을 달려 산 위를 오르는 사람이 있었다. 관우가 보니 그는 장요였다.

"공이 나와 맞서려고 온 것인가?"

"아니오. 곤경에 처한 관공을 구하려고 온 것이오. 지금 현덕공도 장비도 생사를 알 수 없으며 승상께서 이미 하비성을 점령하였소. 그러나 현덕공의 가솔들은 정중히 모시고 있으며 백성들을 해치지 않았소. 관공께 이 일을 알려 근심을 덜어드리고자 온 것이오."

듣고 있던 관우가 문득 눈을 부릅뜨더니 언성을 높였다.

"그렇다면 역시 항복을 권유하러 온 것이구나. 어서 돌아가시오. 나는 죽기를 작정하고 싸우겠소."

"공이 여기서 죽는다면 천하의 웃음거리밖에 되지 않을 것이며, 세 가지 죄를 짓게 되는 것이오."

"세 가지 죄를 짓다니 그게 무슨 소리요?"

"지난날 공은 현덕공, 장비와 함께 죽고 살기를 함께하기로 한 도원결의를 맺었소. 지금 공이 죽으면 그 맹세를 어기는 것이니 첫 번째 죄요, 또한 현덕공은 가솔들을 공께 돌보라 하였소. 공이 죽음을 맞는다면 이는 곧 현덕공의 믿음을 저버리게 되는 것이니 두 번째 죄요, 또한 공께서는 출중한 무예와 학문을 지녔으니 현덕공을 도와 쓰러져가는 사직을 바로잡아야함에도 자기 한 몸만 생각하며 물불을 가리지 않고 몸을 던지려하시니 이것이 세 번째 죄요."

장요의 말에 관우가 고개를 숙이고 잠시 생각에 잠기더니 입을 열었다.

"그렇다면 승상께 나도 세 가지 약조를 받아 두고 싶소. 이 약조를 받아들인다면 갑옷을 벗고 항복하겠소."

"그 세 가지 약조를 말씀해 보시오."

"첫째, 나는 한나라 황실에 항복하는 것이지 결코 조조에게 하는 것이 아니오. 둘째, 두 부인에게 유 황숙의 봉록俸祿을 내려야 하고 그 누구도 출입을 삼가야 하오. 세 번째는 유 황숙이 계신 곳을 알게 되면 즉시 그곳으로 달려가도록 허락할 것을 약조해야 할 것이오."

장요는 관우의 말을 듣고 조조에게 관우의 말을 전했다. 조조는 세 번째 조건이 마음에 걸렸으나 마침내 관우의 조건을 수락했다.

관우가 항복하기 위해 진으로 온다는 소식을 들은 조조는 몸소 원문轅門(군영의 영내) 밖까지 나가 그를 마중했다.

허도로 온 조조는 관우에게 저택을 주어 거처하게 하고 관우의 마음을 사로잡기 위해 비단과 금은보화를 보냈다. 그러나 관우는 그 어느 하나도 자기가 갖지 않고 모두 두 부인에게 바쳤다. 나중에 이 말을 들은 조조는 더욱더 관우의 곧은 마음에 감복했다.

관우에 대한 그의 경애와 아끼는 마음은 날로 깊어갔다. 사흘 걸러 작은 잔치요, 닷새마다 큰 잔치, 이런 식으로 향응의 기회를 만들며 관우와 만나는 것을 낙으로 삼았다.

조조는 이어 허도 안에서 고르고 또 고른 열 명의 미녀로 하여금 관우를 시중들게 했으나 그들도 모두 두 부인의 시중을 들게 했다.

어느 날 연회가 끝난 후 조조가 몸소 관우를 배웅했다. 그때 문득 조조가 관우의 늙고 야윈 말을 보고 그 까닭을 물었다.

"공의 말이 어찌하여 이렇게 야위었소?"

"워낙 제 몸이 무거워 말이 힘겨운가 봅니다."

조조가 그 말을 듣더니 시신侍臣을 시켜 말 한 필을 끌고 오게 했다. 온몸이 불길처럼 붉은 데다 체구가 크고 힘차 보이는 말이었다. 관우는 그 말을 넋을 잃고 바라보았다.

"이 말은 여포가 타던 적토마赤兔馬가 아닙니까?"

"그렇소."

조조가 말안장과 고삐를 갖추어 관우에게 주었다. 관우는 거듭 고마움을 표했고 얼굴에는 희색이 만면했다. 일찍이 그가 이처럼 기뻐하는 것을 본 적이 없는 조조였다.

"미녀 열을 보내고 금은보화를 보내도 이처럼 기뻐한 적은 없었소. 그런데 어찌하여 사람도 아닌 한낱 말 한 마리에 그토록 기뻐하시오?"

"이 말이 하루에 천 리를 간다고 들었습니다. 형님의 거처를 알 게 되었을 때 단숨에 달려갈 수 있기 때문입니다."

조조는 관우의 말에 놀라며 후회했다. 그의 마음을 사로잡으려고 그토록 두터이 대하며 정성을 베풀었는데 그에게는 아무런 소용이 없으니 안타까울 뿐이었다.

한편 유비는 하북의 원소에게 몸을 의탁하고 있었으나 그의 심기는 한시도 편한 날이 없었다. 어느 날 유비가 깊은 한숨을 내쉬고 있는데 어느새 그에게 다가왔는지 원소가 유비를 향해 물었다.

"공은 어찌하여 얼굴에 그토록 수심이 가득하오?"

"두 아우의 소식도 알 수 없으며 가솔들이 역적 조조에게 붙들려 있습니다. 위로는 나라에 보답하지 못하고 아래로는 내 집안조차 보호하지 못하고 있으니 어찌 근심이 없겠습니까?"

"실은 자식 놈의 병도 나았으니 군사를 일으켜 조조를 무찌를 결심을 했소."

원소는 마침내 허도 정벌을 위한 군령을 내렸다. 그러나 전풍이 조조군의 사기가 드높으니 지금은 때가 아니라며 다시 만류하자 그를 옥에 가두고 백마현白馬縣으로 진군했다. 원소군의 선봉장은 기주의 맹장으로 이름을 떨치고 있는 안량顏良이었다.

원소의 대군이 진군해 여양에 이르자 동군東郡태수 유연이 위급한 사태를 허도에 알렸다.

조조는 군사 십오만 명을 세 갈래로 나누어 진군케 하고 몸소 군사 오만을 이끌어 먼저 백마현 벌판으로 달렸다. 조조는 나지막한 토산을 등지고 진영을 세운 후 송헌으로 하여금 안량과 맞서게 했다. 그는 지난날 여포를 사로잡아 조조에게 바쳤던 여포의 휘하 장수였다.

송헌은 조조의 명이 떨어지자마자 홀연히 말을 몰아 호기롭게 내달렸다. 안량은 적진에서 한 장수가 내달아오자 벽력같이 소리치며 말에 박차를 가해 마주 달렸다. 어우른 지 삼합도 안 되어 안량의 우렁찬 기합 소리와 함께 송헌의 머리가 말 아래로 나뒹굴었다.

조조가 이번에는 위속魏續을 내보냈으나 안량의 고함 소리가 일며 인마人馬가 함께 칼을 맞고 쓰러졌다.

"참으로 무서운 장수로다!"

호담한 조조도 간담이 서늘한지 혀를 차며 탄식했다.

이번에는 허도 제일의 용장으로 이름난 약관의 장수인 서황이 나섰으나 안량의 맹렬한 공격에 마침내 서황도 도끼를 적에게 내던지고 말을 물려 되돌아오고 말았다.

조조가 근심에 싸여 있는데 정욱이 그에게 방책을 아뢰었다.

"안량을 무찌를 사람은 관운장밖에 없을 것입니다."

"그가 공을 세우면 그것을 기회로 내게서 떠날 것이 아닌가? 때문에 그를 부르지 않고 있는 것이다."

"만약 유비가 살아 있다면 그는 반드시 원소에게 의지하고 있을 것입니다. 이제 관운장을 시켜 안량을 무너뜨린다면 원소는 필시 유비를 의심해 죽일 것입니다. 유비가 죽는다면 관운장은 승상 곁을 떠나지 않을 것입니다."

정욱의 말에 조조는 무릎을 치며 탄복했다. 조조는 즉시 사자를 보내 관우를 불러오게 했다.

관우가 그날로 백마현에 이르자 조조가 기뻐하며 관우를 맞았다.

"제가 싸움터를 한 바퀴 돌아보고 오겠습니다."

관우가 이렇게 말하자 조조는 물론 여러 장수가 토산 위로 올라갔다. 관우는 팔짱을 끼고 싸움터를 두루 살펴보았다.

"저것이 하북의 인마요. 그 군세가 대단하지 않소?"

조조의 말에 관우가 대수롭지 않다는 듯이 고개를 저었다.

"제 눈에는 들판의 개떼들로 보입니다."

"저 아래 칼을 들고 말에 올라탄 자가 바로 안량이오."

그러자 관우가 몸을 벌떡 일으켜 적토마 위에 올라탄 채 말했다.

"제가 안량의 머리를 베어 승상께 바치겠습니다."

관우는 청룡언월도를 비껴들고 질풍처럼 산비탈을 내달렸다. 관우는 청룡언월도를 들어 좌우의 적병을 베며 말을 달렸다. 그 무서운 기세에 대군이 대항할 엄두도 못 내고 비켜서는 한가운데를 풀을 베듯 헤치며 달렸다. 안량이 대장기 곁에서 뛰쳐나오려 하자 관우가 그의 모습을 보고 번쩍 번개가 치듯 달려들며 소리쳤다.

"안량이란 놈이 바로 네놈이냐!"

놀란 안량이 황급히 칼을 휘두르려는 찰나 관우의 청룡언월
도가 안량을 향해 날아들었고 단번에 갑옷과 투구가 두 동강
이 나고 말았다.

관우는 그 머리를 잘라 유유히 안장에 매달았다. 몸을 날려
적토마 위에 오른 관우가 비호같이 적진을 달리니 마치 무인지
경을 달리는 듯했다. 조조가 이 광경을 지켜보고 있다가 달아나
는 적을 마구 베며 뒤쫓아 하북의 대패로 싸움은 싱겁게 끝나
고 말았다. 관우가 토산 위에 올라와 안량의 목을 내밀자 조조
는 감탄해 마지않았다.

"공의 무예는 정말 귀신같구려!"

"저 같은 건 아무것도 아닙니다. 아우 장비는 백만 적군을 헤
치고 대장 죽이기를 주머니 속의 물건 꺼내듯 합니다."

관우의 말에 놀란 조조는 주위의 장수들을 둘러보며 말했다.

"앞으로 장비를 보면 함부로 나서지 마라."

한편 안량이 죽고 싸움에 크게 패하자 원소는 몹시 놀라며
안량 휘하의 군사 하나를 불러 물었다.

"안량을 친 장수는 누구냐?"

"얼굴이 붉고 수염이 길며 청룡언월도로 단칼에 안량을 베었
으니 틀림없이 유현덕의 아우 관운장일 것입니다."

저수沮授가 말했다. 저수의 말에 원소는 노발대발하며 좌우
에게 불호령을 내려 유비를 죽이려 했다.

유비는 두려운 기색 없이 침착하게 원소에게 말했다.

"진정하십시오. 얼굴이 붉고 수염이 길다고는 하지만 세상에 관운장을 닮은 장수가 없으란 법도 없습니다. 또한 조조는 이름난 병략가이므로 일부러 그런 자를 찾아내 우리 쪽의 자중지란을 꾀했는지도 모릅니다. 명공께서는 어찌 앞뒤를 헤아려보기도 전에 저와의 정리를 끊으려 하십니까?"

"듣고 보니 옳은 말이오."

원소는 원래 우유부단한 사람이었다. 오히려 저수를 꾸짖은 후 그 자리에서 조조군 칠 일을 의논하는데 문득 한 장수가 앞으로 나서며 소리쳤다.

"제가 가겠습니다. 아우인 저에게 맡겨주십시오."

그를 보니 키가 팔 척이요 얼굴은 해태 같고 송곳니가 허옇게 입술을 물고 있는데 머리카락과 수염이 붉고 험악하게 생긴 하북의 명장 문추文醜였다.

그는 항상 싸움터에서 반궁半弓과 칼을 들고 다녔으나 칼은 거의 쓰지 않았다. 칼을 쓰기도 전에 적은 반궁에 희생되었다.

원소가 크게 기뻐하며 그를 내보냈다.

이때 조조는 진을 물려 하남에 포진하고 있었다.

문추는 병마 십만 명을 이끌어 수많은 배에 나누어 싣고 강을 건너 황하의 해안으로 진격했다. 문추의 거칠 것 없는 진격을 본 저수가 걱정하며 원소에게 아뢰었다.

"제가 살펴건대, 우선 관도官度와 연진延津 양쪽으로 군사를 나누어 승리하는 대로 서서히 밀고 나가는 것이 상책이 아닌가 합니다."

"군사는 신속迅速을 으뜸으로 삼는다고 하지 않는가? 함부로 혀끝을 놀려 아군의 사기를 미혹시키지 말라!"

원소가 꾸짖으며 그의 말을 일언지하에 물리치자 저수는 그 날부터 병을 핑계로 진무陣務에도 나오지 않았다. 원소가 다시 군사를 일으켜 조조군을 향해 진격하자 유비가 청했다.

"저를 문추 장군과 함께 출진케 해주십시오. 명공의 은혜를 갚기 위함이 그 하나요, 두 번째는 안량을 벤 자가 운장인지 확실히 살펴 진위를 가리고 싶습니다."

원소가 기뻐하며 유비의 출장을 선선히 응낙했다. 유비가 후군이 되고 문추가 선봉이 되었다.

한편 조조는 관우가 안량을 한 칼에 베는 것을 본 후부터 그를 더욱 중히 여겼다.

'무슨 수를 써서라도 그를 내 유막에서 떠나게 해서는 안 된다.'

조조는 관우의 훈공을 천자께 상주한 후 관우를 제후로 봉했다. 그리하여 관우의 기에 한漢나라의 '한수정후지인漢壽亭侯之印'이라는 여섯 글자가 새겨졌다. 조조는 문추가 군사를 이끌고 오자 영을 내려 연진의 백성들을 서하西河 땅으로 옮긴 후 군사를 이끌었다.

"마초馬草, 군량, 짐을 실은 말을 앞세우고 군사들은 뒤처져 가도록 하라!"

행군 도중 조조는 뜻밖의 영을 내렸다. 영에 따라 선봉대를 뒤로 보내고 후군을 앞세운 이상한 행군이 시작되었다. 그런데 전투 장비를 갖추지 않은 조조의 양초 나르는 군사들은 문추가 군사를 이끌고 오자 마초와 군량을 버리고 사방으로 흩어지며 달아나기에 급급했다.

문추의 군사들은 이미 적의 군량과 마초를 빼앗은 터라 신이 났다. 군량과 마초를 빼앗은 문추의 군사들은 흩어져 있는 말까지 얻을 생각에 대와 대의 구별도 없이 제각기 흩어지고 뒤섞여 저절로 어지러운 잡병들이 되고 말았다.

"자, 이때다. 전군은 모두 언덕을 내려가 적을 섬멸하라!"

조조가 명을 내렸다. 전군이 표범같이 언덕 밑으로 내려가 적을 치는 한편, 언덕 한 구석에 놓인 봉화에 불을 올렸다. 패해서 도망치는 척하며 들과 야산과 강가 숲 속에 매복하고 있던 조조군의 선봉대가 봉화를 보자 땅에서 솟아난 듯 일제히 일어나 문추군을 급습하자 그들은 갈피를 잡지 못하고 우왕좌왕하며 같은 군사들끼리 서로 밟고 짓밟히기까지 했다.

홀로 사력을 다해 싸우던 문추는 그때서야 조조의 계략에 빠진 것을 깨닫고 급히 말 머리를 돌렸다. 그러자 장요와 서황이 문추를 뒤쫓았다.

"문추, 네가 가면 어딜 가겠느냐. 게 서지 못할까."

문추가 그 소리에 뒤를 힐끗 돌아보며 말 위에서 쇠 반궁 위의 굵은 화살을 쏘자 장요의 면상에 꽂혔다. 그때 서황이 재빨리 말을 달려 문추의 앞을 가로막았다. 서황은 도끼를 수레바퀴처럼 휘두르며 문추를 향해 달려들었다. 문추는 몇 걸음 뒤로 물리며 철궁을 안장에 끼고 칼을 빼들었다. 대검과 큰 도끼가 삼십여 합 불꽃을 튀겼다. 서로가 만만치 않음을 알자 서황은 장요를 구한 채 말 머리를 돌렸다. 문추가 기세를 올리며 뒤쫓는데 홀연 앞쪽에서 기병 십여 명이 기旗를 휘날리며 달려오고 있었다.

그 기에는 '한수정후 관운장'이라고 먹으로 글씨가 씌어 있었다. 그중에서 한 장수가 긴 수염을 휘날리며 말을 달려 나오는데 청룡언월도를 비껴들고 있었다.

"오냐, 바로 네놈이었구나. 전날 내 형 안량을 친 놈이!"

문추는 관우를 보자 대검을 휘두르며 덤벼들었다. 번뜩이는 청룡언월도, 바람을 가르는 문추의 대검!

그러나 문추가 아무리 하북의 맹장이라 하나 관우와 더 이상 싸울 장수는 못되었다. 위험을 느낀 문추가 슬며시 말 머리를 돌려 달아나다 반궁으로 철궁을 쏘았다. 그러나 관우는 그를 뒤쫓으며 문추가 쏜 화살을 피했다. 적토마를 탄 관우는 문추가 다시 화살을 쇠반궁에 올려놓기 전에 문추의 등 쪽으로 바싹 다가가 있었다. 관우의 청룡언월도가 번쩍하고 빛나는가 싶더니 어느새 문추의 목이 말 아래로 떨어졌다.

그 소식을 접한 조조는 중군을 이끌고 문추의 군사를 덮쳤다.

그때 유비는 출진 때부터 문추에게 따돌림을 받아 후진을 이끌고 있다가 멀리 한 장수를 보았는데 '한수정후 관운장'이라는 글씨가 뚜렷이 보였다. 글씨 밑에 있는 관우의 이름을 본 유비는 눈을 감고 천지신명께 감사했다.

'아! 운장이 살아 있었구나. 천지신명께 감사를 올리나이다.'

유비는 황급히 후진으로 돌아온 후 다시 이십 리쯤 퇴각했다. 원소의 원군은 그제야 겨우 강을 건너왔다. 유비는 원군과 합류해 관도 땅으로 향했다.

그때 원소는 관우에 의해 또 문추의 목이 떨어졌다는 소식이 원소에게 전해지자 유비의 목을 베게 했다. 그러자 유비가 원소에게 말했다.

"조조가 운장을 시켜 안량과 문추를 치게 한 것은 명공의 손을 빌려 저를 죽이기 위한 계책입니다."

원소는 잠시 생각에 잠기더니 어느새 조금 전의 노기가 사라진 얼굴이 되었다.

"제가 여기 있다는 것을 운장에게 알려주기만 하면 그는 밤을 새워서라도 이리로 달려올 것입니다."

원소는 유비의 말에 크게 기뻐했다. 유비는 그날 밤 관우에게 보낼 글을 썼다. 그러나 그 글을 적진에 전하는 일이 쉽지 않았다. 유비가 관우에게 보낼 서신을 전하지 못해 애를 태우고 있는데 원소가 군사를 물려 무양武陽으로 진영을 옮겼다.

원소가 군사를 물리자 조조는 하후돈에게 관도 길목을 지키게 한 후 자신은 일단 허도로 돌아갔다. 조조는 그동안 싸움에 지친 군사들을 위로하며 잔치를 베풀었다. 조조는 여러 고관이 모인 자리에서 관우의 공을 특히 치하했다.

그때 여남汝南에서 파발마가 달려와 변을 알렸다. 여남의 유벽과 공도라는 황건의 잔당들이 반란을 일으켰다는 보고였다. 조조는 일찍이 토벌을 위해 조홍을 보냈는데 그들의 기세가 강성해 큰 타격을 받고 계속 퇴각 중이라는 것이었다.

그러자 관우가 출정을 자원했다. 조조는 마음 한구석에 의심이 없는 것도 아니었으나 쾌히 응낙했다. 조조는 관우에게 오만의 군사를 붙이고 우금과 악진을 부장으로 삼게 했다.

관운장의
오관돌파

여남 땅에 이른 관우는 오래된 사찰에 본진을 세웠다. 그런데 그날 밤 보초 소대가 첩자로 보이는 수상한 두 사람을 발견해 그들을 붙잡아왔다. 관우가 끌려 온 두 사람을 보니 그중 한 사람은 뜻밖에도 손건이었다. 손건은 서주에서 도망한 뒤 유벽에게 몸을 의지하고 있었다.

관우도 그동안 있었던 일을 손건에게 소상히 들려주었다. 관우가 얘기를 끝내자 손건이 유비의 소식을 전했다.

"근자에 소문을 듣자하니 현덕공은 하북의 원소에게 가 계신다고 합니다. 저도 그리로 가고 싶었으나 아직 기회가 없었습니다. 그런데 원소가 유벽에게 꽤 많은 물자와 재화를 보내왔습니다. 그 대신 하북과 동맹을 맺고 조조군을 치라는 조건이었습니다. 내일 유벽과 공도 두 사람은 싸움터에 나가 짐짓 패한 체하며 달아날 것입니다. 장군께서는 허도에서 급히 두 부인을 모시고 이곳으로 오십시오. 두 부인을 모시고 원소에게 투항하면 현덕공을 뵈올 수 있을 것입니다."

유비가 무사하다는 소식을 들은 관우는 안도의 한숨을 내쉬며 감격에 겨워 한동안 입을 열지 못했다.

"유벽과 공도가 어찌하여 도망을 친다는 말이오?"

"비록 도적의 두목이긴 하나 유벽과 공도는 전부터 마음속으로 깊이 공을 흠모하고 있었습니다. 그러나 한편 원소와의 맹약도 있어 싸우지 않을 수 없을 테니, 공은 그들을 적당히 공격하십시오."

"알겠소. 이미 형님의 거처를 안 이상 나는 밤낮을 가리지 않고 갈 것이오. 그러나 내가 안량·문추를 죽여 형님께서 그 일로 무슨 변이나 당하시지 않았을까 그것이 걱정이오."

"그럼 이 손건이 먼저 하북으로 가서 미리 그 주위의 사정을 염탐해 보겠습니다. 공은 두 부인을 모시고 오십시오. 그러면 중간까지 마중을 나가겠습니다."

그날 밤 관우는 몰래 뒷문으로 손건과 또 한 사람을 내보냈다.

이튿날 관우가 군사를 이끌고 나가자 유벽과 공도도 나란히 진두에 나타났다.

"너희들은 어찌하여 조정을 거스르려 하느냐?"

관우가 그들을 꾸짖었다.

"너는 주인을 배반하지 않았느냐? 네가 나를 책망하니 가소롭구나."

관우는 그 말에는 대답하지 않은 채 몹시 화가 난 듯 청룡언월도를 휘두르며 말을 달렸다. 관우가 군사를 거느려 맹추격하자 공도와 유벽군은 크게 두려워하는 것처럼 사방으로 뿔뿔이 흩어지며 여남을 비워 주었다. 관우는 힘들이지 않고 여남을 평정하고 백성들을 위로해 동요하지 않도록 한 다음 곧장 허도로 돌아왔다.

한편 관우의 부장이 되어 여남에 출정했던 우금도 유비가 원소에게 있다는 것을 알고 있었다. 어느 날 조조에게 나아가 이 사실을 조용히 알렸다. 이 말을 듣고 조조는 장요를 불러 관우의 속마음을 떠 보라고 일렀다. 장요가 관우에게 갔을 때 관우는 유비를 찾아갈 방도만 궁리하고 있었다. 이에 조조는 관우를 붙잡아 둘 계교를 냈다.

조조는 관우가 하직을 청하러 올 줄 알고 이미 문 앞에 '근사방객고문謹謝訪客叩門(방문객의 문 두드림을 삼감)'이라고 쓴 피객패避客牌를 내걸고 있었다. 손님은 대문에 이 피객패가 붙어 있을 때는 어떤 볼일이 있어도 잠자코 돌아가는 것이 예의였다.

다음 날도 아침 일찍이 가 보았지만 여전히 그 패가 그의 방문을 막고 있었다.

'이는 필시 조 승상이 나를 가지 못하게 하려는 것이다.'

관우는 그날 밤 붓을 들어 조조에게 하직을 고하는 글 한 통을 써 사람을 시켜 글을 승상부로 전하게 했다. 조조에게서 그동안 받은 금은보화를 일일이 봉해 곳간에 넣은 다음 방 벽에는 한수정후의 패인牌印을 끌러 걸어 두었다.

관우는 한 대의 수레에 두 부인을 오르게 한 후 종자 이십여 명으로 하여금 수레 옆과 뒤를 호위하게 하고 자신은 적토마에 올라 청룡언월도를 들고 길을 떠났다.

"그가 원소에게 가는 것을 그냥 둔다면 호랑이에게 날개를 달아 주는 격입니다. 지금 죽여 화근을 없애야 할 것입니다."

정욱이 조조에게 간했으나 조조는 고개를 저으며 말했다.

"내가 이 기회에 차라리 나의 참다운 정을 보이고 신의 있는 작별을 고하고 싶소. 내가 전송하러 나갈 테니 잠시 기다리라 이르시오. 떠나는 관공에게 노자와 전포戰袍를 내려 오늘을 기념할까 하오."

장요가 명을 받들어 홀로 말을 타고 뒤쫓으니 수레를 이끄는 행군이라 얼마 달리지 않아 관우를 만날 수 있었다.

청룡언월도를 비껴든 관우가 마주 오는 장요를 가로막으며 말했다.

"그대는 나를 데려가려고 쫓아오는 길인가?"

장요는 관우의 물음에 황급히 손을 내저었다.

"아니오. 승상께서 몸소 공을 전송코자 하시니 잠시 머물러 주시오."

"승상이 여기를? 그러나 철기를 거느리고 오신다면 나는 죽기로 싸울 따름이오."

관우는 말을 마치고 몸을 돌리더니 패릉교霸陵橋 한가운데로 달려가 말 머리를 돌려 세웠다. 그가 다리 위 한복판을 가로막고 서는 것은 많은 군사와 싸우더라도 다리 위에서는 사면으로부터 포위당할 염려가 없기 때문이었다.

그때 조조가 철기鐵騎 수십을 거느리고 달려왔다. 허저·서황·우금·이전 등의 장수가 함께 달려 온 것이었다.

조조가 거느린 장수들의 손에 병장기가 없음을 본 관우는 경계하는 기색을 풀고 부드러운 얼굴로 조조를 대했다.

"운장은 어찌 그리 서둘러 떠나시오?"

관우는 말 위에 앉은 채 고개를 숙여 예를 표한 뒤 조조의 원망 섞인 물음에 답했다.

"일찍이 승상께 아뢰었던 대로 형님이 계신 곳을 알게 되었으니 급히 떠나지 않을 수 없었습니다."

"나도 신의를 중히 여기는 사람이오. 약조한 일을 어찌 저버릴 수 있겠소?"

조조의 말이 끝나자 한 장수가 관우에게 황금이 가득 담긴 쟁반을 바쳤는데 관우는 끝내 황금을 사양했다.

조조가 웃으며 말했다.

"그렇다면 여기 비단전포 한 벌을 가져왔소. 나의 정표로 여기고 사양하지 마시오."

한 장수가 말에서 내려 비단전포를 두 손으로 들고 와 관우에게 바쳤다. 관우도 차마 그것까지는 사양하지 못했다. 관우는 청룡언월도 끝으로 비단전포를 걸어 어깨에 걸쳤다.

관우는 하직 인사말을 남기고 적토마를 몰아 북쪽으로 떠났다.

조조는 장수들을 거느리고 다시 허도로 향했다.

관우는 조조가 뒤쫓아 와 시각이 뜻밖에 지체되자 앞서간 수레를 뒤쫓아 서둘러 말을 몰았다.

그러나 이십여 리를 뒤쫓아도 수레가 보이지 않았다. 관우가 당황해 이곳저곳으로 말을 달리며 수레를 찾아 헤매고 있는데 문득 산 위에서 외치는 소리가 들려왔다.

"관 장군께서는 잠깐만 기다려 주십시오."

관우가 홀깃 산 위를 바라보니 산 위에서 백여 명쯤 되어 보이는 군졸들을 거느리고 달려오는 장수가 있었다. 젊은 장수는 관우 앞에 이르자 홀쩍 말에서 뛰어내려 땅바닥에 엎드려 절하더니 입을 열었다.

"소생은 양양 태생으로 이름은 요화라 하옵니다. 천하가 난리 속에 휩쓸리자 고향을 떠나 강호江湖를 유랑하는 사이 오백여 명의 부랑자들을 모아 도적질로 살아가고 있습니다. 그런데 패거리 중 두원이란 자가 있는데 산을 내려갔다가 두 부인이 탄 수레를 이끌고 왔습니다."

"수레를 너희들의 산채로 끌어갔다는 말이냐?"

관우가 눈을 부릅뜨며 물었다.

"잠깐만 제 말을 들어 주십시오. 수레를 호위하고 있는 자들에게 물으니 그 두 분은 뜻밖에도 한의 유 황숙의 부인들이며, 또 장군께서 호송해 왔다고 하였습니다. 저는 그 말을 듣고 곧 부인을 모시려 하였습니다. 그러나 두원이 흉측한 속셈까지 드러내며 반대하기에 제가 그놈을 죽이고 그 목을 베 장군께 바쳐 지은 죄를 빌고자 합니다."

요화는 그렇게 말하고 나서 말 위로 뛰어오르더니 산속으로 달려가 수레를 끌고 산길을 내려왔다.

"두 부인이 무사함은 실로 그대의 공이구나."

요화는 관우의 치하에 송구해하며 자신을 휘하에 거두어달라고 청했다.

"오늘 받은 고마움은 꼭 기억해 두겠다."

관우가 이렇게 말하자 요화는 거듭 송구해 하며 절을 올린 다음 부하들을 거느리고 산속으로 사라졌다.

해가 기울자 관우 일행은 어느 마을의 장원莊園에 이르러 하룻밤 묵어가기로 하고 주인을 불러 청했다. 머리와 수염이 학처럼 흰 한 노인이 나와 관우를 맞았다.

노인의 이름은 호화胡華였는데 환제 때 의랑議郞 벼슬을 지낸 사람이었다. 호화는 수레를 호위하는 장수가 안량과 문수의 목을 벤 관우인 것을 알고 정중히 그들을 안으로 모신 후 후히 대접했다. 호화라는 노인이 형양태수 왕식의 종사관으로 있는 그의 아들 호반胡班에게 글 한 통을 전해 달라고 청하자 관우는 쾌히 응낙했다.

다음 날 관우가 호화 노인의 집을 떠난 후 낙양으로 향하니 이로부터 관우는 다섯 관문關門을 지나게 되었다.

이윽고 일행은 낙양에 이르는 첫 관문인 동령관東嶺關에 당도했는데 공수라는 자가 군사 오백을 거느리고 이곳을 지키고 있었다. 수비 대장 공수가 나서며 관우에게 예를 올린 뒤 말했다.

"관공께서는 어디로 가십니까?"

"승상께 하직 인사를 고하고 하북으로 가는 길이네."

"원소의 땅으로 가시려면 통행증이 있어야 합니다."

"급히 떠나느라 그만 잊어버리고 왔네."

"승상께 사람을 보내 확인한 후에 보내드리겠습니다."

"시각을 지체하며 기다릴 수는 없네."

"꼭 이곳을 지나가려거든 관공 외 다른 사람을 여기에 인질로 두고 가십시오."

공수의 말에 관우는 마침내 격분해 청룡언월도를 번쩍 쳐들었다. 유비의 두 부인을 인질로 두라는 말에 관우는 더 이상 참지 못하고 단번에 그를 벨 듯했다. 공수도 그 기세에 눌려 급히 관문 안으로 들어가 북을 울려 군사를 부른 뒤 갑옷까지 받쳐 입고 관문으로 다시 나와 관우에게 호통을 쳤다.

"네놈이 감히 어딜 지나가려 하느냐?"

관우는 눈을 부릅뜨더니 곧바로 말을 달려 공수에게로 향했다. 공수도 졸개들이 지켜보고 있는 가운데 창을 추켜세우고 마주 나왔다. 공수가 창으로 관우를 겨냥해 돌진했으나 관우의 청룡언월도가 번뜩이자 단 일 합만에 두 토막 난 시체가 되어 말 아래로 굴러 떨어지고 말았다.

기가 질린 군사들이 무릎을 꿇고 엎드릴 뿐이었다.

관우는 수레를 호위하고 관문을 지나 길을 재촉했다.

이윽고 멀리 낙양의 성문이 보였다. 이곳은 낙양태수 한복이 지키고 있었다. 태수 한복이 관우가 동령관의 수비 대장 공수를 죽이고 관문을 지났다는 급보를 받고 장수들을 불러 이 일을 의논하자 맹탄이 나서 계책을 냈다.

한복은 맹탄의 계책에 따라 급히 녹각(적을 막는 장애물)을 세우고 평상시의 경비병 외에 정병 천 명과 궁수를 녹각 뒤에 매복케 했다.

이윽고 관우가 낙양 성문 앞에 이르자 한복이 소리쳤다.

"통행증이 없다면 그대는 몰래 달아나는 것이 분명하오."

관우가 한복의 냉랭한 언성을 듣고 노해 언성을 높였다.

"그대 또한 내 손에 죽고 싶으냐?"

관우의 말이 끝나기도 전에 사방에서 징 소리가 요란히 일었다. 관우는 일단 말 머리를 돌려 물러났다. 맹탄이 이를 보고 쌍칼을 휘두르며 말을 달려 나왔으나 관우의 청룡언월도가 그의 등 뒤에서 번뜩이자 비명 한 번 지르지 못하고 그의 몸은 두 동강이 나고 말았다. 관우가 그 기세를 타고 관문을 향해 말을 달리자 태수 한복이 관문 옆에 말을 세우고 있다가 관우를 향해 화살을 날렸다.

'윙'하고 바람을 가르며 날아간 한복의 화살이 관우의 왼쪽 팔에 꽂혔다. 관우는 말을 달리며 왼쪽 팔에 박힌 화살을 입으로 물어 뽑았다. 그 사이 한복은 급히 말 머리를 돌려 관문 안으로 달아나려 했으나 적토마가 어느새 그의 등 뒤를 덮쳐들자 비명과 함께 한복의 목이 말 아래로 굴러 떨어졌다. 관우가 쉬지 않고 군사들을 베고 찌르니 군사들은 제각기 달아나거나 무기를 버리고 무릎을 꿇었다. 관우는 낙양 시가를 지나 교외에 이르자 그때서야 헝겊을 찢어 왼팔을 동여맸다. 관우는 도중에 기습을 당할까 염려해 밤잠도 자지 않고 수레를 호위하며 길을 재촉했다. 하북으로 가는 길목인 기수관沂水關에 이른 것은 저녁 무렵이었다.

기수관은 이전에 황건적의 우두머리였다가 뒤에 조조에게 투항한 변희라는 자가 지키고 있었는데 그는 유성추流星鎚(철퇴)를 잘 쓰는 장수였다. 변희는 관우가 관문마다 장수를 죽이며 온다는 보고를 받고 관문 앞에 있는 진국사란 절에 도부수 이백여 명을 숨겨놓았다. 관우를 절로 유인한 뒤 술잔 던지는 것을 신호로 일제히 덤벼들어 관우를 사로잡을 작정이었다.

이날 날이 이미 어두워져 하룻밤 묵어가기로 하고 관우 일행이 진국사에 당도하자 종이 울리며 승려들이 몰려 나와 수레에 타고 있는 두 부인에게 차를 바쳤다. 그런데 뜻밖에도 그들 가운데 관우와 같은 고향 사람으로 보정普淨이란 승려가 있었다. 관우는 오랜만에 고향 사람을 만나 감회에 젖으며 그를 반겼다.

그때 변희가 패검을 철거덕거리며 다가왔다. 그러자 보정이 방으로 관우를 안내하면서 가만히 관우에게 손으로 자기가 찬

계도戒刀(승복을 재단하는 데 쓰이는 칼)를 가리키며 눈짓 손짓을 했다.

무심코 보정의 그 같은 행동을 보던 관우는 문득 마음속에 짚이는 데가 있었다. 변희가 방으로 들어와 연회를 벌이자 관우는 부하들을 불러 방 밖을 지키도록 일렀다. 그런 다음 변희가 술잔을 들어 권하자 관우가 대뜸 그에게 물었다.

"그대가 나를 청한 것은 나를 대접하기 위해서인가, 아니면 나를 베기 위해서인가?"

관우의 뜻밖의 말에 변희는 당황해 대답을 하지 못했다. 비밀이 탄로 난 것을 안 변희는 술잔을 내던지며 소리쳤다.

"속히 나와 이놈을 쳐라!"

변희의 외침과 함께 휘장 뒤에 숨어 있던 도부수들이 일제히 나와 관우에게 덤벼들었다. 그러나 이럴 줄 알고 경계심을 품고 있던 관우가 어느새 칼을 뽑아들고 그들을 베고 찔렀다. 변희는 그 틈을 타 법당을 빠져 나가 낭하로 달아나며 관우에게 유성추를 날렸으나 청룡언월도로 유성추를 쳐내고 곧장 변희를 뒤쫓아 단번에 그를 베어 버렸다. 관우는 두 부인이 염려되어 수레 있는 쪽으로 급히 발걸음을 옮겼다.

어느새 변희의 군사들이 수레를 에워싸고 있었다. 그러나 관우가 피가 뚝뚝 떨어지는 청룡언월도를 들고 달려오는 것을 본 그들은 간담이 서늘해져 뿔뿔이 흩어졌다. 관우는 보정과 작별 인사를 나눈 뒤 수레를 이끌고 형양滎陽을 향해 길을 떠났다. 형양태수 왕식은 원래 한복과는 인척간으로 한복의 복수를 하겠다며 벼르고 있었다.

왕식은 수하를 시켜 관문 입구를 지키게 한 후 친히 나가 관우를 반가이 맞았다. 왕식은 관우를 후히 대접하며 하룻밤 쉬어갈 것을 권했다. 관우는 내일 또 길을 재촉해야 하므로 이에 응했다.

그러자 왕식이 종사로 있는 호반胡班을 은밀히 불러들여 관우를 제거할 계교를 일러주었다.

"그대는 오늘 밤 군사 천 명을 이끌고 역관을 에워싸도록 하라. 그리고 군사 하나에 횃불 하나씩을 마련케 하였다가 삼경三更이 되거든 일제히 횃불을 던져 불을 지르도록 하라. 관우 일행은 누구든 가리지 말고 모조리 불태워 죽여야 한다. 집에 불이 붙으면 나도 군사를 이끌고 가 접응할 것이니라."

왕식의 명을 받은 호반은 만반의 준비를 마치고 관우 일행이 잠들기를 기다렸다. 그런데 오직 한 방에만 불이 밝혀져 있었다. 호반은 살금살금 다가가 방 안을 들여다보았다. 방 안에는 촛불 아래 불그레한 얼굴에 칠흑 같은 수염을 길게 드리운 풍채 좋은 한 사람이 책을 읽고 있었다. 멀고 험한 길을 가는 사람답지 않게 초연히 책을 읽고 있는 그 모습을 본 호반은 자기도 모르게 탄성을 지르고 말았다.

'아! 신선이란 바로 저 사람을 두고 하는 말이 구나!'

조금 전부터 인기척이 나 귀를 기울이고 있던 관우가 급히 자리에서 몸을 일으키며 방문을 열었다.

"거기 있는 자는 누구냐?"

관우의 위압적인 목소리에 호반은 자기도 모르게 무릎을 꿇었다.

"왕 태수의 종사관 호반이라고 합니다."

호반은 숨기지 않고 자신의 신분을 밝혔다. 호반의 말에 관우는 문득 호화 노인의 당부가 생각나 그를 불러들이고 짐 속에 들어있는 한 통의 서한을 꺼내 주었다. 호반이 받아 읽어 보니 분명 아버지가 보내신 글이었다. 집안의 안부와 함께 관우에 대한 자세한 소개가 쓰여 있었다. 이미 관우의 풍채와 높은 품격을 존경하게 된 호반이었다. 아버지의 서한을 읽고 난 호반은 관우에게 왕식의 계교를 소상히 밝혔다.

"제가 성문을 열어 놓을 테니 장군께서는 급히 부리는 자들을 수습하시어 이곳을 떠나도록 하십시오."

관우는 그 말을 듣고 크게 놀란 가운데도 황망히 갑옷을 꿰입은 후 청룡언월도를 들고 적토마를 탔다. 수하들을 조용히 깨우고 두 형수가 수레에 오르자 관우는 수레를 이끌어 역관을 빠져 나갔다. 관우가 뒤돌아보니 과연 집 주위에는 군사들이 손에 횃불을 들고 명을 기다리는 듯 도열해 있었다.

호반은 관우 일행이 무사히 성문을 빠져 나가자 집에 불을 지르게 했다. 관우가 수레를 호위해 몇 리를 갔을 때였다. 홀연 등 뒤에서 수많은 횃불이 밤을 밝히며 관우를 뒤쫓았다. 왕식이 거느리는 군사들이었다.

왕식은 창을 휘두르며 달려들었다. 관우는 청룡언월도를 번뜩이며 위로 치켜들더니 그대로 왕식을 향해 내려쳤다. 왕식은 제대로 한번 부딪지도 못한 채 두 토막이 나 말 아래로 굴러 떨어졌다. 며칠 후 관우 일행은 활주滑州의 경계에 이르렀다.

활주태수 유연은 지난번 원소군과 동군東郡에서 싸울 때 위급한 처지에 놓여 관우의 도움을 받은 적이 있었다. 유연은 군사를 거느리고 성곽 밖까지 나와 관우를 맞았다.

관우가 세운 공으로 보더라도 조조도 능히 그를 보내 줄 수 있으리라 여겼다. 유연은 길을 비켜 주며 일렀다.

"황하 나룻가 길목을 하후돈의 부장 진기가 지키고 있습니다. 아마도 장군께서 그곳을 지나시는 것을 허락하지 않을 것입니다."

관우가 유연에게 배를 빌려달라고 청했으나 하후돈이 알면 문책당할 거라며 거절했다.

그가 길을 막지 않은 것만도 다행으로 여기며 관우는 수레를 앞세워 진기의 진지로 향했다.

이윽고 황하의 나루터에 이르자 좌우에 군사를 거느린 채 얼굴이 험상궂은 한 장수가 길을 막았다. 관우가 눈을 부릅뜨며 진기를 노려봤다.

"너는 내가 길 막은 자들을 모조리 죽였다는 사실을 알고 있느냐? 모르고 있느냐?"

"네가 여기까지 오다 죽인 장수들은 이름도 없는 하찮은 이들이었다. 감히 나까지 죽일 수 있다고 생각하느냐?"

진기는 원래 겁이 없는 장수인지라 칼부터 빼들었다. 진기가 말을 달려 관우에게 덤벼들자 그의 좌우에 늘어섰던 군사들도 뒤따랐다. 두 필의 말이 한순간 어우러지는가 싶었다. 진기의 기세 하나만은 하늘을 찌를 듯했으나 그 칼이 관우를 향해 찔러 들어가기도 전에 관우의 청룡언월도가 번쩍이더니 목을 날리고 말았다. 이에 뒤따르던 군사들이 그 모양을 보고 주춤거렸다. 관우가 그들을 향해 소리쳤다.

"너희들은 아무런 죄가 없으니 달아날 것 없다. 급히 배를 내서 우리가 건널 수 있게 하라!"

관우의 말에 목숨을 건지게 된 졸개들이 급히 배를 구해왔다. 관우는 두 형수를 배에 오르도록 한 뒤 무리를 이끌어 황하를 건넜다. 황하를 건너면 거기서부터는 원소의 땅이었다.

수레는 다시 바람 부는 들판을 가르며 길을 가고 있었다. 그런데 저쪽 맞은편에서 홀연 한 사람이 말을 달려왔다. 가까이 다가오는데 보니 그는 바로 여남에서 헤어진 손건이었다.

지난번 관우가 문추를 베고 허도로 돌아간 뒤 유벽과 공도가 관우에게 내주었던 여남 땅을 도로 찾자 유비는 원소에게서 빠져 나와 여남으로 떠났고, 손건이 관우에게 이 소식을 전하기 위해 달려 온 것이었다.

일행은 방향을 바꾸어 여남을 향해 출발했다. 며칠 후 관우는 와우산臥牛山 산기슭을 지나다가 황건적의 잔당으로 산적의 우두머리가 된 배원소裴元紹와 주창周倉을 만났다. 두 사람은 관우에게 졸개들과 함께 부하로 거두어달라고 간곡히 청했다. 관우는 갈 길이 바빠 전부를 이끌고 갈 수 없어 주창만 데리고 가기로 한 뒤 배원소와 함께 졸개들은 와우산에 남겨두고 뒷날을 기약했다.

관우와 손건은 다시 여남을 향해 가던 중 멀리 고성古城 하나를 발견했다. 주창이 어디론가 달려가 그 고장 사냥꾼을 데려와 그 고성의 주인이 누구인지 물었다.

"몇 달 전 장비라는 장수가 군사 사오십 기를 이끌고 와 성을 빼앗았습니다. 또한 군사를 모으고 말을 사들여 이제는 수천의 군사를 거느리고 있다 합니다."

관우와 손건은 그 말을 듣고 적잖이 놀라며 기뻐했다. 손건이 먼저 그 자리에서 말을 몰아 고성으로 달려가 장비에게 관우를 맞게 했다. 그러자 장비는 대뜸 자리를 박차고 일어나 군사 천여 명을 거느리고 성문 밖으로 달려 나왔다.

한편 관우가 장비를 기다리고 있는데 성에서 한 떼의 인마를 이끈 장비가 벽력같은 고함을 치며 달려들었다.

"형님을 배반한 역적은 내 칼을 받으라!"

관우가 장비의 공격을 피하며 물었다.

"아니, 그게 무슨 소리인가?"

"닥쳐라! 너는 조조에게 붙어 벼슬까지 지내지 않았느냐? 오늘 너와 죽기를 작정하고 싸우겠다."

관우는 그제야 장비가 큰 오해를 하고 있음을 알았다.

"네가 모르고 하는 소리다. 두 분 형수님이 계시니 여쭈어 보아라."

수레 안에 있던 두 부인이 장비를 말리며 그동안의 일을 설명했으나 장비는 두 부인의 말에 귀를 기울이지 않았다.

그때였다. 한 떼의 군사가 관우의 등 뒤에서 먼지를 일으키며 달려왔다. 깃발을 보니 조조의 군사였다.

"이래도 나를 속일 테냐."

"저들이 나를 잡으러 오니 제일 앞선 장수를 베어 진심을 보여주겠네."

"그렇다면 북을 세 번 칠 때까지 저자의 목을 베어 오라."

관우는 장비의 말을 듣고 곧장 적토마를 몰아 달려오는 적장을 향해 달려 나갔다. 적장은 바로 채양이었다. 채양은 원래 관우가 허도를 떠나올 때부터 사로잡아 오겠다고 자청했던 장수였는데 관우가 죽인 진기가 바로 그의 조카라 원수를 갚기 위해 관우를 향해 칼을 휘두르며 달려왔다. 마주 오는 채양의 칼을 피한 관우의 청룡언월도가 허공을 가르는 듯싶자 채양의 목이 땅 위로 떨어졌다.

관우가 청룡언월도에 채양의 목을 끼고 나는 듯이 달려 장비 앞에 이르자 장비가 치는 세 번째 북소리가 울렸다. 장비는 그제야 관우에 대한 의심을 풀었다.

이윽고 일행이 성 안으로 들어가자 두 부인이 하비성이 조조에게 떨어지던 날부터 허도를 떠나올 때까지 관우의 지난날을 빠짐없이 들려주었다. 이야기를 듣고 난 장비는 펑펑 울며 관우 앞에 엎드려 사죄했다. 관우는 엎드린 장비의 손을 잡아 일으키며 감격에 겨운 재회를 했다.

다음 날 관우는 장비로 하여금 두 부인과 고성을 지키게 한 뒤 손건과 함께 여남의 유비를 찾아 떠났다. 유벽과 공도가 마중을 나왔으나 유비는 유벽의 군사가 너무 적어 하북의 원소에게 돌아가고 없었다. 관우는 유비가 있는 하북으로 가기 전에 주창에게 일렀다.

"우리는 지름길을 통해 형님에게 갈 테니 자네는 와우산에 가서 병졸들을 이끌고 길목에서 기다리게."

주창이 와우산으로 떠난 후 관우와 손건은 불과 이십여 명의 기병을 거느리고 하북으로 향했다. 가는 도중 날이 어두워져 관우가 장원 한 채를 발견하고 하룻밤 묵어가기를 청하니 주인인 한 노인이 자신의 이름은 관정關定이라고 밝히며 방으로 맞아들였다.

이때 손건은 관우와 헤어져 기주로 가서 유비를 만나 그동안의 경위를 말했다. 관우와 장비의 소식에 유비는 감격에 겨워 말을 잇지 못했다. 유비에게 두 아우의 소식을 전한 손건이 다시 관우에게로 돌아왔다.

유비는 자신처럼 원소에게 의탁하고 있는 간옹簡雍을 불러 기주에서 몸을 빼낼 방책을 의논했다. 다음 날 유비가 원소에게 유표에게 가서 함께 조조를 치자고 설득하겠다고 하자 즉석에서 허락했다. 유비가 물러간 뒤 간옹이 유비가 유표에게 가면 돌아오지 않을지 모르니 유비와 함께 보내주면 그가 딴 마음을 품지 않도록 지키겠다고 말하자 원소는 유비와 동행할 것을 허락했다. 모사 곽도가 이 사실을 알고 원소를 말렸으나 원소는 곽도의 말을 귀담아듣지 않고 나무랐다. 간옹은 급히 말을 몰아 유비를 만나 함께 무사히 기주의 경계를 넘었다.

이윽고 기주의 경계에서 기다리고 있던 손건의 안내를 받아 일행이 관우가 묵고 있는 관정의 집에 이르렀다.

　유비는 말에서 뛰어내려 관우의 손을 잡아 일으키고 벅찬 감격에 눈물만 흘릴 뿐 말을 잇지 못했다. 관우도 어느새 눈가에 굵은 눈물방울을 떨어뜨리고 있었다.

　집주인 관정이 그런 두 사람을 집 안으로 맞아들였다. 이미 자리를 마련해 놓은 초당에 유비를 청해 앉게 한 관정은 두 아들을 거느리고 나와 절을 했다. 유비는 관정에게 예를 표한 뒤 훤칠한 키에 준수한 용모의 두 아들을 유심히 바라보았다.

　"이 노인장은 저와 같은 관 씨關氏 성을 가진 분인데 저 둘은 이분의 아드님입니다. 큰아들 관녕關寧은 글을 배웠고, 둘째 아들 관평關平은 무예를 익혔다고 합니다."

　그날 밤 집주인 관정이 관평을 거두어달라고 정중히 청했다.

　"내 아우는 아직 혈육이 없으니 둘째 자제를 양자로 삼으면 어떻겠소?"

　유비의 말에 관정은 몹시 기뻐하며 관평을 불러 앞으로 관우를 아버지로 부르게 했다. 장원을 떠나 유비 일행이 길을 재촉하며 말을 달려가니 이윽고 저 멀리 구름 사이로 와우산이 보였다. 오래지 않아 저쪽에서 주창이 수십 기를 이끌고 말을 달려왔다. 주창이 가까이 다가오는데 그를 보니 온몸이 상처투성이였다.

　관우가 주창의 상처를 보며 놀란 눈으로 까닭을 물었다.

　"장군의 명을 받고 와우산에 달려가 보니 한 장수가 나타나

배원소를 한 창에 찔러 죽이고 부하들을 굴복시킨 뒤 산채를 차지해 버렸습니다. 화가 나서 제가 그 장수와 싸웠으나 그 장수의 창 솜씨가 뛰어나 싸울 때마다 잇달아 지고 몸에 상처만 입고 달려오는 길입니다.

관우가 주창과 함께 와우산 기슭에 이르자 주창이 마구 욕설을 퍼부어댔다. 그때쯤 유비도 말을 달려 산기슭에 이르렀다. 잠시 후 한 장수가 쏜살같이 말을 달려 산기슭으로 내려왔다. 그 장수를 유심히 지켜보던 유비가 소리쳤다.

"거기 오는 게 혹시 자룡子龍(조운의 자)이 아닌가?"

유비의 외침에 달려오던 장수가 말 위에서 몸을 날려 길가에 뛰어내리더니 엎드려 절을 했다. 그 장수는 조운이었다.

"그동안 어떻게 지냈으며 어쩌다가 여기까지 오게 되었는가?"

"주인 공손찬이 원소와의 싸움에 패해 스스로 숨을 끊어 버리고 말았습니다. 저는 서주에 계신 주공만을 생각하고 이 몸을 의지하기 위해 서주로 향했습니다. 그런데 서주에 이르기도 전에 이미 서주가 조조에게 넘어갔다는 소식을 듣게 되었는데 주공은 원소에게 가 계시고 운장께서는 조조에게 항복했다는 것이었습니다. 그렇게 되고 보니 구름처럼 정처 없이 떠돌던 중에 우연히 이곳을 지나가게 되었습니다. 그런데 갑자기 배원소란 산도둑이 내 말을 빼앗으려 하기에 그를 죽이고 산채를 차지했습니다."

조운이 끝내 자기를 잊지 않고 있었다는 말을 듣자 유비는 감격했다. 조운은 그날로 산채를 불태운 후 산적들을 이끌고 유비의 뒤를 따랐다.

관우를 만났고, 또 뜻밖에 조운을 만나니 병마의 수는 적었으나 유비 좌우를 천하의 맹장이 호위하는 위풍당당한 행렬이 되었다.

이윽고 일행이 고성에 이르자 장비는 유비를 보자 그만 격정을 누르지 못하고 엉엉 소리 내어 울었고 미축 형제도 눈물을 흘리며 재회를 기뻐했다. 유비를 비롯한 일행은 성 안으로 들었다.

유비가 부인들을 맞으니 두 부인은 말없이 흐느껴 울뿐이었다. 두 부인은 지난날 관우가 겪었던 고초들을 이야기했다. 특히 관우가 오관을 돌파할 때의 위급한 대목에 이르러서는 유비도 눈물을 흘렸다. 이어 삼형제는 새롭게 만난 것을 기리며 소와 말을 잡고 제단을 만들어 제사를 지내 하늘에 감사드리고 큰 잔치를 벌였다.

이제 유비는 두 아우 외에도 조운·손건·간옹·주창과 같은 장수에다 군사도 사오천 명을 거느리게 되었다. 그런데 삼형제의 재회를 축하하는 잔치에 여남의 유벽과 공도도 소식을 듣고 달려왔다.

잔치 자리에서 유벽이 유비에게 말했다.

"저희가 여남 땅을 바치겠으니 여남을 근거지로 삼아 뒷일을 도모하십시오."

다음 날 유비는 유벽의 제의를 받아들여 즉시 여남으로 떠나 말을 사들이고 군사를 모아 세력을 키우기 시작했다.

스물여섯,
손책의 최후

한편 유비의 소식을 듣게 된 원소는 그에게 속았음을 알고 불같이 화가 나 소리쳤다.

"내가 몸소 나아가 이 귀 큰 도적놈부터 없애리라."

원소가 길길이 날뛰자 곽도가 나서서 말렸다.

"유표는 적지 않은 군사를 거느리고 있다 하나 천하에 대한 야망이 없습니다. 그보다 삼강三江을 다스리며 세력이 큰 손책과 힘을 합하면 능히 조조도 물리칠 수 있으니 손책을 끌어들여야 합니다."

한편 손책은 건안 4년 겨울, 여강을 공략해 태수 유훈劉勳을 몰아냈다. 또 예장태수 화흠 또한 그의 서릿발 같은 공격에 항복을 선언하니 그의 세력은 날로 융성해졌다.

손책의 신하 장굉은 황제께 승전을 알리는 표문을 올려 손책에게 대사마大司馬(참모총장)의 벼슬을 청했다. 그러나 그것을 허락하지 않는 것은 조정이 아니라 조조였다.

'내 손으로 조조를 치리라!'

손책은 조조에게 앙심을 품고 허도를 공격할 기회만 노리고 있었다.

이때 오군의 태수 허공이 은밀히 조조에게 손책의 음모를 고자질하는 밀서를 보냈다. 그러나 사자가 허도로 가던 중 장강長江을 건너다 손책의 감시대에 걸려 사실이 탄로 나고 말았다. 밀서를 읽고 난 손책은 불같이 화를 내며 즉각 허공에게 의논할 일이 있다며 불러들여 목을 벴다.

그런데 이때 가까스로 몸을 뺀 세 사람의 가객家客이 있었다. 당시에는 무사나 선비가 필요하다면 저택 안에 기거하게 하는 풍습이 있었다.

"어떻게 하든 은인의 원수를 갚아줘야 하겠다."

세 사람은 이렇게 뜻을 모으고 기회를 엿보고 있었다.

손책은 곧잘 사냥을 즐겼는데, 그가 며칠 후 사냥을 간다는 것이 이들 세 사람의 귀에 들려왔다. 그날도 손책은 많은 신하를 이끌고 단도丹徒라는 깊은 산으로 사냥을 갔다. 손책의 부하들이 사슴, 멧돼지 몰이에 열중하고 있을 때였다. 허공의 가객 셋은 화살촉에 독을 바르고 창날을 돌로 갈아 손책이 지나갈 만한 숲속에 숨어 기회를 엿보다 손책의 왼쪽 넓적다리를 창으로 찌르고 화살을 쏘아 손책의 볼에 맞혔다.

그때 정보가 부하 몇을 거느리고 달려와 세 가객을 죽였으나 손책은 얼굴이 피로 물들었고 몸에도 깊은 상처를 입었다. 손책은 당대의 명의 화타華陀를 불러오게 했으나 화타는 출장을 가고 없어 그의 제자가 왔다.

"독이 골수까지 스며들었으므로 앞으로 백여 일은 지나야 안심할 수 있겠습니다. 그러나 크게 노기怒氣를 부리시면 상처가 덧나니 조심하십시오."

화타의 제자는 그날부터 치료에 전념했다.

그때 진진陣震이 당도해 양국이 동맹을 맺어 함께 조조를 치자는 원소의 친서를 바쳤다. 진진의 말을 들은 손책은 뛸 듯이 기뻐했다. 성루에 크게 잔치를 벌여 진진을 상좌로 영접하고 신하들을 불러 함께 술잔을 나누었다.

그런데 연회가 한창일 때 신하들이 서로 귓속말을 주고받더니 자리에서 일어나 우르르 아래로 내려갔다.

"무슨 일인가?"

"우길선인于吉仙人이라는 선인이 성루 아래를 지나고 있어 모두 예를 갖추러 간 것입니다."

손책은 눈썹을 꿈틀하고 떨었다. 걸음을 옮겨 누대 난간에 기

대고 성내를 굽어보니 저쪽 모퉁이를 돌아 똑바로 걸어오고 있
는 한 도인道人이 있었다.

사람들은 그가 가는 앞길을 열며 엎드려 절을 올렸다. 향까
지 피우고 길에 꿇어앉은 군중 속에는 농부와 장사치들뿐만 아
니라 연회 석상에서 황급히 몰려나간 신하들도 있었다.

"웬 요사스런 자냐? 그를 잡아들여라!"

손책이 치솟는 노기를 달래지 못한 채 소리쳤다.

"저분은 부적을 태워 뭇 사람의 병을 고치는데 그 영험으로
낫지 않는 자가 없습니다. 그리하여 백성들이 그를 살아 있는
신선으로 숭앙하고 있습니다."

"어리석은 놈! 너희들까지 저런 비렁뱅이 늙은이에게 현혹되
는가? 명을 거역하면 목을 베겠다."

손책의 일갈에 무사들은 하는 수 없이 도사를 묶지도 않은
채 누대로 이끌고 왔다.

"이 미치광이 늙은이, 어찌하여 나의 양민을 어지럽히고 있
는가?"

손책이 우길을 큰소리로 꾸짖었다. 그러나 우길은 조금의 동
요도 없이 냉랭하게 대꾸했다.

"저는 산속에 들어가 약초를 캐고 있던 중 곡양의 샘물 근처
에서 신서神書를 얻게 되었습니다. 그것은 『태평청령도』라는 책
인데 내용이 사람의 병을 고치는 방술이었습니다. 빈도는 그 책
을 얻은 이후 하늘을 대신해 덕을 베풀어 널리 만민을 구했을
뿐 눈곱만한 재물도 취한 적이 없는데 어찌 민심을 어지럽힌다

하십니까?"

"네놈은 황건적 장각과 한패로구나. 너를 살려 두면 세상의 후환이 될 것이다."

손책이 좌우에 명해 그의 목을 베게 했다. 그러나 어느 누구 하나 그의 목에 칼을 대려고 나서는 자가 없었다.

여러 장수와 모사, 관원들이 그의 명을 거역하면서까지 우길의 처벌을 만류하자 손책의 노기는 더해갔다. 손책의 마음이 이토록 완강함을 보고 모사 여범이 한 가지 의견을 냈다.

"우길이 기도만 하면 능히 비와 바람을 부른다고 하니 비가 오도록 빌게 하여 만약 비를 오게 하면 살리고 그렇지 않으면 군중 앞에서 목을 쳐 본보기로 삼으시면 어떻겠습니까?"

손책도 그 말을 듣고 보니 묘안이 아닐 수 없었다. 그리하여 거리의 광장에 제단이 만들어졌다.

우길은 목욕을 한 뒤 새 옷으로 갈아입고 제단 위에 앉았다. 우길이 삼베옷을 갈아입으며 그를 따르는 관리에게 속삭였다.

"내 천명도 이제는 다한 것 같구나. 이번에는 나도 어쩔 수 없다."

우길은 새끼줄을 찾아 스스로 결박을 지었다. 백발 위로는 햇볕이 쨍쨍 내리쬐고 있었다. 거리에는 이를 지켜보기 위한 백성들이 인산인해를 이루고 있었다. 단 밑으로 손책의 사신이 와서 소리 높이 외쳤다.

"만일 오시午時까지 비를 내리지 못하면 이 제단과 함께 산 채로 불태워 죽이라는 엄명이십니다."

우길은 벌써 눈을 감고 있었다. 제단의 큰 향로에는 향이 피어오르고 있었다. 제단 주위에는 마른 섶이며 장작을 쌓아두었다.

이윽고 오시가 되자 홀연 회오리바람이 일며 사방에서 검은 구름이 뭉게뭉게 모여들기 시작했으나 비는 오지 않았다. 그러자 손책이 제단에 불을 지르게 했다.

불길이 타오르자 우길의 모습은 화염 속에 덮이고 말았다. 그러자 화염 속에서 문득 한 줄기 짙은 먹물 같은 검은 연기가 하늘로 치솟으며 회오리바람이 일더니 갑자기 천지가 진동하는 우렛소리와 함께 비가 내리기 시작했다.

이윽고 그 비는 억수같이 퍼붓는 장대비가 되었다. 거리는 냇물이 되었고 냇가와 계곡이 물로 가득 차니 그 비는 족히 석 자에 이르는 단비[甘雨]가 되었다.

이때 제단 위의 우길이 한 번 크게 외치자 비가 뚝 그치고 다시 햇살이 따갑게 비치었다. 형리가 놀라 반쯤 불에 탄 제단 위를 보니 우길이 반듯이 누워 있었다.

그러나 신하와 백성 모두 의복이 젖는 것은 아랑곳하지 않고 우길 주위에 꿇어 엎드린 꼴을 본 손책의 안색이 다시 험악해졌다.

"비를 내리는 것도 가뭄이 계속되는 것도 모두 하늘이 정한 바다. 때마침 비가 올 때가 되어 내린 비를 두고 나라를 어지럽히는 것이다. 속히 우길을 참하라!"

손책은 신하들이 머뭇거릴수록 더욱더 안달이 나 꾸짖었다.

손책의 성화에 쫓기다 못한 한 무사가 얼결에 칼을 번쩍 쳐들어 내리쳤다. 우길의 목이 그 한 칼에 떨어지며 땅바닥에 뒹굴었다. 그런 일이 있은 이후 손책은 밤마다 우길의 환청과 환영에 시달리다가 마침내 온몸의 상처가 일시에 터지더니 피를 쏟고 말았다.

손책은 마음속으로 천명을 깨달았는지 가만히 중얼거렸다.

"아, 이제 모든 것이 끝났구나!"

손책은 길게 탄식한 후 사람을 시켜 장소와 동생 손권을 비롯해 문무백관들을 불러들인 후 뒷일을 당부했다. 손책은 오나라의 패인牌印을 풀어 아우 손권의 손에 쥐어 주며 말했다.

"항상 안의 일은 장소에게 묻고 바깥일은 주유에게 묻도록 하라. 아아, 주유가 여기 없어 마주 대하고 당부하지 못함이 한스럽구나."

손책은 말을 끝내고 다시 아우들에게도 마지막 타이름을 잊지 않았다.

"내가 죽거든 너희들은 형 중모仲謀(손권의 자)를 도와 큰일을 이루도록 해라. 만약 집안에서 감히 딴 마음을 품는 자가 있거든 힘을 합해 그를 죽여야 한다. 골육으로서 모의를 꾀한 자는 죽어서라도 조상이 누운 땅에 함께 들게 해서는 아니 된다!"

모든 아우가 울며 손책의 분부를 받들 것을 맹세했다.

모두에게 당부할 것은 당부하고 이를 것을 이른 연후에 손책은 홀연히 눈을 감았다. 그때 그의 나이 스물여섯이었다.

관도대전官渡大戰에서
대승을 거둔 조조

　형 손책에게 인수印綬를 이어받아 오나라의 주인이 된 손권은 나이 겨우 열여덟이었다. 손권은 태어나면서부터 턱이 네모지고 입이 컸으며 눈은 파랗고 수염은 자색이었다. 사람들은 재기가 뛰어난 손책의 형제 중에서도 손권은 일찍부터 제왕이 될 상이라고 말했다. 손책의 장례가 끝나자 장소는 손권을 부당府堂으로 모시고 문무의 관원들을 불러들여 하례를 올리게 했다.

그때 파구巴丘를 지키고 있던 주유가 손책이 죽었다는 소식을 듣고 달려왔다.

주유가 돌아왔다는 말을 듣고 손권이 기뻐하며 말했다.

"가형께서 이르시기를 안의 일은 장소에게 묻고, 바깥일은 주유에게 의논하라 하시었소. 그 말씀을 깊이 새겨 반드시 지키려 하오."

"장자포張子布(장소의 호)는 어질고 재주가 많은 선비이니 능히 큰일을 이루어 낼 것입니다. 그러나 저는 우둔하니 원컨대 저보다 나은 자를 한 사람 천거하여 주공을 보필토록 하고 싶습니다."

주유는 이렇게 말하고 지모가 출중하며 덕이 높은 노숙魯肅을 천거했다. 이에 손권은 주유로 하여금 노숙을 모셔오게 했다.

노숙은 주유와 말 머리를 나란히 하고 동오로 돌아와 주공인 손권을 알현한 후 또 한 사람을 천거했다. 그는 남양 땅에 사는 제갈근諸葛瑾으로 지략이 뛰어나고 인품이 훌륭한 인물이었다. 이 제갈근은 제갈공명의 형이었다.

손권은 제갈근을 불러들이고 대접하는 자리에서 말했다.

"공께서는 동오를 위해 제가 어떻게 하면 좋겠습니까?"

"장군께서는 하북의 원소와는 손을 끊으십시오. 그는 머지않아 조조에게 패망할 것이니 장군께서는 조조를 따르는 척하며 기회를 엿보심이 좋을 듯합니다."

손권은 그 말을 좇기로 하고 하북에서 사자로 와 오랫동안 머물고 있던 진진에게 글을 써 주어 돌려보내고 원소와는 절연했다.

한편 조조도 이때 이미 손책이 죽었다는 소문을 듣고 일찌감치 그 싹을 자르고 강동을 차지하겠다는 마음이었다. 이때 손책의 사자로 허도에 왔다가 이곳에서 벼슬을 받아 머무르고 있던 장굉이 지금은 때가 아니라며 만류했다.

조조는 장굉의 말에 따라 천자께 아뢰어 손권을 장군으로 봉하는 동시에 회계의 태수도 겸하게 하여 그를 달래기로 하고 장굉을 사자로 보냈다. 손권은 뜻밖에 태수 벼슬을 받게 되고 또 장굉까지 돌아오자 기쁨을 감추지 못했다. 장굉은 오랜만에 돌아온 자기를 반겨주는 손권을 위해 인재 한 사람을 천거했다. 그는 고옹顧雍이라는 사람으로 왕윤에게 목숨을 잃은 채옹의 제자였는데 사람을 보내 그를 부르게 하니 젊은 손권을 중심으로 보좌하는 인재가 속속 모여들었다. 강동이 이렇게 기반을 착실히 다져 나가자 이를 가장 못마땅하게 여기는 것은 원소였다.

동오에서 하북으로 쫓겨 온 진진은 원소에게 손권의 동태를 알렸다.

"조조가 손권에게 벼슬을 내리고 서로 손을 잡았습니다."

고립된 원소의 초조와 분노는 가눌 길이 없었다.

"먼저 큰 화근을 없애야 한다. 조조부터 타도해야겠다."

원소는 즉각 명을 내렸다. 이에 기주·청주·병주·유주 등 하북의 대군 칠십만이 관도官渡로 출정했다.

조조는 급보를 받고 지체 없이 군사 칠만을 수습해 모사 순욱에게 허도를 지키게 한 후 몸소 군사를 이끌었다. 원소도 갑주로 무장하고 기북성에서 출진을 서두르고 있을 때였다. 옥에 갇혀 있는 전풍이 출정을 말리는 글을 보내왔다.

원소는 화를 내며 그의 목을 베려 했다. 그러나 전풍의 충성심을 알고 있는 많은 관원이 원소를 말리자 개선한 뒤에 죄를 다스리기로 했다. 원소군이 양무에 이르러 영채를 세웠을 때 모사인 저수가 원소에게 말했다.

"우리 군은 군량과 마초가 넉넉하니 지키면서 천천히 싸우는 것이 이롭습니다. 적의 마초와 군량이 떨어질 때를 기다리면 적은 스스로 무너질 수 있습니다."

"닥쳐라. 우리가 대군이거늘 그대도 전풍처럼 군심軍心을 흐려 놓을 작정이냐!"

원소가 크게 노해 소리쳤다. 원소는 저수의 목에도 큰 칼을 씌워 가두게 했다.

저수를 옥에 가둔 원소는 관도의 산과 들 사방 구십 리에 걸쳐 하북의 군세 칠십여 만으로 진영을 펼쳐 세우고 조조와 대치했다. 조조는 순유가 아군은 원소군보다 뛰어난 정예병이니 속전속결하자고 주장하자 곧 군사들에게 진군의 영을 내렸다. 군사들은 북을 치고 함성을 지르며 원소군을 향해 나아갔다.

원소군은 군사를 양쪽으로 나누어 진을 벌리게 했다. 심배는 조조군이 용맹스럽다는 걸 알고 쇠뇌를 쏘는 궁노수 만 명을 좌우에 매복시킨 후 다시 문기 안에도 궁수 오천을 숨겨 두었다. 양군이 마주 군사를 움직이자 흙먼지가 하늘을 덮고 양군의 기치와 북소리가 땅 위를 메웠다.

조조가 말채찍으로 원소를 가리키며 외쳤다.

"나는 천자의 어명을 받고 역적을 치러 왔다."

조조가 천자의 어명임을 내세우자 원소도 소리쳤다.

"네놈은 동탁보다 더한 역적이거늘 누구에게 역적이라 하느냐?"

"장요는 어서 나가 역적 놈의 머리를 베어 오라."

조조는 장요를 내보내고 원소 쪽에서는 장합이 나섰다.

두사람이 불꽃을 튀기며 부딪기를 이십여 합, 그래도 승부는 나지 않았다. 칼과 창이 부딪칠 때마다 내지르는 기합 소리가 들판에 쩌렁쩌렁 울렸다.

조조는 두 장수의 솜씨를 보며 감탄해 마지않았다. 이 모습을 지켜보고 있던 허저가 참다못하고 칼을 휘두르며 달려 나가자 원소군에서는 고람이 달려 나왔다. 조조는 네 장수가 서로 싸우고 있는 동안을 틈타 하후돈과 조홍에게 명해 각기 군사 삼천을 거느리고 원소의 진영으로 쳐들어가게 했다.

그때 높은 대臺 위에 서서 싸움의 대세를 지켜보고 있던 원소군의 심배가 하후돈·조홍이 아군의 측면을 협공해 오는 것을 보았다. 양쪽에 매복해 있던 궁수가 일제히 진격해 오는 적군에게 빗발치듯 쇠뇌를 퍼부었다. 뿐만 아니라 중군에 매복했던 궁노수들도 진영 앞으로 공격해 오는 조조군을 향해 쇠뇌를 퍼부었다. 조조군은 뜻하지 않은 곳에서 빗발처럼 쏟아지는 화살을 감당할 수 없었다. 군사를 되돌릴 사이도 없이 우왕좌왕하는 동안 화살에 쓰러졌다.

선두가 무너지자 조조군의 후진은 원소군에게 이리저리 짓밟혔다. 제대로 싸워 보지도 못하고 크게 패한 채 조조는 수십 리를 쫓겨 관도에 이르러서야 군사를 수습했다. 그러는 동안에 이미 날은 어두워지고 있었다. 본디 하남 북방에 있는 관도 땅은 자연이 주는 요새를 형성하고 있었다. 뒤로는 큰 산이 솟아 있고 그 기슭을 굽이굽이 돌아가는 삼십여 리 강의 흐름은 해자垓子(성 주위를 둘러 판 못) 구실을 해주었다. 강줄기를 건너 관도에 진을 편 조조는 이 강줄기에 다시 가시나무 울타리를 둘러 방비를 단단히 했다.

한편 조조군을 추격해 온 원소군도 관도 근처에 이르러 진을 쳤다. 원소군은 관도에 이르렀으나 강줄기가 가로막고 있어 함부로 공격할 수가 없었다. 며칠 동안 화살 하나 쏘지 못한 채 대치하고 있는데 심배가 원소에게 계책을 내놓았다.

"군사 십만 명을 풀어 조조 진영을 내려다보며 활을 쏘면 조조도 더 이상 견디지 못할 것입니다."

심배의 말을 들은 원소는 이제 조조군을 깨뜨린 것이나 다름없다고 여겼다. 즉시 힘이 세고 날랜 군사들을 뽑아 팽이와 삽으로 흙을 파서 오십여 개의 토산土山을 쌓았다.

그렇게 열흘이 지나자 원소군은 조조 진영 앞에 오십여 개의 토산을 만들었다. 원소군은 한 망대에 오십여 명의 궁노수들을 배치시켜 활과 쇠뇌를 조조군에게 퍼부었다. 높은 곳으로부터 활과 쇠뇌가 빗발처럼 떨어지자 조조군은 머리에 화살 막는 방패를 쓰고 몸을 움츠리고 다녔다. 조조는 초조해질 수밖에 없었다. 그러자 모사 유엽劉曄이 계책을 내놓았다.

"발석거發石車를 만들어 적의 망대를 부수면 됩니다."

유엽이 발석거의 그림을 그려 보였다. 조조도 이 무기에 대해 이야기를 들은 적이 있었으므로 기뻐하며 즉시 발석거를 만들게 했다.

조조군이 진영 안에 발석거를 숨겨 둔 다음 날이었다. 원소군의 궁노수들이 일제히 딱따기 소리를 신호로 화살을 쏘아대기 시작했다. 그러자 조조군도 일제히 발석거에서 큰 돌을 쏘아댔다. 큰 돌은 허공을 날아 강 건너 토산 위의 망대 위에 떨어졌다. 수많은 포석砲石이 공중에서 쏟아지자 원소의 궁노수들이 피하지도 못한 채 망대에서 떨어져 죽고 돌덩이에 맞아 죽으니 그 수가 부지기수였으며, 망대는 풍비박산이 났다.

원소군은 이번에는 땅굴을 파게 하여 조조 진영으로 길을 내는 굴자군掘子軍을 편성했다. 그런데 조조군이 땅굴을 판다는 사실을 알게 되었다. 굴속으로부터 파낸 흙더미가 개미둑처럼 적지 여기저기에 쌓이기 시작했기 때문이다.

"우리 편의 진지 앞에 옆으로 긴 해자를 파놓고 관도의 물을 끌어들이면 원소군은 굴속에서 나오자마자 물속에 수장될 것입니다."

조조가 유엽의 말대로 곧 긴 해자를 파게 하고 관도의 물을 끌어들이자 땅속에서 나오는 군사는 곧바로 해자에 빠져버렸다.

원소군은 달리 공격할 길을 찾지 못한 채 날만 흘러갔다. 그러다보니 어느새 8월과 9월이 지나갔다.

시간이 지날수록 고초를 겪게 되는 것은 조조군이었다. 계속된 싸움으로 인해 지쳐 있는 데다 군량과 마초가 얼마 남지 않았기 때문이다. 조조가 사자에게 서신을 주어 순욱에게 의견을 묻자 순욱이 이번 싸움은 곧 천하의 방향을 가늠하는 중요한 계기가 될 것이니 중요한 거점을 지키며 기회를 엿보라는 회신을 보냈다. 순욱의 글을 읽은 조조는 새롭게 의기가 치솟아 모든 휘하를 불러 죽기를 각오하고 싸울 것을 명했다.

조조가 진영을 굳게 지키면서 철수할 움직임을 보이지 않자 원소군은 일단 진을 삼십여 리 밖으로 물렸다. 조조는 서황에게 진영 밖 부근 일대에까지 초병哨兵으로 하여금 널리 돌아보게 했다.

어느 날 서황의 부하 사환史渙이라는 자가 적군 한 명을 사로잡아 왔는데 그를 문초하자 뜻밖의 자백을 했다.

"대장 한맹이 각지에서 많은 군량을 실어 오므로 저희들은 그들에게 길을 안내하기 위해 나가는 길이었습니다."

조조는 순유의 계책에 따라 서황, 장요로 하여금 군량 보급로를 끊게 했다. 원소는 즉시 하북군의 양곡과 마초를 쌓아 둔 업군을 심배로 하여금 지키게 하고 군량미를 보관해 둔 오소烏巢는 순우경을 보내 지키게 했다.

대장 순우경은 본래 호주가였는데 성격이 거칠어 부하들이 그를 두려워했다. 원소의 휘하에는 조조와 동향인 허유許攸라는 장수가 있었다. 원소는 그가 조조와 동향이라 정사에 너무 깊이 관여시키면 위험하다고 여겨 홀대했다.

그 무렵 조조는 진중에 군량이 얼마 남지 않자 급히 허도로 사자를 보냈다. 이때 허유가 부하를 이끌고 순시하던 중 그 사자를 생포했다. 허유가 문초를 해보니 그의 품에서 조조가 순욱에게 보내는 글이 나왔다. 허유가 원소에게 나아가 양곡을 재촉하는 조조의 글을 보여주며 말했다.

"지금 조조는 우리와 맞서고 있으니 허창은 비어 있는 거나 다름없습니다. 이때 허창을 급습한다면 허창과 관도가 한꺼번에 떨어질 것입니다."

"그는 꾀가 많은 놈이니 이 글은 우리를 유인하기 위한 계교일지도 모르는 일일세."

원소가 쾌히 응낙하리라 기대했던 허유는 실망이 컸다.

허유는 그날 밤 슬그머니 진중을 빠져나와 조조의 진으로 향했다. 조조의 진영에 이르자 조조가 어릴 적 친구였던 허유를 반겼다.

"승상의 진지에는 지금 어느 정도의 군량이 있소?"

"한 일 년은 지탱할 만하네."

허유는 조조가 순욱에게 보냈던 서한을 꺼내 조조의 코앞에 내밀었다. 그제야 조조는 마음속에 품고 있던 한 가닥 경계심을 풀고 손을 잡으며 말했다.

"서운하게 대했다면 너그러이 용서하게. 자네가 나를 찾아온 데는 필시 내게 깨우쳐 줄 것이 있어 왔을 걸세. 부디 가르침을 주기 바라네."

허유는 조조에게 원소의 양곡 창고인 오소를 빼앗을 계책을 일러주었다.

다음 날 조조는 허유의 계책에 따라 즉각 원소의 군기를 갖추고 정예병 오천의 마보군馬步軍을 하북의 군대로 위장시킨 후 출진시켰다.

이날 밤 주군 원소에게 간언했다가 옥에 갇히게 된 저수는 옥중에서 유난히 밝게 빛나는 별을 보고 적의 기습이 있을 것이라고 여겨 옥사장에게 그 말을 원소에게 전하게 했다.

그러나 원소는 그 말을 들은 체도 하지 않았다. 이미 저수를 자신의 명을 거스른 반역자로 여겼음인지 그의 말이 끝나기도 전에 벌컥 화부터 내며 그를 데리고 온 옥사장의 목을 베게 했다.

원소의 진중에서 이런 일이 벌어지고 있을 때 조조군은 밤길을 재촉하고 있었다. 행군하는 도중 마침내 원소의 진지 하나를 지나게 되자 원소의 군사들이 검문했다. 그러자 허유의 계책대로 조조군은 장기의 군사로 주군의 명에 따라 오소를 지키러 간다고 말하며 검문소를 통과한 후 양곡 창고에 불을 질렀다.

수비 대장 순우경은 그날도 술에 만취되어 있어 조조군은 손쉽게 창고를 불태운 후 순우경의 귀와 코와 손가락을 모두 자른 뒤 말 위에 묶어 원소의 진영으로 보냈다. 오소가 불길에 휩싸이자 원소는 그 소식을 듣고 크게 놀라며 황급히 명을 내렸다.

"장합과 고람은 각각 오천 기를 이끌고 관도의 본진을 쳐라. 또 오소에는 군사 만 명을 거느리고 장기가 출진토록 하라!"

장기는 곧 군사를 이끌고 말을 달렸으나 장요를 만나 목이 떨어지고 말았다. 장요를 뒤따르던 조조도 원소군을 향해 덮쳐들었다. 창과 칼이 어지러이 난무하는 가운데 장기의 군사 만 명은 순식간에 섬멸되고 말았다.

조조는 이에 그치지 않고 하북군 복장으로 변장한 졸개 하나를 원소의 진에 보내 거짓으로 장기가 오소에서 조조군을 무찔렀다고 고하게 했다. 그 말을 듣고 안심한 원소는 관도 쪽에만 응원군을 보냈다.

한편 관도로 군사를 이끌고 간 장합과 고람이 조조 진영으로 밀고 들어갔다. 삼면에서 대비하고 있던 조조군에 의해 그들은 이리 찢기고 저리 찢기는 형세가 되자 장합과 고람은 포위망을 벗어나기에 급급할 뿐이었다. 오소 땅의 조조군을 무찔렀다는 소식을 듣고 안심하고 있던 원소가 벼락이라도 맞은 것처럼 놀란 것도 그때였다.

오소 땅에서 패한 순우경의 진짜 졸개들이 코와 귀를 베이고 손가락이 잘린 순우경과 함께 원소의 본진으로 돌아온 것이었다.

원소는 꾸짖을 사이도 없이 그의 목을 치고 말았다.

그때도 관도 땅에서 패한 패잔병들이 돌아오고 있었다. 패잔병들이 관도에서의 싸움에서도 패한 걸 알리자 곽도는 겁이 났다. 자신의 계책이 어긋났으므로 장합과 고람이 돌아와 모든 걸 밝히고 자신을 추궁하면 어떤 화가 미칠지 모르는 일이라 엉뚱한 말로 둘러댔다.

"장합·고람은 원래 조조와 내통해 힘을 다해 싸우지 않았기 때문입니다. 그렇지 않고서야 적군에게 패할 리가 없습니다."

곽도의 말을 들은 원소는 앞뒤 가려볼 생각도 하지 않고 벌컥 화부터 내며 그들을 불러들여 목을 치라고 했다.

곽도가 은밀히 사람을 보내 이 사실을 알려주자 장합과 고람은 그날로 군마를 거느리고 조조의 군문으로 들어갔다. 조조는 영문을 활짝 열어 두 사람을 맞아들였다. 두 장수가 적에게 투항하고 군량까지 빼앗기자 원소군의 사기는 땅에 떨어졌다. 반대로 조조군의 사기는 드높았다. 오소 땅을 급습한 이후 군량난도 타개되자 조조군 내부에서는 원소군을 단번에 쳐 없애야 한다는 의견이 일고 있었다.

조조는 장합과 고람에게 군사를 주어 원소 진영을 기습하게 했다. 장합·고람은 원소군의 사정을 잘 알고 있는 처지였다. 방비가 허술한 곳으로 군사를 내몰아 급습하자 원소군은 대혼란을 일으키며 싸울 생각도 하지 않고 뿔뿔이 흩어졌다. 미처 도망가지 못한 졸개들은 무기를 던지고 목숨을 애걸했다. 칠십만 대군을 자랑하던 하북군은 군세만 믿고 관도 땅에 왔으나 원소는 겨우 목숨만 부지한 채 팔백여 기의 군사를 거느리고 강을 건너갔다.

원소의 본진에는 그가 버리고 간 식량, 말과 무기·서책書冊이며 문서와 수레 등이 고스란히 남아 있었다. 한 묶음의 서한이 나왔는데 그중에는 허도에 있는 대신들과 이번에 거느리고 온 부하들 중에서 몇몇이 그동안 몰래 원소와 내통한 것들도 있었다. 신하들이 그자들을 처단하라고 진언했으나 조조는 껄껄 웃으며 고개를 가로저었다.

"원소의 세력이 천하를 뒤흔들 때 나도 마음이 흔들린 적이 있었다. 하물며 보통 사람들이야 더 말해 무얼 하겠는가."

조조는 그 서한들을 모두 불태우게 했다. 좌우 사람들은 조조의 바다보다 넓은 도량에 고개를 숙일 뿐이었다.

조조는 옥에 갇혀 있던 저수를 보자 손수 오랏줄을 풀어 주고 진중에 머물게 하며 후하게 대접했으나 그가 끝내 마음을 돌리지 않자 그의 목을 쳤다.

그 무렵 원소는 달아나던 중 마중 나온 장의거와 봉기를 만났다. 장의거와 봉기는 여기저기 흩어져 있는 패잔병들을 수습해 원소를 찾아 헤매다 이곳에서 만나게 된 것이었다. 원소는 기주로 가는 도중 무심코 봉기에게 푸념을 털어놓았다.

"전풍의 말을 듣지 않아 이렇게 패했으니 실로 그를 대할 면목이 없구나."

원소는 차고 있던 검을 풀어 사자에게 주며 먼저 기주로 달려가 옥에 있는 전풍을 죽이라 일렀다.

그러나 전풍은 관도 싸움에서 대패했다는 소식을 듣자 '주공은 싸움에 패해 나를 볼 낯이 없을 것이니 필시 나를 죽이려 할 것이다.'라며 스스로 목을 매었다. 기주로 돌아온 원소는 성 안 깊숙이 들어앉아 분노와 번뇌의 나날을 보내고 있었다. 정사도 제대로 돌보지 않은 채 날을 보내고 있는데 세자世子 세우는 일로 인해 생각지도 않은 분란이 일어났다.

원소에게는 세 아들이 있었다. 장남인 원담袁譚은 청주지방을, 차남 원희袁熙는 유주를 다스렸다. 셋째 원상袁尚은 평소부터 원소가 사랑하며 항상 곁에 두었다. 원소는 속으로 세 아들 중 용모와 체격이 준수한 원상을 후사로 내정해 두고 있었다. 원소의 처 유 씨도 원상을 후사로 세우라고 재촉했으나 두 아들을 젖혀놓고 막내아들을 후사로 내세우자니 자연 망설이지 않을 수 없었다.

그런데 병주에 있는 조카 고간高幹이 군사 오만을 이끌고 기주성으로 왔다. 원소가 관도 싸움에서 패했다는 소식을 듣고 그를 돕기 위함이었다. 이어 장남 원담도 군사 오만을, 차남 원희도 질세라 육만 대군을 이끌고 왔다.

원소는 후사 세우는 일은 뒤로 미루고 군사를 이끌어 조조를 치기 위해 창정倉亭에 진을 펼쳤다. 조조는 전군을 이끌고 원소군과 맞섰다. 양쪽 군사가 전투태세를 갖추자 원소가 세 아들과 조카 그리고 문관, 무관을 거느리고 진 앞으로 나섰다.

원소의 셋째 아들 원상은 아버지가 보는 앞에서 자신의 용맹을 자랑하고 싶어 춤추듯 쌍칼을 휘두르며 말을 몰아 조조 쪽으로 달려갔다. 서황의 부장 사환이 창을 휘두르며 원상을 향해 달려가자 원상은 활에 살을 메기더니 화살을 날렸다. 화살이 사환의 왼쪽 눈에 꽂히자 말에서 떨어져 죽었다.

아들의 장한 모습을 본 원소는 크게 기뻐하며 그 여세를 몰아 조조를 향해 군사를 휘몰았다. 비록 관도 싸움에서는 패했으나 원소는 다시 삼십 만에 이르는 대군을 만들었고 전투 장비도 조조군보다는 우세했다.

군사 수에서 열세인 조조는 계책을 써서 원소를 깨뜨릴 수밖에 없었다. 조조가 계책을 묻자 정욱이 이른바 십면매복十面埋伏의 계책을 올렸다.

"우리 군사를 황하 기슭까지 물러나게 한 후 군사를 열 갈래로 나누어 매복시키고 원소군을 유인하는 것입니다. 아군은 더이상 물러날 수가 없어 죽기를 작정하고 싸울 수밖에 없으니 이로써 능히 원소군을 무찌를 수 있을 것입니다."

"이른바 '배수의 진'을 치자는 계책이구려."

조조는 그 계책대로 정병을 뽑아 열 갈래의 군사들을 먼저이끌고 좌우에 매복케 하여 원소군을 치니 원소군은 크게 패한채 달아났다. 원소는 조조의 추격에서 벗어나자 더 이상 말이달리지 못했다.

아버지의 그런 모습을 본 셋째 아들 원상이 풀 위에 전포를깔고 원소를 반듯이 눕혔다. 원소는 세 아들을 끌어안고 통곡하다 문득 새빨간 피를 쏟으며 혼절했다.

"내 평생 싸움터에서 수십 번을 싸웠으나 오늘처럼 이토록 심한 패전을 당해 본 적이 없었다. 이는 하늘이 나를 저버린 것이리라."

기주성에 이르러서야 정신을 차린 원소는 곽도와 심배를 불러 조조군의 침범에 대비케 하고 둘째 아들 원희와 조카 고간은 유주와 병주로 돌아가게 했다. 원소는 셋째 아들 원상에게 심배·봉기와 함께 군무軍務를 돌보게 했다.

한편 창정 싸움에서 대승을 거둔 조조에게 문득 허도의 순욱으로부터 전령이 왔다. 유비가 여남에서 유벽과 공도의 도움으로 군사 수만을 수습하고 조조가 없는 틈을 타 허도로 진격해 오고 있다는 소식이었다. 허도로 개선하려던 조조는 순욱의 글을 보고 크게 놀랐다. 조조는 곧 군사를 이끌고 여남 땅으로 향하던 중 양산에 이르렀다.

유비, 봉룡과 봉추가
있어야 한다

그때 유비도 관우·장비·조운과 함께 군사를 거느리고 허도로 향하던 중 양산에 당도했다. 유비는 양산 아래쪽에 영채를 세운 후 군사를 세 갈래로 나누었다. 두 갈래의 군사는 관우와 장비로 하여금 거느리게 하고 자신은 조운과 함께 남쪽에 진을 펼쳤다. 이윽고 양군이 맞서자 조조는 말채찍으로 유비를 가리키며 질타했다.

"은의를 저버린 배은망덕한 놈아, 내 너를 극진히 대우했거늘 어찌하여 내게 칼을 겨누느냐?"

"나는 황실의 종친으로서 천자의 밀조를 받들어 역적을 치러 왔다. 어찌 네가 감히 은의를 말할 수 있느냐?"

유비는 지난날 천자가 동승에게 내린 밀조를 큰소리로 읽어 내려갔다. 조조는 분노가 머리끝까지 치솟아 허저를 내보냈다. 조운이 창을 휘두르며 말을 몰았다. 창과 칼이 부딪칠 때마다 불꽃이 일고 말굽 아래에서는 흙먼지가 일었다. 날래고 용맹스런 두 장수의 싸움이 삼십여 합이나 어우러지고 있었으나 승패의 가름이 엿보이지 않자 관우와 장비가 잇달아 달려들고 유비마저 군사를 내몰아 치니 조조군은 더 이상 견디지 못하고 무너졌다. 조조는 무너지는 군사들에게 퇴각 명령을 내려 멀리 물러났다.

다음 날 조운이 조조의 진영으로 가 싸움을 걸었다. 그러나 어쩐 일인지 조조의 군사들은 꼼짝도 않고 진영만 지키고 있을 뿐이었다. 이렇듯 십여 일이 지나도록 조조의 군사는 진영 밖으로 나오지 않았다. 유비가 싸움을 돋우다 보니 그들의 동태가 아무래도 이상했다. 아니나 다를까 여남의 군량을 운반하던 공도가 조조군의 매복군에 포위 되어 위급에 처해 있다는 급보가 날아들었다.

유비는 장비를 불러 공도를 돕게 했다. 장비가 공도를 돕기 위해 군사를 이끌고 가자 다시 하후돈이 합세했다는 전령이 왔다. 유비가 그 말에 놀라며 관우에게 여남을 구하도록 했으나 여남성이 하후돈에게 함락당하고 관우와 장비도 조조군에게 포위당했다는 소식이었다. 유비는 크게 당황했다. 관우와 장비를 구하기 위해 군사를 내몰려 했으나 조조군이 뒤를 추격해 올 것이 염려되었다. 유비는 진영에 군사 일부를 남기고 북소리를 울리게 하여 많은 군사가 주둔하고 있는 것처럼 꾸민 뒤 날이 어두워지자 보군步軍을 앞세워 진영을 빠져 나갔다.

유비가 군사를 거느리고 몇 리를 가자 낮은 산이 나타났다. 그때 홀연 산 위에서 수많은 횃불이 나타나며 조조의 매복군이 쏟아져 나왔다. 유비의 군사가 크게 허물어지는 가운데 조운이 창을 비껴들고 마주 오는 적을 헤치며 길을 열고 있었다. 유비도 조운을 뒤따르며 쌍고검을 빼들고 적을 헤쳐 나갔다. 그러자 등 뒤에서 허저가 뒤따라왔다. 조운이 허저를 맞아 싸우는데 다시 우금과 이전이 그 싸움에 가세하니 혈로를 열기는커녕 자신을 지키기에도 벅찰 지경이었다. 혼자가 된 유비는 쌍고검을 휘두르며 앞길을 열기가 바쁘게 말을 몰았다. 그렇게 정신없이 달리다 보니 조조군의 함성이 점점 멀어졌다. 필마단기匹馬單騎가 된 유비가 무작정 깊은 산속을 향해 말을 달리는데 어느새 날이 밝아오고 있었다.

그때 맞은편 고갯길에서 한 떼의 군마가 나타나는데 보니 그는 다름 아닌 유벽이었다. 유벽의 뒤에는 패잔병으로 보이는 한 떼의 군마 천여 기가 뒤따르고 있었다. 거기에는 손건·간옹·미방의 모습도 보였다.

유벽의 말을 쫓아 유비가 다시 길을 재촉하며 몇 리쯤 갔을 때 문득 앞쪽에서 장합이 이끄는 조조군이 나타났고 뒤쪽에서는 고람이 추격해 왔다. 앞과 뒤에서 적장 장합과 고람을 맞게 된 유비였다. 진퇴양난에 빠진 유비는 하늘을 우러르며 탄식했다.

"이제는 끝장이구나. 욕된 죽음을 당하느니 차라리 목숨을 끊어야겠다."

유비는 칼을 빼 자결하려 했다. 이때 유벽이 칼을 빼앗으며 말린 후 고람을 향해 나아갔다. 유벽은 목숨을 던져 길을 열려고 고함을 치며 나아갔으나 두세 번 칼을 부딪는가 했더니 고람의 고함 소리와 함께 유벽의 목이 떨어지고 말았다.

자기를 살리려다 죽은 유벽을 보자 유비도 그대로 주저앉을 수만은 없었다. 최후의 순간까지 싸우다 죽기로 작정한 유비는 쌍고검을 빼들었다. 유비가 고람의 군사를 향해 말을 몰았다.

그러자 갑자기 고람의 군사 뒤쪽에서 혼란이 일더니 조운이 바람처럼 달려와 창을 들고 고람을 내리쳤다. 조운은 고람의 군사들을 향해 창을 휘둘렀다.

이때 장합이 군사를 이끌고 오자 조운이 다시 장합과 맞겨루는데 관우가 관평, 주창과 함께 군사 삼백여 명을 이끌고 달려와 유비를 구했으나 유비의 수하에 남은 군사는 겨우 천여 명에 지나지 않았다. 유비는 험한 산세를 이용해 싸우다 후퇴하고 다시 싸우다 달아나다 보니 문득 앞에 한강漢江이 가로막고 있었다. 유비는 강가에 진영을 세우고 탄식해 마지않았다.

"그대들은 모두 왕좌王佐(임금을 보좌함)의 재능을 지녔음에도 불행히 못난 나를 만나 고초만 겪고 있네. 나의 옹색한 운수가 다해 이제 송곳 하나 세울 땅도 없네. 그대들은 주인을 섬기며 공명功名을 후세에 떨치는 것이 어떻겠나?"

그러자 관우가 유비에게 원망 섞인 어조로 말했다.

"지난날 한 고조께서도 항우와 천하를 다툴 때 번번이 패했습니다. 그러나 구리산 싸움에서 한 번 크게 이김으로써 한조 사백 년의 기업基業(왕업의 터전을 닦음)을 닦았습니다. 싸움에 이기고 짐은 병가지상사兵家之常事라 하였는데 형님께서는 어찌 큰 뜻을 저버리려 하십니까?"

손건이 관우의 말을 듣더니 유비에게 형주의 유표에게 의탁할 것을 권했다.

유표는 유비와 같은 한실의 종친이었다. 달리 갈 곳도 없는 유비는 손건을 먼저 보내 유표를 설득하게 했다. 유표의 장수 채모蔡瑁는 유비를 받아들이는 것을 달가워하지 않으나 유표는 채모의 말을 물리치고 유비를 받아들였다. 때는 건안 6년 9월이었다.

유비가 형주의 유표에게 의탁했다는 소식은 곧 조조의 귀에 들어갔다. 조조는 그때 여남을 떠나 허도로 돌아가던 중이었는데 이 소식을 듣고 깜짝 놀라며 형주를 치려 하자 정욱이 먼저 재기를 노리고 있는 원소부터 치자고 권했다. 조조는 군사를 모으고 힘을 기르기 위해 허도로 말을 몰았다. 조조는 허도로 돌아온 이듬해 정월이 되자 원소를 치기 위해 군사를 일으켜 관도 땅으로 갔다.

이 소식은 곧 기주의 원소에게도 전해졌다. 원소가 출진을 서두르는데 셋째 아들 원상이 나섰다. 원상을 출진토록 한 후 원소는 사람을 청주·유주·병주로 각각 보내 두 아들과 조카에게 군사를 주고 원상과 함께 네 길로 나누어 조조를 치게 했다.

원상은 지난해 조조의 장수 사환의 목을 벤 이후 자기 용맹을 과신하고 있었다. 원상은 여양에서 조조군의 선봉 장요와 만났다. 장요와 이삼 합 부딪자 원상은 휘청거리기 시작하더니 급히 말 머리를 돌려 황급히 기주성으로 도망쳤다. 원소는 원상이 조조군에게 패해 기주로 돌아오자 상심과 울분이 겹친 듯 많은 피를 토하고 죽었다.

원소가 죽자 원상은 아버지의 뜻에 따라 그 뒤를 이었다. 그런데 기주성에 어지러운 조짐이 나타나기 시작했다. 유 부인이 생전에 원소가 총애하던 다섯 명의 첩을 모두 죽여 버렸다. 맏아들 원담은 원상이 하북의 주인이 되자 이를 받아들이지 않았다. 심배와 봉기는 원상의 편이었고 곽도와 신평이 원담을 세우려 하는 등 모사들까지 두 패로 갈라져 대립했다.

원담은 병을 핑계 대며 곽도를 기주성으로 보내 동정을 살피게 했다.

이때 조조가 하북 경계까지 진군해 오자 원담은 먼저 조조군과 싸웠으나 크게 패했다. 원담이 하는 수 없이 원상에게 구원을 청하자 원상이 군사 오천을 보냈다. 그러나 그 구원군은 원담에게 오던 도중 조조군의 공격에 전멸당하고 말았다. 원담이 다시 원상에게 구원을 청하자 원상의 모사 심배가 조조군으로

하여금 원담을 제거토록 하라고 권했다. 그러자 원상이 구원군
을 보내지 않았다. 화가 난 원담이 조조에게 투항하려 하자 원
상도 하는 수 없이 군사를 이끌고 갔고 원희와 고간도 군사를
이끌고 갔으나 조조에게 패한 뒤 귀주성으로 달아났다.

조조군이 물러가자 원희와 고간은 각기 자기들이 다스리던
곳으로 돌아갔다. 원희·고간도 돌아가고 기주에 원담·원상 형
제만 남자 원담의 마음속에서 또다시 원상에 대한 적개심이 고
개를 쳐들었다. 원담은 곽도의 말에 따라 원상과 심배를 불러
그들을 죽이려 했다. 원담·원상 두 형제는 칼을 빼들고 싸움을
벌였다. 원래 군세가 원상보다 약했던 원담은 몇 차례 원상과 대
적하며 골육상쟁을 벌였으나 끝내 패한 채 조조에게 투항하고
말았다.

조조는 대군을 이끌고 기주로 향해 진병했다.

한편 원상은 조조가 군사를 이끌고 강을 건너 기주로 향한다
는 급보를 받고 놀라 급히 군사를 업성으로 되돌렸다. 원상은
여광과 여상에게 후진을 맡겨 원담이 추격해올 경우를 대비
했다.

이때를 노리고 있던 원담은 원상이 급히 물러나자 평원平原
군사를 거느리고 추격했다. 원담이 수십 리를 쫓아갔을 때였다.
갑자기 포砲 소리가 들리더니 양쪽에서 군사가 달려 나왔다. 여
광과 여상이 거느린 군사들이었다. 그러나 원상을 뒤쫓던 원담
이 여광과 여상을 설복하자 그들은 원담에게 항복하고 말았다.

원담은 여광·여상 두 장수를 데리고 조조를 만나러 갔다. 조

조는 원담이 원상의 장수인 여광·여상까지 데리고 오자 크게 기뻐하여 자신의 딸을 원담과 짝지어 주겠다고 약속했다. 그러나 원담은 내심 조조가 원상을 치면 자신이 조조를 치겠다고 작정하고 있었다. 이 사실을 알게 된 조조는 마음속으로는 그를 죽여 없애야겠다는 살의를 굳혔다.

한편 조조가 기주성으로 향하자 원상은 기주로 군사를 이끌고 가 맞섰다. 그러나 조조군을 대적할 만한 군사들이 아니었다. 조홍·허저·장요가 이끄는 군사들에게 패한 원상은 간신히 몸을 빼내 달아났다. 기주성을 함락시킬 작정으로 조조는 총공세를 폈으나 뜻대로 되지 않았다.

이때 업성은 모사 심배가 지키고 있었는데 원상이 없는 성을 지키기 위해 군사들을 엄히 다스리고 있었다.

이런 심배에게 술에 취했다 하여 심한 꾸짖음을 듣게 된 장수 풍례가 조조에게 투항했다.

그가 기주성을 떨어뜨릴 방책을 진언하자 조조는 그의 뜻을 좇아 즉시 땅굴을 파게 했다. 그러나 심배가 이를 눈치 채고 성 안의 수문을 열어 굴속으로 물을 퍼붓자 군사들 모두 땅굴 속에 파묻히고 말았다.

이때 원상이 기주성을 향해 회군해 오고 있다는 소식을 접한 조조는 군사를 나누어 한쪽에서는 성을 치고 다른 한쪽에서는 원상을 사로잡기로 했다. 조조가 군사를 거느리고 오자 원상도 달려 나와 맞았으나 패한 채 갑옷도 꿰입지 못하고 달아났다. 조조는 더 이상 그를 쫓지 않고 기주성으로 향했다. 그러자 허유가 계책을 냈다. 허유의 말에 따라 성 둘레에 물길을 끌어들일 수로를 파고 장하漳河의 둑을 무너뜨려 물을 끌어들이자 성 안은 물바다가 되었다. 성 안은 이미 양곡이 바닥나 있는 터에 성마저 물에 잠기자 일대 혼란이 일었다. 심배는 더 이상 성을 지킬 수 없음을 알고 조조에게 투항한 신비의 가족 팔십여 명의 목을 베어 버렸다.

평소 신비와 가까웠던 심배의 조카 심영이 이를 보고 울분을 가누지 못한 채 조조와 내통하고 밤이 되기를 기다렸다가 성문을 열었다. 조조군이 성문으로 물밀 듯이 밀려들자 마침내 기주성도 조조에게 떨어지고 말았다. 심배가 군사들에게 사로잡혀 조조에게 끌려오자 그의 지모를 높이 산 조조가 그를 회유하려 했으나 심배는 끝내 거절한 채 목을 길게 빼고 칼을 받았다.

한편 맨몸으로 달아났던 원상은 급히 둘째형 원희가 다스리는 유주로 달아났다. 그 무렵 원담은 중산에 머물며 기주를 되찾을 기회를 노렸다. 그러나 조조군을 대적하기에는 군세가 너무 약해 하는 수 없이 남피라는 곳으로 달아나 그곳 백성들과 함께 조조와 맞섰으나 조홍의 칼날에 쓰러지고 말았다.

조조는 다시 유주로 진격해 원희·원상을 치기로 하고 원 씨로부터 투항해 온 장남·여광·여상·마연·장의로 하여금 세 갈래로 군사를 나누어 공격하게 했다. 이 소식을 접한 원상은 조조군과 도저히 맞설 수 없음을 알고 요서의 오환족烏桓族 왕에게 의탁했으나 오환족의 왕은 스스로 성문을 열고 조조에게 항복했다.

원희와 원상은 다시 동북의 요동태수인 공손강을 찾아갔다. 그러나 공손강은 원희·원상의 목을 베 조조에게 바치고 화의를 맺었다. 조조는 원 씨 일족을 멸하고 북방 공략이 일단락되자 허도로 돌아가 남방을 토벌하고자 했다.

그 무렵 유표에게 몸을 의탁한 유비는 유표의 극진한 대접을 받고 있었다.

그러던 어느 날 이전에 유표에게 투항했던 장무와 진손이 강하江夏 땅에서 백성들을 약탈하며 반란을 일으켰다는 소식이 전해졌다. 유표가 이 일을 걱정하자 유비가 반란군을 정벌하겠다며 자청하고 나서 반란군을 평정했다. 이 싸움에서 조운은 적장 장무를 찔러 죽이고 그의 말 적로마的盧馬를 뺏어 유비에게 바쳤다. 적로마는 예사말이 아닌 준마였다.

그런데 유표의 부인 채 씨의 동생인 채모는 형주에서 유비의 세력이 커지는 것을 경계했다. 채모가 채 부인을 찾아가 유비가 뒤에 형주의 우환거리가 될 것임을 말하며 유비를 가까이 하지 말라고 충동질했다.

채 부인의 말에 마음이 흔들린 유표는 유비에게 신야현新野縣이라는 작은 고을에 머물게 했다. 유비는 곧 신야현으로 떠났다. 신야에 이르자 유비의 정실인 감 부인이 아들 유선劉禪을 낳았는데 감 부인이 북두성을 삼키는 꿈을 꾸어 아기의 이름을 아두阿斗라고 했다.

이 무렵 조조는 기주에서 요서에 이르기까지 원정 중이었다. 유비는 유표에게 조조가 출병하고 없는 지금 군사를 일으켜 허도를 점령할 것을 권했다.

 그러나 유표가 자기 경계만을 지키려 할 뿐 거병할 생각을 하지 않자 유비도 입을 다물고 말았다. 유표에게는 기琦와 종琮이라는 두 아들이 있었다. 유기는 어질었으나 마음이 나약했고 유종은 총명하나 맏이를 제치고 가문을 이으려 하니 이 또한 예법을 거스르는 일이었다. 더구나 채 씨 문중이 병권을 쥐고 있었다. 유표가 유비를 청해 술을 마시며 그 고민을 털어놓았다.

 "예로부터 맏이 대신 그 아래를 후사로 정하면 난이 일어나기 십상입니다. 원 씨의 후사가 그러하지 않습니까?"

 유비가 서슴없이 대답했다. 그런데 채 부인이 병풍 뒤에 숨어 그 이야기를 듣고는 그의 아들 유종 대신 맏이를 후사로 정하라는 유비의 말에 앙심을 품었다. 둘째 아들에게 마음이 기울던 유표가 입을 다물고 있자 유비가 뒷간에 간다며 자리를 떴다. 뒷간에 앉은 유비는 문득 서글퍼졌다. 아직도 한낱 식객에 머물고 있는 자신에 대해 비탄한 마음이 들어서였다. 거기다 벗은 허벅지에 살이 두둑이 오른 것을 보자 자기도 모르게 그만 눈물이 쏟아졌다[비육지탄髀肉之嘆]. 잠시 후 방 안으로 들어간 유비를 보고 유표가 의아히 여겨 물었다.

 "아니 무슨 까닭인가? 눈물 자국이 있지 않은가?"

 "여러 해 동안 말을 멀리한 탓에 넓적다리에 살이 오른 것을 보니 아직 변변한 공도 세우지 못한 채 세월만 흘려 보낸 것 같아 서글퍼서 울었습니다."

"내가 듣기로 아우가 허창에 있을 때 조조와 천하의 영웅을 논한 적이 있다고 했네. 그때 조조는 아우와 자기만을 영웅이라고 하지 않았는가. 조조가 그 권세와 위엄을 가지고도 아우를 먼저 영웅으로 꼽았는데 어찌 공을 이루지 못했다고 하는가?"

유표가 이렇게 위로하자 유비가 술기운에 한마디 내뱉었다.

"이 유비에게 근거지만 있다면 천하의 하찮은 무리들이야 두려울 것이 없습니다."

그 말에 유표의 안색이 달라졌다. 유비는 자기의 실수를 깨닫고 몹시 취한 척하며 그 자리를 물러나 신야로 돌아갔다. 채 부인과 채모는 유비를 제거하기 위해 계략을 꾸몄다. 채모는 때마침 풍년이 들었으니 백관들을 양양에 청해 사냥이라도 가자고 유표에게 권하며 유비를 초대했다. 채모가 유비를 해치고자 성 밖 동·남·북 세 방향에 군사를 매복해 두자 평소 유비를 흠모하던 이적이 서문으로 달아나라고 속삭였다. 유비는 적로마를 타고 서문을 빠져나갔다.

유비가 숨 돌릴 틈도 없이 말을 몰아가는데 폭이 수십 길이나 되는 단계檀溪의 물줄기가 앞을 가로막고 있었다. 멀리 서쪽에서 뿌연 흙먼지가 일고 있어 보니 그들은 바로 채모의 군사들이었다. 다급해진 유비가 말의 목덜미를 손바닥으로 두드리며 말했다.

"적로야, 적로야, 마침내 네가 나를 해치고자 하느냐?"

그러자 적로가 한 번 크게 울며 물속에서 갑자기 몸을 솟구치더니 세 길이나 뛰어올라 강 건너편에 내렸다.

홀로 말을 달리던 유비는 남장 땅에 이르게 되었다. 그런데 이곳에서 호가 수경 선생水鏡先生이라는 사마휘司馬徽를 만나게 되었다. 수경 선생의 초당에서 유비가 첫 대면의 예를 표했다. 사마휘는 양양의 명사인 방통龐統과 친교가 깊은 사이였다.

"귀공의 이름은 전부터 듣고 있었소. 다행히 화는 면했구려."

사마휘는 유비가 지금까지 겪었던 일을 꿰뚫어본 듯이 웃으며 말했다. 유비가 그 말에 지금까지 있었던 일을 소상히 들려주었다. 유비의 말을 듣고 난 사마휘가 정색을 하고 말했다.

"공께서 아직까지 신수를 펴지 못하신 것은 좌우에 인재가 없기 때문입니다."

유비는 수경 선생의 말에 문사文士로는 손건·미축·간옹 등이, 무사로서는 관우·장비·조운이 있다고 말했다.

그러자 사마휘는 관우와 장비 같은 무사는 홀로 만 명을 대적할 수 있는 장수이나 이들을 용병할 사람이 없으며 손건이나 미축 같은 사람은 백면서생白面書生일 뿐 천하의 대업을 이룩할 만한 인재가 아니라고 말했다.

유비가 사마휘에게 가르침을 간곡히 청하자 사마휘는 천하의 기재奇才가 이곳에 모여 있으며 복룡伏龍과 봉추鳳雛 가운데 하나만 얻어도 천하를 바로잡을 수 있다고 일러주었다. 유비가 복룡과 봉추가 누구냐고 물었으나 사마휘는 대답 대신 너털웃음을 터뜨릴 뿐이었다.

다음 날 유비를 찾아 나섰던 조운이 휘하 군사를 거느리고 그곳에 이르러 함께 신야로 돌아갔다.

그러던 어느 날 유비가 고을을 둘러보던 중 갈건葛巾을 쓰고 베옷을 입었는데 몸에는 검은 띠를 두르고 검은 신을 신은 한 사나이가 노래를 부르고 있었다. 그의 행색이 특이해 그가 부르는 노랫소리에 귀를 기울였다.

"산속의 현자가 밝은 주인을 찾으려 하나 밝은 주인이 현자를 알아보지 못하는구나."

유비는 그 노랫소리 또한 심상치 않아 그를 관아로 데리고 가 술을 대접하며 이름을 물었다. 그의 이름은 선복禪福이며, 유비에게 의탁하려 했으나 선뜻 나서지 못하던 중 길거리에서 노래를 불러 유비의 눈에 들게 되었다고 말했다. 유비는 그를 대접하며 얘기를 나누던 중 범상치 않은 인물임을 알고 그를 군사軍師로 삼고 군사를 조련케 했다.

이 무렵 조조는 북정北征을 끝내고 허도에 돌아와 있었으나 마음속으로는 형주를 엿보고 있었다.

조조는 조인을 대장으로 삼고 이전·여광·여상에게 삼만의 군사를 주어 양양과 형주의 경계와 가까운 번성으로 보냈다.

이때 원소군으로부터 투항했던 여광과 여상이 공명심을 불태우며 형주 정벌을 자청했다. 조인은 군사 오천을 선뜻 여광 형제에게 내주었다. 여광과 여상은 그날로 군사를 이끌어 신야 들판으로 쇄도했다.

그러자 선복이 조금도 걱정하는 기색 없이 유비에게 계책을 올렸다.

"먼저 관운장에게 일군을 이끌게 하여 왼편에서 적을 막게 하고 장비로 하여금 오른편에서 나와 적의 뒤쪽을 치게 합니다. 그리고 사군께서는 조운을 이끌고 적의 앞길을 막아 치신다면 능히 물리칠 수 있습니다.”

유비는 그의 말을 듣고 쾌히 그 계책을 따르기로 했다.

여광과 여상이 군사를 거느리고 달려오자 조운이 말을 박찼다. 그러나 조운과 여광 두 장수가 맞붙자 조운의 기합 소리와 함께 여광은 손 한번 써보지 못한 채 말 아래로 나뒹굴었다.

유비가 그때를 노려 군사를 내몰자 여상이 황급히 군사를 돌려 달아나는데 관우가 앞길을 막았고 장비가 달아나는 여상을 찔러 죽였다.

오도 가도 못하고 우왕좌왕하는 졸개들을 관우와 장비가 모조리 사로잡아 신야로 돌아왔다.

패전 소식이 전해지자 조인은 크게 놀라는 가운데 분노를 금하지 못했다. 조인은 함부로 군사를 내지 말자는 이전의 말을 뿌리치고 이만 오천을 거느려 번성을 나섰다.

양군이 진을 치고 마주하자 조인이 진형陣形을 펼쳤다. 유비가 선복에게 물었다.

“저들이 어떤 진을 쳤는지 알겠느냐?”

선복이 유비를 언덕 위로 인도해 채찍으로 적진을 가리켰다.

“저것은 팔문금쇄진八門金鎖陣이라는 진입니다. 팔 문이란 여덟 개의 문으로 생문生門·경문景門·개문開門으로 들면 살지만 상문傷門·경문驚門·휴문休門으로 들어가면 반드시 해를 입으며 두문杜門·사문死門으로 들어가 싸우면 패하고 맙니다. 그런데 저들의 팔 문 배치가 완전한 듯하나 중군中軍이 허술합니다. 동남쪽의 생문으로 쳐들어가 서쪽의 경문으로 나오면 적진은 무너지고 말 것입니다."

유비는 그의 해박함에 놀라며 감탄해 마지않았다.

조운이 유비의 명에 따라 군사를 이끌며 팔문금쇄진의 일부인 생문으로 쳐들어가 진지 한가운데를 돌파하자 조인의 팔문금쇄진은 금세 혼란이 일었다.

유비군은 기회를 놓치지 않고 조인군을 덮쳤다. 조인군은 크게 패한 채 군사를 물릴 수밖에 없었다. 조인군을 멀리 쫓은 후 유비군은 신야로 되돌아왔다.

"이번에는 야습을 감행해 치욕을 씻고야 말겠소."

조인은 무안한 감정을 은폐하려는 듯 이전에게 이렇게 큰소리쳤다. 이전이 번성이 걱정되니 돌아가자고 했으나 조인은 말을 듣지 않았다.

그날 밤 조인은 야습을 감행했다. 그러나 선복의 진언에 따라 매복해 있던 유비군이 불을 지르자 불길이 사방에서 일어나며 주위는 순식간에 불바다가 되었다.

조인은 갑주마저 찢겨 나간 처참한 몰골을 하고 허도로 돌아갔다. 유비가 군사들을 이끌어 번성으로 들어가니 현령 유필이 나와 유비를 영접했다. 현령 유필은 한실의 종친이므로 유비를 청해 환영연을 베풀었다.

이때 유필의 곁에 한 소년이 서 있었는데 유비가 보니 인품이 서글서글해 보이고 외모 또한 훤칠했다. 유비가 유필에게 청해 그를 양자로 삼고 성을 유 씨로 고쳐 유봉劉封이라 부르게 했다.

　한편 허도에 당도한 조인이 싸움에 패한 경위를 소상히 고하고 죄를 청했다. 잠자코 듣고 있던 조조가 한 차례 크게 웃더니 말했다.

　"싸움에서 이기고 지는 것은 병가兵家에 항상 있는 일이다. 그런데 누가 유비를 보좌했느냐?"

　선복과 동향인 정욱이 답했다.

　"그 사람의 본명은 서서徐庶로 자는 원직元直인데 수경 선생 사마휘와 가깝게 지내는 사이입니다. 그는 남의 원수를 갚아 주느라 사람을 죽이고 가명으로 도망 다니던 사람으로 그의 재주가 열이면 저는 둘 정도입니다."

　"그를 이리로 데리고 올 방도가 없는가?"

　"서서는 원래 어릴 때부터 효자로 소문이 자자했습니다. 사람을 시켜 그의 홀어머니를 허도로 모셔다 놓은 뒤 글을 써서 서서를 부르시면 될 것입니다."

　조조는 크게 기뻐하며 사람을 보내 서서의 홀어머니를 허도에 모셨다. 조조는 서서의 어머니를 후히 대접했다.

　정욱은 그날부터 매일 서서의 어머니를 찾아 문안을 드리며 환심을 사고 노모의 필적을 흉내 내어 '조조에게 사로잡혀 있으니 어서 와서 구해 달라.'는 거짓 서한을 썼다.

　정욱은 조조에게 그 서한을 보인 후 사람을 시켜 신야의 서서에게로 보냈다. 어머니의 서한을 펼친 서서는 낯익은 어머니 필적을 보고 눈물부터 흘렸다.

서서는 유비를 찾아가 자신의 본명과 관원에게 쫓기게 된 사연을 고하고 정욱이 보낸 서한을 유비에게 보여 주었다.

"유 황숙께 견마지로犬馬之勞(개와 말의 수고, 충성의 뜻)를 다하고 싶습니다만 어머님께서 위급한 처지에 놓여 있으니 제가 어찌 다른 일을 할 수 있겠습니까? 언젠가 다시 뵈올 날을 기대할 뿐입니다."

서서는 죄스러운 듯 허리를 굽혀 절했다. 이제야 원하던 사람을 만나 모든 일을 맡기고 의지하려던 터였는데 그가 불쑥 떠나려 하자 유비는 한동안 말문을 열지 못하고 있었다.

이윽고 마음을 가다듬은 유비가 입을 열었다.

"어머니와 아들은 이미 하늘이 정한 사이요. 그대는 내 걱정은 하지 말고 어서 가서 늙으신 어머니를 구하시오."

손건이 이곳의 병력이나 내정을 소상히 알고 있는 서서를 조조에게 보내는 걸 말렸으나 유비는 듣지 않았다.

다음 날 아침 유비는 성 밖에서 서서를 배웅했다.

'아아, 원직은 가 버렸다. 나는 장차 어찌하여야 좋은가?'

유비가 탄식하며 바라보니 서서의 모습이 숲에 가려 보이지 않았다. 유비가 끝내 떨쳐 버리지 못한 미련을 담은 눈으로 숲을 바라보고 있는데 서서가 말을 되돌려 달려오더니 유비에게 진언했다.

"제가 마음이 어지러워 그만 여쭐 말씀을 잊고 있었습니다. 양양성에서 이십 리 떨어진 융중隆中이라는 작은 마을에 학식과 재주가 빼어난 현인이 살고 계십니다. 사군께서 몸소 가셔서 청하셔야 합니다."

"그 사람은 선생에 비해 재주와 덕이 어떠하오?"

"하하, 저와 비교함은 달구지를 끄는 말을 기린 곁에 가지런히 세움이요, 까마귀를 봉황과 짝지우는 것과 같은 격입니다. 그 사람은 평소 스스로를 관중管仲(춘추시대의 명재상)이나 악의樂毅(춘추시대의 명장)에 비기고 있습니다. 그러나 제가 보건대 관중이나 악의도 그 사람에게는 미치지 못할 것입니다."

"그가 도대체 누구입니까?"

"그는 성은 제갈諸葛이요, 자는 공명孔明입니다. 일찍이 부친을 여의고 숙부 제갈현의 집에서 자랐는데 제갈현이 세상을 떠난 뒤로 그는 아우 제갈균諸葛均과 함께 농사일을 하면서 살고 있습니다. 살고 있는 근처에 '와룡臥龍'이라 불리는 큰 언덕이 있어 스스로 호를 '와룡 선생'이라 칭하기도 합니다."

거기까지 이야기를 듣자 유비는 문득 지난날 수경 선생 사마휘에게 들었던 얘기가 떠올랐다.

"전에 수경 선생께 들은 바 있는데 복룡과 봉추 두 사람 중 한 사람이 아닙니까?"

"그렇습니다. 봉추는 방통을 말하고 복룡이 바로 제갈공명입니다."

서서는 이렇게 일러준 후 채찍을 휘둘러 날듯이 허도를 향해 달렸다. 유비는 즉시 모든 문무文武 장수를 불러 많은 예물을 준비하게 했다. 그리고 스스로 관우와 장비를 거느리고 남양으로 향했다.

한편 허도에 당도한 서서는 조조를 만난 뒤 어머니를 찾아뵈었다. 어머니는 서서를 보자 놀란 얼굴로 물었다.

"아니, 네가 어찌하여 여길 왔느냐?"

서서는 출발 전에 신야에서 받은 서한을 어머니에게 보였다.

"이 따위 거짓 글을 받고 그 진위도 가리지 않은 채 주군을 버리고 왔다는 말이냐?"

어머니의 꾸짖음은 추상같았다. 서서는 그제야 조조의 간계에 빠졌음을 알았다.

"유현덕은 한실의 자손이요, 인의仁義를 행하니 백성들도 흠모하고 있다. 이제 옳은 길을 버리고 더러운 누명을 썼으며 조상을 욕되게 했으니 내 무슨 낯으로 조상들을 뵙겠느냐!"

서서가 한동안 기다려도 어머니가 나오지 않자 몸을 일으켜 병풍 쪽으로 가려는데 하인이 달려와 고했다.

"자당께서 대들보에 목을 매셨습니다."

서서가 놀라 달려갔으나 어머니는 이미 숨진 뒤였다. 서서는 한동안 혼절했다가 겨우 정신을 되찾아 모친의 유해를 도성 남쪽에 안장하고 모친을 애도하며 날을 보냈다.

유비의
삼고초려

이때 조조는 남쪽으로 진병하려 했으나 순욱의 말을 좇아 봄이 되기를 기다리기로 하고 현무지玄武池라는 큰 호수를 만들어 수군水軍을 조련하기 시작했다.

한편 유비가 제갈량을 찾아가기 위해 준비를 하고 있는데 수경 선생 사마휘가 서서를 보러 왔다. 사마휘는 유비로부터 그간의 일을 듣고 탄식해 마지않았다.

"그것은 필시 누가 대신 필적을 흉내내어 쓴 거짓 글일 것이오. 원직이 가면 어머니는 스스로 목숨을 끊었을 것이오."

유비가 잠시 침통한 얼굴로 있다가 제갈량에 관해 물었다.

"공명은 모든 학문에 대략大略을 터득하고 있소. 다만 법가法家와 병가兵家만을 깊이 파고들었으며 스스로를 춘추전국시대의 관중과 악의에 비견하고 있소이다. 그러나 내가 보기에는 주나라 팔백 년을 일으킨 태공망이나 한의 창업 사백 년 기초를 닦은 장자방에 견주어도 지나침이 없을 것 같소만……."

사마휘는 그렇게 말하며 하직 인사를 하고 황급히 떠나면서 혼잣말처럼 중얼거렸다.

"와룡이 그 주군을 얻었으나 그 때는 얻지 못했구나!"

사마휘가 떠나자 유비는 관우·장비와 함께 제갈량의 집이 있는 와룡강臥龍岡으로 향했다. 여기서 강岡은 언덕을 말한다.

유비가 와룡 언덕 앞 초가에 이르러 동자를 통해 법기를 청한다는 말을 전하게 했으나 제갈량은 어디론가 떠나고 없었다.

"그럼 유비가 찾아왔다고 전하거라."

유비는 하는 수 없이 발길을 되돌렸다.

유비가 신야로 돌아온 며칠 후 사람을 공명의 집으로 보내 알아보게 하니 갔던 사람이 돌아와 공명이 있다고 고했다. 유비가 곧 떠날 채비를 한 후 길을 떠나자 장비가 투덜댔다.

"천한 시골 선비를 데리러 몸소 가십니까? 공명을 성으로 불러들이면 그만 아닙니까?"

"너는 맹자께서 하신 말씀도 모르느냐? '어진 이를 보려 하면서 도道로서 맞지 않으면 이는 그 사람을 불러놓고도 문을 닫는 것과 같다.'고 하지 않았느냐?"

유비의 호통에 장비가 입을 다물었다.

때는 12월 중순이었다. 한겨울이라 날씨가 몹시 추워 삭풍이 살을 에는 듯했다. 회색 하늘에 눈발이 분분히 휘날리더니 순식간에 길을 뒤덮었다.

말발굽이 눈에 묻혀 옮기기가 힘든 듯 말은 허연 입김을 허공에 내뿜었다. 공명의 집 앞에 이르러 말에서 내려 사립문을 두들기자 지난번에 만났던 그 동자가 또 나왔다.

"초당에서 글을 읽고 계십니다."

유비가 관우와 장비를 데리고 얼른 동자가 가리키는 초당 쪽으로 가 보니 한 젊은이가 무릎을 꿇은 채 화로를 앞에 두고 앉아 시를 읊고 있었다. 그가 시를 다 읊고 나자 유비가 예를 갖추어 인사를 올렸다.

그러자 젊은이는 황망히 옷매무새를 바로하며 답례했다.

"장군은 신야의 유예주가 아니십니까? 오늘도 제 가형을 만나러 오신 것이겠지요?"

"그럼 선생 또한 와룡 선생이 아니시오?"

"예. 저는 와룡의 아우 되는 제갈균입니다. 저희들은 삼형제로 장형은 제갈근이라 하며 지금은 손권의 막빈幕賓이 되어 있습니다. 와룡은 제 둘째형입니다. 오늘 마침 최주평 선생이 오시어 함께 출타하고 안 계십니다."

"어딜 가셨을까요?"

"어느 날은 강호江湖에 배를 띄워 노닐기도 하고 어느 날은 산사山寺를 찾아 승문僧門을 두드리시기도 하여 왕래를 추측할 수 없으니 어찌하면 좋겠습니까?"

유비는 투덜대는 장비를 꾸짖은 후 자신의 간곡한 뜻을 적은 글을 적어 제갈균에게 건네주었다.

해가 바뀌어 건안 13년. 신야에서 해를 보내고 신년을 맞이하는 동안에도 유비는 하루도 공명을 잊은 적이 없었다.

유비는 봄이 되자 공명을 만나기 위해 복자卜者(점치는 사람)에게 명해 길일을 택하고 목욕재계를 한 후 다시 와룡강으로 향했다.

이번에는 관우마저 나서서 말렸으나 유비는 두 아우를 꾸짖을 뿐이었다. 이윽고 와룡강에 이르자 유비는 말에서 내려 걸어갔다. 공명에게 더욱 무겁게 예를 표하기 위해서였다. 관우와 장비도 하는 수 없이 유비를 좇아 말에서 내렸다.

공명은 때마침 낮잠을 자고 있었다. 유비는 반나절이나 서서 기다렸으나 공명은 잠에서 깨어나지를 않았다.

장비가 울타리 틈으로 초당을 들여다보더니 그만 얼굴이 시뻘게지며 관우에게 대들 듯이 내뱉었다.

"아니, 형님은 아직까지 댓돌 위에 선 채 아닙니까? 저 선생인가 뭔가 하는 작자가 어찌 저렇게 무례하오? 사람이 옆에서 기다리고 있는데 자빠져 잠만 자고 있다니 내 이 집 뒤에다 불을 질러 그래도 저자가 일어나나 안 일어나나 한번 봐야겠소."

관우가 장비의 고리눈과 호랑이 수염이 곤두서는 것을 보고 황급히 장비를 제지했다.

다시 한 식경쯤 지나자 그제야 공명이 겨우 눈을 뜨며 부스스 자리에서 일어나더니 문득 인기척을 느꼈음인지 몸을 돌려 침상에서 내려오며 동자를 불렀다.

"손님이 오셨으면 왜 진작 깨우지 않았느냐? 의관을 준비하여라."

후당에 들어간 공명은 한참 만에 의관을 갖춰 입고 나와 유비를 맞아들였다. 공명은 키가 팔 척이나 되었으며 얼굴은 관옥冠玉처럼 희었다. 머리에는 윤건輪巾(굵은 실로 짠 두건)을 쓰고 물빛 학창의鶴氅衣(학의 깃털로 짠 옷)를 입고 있었는데 조용하면서도 무게가 있는 그의 풍채는 실로 신선의 풍모 그대로였다.

유비와 공명이 마주 절하며 인사를 나눈 후 각기 자리를 정해 앉자 아이가 차를 끓여왔다.

"작년 겨울, 눈 오는 날 두고 가신 글을 보니 장군께서 나라를 걱정하고 백성을 사랑하심이 간절함을 살필 수 있었습니다. 그러나 이 양亮(제갈량)이 워낙 젊고 재주 또한 모자라 장군의 물으심을 감당하지 못하는 것이 한스럽습니다."

공명이 먼저 입을 열어 겸양의 말을 했다. 그러자 유비가 다시 겸양의 말로 자신의 청을 물리칠까 걱정하며 거듭 자신을 도와줄 것을 청했다.

공명은 더 이상 유비를 물리칠 수 없음을 알고 가만히 웃었다.

"장군께서 이룩하고자 하시는 일이 무엇입니까?"

공명이 그렇게 말하자 유비는 그제야 밝은 얼굴이 되었다. 공명이 비로소 유비의 청에 응했기 때문이었다.

"지금 한실漢室은 기울고 간신은 제각기 하늘을 거스르려하고 있습니다. 이 유비가 비록 힘은 없으나 천하에 대의大義를 받들어 펴 보려 하나 지혜와 방책이 짧고 얕으니 어찌할 바를 모르겠습니다. 선생이 저의 어리석음을 깨우쳐 주시기를 청하오니 부디 거절하지 말아 주십시오."

공명은 지그시 눈을 감고 유비의 말을 듣고는 이윽고 눈을 떠 유비의 모습을 바라보다 천천히 입을 열었다.

"조조가 원소를 이겼으니 이는 천운과 함께 그를 도운 모사들의 지모에 의한 힘이 컸습니다. 군사와 백성을 다스리는 경영·작전·인망 그리고 군주가 생각하는 모든 바가 진취적이었습니다. 그 조조는 이제 중원中原에 나와 천자를 등에 업고 제후를 뜻대로 부려 군軍·정政에 걸쳐 흔들림 없는 기반을 구축했습니다."

"그렇다면 이미 때는 다 지나갔다는 말씀입니까?"

유비의 물음에 공명이 가만히 고개를 저으며 말을 이었다.

"천하는 지금 조조와 손권으로 이분二分되어 남과 북 어느 쪽에도 기족驥足(재주가 뛰어 난 사람이나 힘)을 뻗을 수가 없다고 여겨집니다. 그러나 여기 아직도 양자의 세력에 속하지 않은 영토가 있습니다. 그곳이 바로 이 형주와 익주입니다. 형주는 북으로는 한수漢水와 면수沔水가 가로놓여 있어 남해南海까지의 이로움을 모두 차지할 수 있습니다. 또 동으로는 오회吳會 땅과 잇대어 있으며 서로는 파촉巴蜀과 통해 있으니 이만하면 장군께서 군사를 거느리고 새로운 천하를 도모할 만한 곳입니다.

또 익주益州(사천성)는 천험天險의 요새로 지키기가 좋은 곳입니다. 장강의 깊은 물이 흐르며 만산萬山 기슭에는 기름진 벌판이 천 리에 걸쳐 뻗어 있습니다. 한 고조께서도 그곳에서 마침내 기업基業을 이루었습니다. 그러나 이곳 익주의 주인인 유장은 사람됨이 어둡고 거칠기만 합니다. 요사한 교리敎理가 횡행하고 백성은 악정에 시달려 모두 명군明君의 출현을 갈망하고 있습니다. 장군께서는 한실의 후손인 데다 신의를 천하에 떨치신 분입니다.

뭇 영웅들 중에서도 우뚝 솟아 있어 모든 현사賢士가 우러르고 있습니다. 그러므로 바로 익주 사람들이 원하는 어진 주인이 될 수 있습니다. 만약 장군께서 형주에서 일어나 익주를 치고 두 주를 아울러 지키며 서로는 융戎과 화친하고 남으로는 월越을 어루만지고 밖으로는 손권과 손을 잡는다면 이로써 훌륭한 기업을 이룰 것입니다. 그런 연후에 기회를 엿보아 즉시 한 장수에게는 형주의 군사를 이끌고 완성完成을 거쳐 낙양洛陽으로 향하게 하십시오. 장군께서는 친히 익주의 군사를 거느려 진주秦州로 향하신다면 백성들이 환호하며 장군을 맞게 될 것입니다. 이렇게 하신다면 대업을 성취하실 것이며 한실도 다시 일으킬 수 있을 것입니다. 이것이 장군을 위해 말씀드릴 수 있는 계책이니 헤아려 보시기 바랍니다."

공명이 역설하는 바는 평소에 그가 주장하던 '천하삼분天下三

分의 계計'였다.

유비는 공명의 이야기를 들으니 눈앞을 가렸던 구름과 안개가 한순간에 걷히고 대륙의 구석구석까지 한눈에 내려다보이는 듯했다. 유비가 한동안 감격하며 공명을 바라보고 있는데 공명이 문득 동자에게 족자 한 폭을 가져오게 하여 벽에다 걸었다.

"이것이 서촉 오십사 주의 지도입니다. 장군께서는 인화仁和로 나라를 일으키시어 먼저 형주에 터를 잡으십시오. 그런 다음 서천을 취하여 그곳을 대업의 바탕으로 삼으십시오. 그렇게 되면 솥발에 달린 세 발처럼 조조, 손권과 더불어 천하의 하나를 다스리게 될 것입니다. 그런 연후에 중원을 도모하십시오."

유비는 공명의 말을 듣고 그의 높은 식견에 다시 한 번 감탄하며 조용히 물었다.

"유표나 유장이 모두 한실의 종친입니다. 어찌 그 땅을 빼앗을 수가 있겠습니까?"

그러자 유비의 그 질문에 공명이 명쾌하게 잘라 말했다.

"유표는 머지않아 그 명이 다할 것입니다. 그 아들들도 역시 괘념할 바 없습니다. 또 익주의 유장은 그 국정이 어지럽고 백성들이 괴로우니 그것을 바로잡는다 하여 어느 누가 인의에 어긋난다고 탓하겠습니까? 형주와 익주의 사정이 그러하니 반드시 장군께 돌아올 것입니다."

천하의 일을 훤히 들여다보듯 하는 말이었다. 이에 유비가 다시 절을 하며 그를 청했다.

"선생께서는 저를 비천하다 버리지 마시고 산을 떠나 가르침을 주십시오. 이 비는 마땅히 선생의 밝으신 가르침을 따르겠습니다."

"저는 오랫동안 밭 갈며 농사짓는 것을 낙으로 삼아 세상일엔 어두우니 어찌 그 청을 받들 수가 있겠습니까?"

"선생이 나오셔서 도와주지 않으신다면 저 불쌍한 백성들은 장차 어찌될 것입니까?"

유비는 말문을 잇지 못한 채 눈물을 쏟으며 간곡히 말했다. 흐르는 눈물을 도포자락으로 닦으니 도포가 흥건히 젖었다. 공명은 그런 유비를 가만히 지켜보고 있었다.

천하를 위해 도움을 청하는 간절함에 공명도 마음이 숙연해지고 말았다. 공명은 잠시 눈을 감고 깊은 생각에 잠기더니 이윽고 힘 있는 목소리로 입을 열었다.

"장군께서 진정 이 양亮을 버리지 않으시니 개나 말의 수고로움을 아끼지 않고 함께 국사에 미력을 다하겠습니다[견마지로犬馬之勞]."

공명의 말에 유비는 가슴을 쓸며 기뻐했다. 유비는 즉시 관우·장비를 불러 경위를 들려주며 절하고 뵙게 했다. 이어 가지고 온 금백金帛의 예물을 올리게 하자 공명이 사양했다.

"이것은 대현大賢을 청하는 예물이 아니고 작은 정성일 따름입니다."

유비가 그렇게 말하며 권하니 공명도 그제야 예물을 받았다.

잠시 후 제갈균이 돌아오자 공명이 아우 균에게 당부할 말을 이른 후 유비와 말 머리를 나란히 하고 초가를 나섰다. 이때 공명의 나이 스물일곱, 유비는 마흔일곱, 건안12년(서기207년)이었다.

신야로 돌아온 유비는 잘 때도 공명과 침실을 함께 쓰고 식사 때도 한 상에서 밥을 먹었다. 공명이 신야의 병력을 보니 겨우 몇 천에 불과했으며 재력도 극히 옹색했다. 공명은 남양의 부호이며 대성大姓인 민 씨麋氏로부터 돈 천만 관貫을 꾸어 이것을 유비의 군자금으로 돌려쓰게 했다.

그런데 유비가 공명을 후하게 대하고 그와 함께 있는 시간이 많아지자 이를 불쾌하게 여긴 관우와 장비가 불만을 드러냈다. 그러자 유비가 두 아우에게 말했다.

"제갈공명과 나는 말하자면 물과 물고기에 비유할 수 있으리라[수어지교水魚之交]. 물고기는 물이 없으면 살아갈 수 없다. 군웅이 할거하고 있는 이 난세 속에서 끝까지 이겨 우리들의 뜻을 펴기 위해서는 아무래도 그같이 뛰어난 인재가 있어야 한다. 아우들은 이 점을 헤아려야 할 것이다."

유비의 말에 관우와 장비는 그제야 그 뜻을 알고 이후로는 불평하지 않았다.

박망파博望坡
전투

한편 조조는 손권에게 사자를 보내 그의 아들이 허도로 와 천자를 모시게 하라는 명을 내렸다. 아들을 볼모로 잡아 손권을 그의 세력 아래 두기 위해서였다.

조조의 의도를 간파한 손권이 결정을 미루고 어머니 오 태부인과 여러 장수, 모사들과 이 일을 의논했다. 이에 주유가 조조의 명에 따르지 말자는 의견을 냈다. 손권은 주유의 의견에 따라 끝내 아들을 허도로 보내지 않았다. 조조는 손권이 자기 뜻을 거역하자 강동을 정벌하기로 작정했으나 북방의 원소가 평정되지 않아 바로 군사를 낼 수가 없었다.

그로부터 삼사년 동안 오 땅에는 평화로운 나날이 이어졌다. 그동안 손권은 각처에서 출몰하는 산적들을 평정하고 장강長江에 있는 병선 칠천여 척을 조련하며 뒷날을 대비했다. 또한 주유를 대도독大都督으로 중용해 강동의 군사를 총지휘하게 했다.

건안 13년 봄이 되자 손권은 황조를 치기 위해 중신들과 의논했다. 장소는 거병을 반대했고 주유는 군사를 내자고 하여 두 의견이 맞서고 있는데 북평의 도위 여몽呂蒙이 와 황조의 부하 장수 감녕을 사로잡아 왔다고 고했다.

감녕은 장사인 데다 그 기개가 호탕해 떠도는 무리들을 모아 강호를 휩쓸고 다녔는데 항상 강궁强弓과 도끼를 옆에 끼고 허리에는 큰 칼을 차고 다녔다. 그러다 잘못을 뉘우치고 형주의 유표를 섬겼으나 그의 인품에 실망해 손권을 섬기고자 가다가 황조를 만나 잠시 그곳에 머물던 중 손권의 부하 능조를 죽였기 때문에 손권에게 가지 못하고 있었다.

손권은 여몽의 말을 듣고 크게 기뻐하며 그를 맞아들였다. 손권은 감녕에게 형주와 황조의 사정을 소상히 듣고 난 후 즉각 군사를 일으켰다. 손권은 주유를 대도독으로, 여몽을 선봉으로, 동습과 감녕을 좌우군의 부장으로 삼아 십만 대군을 일으켜 황조가 있는 강하로 진군했다.

황조도 배 위에 궁노수들을 배치하고 전선끼리 한 줄로 밧줄을 연결한 채 마주 나왔다. 동오군이 오자 황조가 일제히 화살과 쇠뇌살을 날리니 동오군이 크게 어지러워졌다. 이때 감녕이 작은 배 백여 척을 내 정예병 오십여 명을 태운 채 적의 함대 속을 뚫고 들어가 황조를 활로 쏘아 죽이고 그 목을 손권에게 바쳤다. 황조를 정벌하자 손권은 수군을 양성하며 주유에게 수군을 조련케 한 후 자신은 대군을 거느려 시상군柴桑郡(서남쪽)까지 진영을 전진시켰다.

그 무렵 유비는 신야에 공명을 맞아들이고 천하대사를 의논하고 있었는데 유표로부터 급히 의논할 일이 있으니 형주로 와 달라는 전갈이 왔다. 공명은 필시 유표가 함께 손권을 치자고 권하기 위해 부른 것임을 짐작하고 유비와 함께 형주로 갔다. 공명은 유비에게 동오를 함께 치자고 말하면 핑계를 대고 응하지 않는 것이 좋겠다고 말했다.

형주에 이르자 공명의 짐작대로 유표는 손권이 황조를 쳤으니 함께 강남의 손권을 정벌하자고 말했다. 유비는 지금 강남으로 군사를 내면 조조가 쳐들어올지도 모른다며 공명의 말대로 슬며시 거절의 뜻을 비쳤다. 그러자 유표는 이제 자신은 노령인 데다 병이 잦으니 자신이 죽은 뒤 형주를 맡아 달라고 말했다.

유비가 놀라며 급히 사양하자 옆에 있던 공명이 눈짓을 했다. 유표의 말을 받아들이라는 뜻이었다. 그러나 유비는 끝내 사양하고 말았다. 역관으로 물러나오자 공명이 형주를 맡아달라는 유표의 말을 거절한 까닭을 물었다.

"유경승은 내게 은의와 예로 대해 왔는데 어찌 그의 위기를 틈타 형주를 차지할 수 있겠습니까?"

유비의 말에 공명은 안타까운 가운데서도 어진 마음에 새삼 감탄했다.

이때 유표의 맏아들 유기가 유비를 찾아왔다. 유기는 후사로 아우를 세우기 위해 계모 채 씨가 자신을 해치려드니 구해 달라고 호소했다. 유비는 유기의 처지가 딱했으나 지난번 후사 문제로 실언한 적이 있어 그 자리에서는 거절하고 그를 전송할 때 공명에게 묘책을 물으라고 일러주었다.

다음날 유비는 몸이 아프다는 핑계를 대고 공명을 유기에게 보냈다. 공명이 유기에게 주군이 불편하다는 말을 전하고 자리를 뜨려 하자 유기가 한사코 놓아 주지 않고 방책을 물었다. 공명이 거듭 거절하자 유기가 별안간 칼을 뽑아 자기 손으로 제 목을 찌르려고 했다.

"이왕 죽을 몸이라면 이 자리에서 목숨을 끊겠습니다."

그러자 공명이 유기의 손에서 칼을 뺏으며 말했다.

"지금 강하의 땅은 황조가 죽은 후 지키는 이가 없으니 아버님께 그 성의 수비를 맡게 해달라고 하십시오. 그리하여 강하로 가신다면 재난을 피하게 될 것입니다."

다음 날 유기가 공명의 말대로 강하의 수비를 맡게 해달라고 청하자 유표가 승낙했다. 유비는 유기의 일이 마무리되자 곧 신야로 돌아갔다.

한편 조조는 그동안 벼르던 유비를 정벌키로 하고 하후돈을 도독으로 우금, 이전, 하후란, 한호를 부장으로 삼아 십만 군사를 이끌게 했다. 출정이 있기 전 모사 순욱과 서서가 유비의 군세를 가볍게 여기는 하후돈에게 그에게는 제갈량까지 가세했으니 결코 가볍게 보아서는 아니 된다고 말했다.

그러나 하후돈은 만약 이번 싸움에서 패한다면 자신의 목을 바치겠다고 언성을 높였다. 하후돈은 군사를 이끌고 신야와 가까운 박망성博望城으로 향했다.

한편 유비는 공명이 이른 대로 신야의 호적부를 만들고 백성들 중 군사로 기를 장정을 뽑았는데 삼천여 명이 되었다.

공명이 몸소 교관이 되어 민병民兵들을 조련시키자 민병대는 날이 갈수록 그 모습이 달라져 오래지 않아 훌륭한 정예병이 되었다.

이때 하후돈이 군사를 이끌고 오자 유비가 관우와 장비에게 의논했는데 둘은 시무룩한 얼굴로 공명에게 막게 하라며 비아냥거렸다. 유비가 공명을 깍듯이 받드는 것을 못마땅하게 여기고 있자 공명이 유비에게 말했다.

"주공의 검과 대장인을 제게 빌려주십시오."

유비가 곧 검과 대장인을 건네주었다. 공명은 급히 장수들에게 모이라는 군령軍令을 내렸다. 장수들이 모이자 자신은 군사軍師의 자리에 앉고 유비는 가운데에 자리를 잡아 앉혔다. 공명이 자리에서 일어나 엄한 목소리로 군사의 배치를 명했다.

"신야 구십여 리 밖에 박망성이 있다. 관우는 군사 천오백을 이끌고 박망성 왼쪽에 있는 예산에 매복했다가 적군이 지날 때 남쪽 산에서 불이 일거든 후진을 치도록 하라. 장비 역시 천오백의 군사를 거느리고 박망성 오른쪽 숲이 있는 안림에 매복해 있다가 남쪽에서 불길이 일면 중군 선봉을 치도록 하라. 또 관평과 유봉은 각기 군사 오백을 거느리고 박망성 양쪽에 매복해 있다가 초경쯤 적이 당도하면 즉시 불을 지르도록 하라."

공명은 곧 번성에 있는 조운을 불러 선봉에서 하후돈을 맡아 나가 싸우되 패한 척하고 달아나게 했다. 공명은 모든 군사 배치가 끝나자 유비를 바라보며 말했다.

"주공께서는 한 떼의 군사를 거느리고 조운의 뒤를 받치며 때를 보아 나가십시오."

그러자 입을 굳게 다물고 있던 관우가 큰소리로 물었다.

"그러면 군사께서는 어느 방면으로 출동하시오?"

"나는 여기서 성을 지킬 것이오."

그때까지 뒤틀리던 심사를 억누르고 서 있던 장비가 웃으며 말했다.

"우리 모두 나가 싸울 동안 편안히 앉아 성을 지키겠다는 뜻이구려."

그러자 공명이 엄한 얼굴로 추상같이 장비를 꾸짖었다.

"주공의 검과 인이 여기에 있다. 군령을 어기는 자는 가차 없이 목을 벨 것이다."

관우와 장비는 못마땅한 마음으로 그 자리를 물러날 수밖에 없었다. 공명은 유비에게 자신은 손건, 간옹에게 승리를 축하하는 잔치를 준비하게 하고 장수와 군사의 공을 적는 공로부를 마련해 두겠다고 말했다. 유비를 비롯한 장수들과 군사 모두 공명의 말에 의심을 품은 채 각자 싸움터로 향했다.

이 무렵 하후돈이 대군을 이끌고 박망성에 이르고 보니 유비 군은 빈약한 군세에다 포진布陣마저 어지러워 보였다.

"하하하, 저것이 유비의 군사들이란 말인가?"

하후돈은 말 위에서 크게 웃더니 말을 박차고 나갔다. 이때 유비군의 선봉인 조운도 말을 몰아 하후돈을 맞으러 나갔다. 두 장수의 창칼이 불꽃을 튕기며 싸우기를 십여 합, 조운이 슬 며시 말 머리를 돌려 달아나자 유비군을 얕보고 있던 하후돈이 기세 좋게 뒤쫓았다.

이렇게 쫓기고 쫓는 싸움이 몇 번인가 되풀이되자 부장 한 호韓浩가 뒤쫓아 와 복병이 있을지도 모른다며 만류했다. 그러 나 하후돈은 그 말을 일소에 부치고 추격을 멈추지 않으니 어 느덧 박망파에 이르렀다. 그때 한 떼의 군마가 북소리를 울리며 나타났는데 보니 유비가 거느린 군사였다. 하지만 그 숫자가 몇 백에 지나지 않자 하후돈은 한달음에 치달았고 유비는 한동안 싸우다 조운과 한 덩어리가 되어 꽁무니를 빼기 시작했다. 그럴 동안 어느새 해가 지고 안개와 같은 검은 구름이 달빛을 가리 는데 바람이 점차 거세게 불었다.

하후돈을 뒤따르던 우금과 이전은 하후돈이 워낙 급히 유비 를 뒤쫓는 바람에 그들과 십여 리나 뒤떨어져 있었다. 우금과 이전이 주위를 둘러보니 점점 길은 좁아지는데 양쪽으로 산천 이 있고 온통 갈대밭이었다.

"이런 지세는 화계火計(불을 이용한 계책)를 펼치기 좋은 곳이오.

급히 도독에게 알려야겠소."

하후돈도 그때서야 안색이 달라지며 외쳤다.

"군사들은 앞으로 나아가지 말고 말 머리를 돌려라!"

그때였다. 홀연 큰 함성이 일며 검은 하늘이 훤히 밝아오는 듯 했다. 하후돈이 놀라 뒤돌아보니 뒤편에서 불길이 치솟는가 싶더니 순식간에 사면팔방에서 불길이 일어 삽시간에 갈대밭을 휩싸고 말았다. 군사들의 대오는 순식간에 아수라장이 되고 사람과 말이 서로 밟고 뒹굴었다.

"하후돈은 어디 있느냐? 조자룡의 칼을 받아라!"

조운이 적을 마구 베며 하후돈을 찾아다녔다. 용맹을 자랑하던 하후돈이지만 이 지경이 되자 혈로를 찾기에 급급했다. 천지가 떠나갈 듯한 함성이 이는 가운데 하후돈의 군사들은 얼이 빠져 우왕좌왕하다 불에 타 죽거나 사람과 말에 짓밟혀 죽는 자가 부지기수였다.

그때 후진에 있던 이전은 선봉 쪽에서 엄청난 불길이 일자 급히 군사를 돌리려는데 불쑥 앞쪽에서 관우가 군사를 이끌며 나타났다. 이전은 관우와 맞섰으나 이미 기운 싸움임을 알고 목숨을 보전할 길을 찾아 달아났다. 관우는 이전을 뒤쫓는 대신 군량과 마초를 모두 불태웠다. 우금도 하후돈에게 달려갔다가 뒤돌아오니 군량과 마초가 불길에 휩싸여 있자 살 길을 찾아 달아나고 말았다. 한호와 하후돈도 이와 크게 다를 바 없었다. 군량과 마초를 지키기 위해 말을 몰다 보니 장비가 그들 앞을 가로막는가 싶더니 어느새 하후란이 사모창에 목이 떨어지고 말았다. 한호는 칼을 빼들 생각도 못하고 달아나기에 바빴다. 싸움은 새벽이 되어 끝났다. 박망파 산천은 하후돈 군사들의 시체로 메워져 있었다.

이윽고 관우와 장비가 군을 거두어 신야로 향하는데 맞은편에서 공명이 수레에 단정히 앉은 채 다가오고 있었다. 관우와 장비는 공명을 보자 말에서 내려 수레 앞에 엎드려 절하며 승전을 보고했다. 이어 조운, 관평, 유봉이 군사를 거둬오고 백마를 탄 유비가 나타나자 모든 군사가 일제히 승전의 함성을 외치며 주공을 맞았다.

유비와 함께 성 안으로 들자 공명은 기쁨을 나눌 사이도 없이 뒷일을 말했다.

"다음에는 반드시 조조가 군사를 이끌고 올 것입니다. 신야는 좁아 조조군을 맞을 곳이 못되니 형주를 차지해 뒷일을 도모하십시오."

공명이 권했지만 유비는 유표의 은혜를 저버릴 수 없다며 고개를 저었다.

조조에게
넘어간 형주

한편 패장 하후돈은 스스로 제 몸을 묶고 조조 앞에 엎드려 벌을 청했다. 조조는 하후돈의 결박을 풀어 주게 한 뒤 싸움의 경과를 묻고 오랫동안 벼르던 강남 정벌을 단행하기로 작정했다.

때는 건안 13년(서기 208년) 7월, 조조는 오십만 대군을 일으키고 군사를 다섯 갈래로 나누어 각 대로 하여금 군사 십만을 이끌게 하고 허저에게 삼천의 군사를 주어 선봉으로 삼았다.

한편 형주의 유표는 병이 심해지자 유비를 불러오게 해 그에게 형주를 다스려 줄 것을 간곡히 청했다. 그러나 유비는 끝내 유표의 청을 거절했다.

이때 조조가 대군을 거느리고 온다는 소식이 전해지자 유비는 황망히 신야로 돌아갔다. 그때 병중이던 유표는 조조군이 쳐들어온다는 말을 듣고 크게 놀라며 큰 아들 유기를 후사로 삼고 유비로 하여금 유기를 보필하라는 유언장을 만들었다.

유기는 아버지가 위독하다는 전갈을 받고 급히 형주로 돌아왔으나 유표의 유언장을 본 후처 채 부인이 채모를 시켜 성문을 굳게 닫고 열어 주지 않았다. 유기는 하는 수 없이 다시 강하성으로 돌아갔다.

마침내 유표가 숨을 거두자 채 부인과 채모, 장윤은 차남 유종劉琮을 형주의 새 주인으로 세운다는 거짓 유언장을 만들었다. 유종을 형주의 주인으로 삼은 채 씨 일족은 형주의 벼슬을 모두 차지한 채 유비나 유기에게는 유표의 죽음을 알리지 않고 장례를 치렀다.

채 부인은 유종과 함께 양양을 다스리며 유비와 유기가 쳐들어 올 것에 대비했고, 등의와 유선으로 하여금 형주를 굳게 지키도록 명했다.

조조의 대군이 남하해 완성에 이르자 유종은 크게 놀라며 채모와 괴월을 불러 의논했다. 무장들 중에는 싸울 것을 주장하는 사람들도 있었으나 부손과 괴월은 형주, 양양의 아홉 군을 모두 바치고 항복하자고 주장했다.

학문과 재주가 뛰어난 왕찬마저 조조의 대군과 싸워 이길 수 없으니 항복하자고 하자 마침내 유종이 항복하는 글을 써 송충을 사자로 보내 조조에게 그 글을 바치게 했다.

그런데 송충이 다시 형주로 돌아가다 관우에게 사로잡혔다. 송충은 관우에게 그동안의 일을 실토했다. 유비는 북받치는 분기를 누를 길이 없어 통곡해 마지않았다. 이때 유기가 보낸 이적이 강하에서 찾아왔다. 이적은 지난날 채모의 계략을 사전에 알려 유비를 살려준 사람이었다. 이적이 유비에게 권했다.

"사군께서 문상을 핑계 대고 양양으로 가시어 유종을 사로잡은 뒤 채 부인을 비롯한 무리들을 처치하시고 형주를 빼앗으십시오."

공명 또한 이적의 말에 따르라고 유비에게 권했으나 유비는 고개를 가로저었다.

그때 조조가 박망파에 이르렀다는 급보가 전해졌다. 유비가 크게 놀라며 대책을 묻자 공명은 신야의 백성들에게 모두 번성으로 피난하라는 방문을 붙이게 했다. 이어 손건으로 하여금 배를 징발해 백성들이 건너게 하고 미축은 모든 관리의 가솔들을 호송토록 한 다음 장수들을 불러 영을 내렸다. 관우에게는 백하의 강 상류에 매복하되 군사들에게 모래와 흙을 포대에 담아 강물을 막도록 한 후 다음 날 하류에서 군사와 말발굽 소리가 크게 일면 막았던 물을 트라고 했다. 이어 장비는 박릉博陵의 나루터에 매복해 있다가 조조군이 오면 치게 하고 조운에게는 성문 세 곳에 군사를 나누어 매복시키되 성 안의 집 지붕에 불이 잘 붙는 마른 풀이나 갈대 등을 얹어둔 다음 조조군이 성 안으로 들면 불화살을 날려 불을 지르게 했다. 다만 네 성문 중 동문만은 터놓은 채 조조군이 달아나거든 한 떼의 군사를 매복 시켜 뒤쫓게 했다.

이어 미방과 유봉은 각기 군사 천 명을 거느리고 푸른 기와 붉은 기를 들게 해 신야성에서 삼십여 리 되는 작미파에 포진하고 있다가 조조군이 이르면 붉은 기를 든 군사는 왼쪽, 푸른 기를 든 군사는 오른쪽으로 내닫게 했다. 조조군이 필시 무슨 계책이 있을 것으로 여겨 뒤쫓지 않는 틈을 타 성으로 들어가 성 안에 불길이 일 때 달려나와 쫓기는 조조군을 치게 했다. 그리고 관우와 장비를 도와 적을 친 후 함께 번성으로 오게 했다.

한편 조조는 완성에 군사를 주둔시킨 뒤 조인, 조홍을 대장으로 십만 군사를 주고 허저에게 삼천의 정예병을 주어 신야로 진격하게 했다. 얼마 후 신야의 교외에 이르자 푸른 기와 붉은 기를 흔들고 있는 적병이 보였다. 허저는 복병이 있을 것이라 짐작하고 조인에게 달려가 이 사실을 알렸으나 조인은 아군을 혼란에 빠뜨리려는 계략이라며 군사를 이끌고 작미파鵲尾坡로 향했다.

허저가 군사를 이끌어가고 있는데 홀연 산 위에서 풍악 소리가 울리고 일산日傘 아래서 유비와 공명이 술을 마시고 있었다. 그걸 본 허저는 화가 나 산 위로 말을 몰았다. 그러자 산 위에서 바위와 통나무가 사태처럼 쏟아져 수십 명의 군사가 상했다. 허저가 황급히 군사를 물리는데 조인, 조홍이 군사를 이끌고 오자 허저도 함께 신야성으로 달려갔다.

신야성은 성문이 열려 있고 사람의 기척 하나 없자 유비가 성을 버리고 달아났다고 여겼다. 그때쯤 날이 어두워지자 군사들에게 성 안 백성들의 집에서 쉬게 했다. 그런데 밤이 깊어지자 홀연 성 안의 세 방면에서 불길이 일어났다. 군사들의 발소리와 말굽 소리, 비명 소리가 울리는 가운데 불길이 점점 거세지더니 '와!'하는 함성이 크게 일었다.

"동문에는 불이 없다! 동문으로 빠져 나가라!"

그 소리에 수만을 헤아리는 인마가 한꺼번에 동문으로 밀어닥쳤다. 조인과 장수들은 가까스로 불 속을 달려 동문으로 빠져 나왔다. 그때 홀연 등 뒤에서 함성이 일며 조운이 군사를 이끌고 와 덮쳤다. 수많은 군사가 죽거나 상하는 가운데 조인은 앞만 보고 달렸는데 이번에는 미방이 옆쪽을 찌르고 나왔다.

조인이 뒤돌아볼 틈도 없이 앞으로 내닫는데 이번에는 유봉이 급습해 조인의 군사는 태반 이상이 몇 갈래로 찢기고 꺾였다. 밤 사경四更이 되어서야 가까스로 추격에서 벗어난 조인이 백하의 기슭에 이르렀다. 조인의 장졸들도 그제야 뜨거운 불길을 빠져 나온 터라 목을 축이며 강물에 몸을 적시는 찰나 마치 홍수 때의 탁류처럼 물이 하류의 강바닥을 향해 벼락같은 소리를 내며 덮쳤다. 하류 쪽에서 말 소리와 사람 소리가 어지럽게 뒤섞이자 관우가 막았던 둑을 무너뜨린 것이다.

연달아 화공火攻과 수공水攻을 받은 조인의 군사들은 물에 휩쓸려 백하 강줄기가 시체로 메워질 지경이었다. 조인이 가까스로 목숨을 보전한 채 달아나 박릉 기슭에 다다르자 한 떼의 군마가 앞을 가로막았다.

"조조의 패잔병들아, 장비가 여기서 기다리고 있다!"

장비가 벽력같은 고함을 치며 달려 나오자 조인, 조홍은 장비와 칼 한 번 부딪지 못하고 달아났다. 허저 또한 조인, 조홍과 다를 바 없었다. 조조군이 크게 패한 채 달아나자 공명은 조조군의 배를 모두 불태우게 한 뒤 군사를 번성에 집결시켰다. 완성에서 이 소식을 들은 조조는 불처럼 화를 내며 즉각 삼군에 명을 내려 출동 준비를 서둘렀으나 유엽이 말리며 계책을 냈다.

"서서를 보내 유비에게 항복을 권하도록 하십시오. 만약 유비가 항복하지 않고 싸워 패하고 신야, 번성이 폐허가 된다면 그때는 백성들이 유비를 원망하게 될 것입니다."

조조는 유엽의 계책에 따라 곧 서서를 유비에게 보냈다.

서서가 번성으로 오자 유비는 반갑게 그를 맞으며 공명과 함께 옛정을 되새겼다. 서서는 조조의 사자로서가 아니라 진심으로 유비를 걱정하며 말했다.

"조조가 저를 보낸 것은 화친을 맺는 척하고 군사를 여덟 갈래로 나누어 이곳을 치려 하니 다른 방책을 세우십시오."

서서는 유비가 붙들려고 하자 감사해 하면서도 거절하고 조조에게 돌아가 유비가 항복의 권고를 거절했다고 전했다. 조조가 크게 화를 내며 군사를 휘몰아 번성으로 향했다. 유비는 하는 수 없이 번성을 버리고 양양으로 가려 했으나 신야에서 번성으로 따라온 백성들이 걱정이었다.

이에 따르기를 원하는 백성들은 따르게 하자 두 고을의 백성들이 유비를 따르겠다고 나섰다. 유비는 강기슭에서 백성들이 모두 강을 건너는 것을 보고서야 양양으로 향했다.

유비가 양양성 앞에 이르러 유종에게 성문을 열어 달라고 외쳤다. 그러나 채모와 장윤張允이 성벽 위에서 군사들에게 명해 활을 쏘게 하니 백성들 머리 위로 화살이 비 오듯 쏟아졌다.

그때 성 안에 있던 위연魏延이란 장수가 수백 명의 군사를 이끌고 성벽 위로 가 활을 쏘는 군사들을 꾸짖으며 수문장을 베고 성문을 열며 소리쳤다.

"유 황숙께서는 빨리 성 안으로 드십시오."

그러자 위연의 대장 문빙이 호통을 치며 달려 나와 위연을 향해 장창을 내리쳤다. 두 장수가 칼과 창으로 싸우는 것을 본 유비는 백성들이 희생될 것을 염려해 양양에 입성하는 걸 단념하고 공명과 의논해 형주의 요지인 강릉江陵으로 향했다. 위연은 문빙과 싸우다 졸개들이 죽거나 흩어져 얼마 남지 않은 데다 유비의 모습이 보이지 않자 성 밖으로 달아나며 장사태수 한연에게 몸을 의탁하기 위해 말을 몰았다. 유비와 동행한 군사와 백성은 십만여 명에 이르렀고 크고 작은 수레는 수천 량이나 되었다. 백성들에게는 이 피난길이 고달픈 여로가 아닐 수 없었다. 마음만 급했지 하루에 십 리를 가기도 힘든 지경이었다.

이때 조조군이 이미 번성에 이르렀다는 급보가 전해지자 여러 장수가 유비에게 백성들을 두고 먼저 강릉으로 갈 것을 권했지만 유비는 그 권유를 뿌리쳤다. 공명이 관우를 강하로 보내 유기에게 구원을 청하도록 하자 관우는 손건과 함께 군사 오백을 거느리고 떠났다. 이어 장비에게는 군사를 거느리고 뒤를 막게 하고 조운에게는 주군의 가솔들과 백성들을 돌보게 했다.

이 무렵 조조가 번성에 머무르며 사람을 보내 유종을 불러들이게 하자 유종은 겁이나 채모와 장윤을 보냈다. 채모와 장윤은 번성으로 가 다시 한 번 조조에게 항복한다는 뜻을 아뢰며 형주의 곡식과 재화, 군사와 전선에 대해 소상히 보고했다. 조조는 몹시 기뻐하며 채모를 진남후 수군대도독, 장윤은 수군부도독으로 삼았다. 조조가 이들에게 벼슬을 내리며 후대한 까닭은 수전水戰에 밝은 이들을 이용해 강남을 평정하기 위해서였다.

다음 날 유종은 어머니 채 부인과 함께 형주의 도장과 병부兵符를 들고 번성으로 가 조조에게 바쳤다. 조조는 형주와 양양을 차지하는데 공이 많았던 사람들에게 논공행상을 베푼 뒤 유종에게도 청주자사의 벼슬을 내렸다. 유종은 조조가 내린 관직이 보잘것없어 크게 놀랐다. 그러나 조조의 명을 거역할 수 없어 채 부인과 함께 울며불며 고향을 떠나 청주로 향했다. 이들 모자의 초라한 행렬이 떠난 지 얼마 후 조조가 보낸 우금이 군사를 거느리고 뒤쫓아 가 유종 일행을 급습하니 유종과 채 부인은 졸개들과 함께 이름도 없는 들판에서 죽고 말았다.

이때 유비를 살피러 보낸 군사가 달려와 유비가 많은 백성을 거느리고 가기 때문에 하루 십여 리 밖에 가지 못하고 있다고 보고했다. 조조는 장수들에게 명을 내려 정예병 오천 명을 뽑아 유비를 따라잡게 했다.

주공의 가솔을
챙기는 조운

한편 유비는 강하로 보냈던 관우가 소식이 없자 공명에게 강하를 다녀오게 했다. 공명이 유봉과 함께 군사 오백을 거느리고 떠나자 유비는 행군을 계속했다.

당양현當陽縣에 이른 유비 일행은 날이 저물어 잠시 머물다 가기로 했다. 밤이 깊어지자 홀연 천지를 진동하는 함성이 일며 조조군이 다가오고 있었다. 유비가 정병 이천 여를 거느리고 그들과 맞섰으나 중과부적이었다. 장비가 장팔사모를 휘둘러 달려드는 적을 베고 찌르며 가까스로 혈로를 열어 유비에게 길을 터 주었다. 유비가 뒤돌아볼 틈도 없이 달려가다가 날이 밝을 무렵에야 주위를 둘러보니 뒤따르는 군사는 겨우 백여 기에 지나지 않았고 백성들은 물론 가솔들과 미축, 간옹뿐 아니라 조운의 모습도 보이지 않았다.

그때 미방이 몸에 꽂힌 화살도 뽑지 못한 채 피투성이가 되어 나타났다.

"조운이 배반했습니다. 그는 조조의 진중으로 갔습니다."

그 말에 주위의 군사들이 아연실색하자 유비가 미방을 꾸짖었다.

"조운은 결코 지조를 저버릴 사람이 아니다. 그런 말은 입 밖에 내지 말라!"

이때 장비가 고리눈을 부릅뜨며 조운의 목숨을 끊어 놓겠다고 나섰다. 유비가 급히 말렸으나 그는 화를 억누르지 못하며 군사 이십여 기를 이끌고 말을 달렸다. 장비가 한참을 달려가다 보니 큰 내가 있는데 튼튼한 나무다리로 된 장판교長板橋가 가로놓여 있고 동쪽으로는 그다지 넓지 않은 숲이 보였다.

장비는 군사들에게 말꼬리에다 부러진 나뭇가지를 잡아매고 숲 속을 헤집고 다니게 했다. 말발굽 소리와 나뭇가지가 나무에 부딪치고 흙먼지를 일으키니 숲 속에 수많은 군마가 들끓는 것처럼 보였다. 그런 다음 장비는 장판교 다리 위로 올라 말을 세웠다.

한편 조운은 당양현에서 밤중에 조조군이 몰려들자 말을 달려 좌충우돌하며 적을 무찔렀다. 그렇게 싸우다 날이 밝아올 무렵 문득 주위를 살펴보니 유비와 가솔들마저 보이지 않았다. 조운은 혈안이 되어 유비와 가솔들을 찾아 헤매고 다녔다. 조운이 서른도 안 되는 군사를 이끌며 적진 속을 뚫고 들어가던 중 부상당해 쓰러져 있는 간옹과 한 군사를 만났다.

"두 마님과 공자님을 보지 못했는가?"

"감 부인께서 맨발로 한 떼의 백성들 틈에 섞여 남쪽으로 가시는 걸 보았습니다."

조운은 그 말을 듣고 남쪽으로 말을 박차고 달리던 중 난전 중에 미 부인과 헤어져 도망가던 감 부인을 만났다.

조운이 감 부인을 만나 미 부인의 행방을 묻고 있는데 백성들의 아우성 소리와 함께 한 무리의 적군이 돌진해 왔다. 조운이 보니 조인 휘하의 장수 순우도가 말에 미축을 묶어 매달고 달려오고 있었다. 조운은 즉시 창을 높이 들고 순우도를 맞아 싸운 지 몇 합이 되지 않아 순우도는 선혈을 쏟으며 땅바닥으로 굴러 떨어졌다. 조운이 수십 명의 적군을 창을 휘둘러 찌르자 나머지 군사들은 줄행랑을 놓고 말았다.

조운은 적의 말을 빼앗아 감 부인과 미축을 태운 후 장판교 쪽으로 달려갔다. 장판교 위에 말을 세우고 있던 장비가 조운을 보자 창을 꼬나 잡더니 외쳤다.

"너는 왜 형님을 배반했느냐?"

"그게 무슨 소리요? 두 마님과 공자를 찾아 헤매다 감 부인만을 찾아 모시고 오는 길이오. 주공은 어디 계시오?"

그제야 감 부인과 미축을 본 장비가 머쓱해하며 말했다.

"주공께서는 저 숲 속에서 쉬고 계시네."

조운은 미 부인과 공자를 찾아오겠다며 다시 말 머리를 돌렸다. 그때 조운이 달려가는 맞은편에서 조조의 장수 하나가 십여 명의 수하를 거느리고 달려왔다. 조운은 쏜살같이 말을 달려 한 창으로 그를 찔렀다. 나머지 졸개 몇이 조운의 창에 찔려 죽자 나머지는 달아나기에 바빴다. 조운이 죽은 장수가 등에 멘 칼이 범상치 않아 자세히 보니 칼자루에는 금빛으로 '청홍靑紅'이란 글씨가 새겨져 있었다. 적장은 바로 하후돈의 아우 하후은이었다. 이 검은 조조가 가지고 있는 두 자루의 보검 중 하나로 하후은이 가지고 다니게 했는데 쇠도 나무처럼 벨 수 있었다. 조운은 그 보검을 거두어들인 뒤 적진 속으로 말을 달리다 상처를 입고 쓰러져 있는 한 여인으로부터 미 부인의 행방을 알게 되었다.

조운이 그 여인이 가리킨 농가의 토담 쪽으로 달려가니 미 부인이 아기를 안고 말라버린 우물가에서 울고 있었다. 조운이 달려가 앞에 엎드리자 미 부인이 말했다.

"장군께서는 이 아이를 잘 보호해 제 부친의 얼굴을 다시 보게 해 주시오. 나는 이미 중상을 입은 몸이니 어서 이 아이를 안고 떠나시오."

미 부인은 그 말과 함께 몸을 홱 돌려 우물 속으로 몸을 던졌다.

조운은 목을 놓아 운 뒤 풀과 나뭇가지를 우물에 던져 넣고 토담을 밀어 부인의 시체를 숨겼다. 조운은 자신의 갑옷 끈을 늦추고 엄심갑掩心甲(가슴을 보호하는 방탄복) 안에 아기를 품은 뒤 갑옷으로 덮었다. 조운이 말 위에 막 오르자 조홍의 수하 안명의 군사들이 토담을 에워쌌다. 조운이 곧장 안명을 향해 창을 휘두르자 안명이 말 위에서 굴러 떨어졌다. 조운이 창을 휘둘러 안명의 졸개들을 헤치며 달려가는데 이번엔 장합이 가로막아 십여 합이나 다투었다. 그러나 갈 길이 바쁜 조운은 창으로 힘껏 휘두른 다음 그가 주춤거리는 사이 길을 열어 달아났다.

장합이 기세를 올리며 뒤쫓는데 갑자기 '쿵' 소리와 함께 말과 사람이 앞쪽의 큰 구덩이 속으로 굴러 떨어졌다.

장합이 구덩이 속의 조운을 향해 장창을 겨누어 찌르려 하자 한줄기 붉은 빛이 구덩이 속에서 뻗어 나오는가 싶더니 조운의 말이 껑충 몸을 솟구쳐 뛰어올랐다. 장합은 그 모양을 보고 흠칫 놀라 감히 뒤쫓지 못하고 군사를 거두어 진지로 돌아갔다.

조운이 쉬지 않고 말을 모는데 이번에는 마연과 장의 두 장수가 뒤쫓고 앞쪽에서는 초촉과 장남 두 장수가 길을 끊었다. 진퇴양난이었다. 이때 조조의 군사들도 가세했다.

조운은 창 대신 등에 멘 청홍검을 빼들었다. 청홍검은 과연 보검이었다. 칼날이 번뜩일 때마다 적장의 칼이나 철갑도 무 잘리듯 잘려나갔다. 칼과 철갑이 잘리니 네 적장도 견뎌내지 못했다.

조운의 청홍검에 네 장수는 간담이 서늘해져 주춤주춤 뒤로 물러섰다. 조운은 마침내 졸개들까지 모조리 물리친 후 길을 열었다.

이날 경산에서 싸움터를 굽어보고 있던 조조는 한 장수가 들판을 가득 메운 기병과 보병 사이를 대나무를 쪼개듯 군사들을 흐트러뜨리며 달리는 것을 보고 놀라 물었다.

"저 장수는 대체 누구인가?"

그러자 조홍이 말을 달려 조운을 앞질러가며 큰소리로 외쳤다.

"거기 싸우는 장수는 누구인가? 이름을 밝혀라!"

"나는 상산의 조자룡이다!"

조운이 청홍검을 움켜쥐며 조홍을 노려보았다.

조조는 감탄해 마지않았다.

"그야말로 보기 드문 호장虎將이 아닌가. 급히 각 진지에 알려 조자룡이 가까이 오거든 활을 쏘지 말도록 하라. 단기필마이니 사냥하듯 에워싸 사로잡아 데려오도록 하라!"

조조의 명에 장수들은 즉시 십여 기의 전령을 각 진지에 보냈다.

조운은 그 틈을 타 필사적으로 싸워 번번이 길을 열었다. 그럴 동안 칼로 찍어 쓰러뜨린 큰 기가 두 개, 빼앗은 창이 세 자루, 창으로 찌르고 칼로 베어 죽인 조조 수하의 제법 알려진 장수가 무려 오십여 명이었다.

조운은 한동안 말을 달려 산기슭의 언저리에 이르렀다. 그러나 그곳에도 하후돈의 부장 종진과 종신이라는 형제 장수가 두 편으로 나누어서 진을 치고 있었다.

이들 형제는 조운이 달려오자 좌우에서 고함을 지르며 덤벼들었다. 뿐만 아니라 장요와 허저의 휘하 군사들도 그를 사로잡고자 폭풍처럼 들판을 휩쓸며 몰려왔다. 좌우의 적과 후방의 대군을 함께 맞이한 셈이었다.

　종진이 먼저 큰 도끼를 휘두르며 덤벼들었다. 조운도 말을 몰아 도끼와 창이 부딪쳤다. 그러나 세 번을 어우르기도 전에 종진은 조운의 창에 찔려 말 아래로 굴렀다.

　형 종진이 조운의 창에 찔려 죽는 걸 본 종신이 급히 뒤를 쫓았다. 종신은 방천극을 들어 조운의 등을 향해 내리쳤다. 그 순간 조운이 별안간 말 머리를 홱 돌리며 창으로 방천극을 막더니 오른손으로 청홍검을 뽑아 종신의 정수리를 내리쳤다. 종신의 얼굴은 투구와 함께 반쪽으로 갈라졌다. 그 끔찍한 죽음을 지켜보던 종진·종신의 휘하 군사들은 기겁을 한 채 뿔뿔이 흩어졌다.

　조운은 말을 박차며 다시 장판교를 향해 질주했다. 그러나 미처 장판교에 이르기 전에 등 뒤에서 또 함성이 일어났다. 형주의 장수였다가 조조에게 항복한 문빙이 이끄는 군사들이었다. 그러나 아무리 천하의 조운이라지만 그도 이젠 말과 함께 기진맥진해 있었다. 말 머리를 돌려 싸우는 대신 말을 박차며 앞만 보고 내달았다. 한동안 그렇게 달리다 앞을 보니 장비가 장팔사모를 비껴들고 다리 위에 말을 세우고 있었다.

　조운은 장비에게 뒤를 맡기고 단숨에 다리를 건넜다. 지친 말을 몰며 이십여 리쯤 달려가 유비를 만난 조운은 말에서 뛰어

내리며 울음을 터뜨렸다. 유비도 온몸이 피범벅이 된 조운의 모습을 보고 눈물을 주르르 흘렸다. 조운이 가쁜 숨을 몰아쉬며 고했다.

"저의 죄 만 번을 죽어도 씻을 길이 없습니다. 미 부인께서는 몸에 큰 상처를 입으신 채 끝내 우물에 몸을 던지고 말았습니다. 그래서 공자만 품에 안은 채 적의 포위를 뚫었습니다. 공자는 조금 전까지 제 품속에서 울고 계셨는데 이제 울음소리가 들리지 않으니 두렵기만 합니다."

조운이 그 말과 함께 갑옷의 엄심갑을 풀어헤치고 아기를 꺼내보니 아기는 세상모르고 깊이 잠들어 있었다.

조운은 그제야 가슴을 쓸며 아기를 유비에게 바쳤다. 그러나 유비는 아들의 얼굴도 보지도 않은 채 받자마자 땅에 내던지며 소리쳤다.

"이 못난 핏덩이 때문에 하마터면 훌륭한 장수를 잃을 뻔했구나!"

거느린 사람들에 대한 두터운 정과 아낌이 혈육의 정보다 더한 것임을 보게 된 조운은 목이 메었다.

한편 조운을 뒤쫓던 문빙은 장판교에 이르러 장비와 맞닥뜨리자 덜컥 겁이 나 황급히 말을 세웠다. 거기다 다리 동쪽에 있는 숲에서는 먼지가 자욱하게 일면서 말발굽 소리가 어지럽게 들려왔다. 숲에 필시 수만 명의 복병을 숨겨 놓았다고 여긴 문빙은 더 나아가지 못한 채 잠시 말을 세우고 동정을 살필 뿐이었다.

뒤이어 조인·이전·하후돈·하후연·악진·장요·장합·허저 등의 장수들이 각기 휘하 군사들을 거느리고 나타났다. 이때 조조도 중군을 이끌고 왔다.

장비가 조조를 보고 큰소리로 외쳤다.

"장익덕이 여기 있다. 누가 나와 자웅을 겨루겠는가?"

장비가 목청을 돋워 소리치자 그 목소리는 들판을 뒤흔드는 벽력과도 같았다. 조조군은 등골이 오싹해지며 모두들 얼굴빛이 달라졌다.

조조가 가까이 다가가 보니 말 위에 한 장수가 떡 버티고 있었다. 호랑이 수염은 양쪽으로 갈라졌고 커다란 입은 굳게 다물었는데 눈썹과 눈 꼬리, 머리털이 모두 곤두서 있었다. 조조가 좌우를 둘러보며 말했다.

"지난날 관운장이 내게 말하기를 자신의 아우 장비와 스스로를 비교하면 그 발치에도 미치지 못한다고 하였다. 그 장비가 저기 있으니 모두 경솔히 나서지 마라!"

조조는 잠시 망설이다가 가만히 영을 내려 군사를 물리도록 했다. 장비가 저토록 위세를 부리는 것은 틀림없이 공명이 내린 계책이 있기 때문이라고 여겼다.

조조군이 주춤거리자 장비는 사모창까지 흔들며 소리쳤다.

"이놈들아, 싸울 테냐 말겠다는 것이냐? 그도 저도 아니면 내가 건너가겠다!"

그러자 조조 곁에 있던 하후걸이라는 장수가 깜짝 놀라 그만 말에서 굴러 떨어졌다. 그 광경을 본 군사들이 더욱 동요하며 겁에 질렸다.

조조는 군사들의 사기가 크게 위축되었음을 보고 말 머리를 돌렸다. 장수들도 일제히 조조를 뒤따라 서쪽을 향해 말을 달렸다. 모든 군사가 산이 허물어지듯 앞 다투어 달아났다.

장비는 매복시켰던 부하 이십여 기를 급히 숲 속에서 불러내 장판교를 끊어 조조군이 건너지 못하게 한 다음에야 유비에게 돌아갔다. 유비에게 이른 장비는 그때까지의 일들을 소상히 전했다.

그 소리를 들은 유비는 장비를 칭찬하는 가운데 애석하다는 듯이 탄식했다.

"만약 다리를 끊지 않았더라면 조조는 복병이 있는 줄 알고 감히 쫓아오지 못할 것이다. 그러나 다리가 끊긴 것을 보면 우리에게 군사가 많지 않으니 겁을 먹고 다리를 끊은 것이라고 여길 것이다."

유비가 이렇게 말하자 장비는 그제야 고개를 끄덕였다. 유비는 군사를 이끌고 좁은 길을 택해 한진 나루터를 거쳐 면양沔陽으로 가기 위해 길을 서둘렀다.

이때 장요와 허저가 다시 장판교를 살핀 후 조조에게 장비가 다리를 끊고 도망갔음을 알렸다.

조조는 장비의 계교에 속았음을 알고 뒤쫓는 군사를 수만 기로 늘리고 몸소 지휘해 군사를 재촉했다.

이 무렵 유비는 한진 가까이에 이르러 있었는데 후방에서 흙먼지가 뭉글뭉글 피어오르고 북소리와 함성이 천지를 진동시켰다. 앞에는 큰 강이요, 뒤에는 적군이 추격해 오고 있으니 실로 진퇴양난이었다. 조조가 이제야말로 유비를 사로잡을 때라며 군사들을 내몰았다.

그때 홀연히 언덕 뒤에서 북소리가 요란스럽게 울리며 한 무리의 군마가 달려 나왔다.

"어서 오너라! 내가 너희들을 기다린 지 오래다."

앞선 장수가 들판을 울리는 쩌렁쩌렁한 목소리로 호통을 치는데 보니 그는 바로 관우였다.

관우는 강하로 가서 유기에게 군사 만 명을 얻어 급히 돌아오는 중이었다. 그러다 당양 땅 장판파에서 싸움이 크게 벌어졌다는 소식을 듣고 한수漢水 쪽의 길로 앞질러 온 것이었다.

"또 제갈량의 계책에 빠졌구나."

관우가 불쑥 나타나자 이는 곧 공명의 계책이라고 앞질러 헤아린 조조는 즉시 군사를 물리라고 전군에게 명했다.

관우는 십여 리나 그들을 뒤쫓다 말을 멈추고 한수 나루에 이르러 그곳에서 유비를 만났다. 관우가 유비에게 절하며 그동안의 일을 고했다.

유비와 관우가 배를 타고 가며 서로 지난 일들로 얘기를 나누고 있는데 문득 강남쪽 언덕에서 북소리와 함성이 크게 울렸다. 유비가 바라보니 수많은 배가 돛을 올리고 개미떼처럼 이쪽으로 오고 있었는데 강하의 유기가 몰고 온 배였다.

유비와 관우는 근심이 일시에 기쁨으로 바뀌자 안색이 밝아지며 유기를 반겼다.

유기가 수군을 이끌고 오자 유비의 배는 길게 줄을 이은 채 강 위를 미끄러지듯 나아갔다. 그때 강의 서남쪽으로부터 공명이 한 떼의 전선戰船을 이끌고 쏜살같이 이쪽으로 다가오고 있었다.

　유비가 뱃머리로 가서 유심히 그 배들을 살폈다. 저편의 뱃머리에도 한 사람이 이쪽을 살피고 있었다. 그는 머리에 윤건을 쓰고 몸에는 흰 도포를 입고 있었는데 얼른 보아도 눈에 익은 얼굴이었다.

　흰 윤건을 쓴 사람은 바로 공명이었고 그 옆의 배를 보니 거기에는 손건이 타고 있었다. 조조에게 유비가 쫓기면 반드시 한진으로 향할 거라며 관우와 유기에게 한진으로 향하게 한 다음 자신은 그곳의 군사를 모두 모아 오는 중이었다.

　유비는 의기가 솟구치는 듯 휘하들이 모인 자리에서 이제는 조조를 깨뜨릴 일을 의논했다. 공명이 먼저 입을 열어 군사 배치부터 정했다.

　"하구夏口를 보니 지세가 험준하고 수리水利도 좋으며 양곡 또한 넉넉했습니다. 주공께서는 그리로 가시어 조조군을 방비하도록 하십시오. 공자 유기께서는 강하로 돌아가셔서 전선을 정돈하고 병기를 수습해 우리 주공과 돕고 의지하는 의각지세犄角之勢(서로 돕고 의지하는 양면 작전의 태세)를 이루면 조조를 대적할 수 있을 것입니다."

　유기는 유비도 자신과 함께 강하로 가서 군사를 정돈한 다음 하구로 가라고 권했다. 한편 다 잡은 듯하던 유비를 놓친 조조는 유비가 수로水路로 가서 자기보다 앞질러 강릉을 취할까 염려되어 밤낮을 가리지 않고 강릉으로 말을 달렸다.

강릉 형주의 치중治中(자사의 보좌관) 등의와 별가 유선이 있었는데 조조군이 몰려온다는 소식을 듣고 성문을 열어 백성들을 이끌고 나가 항복했다.

형주가 자신의 수중으로 들어오자 조조는 다시 동오東吳로 시선을 돌렸다.

조조는 여러 장수를 모아놓고 대책을 의논했다.

순유가 먼저 입을 열었다.

"사자를 강동으로 보내 함께 강하를 토멸하고 유비를 사로잡도록 해야 합니다. 그런 다음 형주 땅을 반씩 나누자고 손권에게 권하면 손권도 기꺼이 이에 따를 것입니다."

조조는 즉시 격문을 써서 동오로 사자를 보내는 한편 동오의 기를 꺾어 놓기 위한 군세를 과시하는 양면 작전을 꾀했다. 기마군·보군·수군 등 총 팔십삼만 명의 병력을 일으키고 수륙 양면으로 삼백 리에 걸쳐 진을 친 후 백만 대군이라고 소문을 퍼뜨렸다.

손권은 급히 여러 장수를 불러 모은 뒤 대책을 의논했다. 그러자 노숙이 유비에게 가 함께 조조를 치자고 설득하고 오겠다며 나섰다.

조조의 백만 대군과
맞서는 제갈공명

한편 강하 땅에 이른 유비는 손권에게 구원을 청하려 했으나 손권이 응해줄 것인지가 문제였다. 그러자 공명은 반드시 손권이 먼저 사자를 보낼 것이라고 말했는데 아무도 믿지 않았다. 그런데 손권이 보낸 노숙이라는 사람이 유비에게 왔다.

노숙이 동오와 동맹을 맺자고 은근히 권유해 오자 유비는 공명에게 노숙과 함께 가 손권을 만나보게 했다. 노숙이 공명에게 말했다.

"선생께서는 저의 주공께 조조의 군세가 막강하다는 말을 하지 말아 주십시오."

노숙은 손권이 조조의 군사를 두려워해 조조와 손잡을 것이 걱정되어 한 당부였다. 공명이 노숙과 함께 동오에 이르니 마침 조조가 보낸 격문이 당도해 있었다.

조조의 격문은 함께 유비를 칠 것인가 아니면 자신과 대적할 것인가를 결정하라는 '최후의 통첩'이었다.

이에 장소를 비롯한 문무관원 태반이 싸우지 않는 것이 이롭다는 부전론不戰論을 내세우며 조조와 손잡기를 원했다. 그러나 노숙이 반대했다.

"벼슬아치들이야 고향으로 쫓겨나거나 자사나 군의 태수 같은 자리에 오를 수도 있습니다. 그러나 주공께서 항복하신다면 돌아갈 곳조차 없습니다. 작위도 고작 제후에 그칠 것입니다."

손권은 노숙의 말에 크게 자극을 받았으나 조조의 강대한 군세를 생각하고 선뜻 결단을 내리지 못했다. 이에 노숙이 손권에게 공명을 만나보게 했다.

손권은 공명을 만나기 전에 강동의 인재와 견주어 보고 싶어 자리를 마련했다. 노숙은 공명을 안내해 한 전당에 이르렀다. 그곳에는 장소, 고옹 등 문무관원 이십여 명이 자리에 늘어 앉아 있었다. 먼저 공명에게 포문을 연 관원은 동오에서 첫손에 꼽히는 명장 장소였다.

"선생께서는 스스로를 관중과 악의에 견주셨다고 합니다. 그런데 유 예주는 선생을 얻은 후 싸울 때마다 패하고 급기야는 신야를 버리고 이제는 의지할 데 없는 신세가 되었습니다. 어찌하여 주인을 그렇게 섬기셨습니까?"

공명이 껄껄 소리 내어 웃더니 답했다.

"형주 땅을 빼앗는 것은 손바닥을 뒤집는 것보다 쉬운 일입니다. 하지만 주공이 종친의 땅인 형주를 빼앗지 않은 것은 인의仁義의 마음에서였으며 당양에서도 백성들을 버리지 않기 위해 하루에 십 리씩을 가면서 함께하다 패전을 당하셨으니 세상에 드문 큰 어짊과 이로움이 아니겠소이까? 박망에서는 화공을, 백하에서는 수공으로 조조군을 보잘 것 없는 군사로 크게 물리쳤으니 관중과 악의가 용병했더라도 이보다 낫지 못했을 것이오. 싸움에 이기고 짐은 빈번히 있는 일이외다. 항우와 싸워 빈번히 졌으나 해하성 싸움에서 한 번 이김으로써 고조 황제는 기업을 이루었소. 무릇 나라의 대계와 안위를 의논함에는 치밀한 계책을 세우는 것이 중요하오. 하찮은 승패로 공이나 떠벌려서는 아니 될 것이오."

장소가 공명의 말에 선뜻 공박할 말을 찾지 못하자 우번이 대신 말했다.

"조조가 백만 대군에 천 명의 장수로 천하를 넘보는데 선생은 하구까지 쫓겨 구차하게 구원을 청하고 있는 처지에 큰소리만 치고 있구려."

"조조가 말로는 백만 대군이라 하나 원소와 유표의 군사를 끌어들인 것으로 오합지졸입니다. 이곳 강동의 군사는 날쌔고 군량 또한 넉넉하며 험준한 지세를 갖추고도 항복하기를 권하니 이는 천하가 비웃을 일이오. 거기에 비하면 유 예주는 조금도 조조를 두려워하지 않습니다."

공명의 거침없는 대답에 우번도 입을 다물었다. 그러자 보즐이 나섰다.

"선생은 옛 소진과 장의의 궤변을 본받아 동오를 설득하러 온 것이오?"

소진과 장의는 전국시대의 변설가였다.

"소진과 장의는 다만 언변에만 능한 사람이 아니라 당대의 호걸이자 천하를 올바르게 경영했던 사람이오. 그러니 어찌 칼을 두려워하며 창을 피한 자들과 비하겠소. 그대들은 조조의 허장성세虛張聲勢에 겁을 먹고 일신의 안위를 위해 항복하려 하면서 어찌 감히 그들을 비웃을 수 있겠소?"

주군에게 항복을 권하는 신하를 겁쟁이로 몰아치며 한마디로 일축한 공명의 말에 보즐도 입을 열지 못했다. 이번에는 설종이 나섰다.

"조조는 이미 천하의 3분의 2를 차지했고 민심도 그에게 기울어가고 있소. 그런데 유 예주는 하늘의 뜻도 헤아리지 못하고 맞서려 하니 이는 달걀로 바위를 치는 격이 아니오?"

"조조가 한실의 역적임은 삼척동자도 다 아는 바요. 그런데도 공은 하늘의 운수가 그에게 돌아가고 있다고 하니 이는 실로 부모나 임금도 모르는 사람이 아니고 무엇이오? 공과 같은 사람과는 더 이상 논할 가치가 없으니 두 번 다시 입을 떼지 마시오."

공명이 설종을 꾸짖었다. 좌중에서 육적이 입을 열었다.

"조조는 상국相國 조참의 후예요. 유 예주는 말로는 중산정왕의 후손이라고 하나 그것을 밝힐 길이 없소. 한낱 돗자리나 짜고 짚신이나 팔던 사람을 어찌 조조와 견줄 수 있겠소?"

"조조가 한실의 신하임에도 조정을 능멸하니 이는 곧 조 씨 문중을 욕되게 하는 불효자식이오. 유 예주께서는 천자께서 황실의 세보를 뒤져 보시고 작위를 내리신 몸이오. 한 고조께서는 정장亭長(오늘날의 동장)에서 몸을 일으켜 천하를 얻으셨으니 돗자리를 짜고 신을 판 것이 어찌 욕되다 할 수 있겠소? 공은 어린아이 같은 소견으로 어찌 입을 여시오?"

좌중의 모든 사람이 공명의 대답이 세워놓은 판자에 흐르는 물과 같이 막힘이 없자 낯빛이 달라지며 감탄했다. 이어 장소와 낙통이 입을 열어 공명을 몰아붙이려는데 군량관 황개黃蓋가 와 좌중을 둘러보며 말했다.

"지금 조조의 대군이 나라의 경계에 이르렀는데도 적을 칠 계책은 의논하지 않고 입씨름만 해서야 되겠소?"

황개는 공명을 내전으로 청해 손권을 보게 했다. 공명은 손권을 만나러 가는 도중 손권 밑에서 일하고 있는 형 제갈근을 만나 반가운 인사를 나누었다.

손권이 공명을 맞자 공명은 절을 올려 예를 표했다. 손권이 첫 대면에 대한 예가 끝나자 알고 싶은 바를 묻기 시작했다.

"조조의 병력은 어느 정도이오?"

"대략 백만 정도입니다. 중원에서 새로 모병한 군사 이삼십만 명을 거두었으니 모두 합치면 백오십만 명을 넘으면 넘었지 모자라지는 않을 것입니다."

공명은 노숙이 당부한 것과는 달리 군사의 수를 줄이는 대신 더욱 늘려 말했다. 공명의 옆자리에 있던 노숙이 당황한 표정으로 연신 공명에게 눈짓을 보냈다. 그러나 공명이 짐짓 모른 체하며 시치미를 떼고 있는데 손권이 다시 물었다.

"조조가 다음에 노리는 곳은 어디라고 생각하시오?"

"그의 진용을 보면 수륙 양군이 장강 연안을 따라 서서히 남진南進할 태세로 있습니다. 동오를 도모할 생각이 아니라면 왜 그같이 군사를 움직이겠습니까?"

"그들을 맞아 싸워야 하겠소, 아니면 싸우지 않아야 하겠소?"

"조조와 천하를 다툴 만한 힘이 없다고 스스로 판단하신다면 조조 앞에 몸을 굽혀 그를 섬길 수밖에 없는 일입니다."

"유 예주는 어찌하여 항복하지 않았소?"

"유 예주께서는 한실의 종친으로서 세상의 우러름을 받는 영웅으로 어찌 조조 따위에게 항복하는 욕된 길을 택할 수가 있겠습니까?"

손권은 갑자기 얼굴색이 달라지더니 자리를 박차고 일어나 뒤도 돌아보지 않고 후당으로 들어가 버리고 말았다. 손권이 결단을 내리지 못하고 미리 두려워하고 있음에 비해 유비는 처음부터 항복할 뜻이 없었음을 견주어 말한 것이었다.

공명의 불손한 말 때문에 일을 그르쳤다고 여긴 노숙이 공명을 책망했으나 공명은 껄껄 웃을 뿐이었다.

"내게 조조를 깨뜨릴 계책이 있으나 묻지 아니하니 내가 말하지 못했을 따름이오."

공명의 말에 노숙은 곧 손권이 사라진 후당으로 갔다. 손권은 아직도 노기가 가라앉지 않은 듯 노숙을 보자 대뜸 쏘아붙였다.

"공명, 그자가 나를 업신여기는구려!"

"공명은 조조를 칠 책략이 있으나 경솔히 말하지 않았을 뿐이라 하였습니다. 바라건대 주공께서 다시 한 번 물으시도록 하십시오."

손권은 노숙의 말에 후당에서 나와 공명을 다시 맞으며 계책을 물었다.

"조조군은 먼 길을 오느라 지쳐있습니다. 더구나 북방의 군사는 수전水戰에 익숙지 못하며 또한 조조에 항복한 형주의 군사들은 대세에 떠밀려 어쩔 수 없이 따르고 있을 뿐이니 힘을 다해 싸우지 않을 것입니다. 지금 장군께서 우리 유 예주와 힘을 합쳐 대적하면 능히 조조를 무찌를 수 있을 것입니다."

공명의 말은 결정을 내리지 못하고 헝클어져 있던 앞길을 훤히 내다보게 하는 듯했다.

손권은 공명에게 유비와 손잡고 조조를 치겠다고 다짐한 후 노숙에게 명해 문무관원에게 이 일을 알리게 했다. 그러나 장소를 비롯한 문무백관들이 한결같이 반대하고 나섰다.

손권이 결단을 내리지 못한 채 번민하고 있는데 이를 지켜본 늙은 이모 오국태吳國太가 손권을 일깨웠다.

"네 어머님께서 이르기를 '나라 안 일은 장소에게 묻고 나라 밖의 일은 주유에게 물어서 하라'고 하시지 않았느냐?"

손권은 그날로 사람을 파양鄱陽으로 보내 주유를 불렀다.

주유가 강하태수로 있을 때 교공喬公이라는 명문가에 두 딸이 있었다. 자매가 다 절색의 미인이어서 '교공의 두 명화名花'라고 하면 동오에서는 모르는 사람이 없을 정도였다.

손책은 자매 중 언니를 맞아 비妃로 삼았고, 주유는 그 누이를 아내로 맞아들였다.

주유는 노숙과 교분이 두터운 사이였으며 손권에게 노숙을 천거한 사람도 바로 주유였다. 주유가 오자 노숙은 그동안의 일을 자세하게 들려주었다.

"자경은 염려하지 마시오. 내게 생각이 있소이다. 우선 그 공명이라는 사람이나 불러 주시구려."

주유의 말에 노숙이 말을 타고 공명을 데리러 떠난 뒤 주유가 여러 문무관원을 한 사람씩 불러 항복하자는 쪽과 싸우자는 쪽의 의견을 듣고 양쪽의 의견에 모두 따르겠다고 말했다.

주유는 두 가지 의견을 놓고 각기 자기주장을 펴는 것을 듣고 난 다음 노숙과 함께 공명을 만났다.

노숙이 주유의 흉중을 알기 위해 물었다.

"두 가지 대책을 놓고 주공께서 결정을 내리지 못하고 계십니다. 장군의 의향을 듣고 뜻을 정할 터인즉 장군의 뜻은 어떠하십니까?"

"조조와 싸운다면 패할 것이며 항복하면 편안할 것이오. 내가 이미 뜻을 정했으니 내일 주공을 뵙고 즉시 사자를 조조에게 보내 항복을 받아들이시도록 권고할 작정이외다."

이들의 설왕설래를 잠자코 지켜보던 공명이 소매에 손을 넣은 채 조용히 웃고 있다가 불쑥 입을 열었다.

"공근公瑾(주유의 자)께서 조조에게 항복하시려 함은 지극히 옳으신 판단입니다."

그러자 주유도 고개를 끄덕이며 맞장구를 쳤다.

"과연 공명 선생은 나와 뜻이 같으신 줄 알았소이다."

항복을 주장해 공명을 떠보려 했던 주유였다. 그러나 공명은 주유의 뜻대로 말려들지 않았다.

"지금까지 여포·원소·원술·유표 등이 겁도 없이 그와 맞서 싸웠으나 그들이 다 조조에게 멸망하고 보니 이제 그와 맞설 사람이 없소이다. 주도독께서 투항하기로 뜻을 정하신 것은 가솔들도 안전하게 지키고 또 부귀도 누리실 수 있는 마지막 방도가 아니겠습니까?"

"그대는 우리 주공으로 하여금 무릎을 꿇는 욕을 당하게 할 작정이오?"

노숙이 버럭 화를 내며 말했다. 노숙이 크게 화를 내자 공명이 슬며시 말 머리를 돌렸다.

"실은 내게 한 가지 계책이 있소이다. 다만 사자 한 사람을 뽑고 두 사람을 딸려서 배에 태워 조조에게 보내기만 하면 됩니다. 만일 조조한테 이 두 사람만 보내면 당장 군사를 몰아 물러갈 것이오."

"그 두 사람이 누구인지만 말해 주시오."

"조조는 내가 융중에 있을 때 장하 기슭에 동작대銅雀臺라는 망루를 지었다고 합니다. 조조는 평소 '내게 두 가지 바람이 있다면 하나는 사해四海를 평정해 제업帝業을 이루는 일이요, 하나는 강동교공의 두 딸을 얻어 동작대에서 만년을 더불어 보내는 것이니, 이 두 가지 바람이 이루어진다면 죽은들 어찌 한을 남기겠는가?'했다는 것이오. 그러고 보면 그가 지금 백만 대군을 거느리고 강남으로 온 것은 실은 그 두 여인을 얻고자함이 아니겠습니까? 장군께서는 비록 천금을 주더라도 그 두 딸을 사서 사람을 시켜 조조에게 보내시도록 해야 할 것이오. 조조는 그 두 여인만 얻으면 원래의 뜻을 이룬 셈이니 반드시 군사를 물릴 것이외다."

그러자 주유가 공명에게 성난 어조로 물었다.

"조조가 대교·소교를 얻고자 한다는 다른 증거라도 있소?"

"조조가 동작대라는 시를 지었는데 그 시의 내용 중에 '이교二喬를 데려다가 동과 남에 두고 아침저녁으로 즐기리라.'라는 구절이 있소."

공명은 목소리를 가다듬고 '동작대부'를 암송했다.

원래 '동작대부'는 '두 다리를 동서쪽에 이어 놓았음이여'인데 이교二橋를 음이 같음을 이용해 공명이 교 씨喬民의 '두 딸 이교二喬를 동남에서 데려와서'로 슬며시 바꾸어 읊은 것이었다. 뒤 연連의 '아침저녁으로 함께 즐기리'도 공명이 원문에도 없는 구

절을 그럴싸하게 바꾸어 넣은 것이었다.

주유는 공명의 말에 얼굴에 노기를 띠고 분연히 자리를 박차고 일어나며 외쳤다.

"그 교활한 역적놈이 나를 너무 욕보이는구나!"

"장군은 어찌하여 그토록 노여워하십니까?"

공명이 시치미를 떼고 한 말에 주유는 더욱 화가 나 소리쳤다.

"교공의 두 딸 중 대교는 바로 돌아가신 손백부孫伯符(손책)의 부인이시고 소교는 바로 내 아내외다."

공명이 크게 놀라는 척하며 사죄했다.

"이 양亮이 모르고 한 말이니 용서하십시오."

"이 주유는 그 늙은 역적놈과는 맹세코 같은 하늘 아래서 숨을 쉬지 않을 것이오!"

주유가 힘찬 어조로 이렇게 다짐하자 공명은 노숙과 함께 각기 자기의 처소로 물러났다.

다음 날 주유는 문무백관들이 도열한 전각에서 조조군과 싸울 결의를 밝혔다.

"신은 주공을 위해 만 번을 죽더라도 조조와 결전을 마다하지 않겠습니다."

그 말에 손권은 차고 있던 보검을 빼들어 앞에 놓인 탁자 한 모서리를 내리쳐 두 조각을 낸 후 외쳤다.

"두 번 다시 조조에게 항복이니 화친을 주장하는 자가 있으면 이 탁자처럼 베리라!"

손권은 자신의 매서운 뜻을 보인 후 그 보검을 주유에게 내려주었다. 손권은 그 자리에서 주유를 대도독으로 삼고 정보를 부도독, 노숙을 찬군교위贊軍校尉로 삼았다.

　주유는 거처로 돌아오자 즉시 공명을 청해들인 뒤 앞일을 의논했다.

　"이제는 조조를 무찌를 좋은 계책을 들려주시오."

　"손 장군께서는 아직도 조조가 군사가 많은 것을 근심하고 계실 것이오. 그러니 장군께서 손 장군에게 잘 말씀드려 의심을 풀어주도록 하시오."

　공명의 말에 주유가 그 길로 손권의 처소로 가니 아직도 잠자리에 들지 않은 채 조조의 대군을 걱정하고 있었다.

　주유가 조조 군사의 허와 실을 들며 동오군이 능히 싸워 이길 수 있음을 역설하자 손권도 마침내 크게 기뻐하며 근심을 떨쳐버렸다.

　'공명이란 자는 주공을 가까이서 모시고 있는 나 이상으로 주공의 심중을 꿰뚫어보고 있다. 그냥 두었다가는 뒷날 동오의 화근이 될 것이니 그를 죽여 없애야 되겠다.'

　이렇게 생각한 주유는 처소로 돌아오자 곧 사람을 보내 노숙을 불러 의견을 물었다. 노숙이 잠시 생각에 잠기다 주유에게 방책을 내며 달랬다.

　"제갈근이 바로 그의 친형이오. 그에게 공명을 달래 함께 동오를 섬기게 한다면 이는 해로움을 이로움으로 바꾸는 일이 될 것이오."

주유가 그 말을 들으니 실로 묘안이 아닐 수 없었다.

다음 날 주유는 문무백관을 모아놓고 명을 내렸다. 한당·황개를 선봉장수로 삼은 뒤 본대의 군선 오백 척을 이끌어 나아가 삼강구三江口에 진을 치고 대기하게 했다. 장흠·주태는 두 대를, 능통·방장은 제3대, 태사자·여몽은 제4대, 육손·동습은 제5대를 맡게 했다.

제6대는 여범·주치에게 이끌게 하여 사방의 경비를 맡게 하고 수륙으로 진군해 정한 날에 만나게 했다. 군사의 부서, 배치가 끝나자 모든 장수가 각기 전선과 병기를 수습해 출진하니 그 기세가 사뭇 하늘을 찌를 듯했다.

주유는 공명을 동오로 끌어들이기 위해 그의 형 제갈근을 불러 아우 제갈량에게 유비를 떠나 손권을 섬기도록 달래게 했다. 이에 제갈근은 공명을 만나 자신과 함께 형제의 정을 나누며 손권을 섬기자고 말했으나 공명이 고개를 저으며 말했다.

"형님께서 말씀하시는 것은 인도人道의 의義이며 또한 정情입니다. 그러나 의와 정이 인륜의 전부가 아닙니다. 지금 이 아우가 지키고자 하는 것은 오로지 충忠과 효孝입니다. 부디 작은 의에 사로잡히지 마시고 대의로 돌아오십시오."

공명이 이렇게 말하며 거절하자 제갈근은 하는 수 없이 주유에게 와서 공명의 말을 전했다. 주유는 공명을 제거할 뜻을 굳혔다.

다음 날 모든 장수와 군사들을 점고點考(군사의 전력 상태를 꼼꼼히 조사함)한 주유는 정보, 노숙과 함께 군사를 거느리고 출진했다. 그러다 문득 공명을 불러 함께 가기를 청하자 공명은 주유의 청을 흔쾌히 받아들여 그들과 함께 배에 올랐다.

돛을 올린 배들은 열을 지어 하구를 향해 출발했다. 삼강어귀에서 오륙십 리를 가자 배들은 차례로 닻을 내렸다.

한편 강하에 머물고 있던 유비는 유기에게 강하를 지키게 하고 자신은 여러 장수와 군사를 거느린 채 하구로 향해 길을 떠났다. 강변을 따라 길을 재촉하고 있는데 며칠 전에 하구로 보냈던 척후병이 달려와 동오가 조조와 싸우기로 결정한 것 같다고 알렸다.

유비는 즉시 여러 장수를 불러 놓고 공명이 동오로 간 뒤 소식이 없으니 미축을 보내 그를 불러 오게 했다. 미축이 배를 타고 물길을 따라 내려가 주유를 만나 말했다.

"제갈공명이 이곳에 온 지 오래이니 이번에 함께 돌아가게 해 주십시오."

"공명은 나와 함께 조조를 물리칠 계책을 의논하셔야 할 분인데 어떻게 돌아가실 수 있겠소?"

주유는 유비도 제거할 속셈으로 도리어 유비를 자기의 진중으로 청했다. 미축이 돌아가고 나자 주유는 도부수 오십 명을 매복시켰다가 유비를 죽일 계획을 세웠다.

미축으로부터 보고를 받은 유비는 함께 조조를 치자고 하므로 그 청을 물리칠 수가 없었다. 이에 관우와 함께 주유의 진중으로 갔다. 유비는 관우 등 이십여 명의 군사와 함께 중군의 장막으로 들어갔다.

이때까지 공명은 이런 사실을 모르고 있었다. 공명은 강변을 거닐고 있다가 지나가는 군졸로부터 오늘의 손님은 하구에서 오신 유 황숙이라는 말을 듣고 깜짝 놀랐다.

공명이 급히 중군의 장막으로 가 유비를 보니 태평스럽게 주유와 이야기를 나누고 있었다. 그러다 유비의 등 뒤에 관우가 칼을 짚고 버티고 서 있는 걸 보고 그제야 안도의 한숨을 내쉬었다.

'우리 주공께서 위태롭지는 않겠구나!'

가슴을 쓸어내린 공명은 다시 강변으로 나가 유비가 나오기를 기다렸다.

어느새 몇 순배의 술잔이 돌고 흥이 무르익자 주유가 자리에서 일어나 슬며시 술잔을 집어 들었다. 술잔을 던져 휘장 뒤에 몸을 숨기고 있는 도부수들에게 군호軍號를 보내려던 주유는 문득 유비의 등 뒤에 있는 관우를 보았다.

'전에 안량과 문추를 벤 장수가 아닌가!'

주유는 손에 들었던 술잔을 던져 군호를 보내려던 것을 그만두고 잔에 술을 따라 관우에게 주며 마시기를 권했다.

주유와 헤어진 유비는 관우와 딸린 군사를 이끌고 말을 달려 강가에 이르렀다. 공명이 배 안에서 유비를 기다리고 있었다.

"주공께서는 오늘 얼마나 위태로운 자리를 하셨는지 아십니까?"

공명이 주유의 속셈을 들려주며 장막에 도부수까지 매복시킨 사실을 들려주었다. 유비는 그제야 주유가 자신을 부른 속셈을 헤아리며 공명에게 말했다.

"군사도 나와 함께 돌아갑시다."

"저는 비록 호랑이 굴속에 있으나 안전하기가 태산泰山과 같으니 심려하지 마십시오. 다만 돌아가시거든 군선과 군마를 수습하고 기다려 주십시오. 그리고 11월 20일에 조자룡에게 작은 배를 타고 이곳 남쪽 강변에 마중을 나오게 해주십시오. 절대로 어김이 없도록 하셔야 합니다."

"잘 알겠소만, 군사의 뜻을 자세히 알려주시오."

"동남풍이 불면 반드시 돌아갈 것입니다."

"어떻게 동남풍이 부는 날을 알 수 있습니까?"

"십년동안 융중 언덕에 살면서 해마다 장강의 물과 하늘의 구름과 바람을 관측한 바 있습니다. 제 말에 어긋남이 없을 테니 걱정하지 마십시오."

이윽고 배에 오른 유비는 지체 없이 돛을 올리게 하고 강을 거슬러 올라갔다. 유비가 배를 타고 돌아간 후 주유에게 조조가 보낸 사자가 와 서찰을 전했다. '대승상이 주도독에게 보내노라'는 겉봉을 본 주유는 울컥 화가 치밀어 뜯어볼 생각도 하지 않은 채 그 서찰을 발기발기 찢어 땅바닥에 내팽개치면서 사자의 목을 베게 했다.

한편 조조는 주유가 자기의 글을 보지도 않고 찢은 뒤 사자를 죽여 버렸다는 말에 크게 노했다. 즉시 채모와 장윤張允 등 형주에서 투항한 장수들을 선봉으로 삼고 자신은 대군을 이끌고 후군이 되어 강 위의 전선을 독려하며 삼강구로 나아갔다.

때는 건안 13년 11월 초였다.

조조군이 오자 동오의 전선대장 감녕 甘寧이 뱃머리에 앉아 배 위에 즐비하게 장치해 놓은 쇠뇌에 살을 먹여 쏘아댔다. 조조의 도독 채모가 스스로 뱃머리로 나서려하자 그 아우 채훈이 가로막고 나섰다.

감녕이 채훈에게 욕을 하며 직접 석궁의 시위를 당겨 채훈의 얼굴을 맞히자 채훈은 얼굴을 감싸 쥐고 강물로 거꾸러지고 말았다.

조조의 군사들은 태반이 청주와 서주 출신들이라 수전에는 익숙하지 못했다. 배가 한 번 흔들리면 몸을 제대로 가누고 서 있지도 못하는 지경이었다.

그러나 주유는 아무래도 조조군이 워낙 대군이라 끝까지 맞서 싸우다간 군사를 잃을까 염려해 징을 울려 일단 전선을 거두었다.

첫 싸움에서 패한 조조가 채모와 장윤을 불러 대책을 묻자 채모가 대답했다.

"우선 나아가 공격하지 않고 지켜야 할 것입니다. 그런 한편 나루터를 견고히 해 요새를 구축하고 강 위에는 멀리까지 수채 水寨(물 위에 세운 영채)를 세워야 할 것입니다. 그리하여 형주 군사는 수채 밖에서 조련하고, 청주와 서주 군사는 수채 안에서 조련한다면 능히 동오의 수군과 맞설 수 있을 것입니다."

조조는 곧 채모의 말대로 수채를 만들고 수군을 조련하게 했다. 채모는 강변을 따라 수문 스물네 개를 나누어 세운 후 큰 배로 밖을 둘러싸게 하여 성으로 삼았다.

첫 싸움에서 이긴 주유는 며칠 후 몸소 조조의 수채를 살펴 보았다. 스물네 개의 수문과 큰 배로 수채를 에워싼 배 안에 작은 배들이 자유롭게 드나들고 있는 걸 본 그는 크게 놀랐다. 주유는 조조의 수군을 다스리는 도독이 바로 채모와 장윤이라는 걸 알고 혀를 끌끌 차며 한탄했다.

'그들 두 사람은 강동에 있었으니 수전에 능하다. 그들을 없애야겠다.'

그 무렵 조조도 주유를 깨뜨릴 의논을 하고 있는데 주유와 동문수학했던 장간蔣幹이 세객說客(언변으로 상대를 설복시키는 사신)을 자처하고 나섰다. 장간이 곧 종자인 어린아이와 함께 배를 타고 주유의 장막을 찾았다. 주유는 그가 조조의 세객으로 왔음을 알았으나 시치미를 떼고 융숭히 대접한 후 함께 진중을 거닐며 무기와 군량이 넉넉히 쌓여 있는 창고를 보여주었다. 그날 밤 만취가 되도록 술을 마신 주유는 장간을 청해 함께 잠자리에 들었다. 장간은 주유를 설복시키려 했으나 입도 떼지 못한 채 밤을 맞으니 잠을 이룰 수 없었다.

장간이 몸을 뒤척이다 문득 등불 아래 있는 탁자 위에 문서 뭉치가 있어 슬쩍 엿보니 그중 한 봉투에 '채모·장윤 삼가 올립니다.'라는 글씨가 보였다. 주유가 술에 취해 코를 골며 잠들어 있는 걸 보고 장간이 날이 밝기 전에 주유의 진영을 빠져나가 조조에게 이 사실을 알리며 주유의 침실에서 훔쳐온 서신을 바쳤다.

조조는 분노가 치솟아 그 둘의 목을 베게 했다. 조조는 채모와 장윤의 목을 보고서야 문득 주유의 계교에 속았음을 알았다. 그토록 중요한 기밀인 서신을 장간이 손쉽게 가져온 것이 수상쩍었기 때문이었다.

조조는 채모와 장윤의 후임으로 모개毛介와 우금을 수군 도독에 명했다.

주유는 자기의 계략으로 두 사람의 목이 떨어지자 크게 기뻐했다. 주유는 이번 계략을 다른 장수들은 알아채지 못했는데 과연 공명은 이 계략을 알고 있을지 의문이 일어 노숙을 보내 알아보게 했다. 노숙이 공명을 찾아가자 공명이 노숙에게 말했다.

"주 도독께서는 장간이 때마침 와 주어 그 계책을 잘 펼쳤으니 경하할 일이오. 그러나 조조는 지금쯤 알아채고 후회하고 있을 것이오. 듣기로 후임에 모개와 우금을 등용했다고 합니다. 그러나 그들은 수군을 거느릴 그릇이 못되니 이제 조조의 수군은 떼죽음을 면치 못할 것이오. 그런데 공은 돌아가시거든 주 도독에게 제가 이번 계책을 알고 있다는 말씀을 말아 주시오."

노숙은 주유에게 돌아가 공명이 비밀로 해달라고 한 말까지 털어놓았다. 주유는 그 말을 듣자 크게 놀라지 않을 수 없었다. 주유가 공명을 죽이고도 원망을 사지 않을 그럴싸한 계교를 짜기에 골몰하던 어느 날, 여러 장수와 함께 공명을 청해 조조를 칠 일을 의논하는 자리에서 주유가 공명에게 물었다.

"물 위에서는 어떤 병기로 싸우는 것이 좋겠소?"

공명이 서슴없이 대답했다.

"역시 화살을 먼저 써야지요."

"내 생각도 같소이다. 그런데 우리 군중에는 화살이 부족하오. 선생께서 우리 동오를 위해 화살 십만 개만 만들어 주시오. 이 일은 공적公的인 일이니 부디 물리치지 말아주시오."

주유는 공적인 업무를 핑계 대며 공명에게 올가미를 씌우기 시작했다.

"도독께서 부탁하시니 힘써 만들겠습니다. 그런데 언제까지 만들어야합니까?"

"앞으로 열흘 이내에 만들어야 합니다."

"열흘이나 끌다가 낭패를 당할지도 모르니 사흘 안에 만들도록 하지요."

주유는 자신의 귀를 의심했다. 공명의 어처구니없는 장담에 주유가 엄한 목소리로 다짐을 두었다.

"군중軍中에서는 우스갯소리를 하지 않는 법이오."

"군령장軍令狀을 써서 서약하겠습니다."

주유는 공명이 스스로 군령장을 쓰겠다고 하자 계책이 이루어진 것이나 다름없다고 여겼다. 공명이 군령장을 써서 건네주며 말했다.

"도독께선 사흘째 되는 날 군사 오백을 강변으로 보내 화살을 나르시오."

다음 날 공명의 거동이 궁금하던 노숙이 공명을 찾아갔다. 공명이 노숙에게 당부했다.

"배 이십 척에 군사 삼십 명씩을 태우고 배마다 푸른 휘장을 친 뒤 짚단 천여 개씩을 양쪽으로 나누어 쌓도록 해주시오."

노숙은 공명의 속셈을 알지 못한 채 그대로 준비해 두었다. 공명은 이튿날까지도 별다른 거동이 없었다. 그러다 사흘째가 되자 은밀히 노숙을 불러 화살을 가지러 가자고 말했다. 공명은 노숙과 함께 배 위에 올라 배 이십 척을 밧줄로 잇대어 묶게 한 후 북쪽으로 급히 노를 젓게 했다.

밤이 되자 안개가 자욱해져 눈앞을 분간할 수가 없었다. 강 위를 미끄러지듯 가던 배는 이윽고 조조의 수채 가까이 이르렀다. 공명은 뱃머리를 서쪽으로 두고 꼬리를 동쪽으로 향하게 한 뒤 한 줄로 늘어서게 하고 군사들에게 북을 치며 함성을 지르게 했다.

밤중에 갑자기 요란한 북소리와 함성이 들려오자 조조는 모개와 우금에게 명을 내렸다.

"이 짙은 안개 속에 기습을 가하니 필시 매복이 있을 것이다. 가볍게 군사를 움직이지 말고 활과 쇠뇌를 쏘아 적이 물러가기를 기다려라."

조조의 명에 따라 만여 명의 군사가 일제히 화살을 날렸다. 화살은 빗발치듯 쏟아져 배에 세워놓은 짚단과 휘장에 빈틈없이 꽂혔다. 그러자 공명은 이번에는 배를 반대쪽으로 돌리게 했다. 이번에는 반대편 배 위에 있던 풀 더미에 메뚜기 떼가 달려들 듯 화살이 빽빽하게 꽂혔다.

이윽고 날이 밝자 공명은 군사들에게 일제히 소리치게 했다.

"조 승상! 화살을 주시니 고맙습니다."

조조가 그 소리를 듣고 이를 갈았으나 이미 공명의 배는 빠른 물살을 타고 멀리 달아난 뒤였다.

"배 한 척에 화살이 오륙천이 될 것이니 배 이십 척이면 능히 십만 개가 될 것이오. 사람을 동원해서 만들려면 한 달이 걸려도 만들 수가 없을 것이오."

공명의 말에 노숙은 그 지모에 입을 다물지 못했다.

"실로 신인神人과 같은 분이구려. 그런데 어젯밤에 안개가 끼는 것은 어떻게 알았습니까?"

"무릇 장수는 천문天文과 지리에 밝지 못하면 참다운 장수라 할 수 없소. 어리석은 어부도 안개와 바람을 헤아릴 수 있는 일입니다. 만약 주 도독이 일주일이나 열흘을 고집했더라면 큰일 날 뻔했습니다."

공명은 그렇게 말한 후 화살 십만 개를 주유에게 전하게 했다.

노숙이 화살 십만 개를 거둬 온 경위를 자세히 들려주자 주유는 길게 탄식해 마지않았다.

"내가 소견이 좁아 제갈량의 지모를 시기해 해치려고만 했다. 그는 실로 하늘이 낸 사람이구나."

주유는 공명을 청한 뒤 스스로 장막 밖으로 나가 그를 맞은 후 주연을 베풀어 대접했다. 술자리에서 주유가 조조를 무찌를 계책을 의논했다. 주유가 한 가지 계책이 있다고 말하자 공명이 각기 한 가지 계책을 손바닥에 쓴 뒤 펴보자고 말했다. 각기 서

로가 보지 못하도록 글을 쓴 뒤 보니 손바닥에는 똑같이 '불 화
火' 자가 쓰여 있었다. 두 사람은 함께 소리 내어 웃고는 다른 사
람에게는 이 일을 비밀에 붙이기로 했다.

　이때 조조 진영의 수군 대도독이었다가 조조에게 죽임을 당
한 채모의 사촌 채중과 채화가 동오로 투항해 왔다. 주유는 그
들이 거짓으로 투항해 온 것임을 알았으나 내색하지 않은 채 감
녕 휘하에 머물게 했다.

적벽대전
赤壁大戰

그런 어느 날 주유에게 황개가 찾아왔다. 황개는 적의 대군을 치려면 화공火攻으로 공격하라고 권했다. 그러나 화공을 펴기 위해서는 적의 진중에 거짓으로 항복할 사람을 보내야 했다. 이에 황개가 고육지계苦肉之計(적을 속이기 위해 제 몸을 괴롭히는 계책)를 맡겠노라고 나섰다.

이튿날 황개가 이달 안으로 조조를 칠 수 없으면 항복하는

게 좋겠다는 의견을 말하자 주유가 크게 화를 내며 목을 베려 했는데 감녕 등의 장수들이 간곡히 만류했다. 주유는 그의 목을 베는 대신 곤장 오십 대를 치게 했다. 늙은 장수 황개는 몇 차례 혼절하더니 가까스로 장수들의 부축을 받아 진중으로 돌아갔다.

황개는 진중의 병상에 누워 신음하다 평소 가깝게 지내던 감택에게 거짓 투항의 글을 쓰게 하여 조조에게 보냈다. 감택이 조조에게 가 황개의 거짓 투항 글을 보여 주었으나 조조는 서신 한 통에 호락호락하게 넘어가지 않았다. 이에 감택이 조조를 설복하고 있는데 주유에게 거짓 투항했던 채중과 채화로부터 황개가 주유에게 항복을 권하다가 매를 맞았다는 밀서 한 통이 조조에게 전해졌다. 조조는 그 글을 보고 감택에 대한 의심을 풀었다.

이때 주유에게 손님 한 사람이 찾아왔다. 그는 지난날 수경 선생 사마휘가 말한 방통龐統이었다. 일찍부터 노숙이 주유에게 강동에 머물고 있는 방통을 등용해서 쓰도록 천거한 바 있었던 터라, 방통이 노숙의 간곡한 청에 의해 주유를 찾아온 것이었다.

주유는 방통을 예로 맞은 뒤 조조를 칠 방책을 물었다.

"조조의 군사를 치기 위해선 마땅히 화공火攻을 펴야할 것이오. 그러나 조조의 전선이 흩어져서는 안 되니 쇠고리로 연결하게 한 후 배를 한 곳에 다 모아 두게 해야 하오. 그러려면 먼저 연환계連環計를 쓴 뒤 불로 공격해야 할 것이오."

방통은 그렇게 말한 후 작별 인사를 고하고 돌아갔다.

한편 조조는 채중·채화의 글을 본 후 여러 모사를 불러 뒷일을 의논했다. 그러자 장간이 나서 채중·채화의 글과 황개의 항복이 사실인지 아닌지를 알아보고 오겠다고 했다. 조조는 곧 장간을 동오로 보냈다.

이때 주유는 연환계를 펼 궁리를 하고 있었는데, 때마침 장간이 왔다고 하자 얼른 한 꾀가 떠올랐다. 주유는 노숙을 불러 계책을 일러주고 방통을 만나게 한 후 장간을 불러들였다. 장간을 본 주유는 지난날 기밀 편지를 훔쳐 달아난 걸 꾸짖으며 서산西山 뒤의 암자에 가두게 했다. 서산 뒤의 암자는 방통이 기거하는 거처와 가까운 곳이었다.

그날 밤 장간이 잠을 이루지 못한 채 암자를 나와 뜰을 거니는데 어디선가 글 읽는 소리가 들려왔다. 장간이 글 읽는 소리가 나는 쪽으로 가 보니 암자가 보이고 방 안에서 병서를 읽고 있는 선비가 보였다.

장간이 그 선비에게 예를 표하고 인사를 나누니 그는 바로 동오의 명사 봉추 선생 방통이었다. 장간은 크게 기뻐하며 방통을 청해 조조에게로 갔다.

장간이 봉추를 데려오자 조조도 몹시 기뻐하며 후하게 대접한 후 포진의 허실에 대한 가르침을 달라고 간곡히 청했다.

방통은 조조의 포진을 보고 칭찬을 늘어놓은 후 말했다.

"북군은 배를 타는 일에 익숙지 못해 심하게 흔들리는 배를 타다 보면 멀미를 하게 됩니다. 그러니 배가 흔들리지 않도록 해

야 합니다. 배들을 서로 잇대어 배치하고 삼십 척 또는 오십 척
씩을 뱃머리와 꼬리를 서로 연결해 놓고 배와 배 사이에 널빤지
를 깔아 놓는다면 군사들과 말이 마음대로 왕래할 수 있을 것
입니다. 그러면 큰 바람이 불고 파도가 심해도 군사들은 멀미를
걱정하지 않아도 될 것이니 싸움이 벌어진들 무슨 걱정이겠습
니까?"

조조는 그 말을 듣고 뛸 듯이 기뻐하며 방통의 말에 따라 배
끼리 잇대어 붙들어 매고 배 사이에 널빤지를 깔아놓자 배가
흔들리지 않으니 군사들도 기뻐했다.

그러나 정욱만은 근심스런 얼굴로 말했다.

"배를 서로 묶어 흔들림은 없으나 만약 적이 불로 공격하면
우리는 피할 길이 없습니다."

조조가 껄껄 웃으며 말했다.

"화공은 반드시 바람이 불어야하는 법, 그런데 지금은 한겨
울이라 서풍과 북풍은 불어오나 동풍과 남풍은 불지 않는다.
우리는 서북쪽에 있고 적군은 남쪽에 있으니 화공을 쓰면 자기
군사들만 불길을 뒤집어쓸 뿐이니 무엇 때문에 화공을 두려워
할 것인가?"

"승상의 놀라운 식견, 감히 따를 수가 없습니다."

장수들은 모두 감탄해 마지않았다.

조조가 동오를 치기 위해 출진 준비를 갖추고 있는데 지난날
원소의 부하였던 초촉과 장남이 작은 배를 타고 선봉에 나서
겠다고 청했다. 조조는 그들의 청을 수락하고 강남을 향해 출진

했다.

한편 주유는 조조군의 작은 전선 이십 척이 남으로 내려온다는 보고에 한당과 주태를 내보내 싸우게 했다. 양쪽에서 서로 화살을 날리다 한당과 초촉의 배가 부딪자 한당이 창을 쳐들어 초촉을 내리쳤다. 초촉은 피를 뿜으며 물 위로 곤두박질치고 말았다. 장남 또한 주태가 몸을 날려 장남의 배로 뛰어들어 한 칼에 베고 말았다.

이때 주유가 여러 장수와 함께 가까운 산 위에 올라 조조의 진용을 살펴보니 크고 작은 전선이 강 위에 늘어서 있었다. 배 위엔 기치가 나란히 세워져 있었고 수채에 들어찬 전선도 흐트러짐 없는데다가 그 수가 엄청났다.

주유는 한당과 주태가 적과 싸우는 걸 보고 군호를 내려 군사를 거두어들였다. 그때 돌연 거센 바람이 휘몰아치더니 앞에 세워둔 대장기가 뚝 부러지면서 주유의 몸을 후려치며 떨어졌다. 주유는 문득 바람의 방향을 보더니 외마디 외침과 함께 피를 토하며 쓰러졌다. 장수들이 놀라 주유를 부축해 장막 안의 침상에 눕혔다. 주유가 몸져눕자 노숙이 걱정하다 못해 공명을 찾아왔다.

"도독의 병은 제가 고쳐드리겠소."

노숙이 공명의 말에 반색하며 함께 주유에게 갔다. 주유를 보자 공명이 빙긋 웃으며 말했다.

"제가 도독께 처방을 내리겠으나 남에게 알려지면 효험을 잃게 됩니다."

공명은 종이와 붓을 가져다 글자를 써 주유에게 보여 주었다.

　화공火攻을 펼쳐야 하는 데, 모든 준비가 되었으나 동남풍東南風
이 불지 않는구나!

　주유는 그 글을 보고 자신의 속마음을 훤히 꿰뚫고 있음에
놀라움을 금하지 못했다.
　"내 병을 알았으니 처방도 내려 주십시오."
　주유가 정색을 하며 입을 열었다.
　"제가 비록 재주는 없으나 일찍이 바람을 부르고 비를 내리게
할 수 있는 비법을 배운 바 있습니다. 남병산南屛山에 칠성단七
星壇(북두칠성의 일곱 성군을 신으로 모시는 제단)을 쌓고 그 단에 올라
동남풍을 빌되 삼 일 밤낮 동안 동남풍이 불도록 하겠습니다."
　"삼 일 밤낮은커녕 하룻밤이라도 좋소이다."
　주유는 공명의 말에 크게 기뻐하며 자리를 털고 일어나 제단
쌓는 일을 서둘렀다. 공명은 제단이 지어지자 목욕재계를 하고
도복으로 갈아입은 뒤 머리를 풀고 맨발로 칠성단 위로 올라가
주문을 외웠다.
　주유는 장수들에게 동남풍이 불어오는지를 살피게 했다. 황
개는 이십 척의 배에 마른 풀섶과 짚단을 가득 싣고 유황 등불
을 지를 물건들을 실은 뒤 그 위에 기름먹인 푸른 천을 덮었다.
　드디어 공명이 약속한 동짓달 스무날 갑자일이 되자 하늘의
별빛이 점차 흐려지더니 장강에 가벼운 물결이 일고 바람이 불

기 시작했다. 바람은 점점 거세져 깃발이 서북쪽으로 세차게 펄럭였다. 주유는 애타게 기다렸던 동남풍이 불어오자 기쁜 가운데도 슬며시 두려운 마음이 일었다.

'공명은 천지조화를 마음대로 부릴 줄 아는 술수를 가졌구나.'

주유는 서성徐盛과 정봉丁奉을 불러 군사 백 명을 거느리고 남병산으로 가 공명의 목을 베어 오라고 했다. 서성과 정봉이 군사를 거느리고 급히 말을 몰아 칠성단에 가니 공명은 보이지 않았다. 정봉이 칼을 빼들고 군사들에게 물으니 배 한 척이 다가와 공명을 싣고 상류 쪽으로 갔다고 전했다. 서성과 정봉은 물과 뭍으로 군사를 나누어 공명이 탄 배를 뒤쫓았다. 서성이 공명의 배를 따라잡자 소리쳤다.

"공명 선생! 주 도독께서 기다리시니 돌아오십시오."

"동남풍이 부니 도독께서는 어서 조조나 치라고 하게. 나는 도독이 나를 해치려 들 줄 알고 미리 조자룡에게 마중 나오라고 했네. 뒷날 다시 찾도록 하겠네."

공명이 껄껄 웃는데 조운이 활에 살을 메겨 화살을 날리자 서성의 배 위에 있는 돛의 줄이 끊겼다.

공명이 탄 배는 닻을 전부 올리자 강 위를 미끄러지듯 나아갔다. 서성과 정봉이 하는 수 없이 군사를 거두고 돌아가 주유에게 이 사실을 고하자 주유는 다시 한 번 크게 놀라며 한탄했다.

주유는 곧 여러 장수를 불러들인 후 영을 내렸다. 감녕에게는 남쪽강 언덕으로 가 조조의 군량에 불을 질러 군호를 보내도록 하고, 태사자에게는 군사 삼천여 기를 이끌고 황주黃州 경계에 이르러 합비에 있는 조조군의 본진을 급습해 불을 지르도록 한 뒤 붉은 기를 앞세운 군사들이 오면 오후吳侯(손권)께서 이끄시는 원군이니 함께 적을 치게 했다.

여몽에게는 감녕을 도와 조조의 진지를 불사르게 하고 능통에게는 오림 쪽에서 불길이 일면 감녕과 여몽과 접응토록 했다.

이어 동습에게는 한천漢川을 따라 조조의 진영으로 쳐들어가다 흰 기를 앞세운 군사가 오면 우리 군사이므로 접응토록 하게 했다. 또한 반장潘璋에게는 흰 기를 앞세우고 동습에게 가 그를 돕게 했다.

선봉 6대가 떠나자 주유는 황개에게 오늘 밤에 항복하러 가겠다는 밀서를 조조에게 전하고 전선을 이끌어 나아가게 하고 수군 네 대를 내어 황개를 뒤따르게 했다. 수군으로는 한당·주태·장흥·진무로 하여금 각각 삼백 척의 군선을 이끌고 황개의 화선火船 이십 척의 뒤를 따르게 했다.

주유는 정보와 함께 대형 군선 위에서 싸움을 지휘하기로 하고 서성과 정봉으로 하여금 호위하게 했다.

한편 하구에서 공명을 기다리고 있던 유비는 공명이 돌아오자 반갑게 맞아들였다. 공명이 유비에게 물었다.

"지난번 준비해 두라고 했던 군사와 말, 전선은 어떻게 되었습니까?"

"이미 준비해 두었습니다."

공명은 서둘러 군령을 내렸다. 조운에게 군마 삼천을 거느려 오림으로 가 매복해 있다가 밤에 조조군이 퇴각할 때 불을 놓으라고 하자 조운이 물었다.

"오림에는 두 갈래 길이 있는데 어느 쪽으로 가야 합니까?"

"조조는 형세가 급박해 감히 남군으로 가지 못하고 형주로 향할 것이오. 그 길에 매복하시오."

공명은 이어 장비에게 군사 삼천과 함께 이릉 길을 막으며 호로곡에 매복해 있다가 조조가 북이릉 쪽으로 가다가 밥을 지어 먹을 때 급습하게 했다. 공명은 미축·미방·유봉에게는 배를 타고 나아가 조조의 패잔병을 사로잡고 무기며 군량들을 거두어들이게 했다. 이어 유기에게는 연안 입구 일대에 군사를 배치해 두고 조조의 패잔병들을 사로잡되 경솔히 성을 떠나지 말라고 일렀다.

그런데 그때까지 관우에게는 아무런 명이 없자 관우가 소리 높여 그 까닭을 물었다. 공명이 빙긋이 웃으며 말했다.

"실은 운장에게 가장 요긴한 곳을 맡게 할 참인데 한 가지 미덥지 못한 것이 있소."

"미덥지 못하다니 그게 무엇이오?"

"지난날 운장은 조조에게 후히 대접받고 허도를 떠날 때 훗날 그 은혜를 갚겠다고 했소. 조조는 싸움에서 패한 뒤 화용도 華容道로 도망갈 것인즉 운장을 그곳으로 보내고 싶은데 조조를 만나면 그냥 놓아 줄 것이 아니오?"

"참으로 쓸데없는 걱정이오. 내가 지난 날 백마 땅에서 안량과 문추를 죽여 포위된 조조에게 길을 열어 이미 은혜를 갚았소이다."

관우가 껄껄 웃으며 그렇게 말한 후 군령장을 써놓고 영을 어기면 벌을 받겠다며 화용도로 떠나려 하자 공명이 말했다.

"화용산에 매복하되 마른 풀을 쌓아 두었다가 불을 지르면 조조는 그리로 갈 것이오."

"연기가 나면 매복이 있음을 알 터인데 어찌 그곳으로 온다 하시오?"

"조조는 병법의 허실에 밝은 자요. 연기가 나면 일부러 매복이 있는 것처럼 꾸민 계략으로 보고 그 길로 갈 것이오. 조조는 제 꾀에 넘어가 반드시 그 길로 갈 것이오."

공명은 손건과 간옹에게 성을 지키게 한 뒤 자신은 유비와 함께 번구로 향했다.

한편 조조는 황개가 군량을 싣고 항복하러 온다는 밀서를 받고 크게 기뻐하며 기다리고 있었다. 황개가 탄 배는 '선봉 황개 先鋒黃蓋'라고 쓴 큰 기가 펄럭이고 있었으며 그 밖의 크고 작은 전선에도 조조에게 보낸 밀서에 쓴 대로 청룡기를 꽂은 채 순풍을 업고 적벽赤壁으로 향해 나아갔다.

그때 조조는 군중에 앉아 강물을 지켜보고 있었다. 강물 위에 달빛이 비치자 파도치는 물결이 마치 수만 마리의 뱀이 물결을 희롱하는 것처럼 보였다.

이윽고 황개의 화선이 나타나자 한 군사가 소리쳤다.

"저 멀리 많은 배가 이쪽으로 오고 있습니다."

모두 그쪽을 바라보니 그중 큰 기에는 '선봉 황개'라고 쓰여 있었다. 그 배들이 동남풍을 업고 빠른 속도로 다가오자 한동안 살피고 있던 정욱이 조조에게 다급한 목소리로 말했다.

"저 배들이 속임수를 쓰는 듯합니다. 더 이상 다가오게 해서는 안 됩니다."

"그게 무슨 소리인가?"

"군량을 실은 배라면 배가 깊숙이 가라앉아야 될 것이며 속도도 더딥니다. 저 배들은 수심이 가벼워 보이고 빠릅니다. 거기다 동남풍이 거세니 그들이 계책이라도 편다면 어찌하시겠습니까?"

조조도 그 말에 문득 얼굴이 어두워지며 문빙으로 하여금 배들을 멈추게 했다. 문빙이 뱃머리에 올라서서 배를 멈추라며 소리쳤으나 황개의 배들은 여전히 물결을 헤치며 질주해 왔다. 문빙이 황개의 배에서 쏜 화살을 왼쪽 팔꿈치에 맞고 쓰러졌다. 그때 황개가 칼을 휘둘러 군호를 보냈다. 그 군호에 따라 뒤따르던 이십 척의 화선에 불을 붙이고 조조의 배들을 향해 덮쳐들었다.

조조의 배들은 서로 쇠사슬로 묶어 둔 터라 각기 흩어져 달아날 수도 없자 불길은 이 배에서 저 배로 옮겨졌다.

때마침 강한 동남풍에 조조의 수채는 순식간에 불바다가 되고 말았다.

조조는 눈앞에서 벌어진 사태에 넋을 잃었다가 낮같이 붉은 불길 아래 황개가 연기를 헤치며 배를 몰아오자 강 언덕으로 달아났다.

"역적 조조는 달아나지 마라. 황개가 여기 있다!"

조조가 강변의 영채를 보니 그곳도 이미 불바다였다. 조조는 겨우 목숨만 구해 달아나는데 동오의 군사들이 가는 곳마다 급습해 조조의 군사들은 창에 찔려 죽거나 화살에 맞아 죽고 불에 타 죽으니 그 수를 헤아릴 수 없었다.

그러는 동안에도 동오군은 주유의 영에 따라 각기 배치된 곳에서 조조군을 급습하고 불을 질렀다. 조조의 대군이 그렇게 찢겨날 때 조조를 따르는 군사는 장요가 이끈 백여 기가 전부였다. 조조는 빠져 나갈 길이라고는 오림밖에 없자 그곳으로 말을 달렸다. 그러나 얼마 가지 않아 여몽이 뒤쫓아 왔다. 장요가 그들을 막는 사이 말을 몰아 달아나는데 앞쪽에서 불길이 오르며 능통이 한 떼의 군마를 거느리고 달려 나왔다.

그때 다행히 서황이 옆쪽에서 달려 나왔고 마연과 장의가 군사 삼천을 이끌고 조조를 구원하기 위해 달려왔다. 조조는 서황에게 적군을 막게 한 뒤 가까스로 적벽을 빠져 나갔다. 한동안 말을 달리며 지세를 살피던 조조가 큰소리로 웃었다.

"승상께서는 어찌하여 그토록 웃으십니까?"

"주유와 제갈량의 지혜가 보잘 것 없구나. 나라면 반드시 이곳에다 매복군을 두었다가 적을 사로잡았을 것이다."

그 말이 채 끝나기도 전에 양쪽 숲에서 불길이 솟구쳐 오르며 한 장수가 달려 나왔다.

"상산의 조자룡이 너를 기다리고 있었다!"

조조는 장판벌에서 떨치던 그의 무용이 생각나 서황과 장합으로 그를 막게 한 뒤 달아났다. 한동안 달리다 보니 말과 군사 모두 지쳐 있는데 마침 마을이 보여 곡식을 빼앗아 오게 했다.

　그때 한 떼의 군마가 달려오는데 보니 그들은 이전과 허저였다. 조조는 남이릉으로 가기 위해 빠른 길인 호로구 쪽으로 말을 몰았다. 호로구에 이르자 조조는 허기가 져 군사들에게 밥을 짓게 했다. 조조는 나무 아래 등을 기대고 있다가 혼자 껄껄 웃었다.

　"제갈량과 주유의 꾀가 얕구나. 이곳에 군사를 매복했더라면 편히 앉아 지친 적을 치는 격이 아닌가!"

　그러자 느닷없이 앞과 뒤쪽에서 고함 소리와 함께 한 떼의 군마가 나타났다.

　"연인 장비가 기다린 지 오래다!"

　조조는 물론 군사들은 그 소리에 간담이 서늘해졌다.

　허저와 장요, 서황이 나가 장비군을 막는 사이 조조는 말을 몰아 달아났다. 간신히 장비의 추격에서 벗어난 조조에게 군사 하나가 물었다.

　"또 갈림길이 나왔습니다. 둘 다 남군으로 통하나 오십여 리를 질러갈 수 있습니다."

　조조가 군사를 시켜 산 위를 살피게 하니 그 군사가 돌아와 고했다.

　"화용도 쪽의 좁은 길은 희미하게 연기가 피어오르고 있으나 다른 길은 조용합니다."

"그럼 좁은 길로 가도록 하라!"

"연기가 오르는 곳은 매복이 있을 것입니다."

"병서에 있는 듯하면 없고 없는 듯하면 있다고 했다. 제갈량이 꾀를 부려 우릴 큰 길로 유인한 것이니 어찌 그에게 속겠느냐!"

여러 장수와 군사들은 그 말에 고개를 끄덕이며 감탄했다. 군사들은 상한 몸으로 간신히 나무 막대기에 몸을 의지해 걸음을 옮겨 화용도의 험지를 벗어났다.

손권의
주유가 죽다

화용도의 험지를 벗어난 조조는 다시 숨 돌릴 사이도 없이 군사들을 재촉했다. 그렇게 몇 리쯤 갔을 때 조조가 또 말 위에서 껄껄 웃기 시작했다.

"주유와 공명의 지혜가 하찮은 재주에 지나지 않는구나. 이곳에 몇 백만 매복해 두었더라도 우리는 꼼짝 못하고 사로잡혔을 것이 아닌가!"

그런데 그 말이 끝나기도 전에 길 양쪽에서 오백여 군사가 달려 나와 길을 가로막았다. 앞장선 장수를 보니 청룡언월도를 치켜들고 적토마를 탄 관우가 아닌가! 관우를 본 조조의 군사들은 간담이 서늘해 넋이 나간 듯 서로 얼굴만 쳐다볼 뿐이었다. 조조가 말과 군사들이 지쳐 달아날 수도 없음을 알고 비장한 전의戰意를 돋우었다.

"죽기로 작정하고 한판 싸워 보자!"

그러자 정욱이 나서 조조에게 간곡히 권했다.

"승상께서 지난날 그에게 베푸신 은의를 들어 한번 달래 보시는 것이 어떻겠습니까?"

조조는 지금 관우와 싸워 이길 수 없음은 자명한 일이라 관우에게 허리를 굽혀 예를 표하고 간청했다.

"지난날의 정분을 되살려 내 위급한 처지를 눈감아 주시오."

"이 관우는 안량과 문추의 목을 베어 이미 은혜를 갚았소. 거기다 오늘은 군령에 따른 것이오."

"하지만 장군께서 다섯 관關을 지나며 여섯 장수의 목을 베었을때 나는 뒤쫓지 않았소. 장부는 신의를 중히 여겨야 하는 법이외다."

조조가 다시 간청하자 관우가 입을 열지 못했다. 거기다가 남루한 행색의 삼백여 군사들이 무릎을 꿇고 눈물을 흘리고 있는 처량한 모습을 보자 차마 칼을 들이댈 수가 없어 말 머리를 돌리며 말했다.

"길을 열어 주도록 하라!"

조조는 얼른 관우의 속마음을 알아차리고 군사들을 이끌어 급히 말을 몰았다. 조조는 달아나던 도중 그를 찾으러 나온 조인을 만나 한숨 돌린 후, 위급할 때 보라며 계책을 적은 봉투를 건네고 남군성을 굳게 지키게 한 후 허도로 돌아갔다.

이때 하구성은 싸움에서 크게 이긴 기쁨에 들떠 있었다. 그러나 관우만은 고개를 떨군 채 돌아와 공명에게 조조를 놓아준 벌을 청했다. 공명이 당장 그의 목을 베라고 엄명을 내렸다. 그러나 유비가 자리에서 벌떡 일어나 만류하자 공명은 마지못한 듯 관우의 목 베는 일을 뒤로 미루었다.

한편 주유는 적벽대전에서 승리하자 잔치를 베풀어 승전을 자축하며 장졸들에게 상을 내렸다. 주유는 그 기세를 몰아 남군南郡을 칠 준비에 나섰다. 이때 유비가 축하 사자로 보낸 손건이 주유를 찾아왔다.

손건을 본 주유가 예물도 받기 전에 물었다.

"현덕공은 지금 어디 계시오?"

"군사를 이끌어 유강油江 어귀에 머무르고 계십니다."

그 말에 주유는 얼굴색이 달라졌다.

"그대는 먼저 돌아가시오. 예물에 대한 답례는 내가 가서 하겠소."

손건을 쫓다시피 하며 서둘러 돌려보내자 노숙이 주유에게 그 까닭을 물었다.

"유비가 유강으로 간 것은 남군을 차지할 속셈이오. 우리가 막대한 병력을 희생하며 적벽 싸움에서 이겼는데 유현덕이 남군을 가로채려 하니 내가 그를 만나 달래 보겠소. 만약 듣지 않는다면 그의 목부터 벨 것이오."

주유는 노숙과 군사 삼천을 이끌고 유강으로 갔다. 주유가 군사를 이끌고 온다고 하자 공명이 그의 속셈을 헤아리고 강어귀에 군선을 늘여 세운 뒤 군마를 넓게 벌려 세우고 유비에게 귓속말로 주유에게 할 말을 일러주었다.

주유가 유강에 이르러 보니 유비의 군선들과 군마가 질서정연하게 늘어서 있는데 그 위세가 가볍지 않았다.

유비가 주유를 맞아 예를 갖추자 주유가 물었다.

"유 황숙께서 이곳에 군사를 옮긴 뜻은 남군을 차지하기 위한 것입니까?"

"도독을 돕기 위해서 왔을 뿐입니다. 그러나 만약 도독이 남군을 뺏지 못한다면 그때는 이 유비가 차지하겠습니다."

"우리는 한강 일대를 병합하기로 작정한 지 이미 오래 전이며 남군은 손안에 든 것이나 다름없소이다."

"싸움의 승패는 정해진 것이 아닙니다. 조조가 조인에게 남군 일대를 맡기고 갔소."

유비의 말에 주유가 분노의 기색을 띠며 말했다.

"만약 내가 뺏지 못하면 그때는 유 황숙의 뜻대로 하시오."

그 말을 남기고 동오로 돌아간 주유는 장흠에게 서성·정봉을 부장으로 삼아 정병 오천을 이끌고 나가 싸우게 하고 자신은 그 뒤를 받쳤다. 이때 조인은 남군에 머물며 조홍을 이릉으로 보내 그곳을 지키게 하고 어느 한편이 공격을 받으면 서로 접응키로 했다. 주유는 감녕에게 이릉을 공격하게 하고 자신은 남군으로 군사를 휘몰았다.

양군이 서로 일진일퇴의 공방전을 벌였다.

조인은 조조가 허도로 돌아가기 전에 준 계책에 따라 성을 비우고 군사를 매복시켰다. 주유는 성을 지키는 군사가 눈에 띄지 않자 성 안으로 밀고 들어갔다. 그러자 성벽 위에 몸을 숨기고 있던 조인의 군사들이 일제히 화살을 날렸고 화살 중 한 대가 주유의 왼편 옆구리에 꽂혔다. 서성과 정봉이 이를 보고 달려와 간신히 주유를 구해 성 밖으로 달려 나갔다. 동오군은 크게 패해 영채로 돌아갔다.

그러던 어느 날 주유는 진문마다 조기弔旗를 내걸게 하고 장수들로 하여금 큰소리로 온 진중이 떠나갈 듯 곡을 하게 했다. 이에 조인은 주유가 화살에 맞은 것을 본 터라 의심하지 않고 군사를 내어 주유의 영채로 밀고 들어갔다. 그러자 사방에서 주유의 매복군이 달려 나와 조인군을 덮쳐 조인은 크게 패하고 양양으로 달아났다.

주유는 조인을 뒤쫓지 않고 전군을 수습해 남군성으로 달려가 성 앞에 이르렀다. 그런데 성벽 위에 낯선 기가 펄럭이고 망루에는 범 같은 장수가 버티고 서 있었다.

"나는 상산의 조자룡이오. 명을 받들어 이 성을 거둔 지 오래이외다."

주유와 조인이 싸우는 틈을 타 공명이 조운에게 이 성을 차지하게 했던 것이다. 주유가 속이 뒤집혀 공격 명령을 내렸으나 성 위에서 화살과 쇠뇌가 빗발처럼 쏟아지자 하는 수 없이 군사를 물리고 말았다.

군사를 거둔 주유가 형주와 양양 두 성을 뺏은 후 남군을 치려고 하는데 뜻밖의 소식이 전해졌다. 형주는 이미 장비가, 양양은 관우가 차지했다는 소식이었다. 주유가 그 말을 듣고 울화가 치솟아 호통을 치는 순간 화살에 맞았던 상처가 터져 신음소리를 내며 쓰러졌다.

"한낱 촌놈인 공명을 죽여 한을 풀리라. 내가 그들과 결전을 벌이리라!"

그러자 노숙이 나서 만류했다.

"제가 현덕을 찾아가 그를 타일러 본 후 군사를 일으켜도 늦지 않을 것입니다."

여러 장수도 노숙의 말에 동의하자 주유는 노숙을 형주로 보냈다. 유비를 만난 노숙이 따져 물었다.

"조조가 강남으로 온 것은 실은 유 황숙을 치기 위해서였는데 우리 동오가 위기에서 구해드렸습니다. 그러니 형주의 아홉 고을은 당연히 우리 동오에 귀속된 것인데 황숙께서 속임수로 형주와 양양을 차지했습니다. 이는 대장부의 도리가 아니며 이치에도 맞지 않습니다."

그러자 공명이 나섰다.

"고명한 선비께서 어찌 그런 말씀을 하십니까? 형주와 양양은 원래 유표 공의 땅이었습니다. 우리 주공께선 유표의 아우가 되시며 그 아들 유기도 살아있습니다. 숙부가 조카를 도와 형주를 되찾는데 어찌 이치에 어긋난다 하십니까?"

유기가 선대를 이어받는다는 데는 노숙으로서도 할 말이 없었다. 노숙은 유기의 뜻을 알기 위해 유기를 청했다. 유기가 병풍 뒤에서 나와 병색이 짙은 얼굴로 노숙을 만났다.

"만약 공자께서 계시지 않을 때는 어찌하겠소?"

"그건 그때 가서 상의할 것이오."

"공자가 계시지 않는다면 성을 돌려주셔야 합니다."

"좋소이다."

주유에게 돌아온 노숙은 공명과 나눈 이야기를 들려준 후 좋은 말로 주유를 달랬다.

"유기는 주색이 지나쳐 병이 골수까지 스며들었으니 반년도 못 살 것입니다. 그때 형주와 양양을 차지한다면 유현덕도 어찌지 못할 것입니다."

주유가 여전히 화가 치밀어 얼굴을 붉히고 있는데 손권으로부터 사자가 와 합비를 치기 위한 원군을 보내라고 전했다.

주유는 그날로 군사를 되돌려 합비로 향했으나 상처가 덧나 자신은 시상에 머물고 정보를 보내 손권을 돕게 했다.

한편 형주와 양양 그리고 남군 세 성을 한꺼번에 얻게 된 유비는 이적의 천거로 마량馬良이라는 현인賢人을 얻게 되었다. 마량은 마 씨氏 다섯 형제 중 가장 어진 사람으로 눈썹 사이에 흰 털이 나 있어 '마 씨 형제 중 흰 눈썹[白眉, 여럿 중 가장 빼어남]이 가장 뛰어나다'고 말하고들 있었다. 그중 막내가 마속馬謖이었다. 마량은 유비에게 무릉武陵·장사長沙·계양桂陽·영릉零陵 네 고을을 거두어들이도록 권했다. 유비가 곧 장비를 선봉으로 삼아 영릉으로 진군하자 유도가 성문을 열고 항복했다. 이어 조운이 계양성을 떨어뜨리고 장비가 무릉을 빼앗았다.

장비와 조운이 각기 무릉과 계양을 뺏었다는 소식을 들은 관우가 자신이 장사를 뺏을 기회를 달라고 청했다.

"장사성에는 이전에 유표 밑에서 중랑장을 지낸 황충黃忠이란 노장이 있어 가벼이 여길 수 없소."

"그는 하찮은 늙은 장수요. 제게 오백의 군사만 주시면 그를 사로잡아 오겠습니다."

관우는 오백 명의 기병을 이끌고 그날로 장사를 향해 떠났다. 관우가 장사로 향했다는 소식에 황충이 나서려는데 그의 수하 양령이 관우와 맞서겠다고 나섰다가 삼합도 어우러지기 전에 청룡언월도에 목이 떨어졌다. 관우는 양령의 군사들을 덮쳐들며 성 아래까지 밀고 들어갔다. 그러자 황충이 오백의 기병을 거느리고 성을 나와 관우를 맞았다. 백여 합을 칼과 칼이 부딪고 말과 말이 엇갈렸으나 승부가 가려지지 않았다. 다음 날도 다시 오십여 합을 싸웠으나 승패가 나지 않자 관우는 슬며시 말 머리를 돌려 달아나다 황충이 바짝 뒤쫓자 갑자기 몸을 돌려 황충의 말 다리를 후려쳤다. 황충의 말이 앞굽을 꿇고 넘어지면서 황충이 말 아래로 굴러 떨어졌다.

"목숨을 살려 줄 테니 다른 말을 타고 오라."

황충은 목숨을 구해 간신히 말 위에 올라 성 안으로 들어갔다.

다음 날 아침이 되자 관우와 황충이 다시 맞붙었다. 한동안 싸우다 이번에는 황충이 말 머리를 돌려 달아났다. 관우가 그 뒤를 쫓는데 황충이 칼집에 칼을 꽂고 활을 꺼내 쏘았다. 황충은 큰 활을 쓰는데 그가 쏜 화살은 빗나간 적이 없었다. 그러나 관우가 어제 자기를 살려 보낸 일을 생각하니 차마 쏠 수 없어 살을 메기지 않고 쏘았다. 두 번째도 시위 소리만 났다. 세 번째는 화살을 메겨 쏘자 관우의 투구 끈을 맞혔다. 관우는 그제야 어제의 은혜를 갚기 위해 일부러 맞히지 않았음을 깨달았다.

황충이 성 안으로 들어가자 태수 한현韓玄이 일부러 관우에게 화살을 쏘지 않은 것을 알고 그를 성문 밖으로 끌어내 목을 베게 했다. 도부수들이 황충을 성문 밖으로 끌어내 목을 베려고 칼을 빼들었다. 이때 위연魏延이라는 장수가 나는 듯이 달려나와 한 칼에 도부수를 죽이고 소리쳤다.

"태수 한현은 난폭한 데다 어진 이들을 냉대하고 가볍게 여기는 자다. 오히려 그의 목을 베야 마땅하니 모두 내 말을 따르라!"

원래 위연은 양양에서 유비에게 가려다가 뜻을 이루지 못하고 한현에게 몸을 의탁하고 있었다. 위연은 성으로 뛰어들어 한 칼에 한현의 목을 베고 그 길로 관우에게 투항했다. 관우가 장사를 거두어들이자 유비와 공명이 장사성으로 들었다.

공명이 위연을 본 후 언젠가는 모반할 상이라며 그를 죽이려 하자 유비가 말렸다.

유비는 형주·양양·남군에 이어 무릉을 비롯한 네 고을을 평정하니 이제 의탁할 곳을 찾아 헤매던 이전의 유비가 아니었다.

양곡과 재화가 풍부해졌을 뿐 아니라 곳곳의 어진 선비들이 사방에서 몰려들었으며 명성을 천하에 떨치게 되었다.

그 무렵 손권은 적벽 싸움 이후 합비의 조조군을 상대로 십여 차례나 싸웠지만 승부를 가리지 못하고 있었다. 대치 상태가 계속되는 가운데 주유가 보낸 정보가 군사를 거느리고 손권을 구원하러 온다는 보고가 들어왔다.

손권이 그를 맞이하기 위해 나서는데 한발 먼저 노숙이 당도했다. 손권이 노숙과 합비를 칠 계획을 의논하고 있는데 조조의 장수 장요가 싸우자는 글을 보내왔다. 손권은 크게 화를 내며 그날 밤 군사를 이끌고 합비로 가 싸웠으나 조조의 장수 장요의 유인책에 걸려 태사자가 화살에 맞아 죽고 말았다.

용맹을 천하에 떨치며 손견 이래 삼 대를 섬겨온 태사자의 나이 마흔 하나였다.

한편 유비도 갑작스런 비보를 접하게 되었다. 오랫동안 지병에 시달리던 유기가 세상을 떠나고 말았다. 유비는 관우를 보내 유기가 있던 양양을 지키게 했다. 유기가 죽자 주유는 노숙으로 하여금 약조대로 형주 땅을 되돌려 받게 했다.

노숙을 맞은 유비가 술상을 마련해 대접했다.

"전에 황숙께서 유기가 세상을 떠나면 형주를 돌려주신다고 하셨는데 언제 돌려주시겠습니까?"

노숙이 유비에게 묻자 공명이 정색을 하며 대답했다.

"황숙께서는 중산정왕의 후예요, 효경황제의 후손이며 폐하의 숙부이신데 어찌 봉토封土(제후를 봉하여 준 땅) 얼마쯤을 차지할 수 없단 말이오? 게다가 유표의 아우로서 형님의 기업을 이어받는 것인데 어찌 도리에 어긋난다 하겠소? 또한 적벽 싸움에서도 우리 주공은 여러 장수와 함께 조조의 군사를 물리쳤으며 내가 동남풍을 빌어주지 않았더라면 동오는 조조의 말발굽 아래 짓밟히고 말았을 것인데 어찌 공은 이를 헤아리지 못한단 말이오?"

"제가 황숙께 약조를 받아 갔는데 이제 와서 딴 말을 하시면 제가 돌아가 무슨 말을 해야겠소?"

"주공께서 서촉 땅을 얻는다면 형주를 돌려드리겠소."

공명이 이렇게 대답하자 노숙도 이에 따르지 않을 수 없었다.

유비가 즉시 증서를 쓰고 공명이 보증인이 되어 서명한 증서를 노숙에게 건넸다.

노숙이 주유에게 돌아가 증서를 꺼내 보이자 주유는 또 한번 공명에게 속았다며 펄쩍 뛰었다. 그럴 즈음 유비의 아내 감부인이 세상을 떠났다는 소식이 전해졌다.

"이제 유비를 사로잡고 형주를 되찾을 수 있게 되었소."

주유는 유비의 아내가 죽었다는 소식을 듣고 얼른 한 계교가 떠올라 기뻐하며 노숙에게 말했다. 주유의 계교란 손권의 누이와 유비의 청혼을 성사시킨다는 핑계를 대고 유비를 유인해서 사로잡아 놓고 형주와 맞바꾼다는 것이었다.

주유가 손권에게 그 계교를 전하자 손권은 즉시 여범을 보내 유비에게 혼담을 건넸다.

여범의 말에 유비가 의심이 일어 주저하자 공명이 청혼에 응하도록 권했다.

"주유의 계교라는 걸 저도 알고 있습니다. 손권에게 가실 때 조자룡을 데리고 가시되 계책을 적은 비단 주머니 세 개를 드릴 테니 위급할 때마다 차례대로 그 계책을 펴십시오."

공명이 유비를 재촉하며 말했다. 유비는 곧 조운과 함께 군사 오백을 거느리고 남서南徐로 떠났다.

배가 남서에 닿자 공명이 준 첫째 주머니를 열어 보니 교국로喬國老를 만나라고 적혀 있었다. 교국로는 두 딸의 아버지로 언니인 대교는 손책의 부인이며 동생인 소교는 주유의 아내였다. 유비는 군사들을 풀어 자신이 동오에 장가들러 왔다는 소문을 퍼뜨리게 하고 교국로를 만나 혼사를 전하며 사례했다. 교국로는 곧바로 손권의 어머니 태 부인을 찾아가 딸이 유비와 혼인하게 된 것을 축하했다.

태 부인은 딸의 혼담에 대해 모르고 있다가 깜짝 놀라 손권을 불러 꾸짖었다.

"그런 큰일을 어찌 내게 한마디 의논도 없이 추진하느냐?"

"주유가 계책을 편 것입니다. 만약 일이 뜻대로 되지 않으면 유현덕을 죽여 화근을 없애려는 계교일 뿐입니다."

손권이 실토하자 태 부인이 대뜸 화를 냈다.

"만약 유비를 죽인다면 내 딸은 생과부가 되지 않느냐?"

교국로가 태 부인을 거들었다.

"그런 계략으로 형주를 얻은들 천하가 비웃을 것입니다."

태 부인이 교국로의 말을 듣더니 손권에게 일렀다.

"내가 내일 유현덕을 불러 선을 보고 결정하겠다."

다음 날 감로사란 절에서 유비를 만난 태 부인은 유비의 당당한 풍모를 보고 흡족해하며 기쁨을 감추지 못했다. 곧 길일을 택해 성대한 혼례식을 치렀다. 첫날밤을 치른 유비와 손 부인의 정분이 더욱 두터워져 갔다. 손권은 일이 엉뚱하게 풀리자 크게 당황하며 이 사실을 주유에게 알렸다. 주유는 유비를 오래도록 그곳에 머물게 하여 공명과 관우, 장비에게 멀어지게 한 뒤 군사를 일으키는 계책을 내었다.

손권은 유비가 거처하는 곳을 호화롭게 꾸미고 가무에 능한 수십 명의 시녀와 금·옥·비단 등 진귀한 물건을 보냈다. 유비는 손권이 바라는 대로 풍류와 손 부인에게 빠져 형주로 돌아갈 생각을 하지 않았다.

유비가 이렇게 가는 세월을 잊고 있자 답답한 건 조운이었다. 조운은 문득 공명이 건네준 비단 주머니가 생각나 두 번째 주머니를 열어 본 후 유비에게 고했다.

"군사께서 사람을 보내 알려오기를 조조가 오십만 대군을 일으켜 형주로 오고 있다 합니다. 서둘러 형주로 가셔야겠습니다."

유비가 손 부인과 의논하자 손 부인이 생각에 잠겨 있다가 가만히 입을 열었다.

"정월 초하룻날 아침, 어머님께 강변에 나가 조상님께 제사를 지내겠다고 여쭙고 저와 함께 동행하시지요."

유비는 손 부인의 말에 따라 태 부인에게 허락을 받은 후 함께 형주로 떠났다. 뒤늦게 이 사실을 안 손권은 진무와 반장에게 오백 명의 기병을 주어 쫓게 하고 다시 장흠과 주태에게 허리에 차고 있던 칼을 끌러 주며 유비와 손 부인의 목을 베어오게 했다.

　한편 유비가 길을 재촉해 형주로 달려가는데 서성과 정봉이 군사를 거느리고 앞을 가로막았다. 언젠가는 유비가 달아날 것이라 여긴 주유가 서성과 정봉을 매복해 두었던 것이다. 유비가 위급에 처하자 조운은 세 번째 주머니를 펴본 후 유비에게 그 계책을 건네주었다.

　유비는 그 계책을 본 후 손 부인에게 '손권과 주유가 짜고 손 부인을 미끼로 자신을 불러들여 형주를 거두어들이려는 계략을 꾸몄다.'고 말한 후, 서성과 정봉이 물러나게 해달라고 청했다. 그 말을 들은 손 부인이 서성과 정봉을 큰소리로 꾸짖으니 두 장수도 감히 길을 막지 못했다.

　유비가 말을 재촉해 유랑포라는 곳에 이르렀을 때 공명이 이십여 척의 배를 타고 마중을 나왔다. 유비와 공명이 배를 재촉해 형주로 향하는데 왼편에는 황개 오른편에는 한당을 거느린 주유가 수군을 이끌고 왔다. 공명은 북쪽에 배를 대고 뭍으로 오르게 한 후 미리 매어 둔 말 위에 올라 말을 몰았다. 주유도 뭍에 올라 뒤쫓았으나 모두 배를 타고 온 수군들이라 장수들 외에는 말이 없어 달음박질로 뒤쫓았다. 주유의 군사들이 한동안 유비를 뒤쫓는데 홀연 북소리가 크게 울리더니 맞은편 계곡에서 관우가 나타났고 왼쪽에서는 황충이, 오른쪽에서는 위연이 군사를 몰아왔다. 급습을 당한 주유는 제대로 싸워보지도 못한 채 많은 군사를 잃고 달아났다.

공명이 그들을 뒤쫓아 배에 오르려는 주유를 향해 군사들로 하여금 소리치게 했다.

"주유의 묘한 계책에 천하가 편안할 줄 알았더니 손 부인을 바치고 군사마저 꺾였네!"

그 소리를 들은 주유는 치솟는 울분을 가누지 못해 상처가 터져 배 위에 쓰러지고 말았다. 이 소식은 손권에게 전해졌다. 손권이 분노를 이기지 못한 채 정보를 도독으로 삼아 형주를 치려했으나 장소가 유비와 싸운다면 조조가 군사를 일으킬 것을 걱정했다. 그러자 모사 고옹이 계책을 냈다.

"천자께 상주해 유현덕을 형주자사로 천거하신다면 우리와 유현덕이 굳게 손잡고 있는 것으로 여겨 감히 공격할 엄두를 내지 못할 것입니다. 기회를 보아 유현덕과 조조를 이간시켜 다투게 한다면 우리가 형주를 빼앗을 수 있을 것입니다."

손권이 그 말에 고개를 끄덕이며 화흠華歆을 조조에게 보냈다.

그 무렵 조조는 업군에 쌓게 했던 동작대가 완성되자 크게 잔치를 열었다. 조조가 흐뭇한 마음으로 붓을 들어 시를 지으려 하는데 수하 한 사람이 와서 고했다.

"동오에서 화흠이 유비를 형주자사로 부임시켜 달라는 표문을 가지고 왔습니다. 또한 손권은 그의 누이를 유비에게 시집보냈다고 합니다."

그 말을 들은 조조는 안색이 달라지며 붓을 떨어뜨렸다. 곁에서 보고 있던 정욱이 조조가 그토록 놀라는 까닭을 물었다.

"유비가 형주를 얻었으니 용이 바다에 든 격이네."

정욱이 고개를 저으며 말했다.

"손권은 오래 전부터 유비를 치려했으나 그 틈을 타 승상께서 동오를 칠까 두려워하고 있습니다. 그래서 유비를 형주자사로 삼아 그를 달래놓고 승상께서도 동오를 엿보지 못하게 하려는 수작입니다."

"그렇다면 어찌하면 좋겠소?"

"손권이 가장 믿고 있는 것은 주유입니다. 그러니 주유를 남군태수로, 정보를 강하태수로 임명하십시오. 지금은 그곳이 다 유비의 땅이므로 주유와 정보는 유비와 싸울 수밖에 없습니다. 화흠에게는 벼슬을 내려 허도에 머물게 하신 후 주유가 유비와 싸울 때를 기다리십시오."

조조는 정욱의 말에 따라 주유를 남군태수로, 정보를 강하태수로 임명하고 화흠에게도 벼슬을 내려 허도에 머물게 했다. 남군태수가 된 주유는 노숙을 다시 유비에게 보내 형주 반환을 재촉했다. 그러나 유비는 아직 서천을 뺏지도 못한 채 형주를 돌려줄 수 없다고 말했다. 이에 주유는 자신이 서천을 뺏어 유비에게 줄 테니 서천을 치러 갈 때 형주를 통과하게 해달라고 했다. 유비가 성에서 나와 주유를 맞을 때 유비를 죽이고 형주를 차지할 속셈이었다. 노숙이 다시 찾아오자 공명은 주유의 속셈을 짐작했으나 유비에게 제의를 받아들이라고 했다.

"이번에야말로 공명이 내 계략에 걸려들었구나!"

주유는 상처가 거의 아물자 물과 뭍의 군사 오만 명을 거느리고 형주로 향했다. 이윽고 선봉이 하구에 이르렀을 때 미축이 마중을 나와 유 황숙께서 성문 밖에 나와 기다리고 있다고 전한 뒤 돌아갔다.

그러나 형주성 십 리 밖에 이르렀어도 마중 나온 사람 하나 없이 멀리 성에 두 개의 백기가 꽂혀 있을 뿐 인기척이 없었다.

"동오의 주 도독께서 오셨으니 성문을 열라."

마침내 성 아래에 이르러 동오 군사들이 외치자 갑자기 딱따기 소리가 나며 군사들이 땅에서 솟듯 성 위에 늘어서서 창검을 쳐들었다.

군사들 가운데 조운이 불쑥 나서며 외쳤다.

"공명 군사께서 이미 도독의 계략을 알고 이 조운에게 이곳을 지키게 했소. 도독은 내게 볼일이라도 있소?"

조운이 그 말과 함께 창을 번쩍 들었다. 순간 주유는 이를 부드득 갈았다. 이번에도 공명이 자신의 계략을 꿰뚫어보고 있었다는 말에 분기가 치솟았다. 그때 군졸 하나가 달려와 알렸다.

"관우, 위연, 장비, 황충이 사방에서 군사를 이끌어 오고 있습니다."

그 소리에 주유가 불같이 화를 내며 군사들에게 고함쳐 명을 내리려 하자 간신히 낫기 시작한 상처가 한꺼번에 터져 피를 토했다. 장수들이 주유를 부축해 배로 갔다. 그때 손권의 사촌 아우 손유가 원병을 이끌고 달려오자 주유가 대오를 수습해 진격하려는데 형주에서 보낸 사자가 와 공명의 서한을 전했다.

지난날 시상에서 헤어진 이래 항상 그리워하던 터에 이번에 서천을 치러 가신다기에 글을 보내는 바요. 서천의 군사는 강하고 지세가 험준하니 지친 군사를 이끌고 가면 가볍게 떨어뜨리기 힘들 것이오. 게다가 조조가 이틈을 타 군사를 낸다면 강남은 쑥대밭이 될 것이니 이를 밝게 헤아리도록 하신다면 그보다 더한 다행이 없겠소.

주유는 그 글을 보고 탄식을 토해낸 후 종이와 붓을 가져오게 했다. 이미 자신의 목숨이 오래가지 않으리라 짐작하고 손권에게 유언을 전하기 위해서였다. 주유가 글을 다 쓴 후 장수들을 불러 모아 말했다.

"내가 충성을 다하려 했으나 이제 천명이 다한 것 같소. 부디 주공을 잘 받들어 대업을 이루도록 하오."

그 말과 함께 주유는 하늘을 우러러 탄식했다.

"하늘이 이 주유를 낳고, 왜 또 공명을 낳았단 말인가!"

주유는 몇 마디를 더 중얼거린 후 홀연히 숨을 거두니 그의 나이 서른여섯, 건안 15년 12월 초사흘이었다.

손권은 주유가 죽었다는 소식을 듣고 목 놓아 울었다. 손권은 주유의 유언에 따라 노숙을 도독으로 삼고 주유의 장례를 성대히 치렀다. 공명은 조운과 군사 오백 명을 거느리고 주유의 문상을 갔다. 동오의 장수들은 공명을 죽이려 했으나 조운이 눈을 부릅뜨고 공명의 곁을 지키고 있자 감히 손을 쓸 수가 없었다.

공명은 주유의 영전에 제문을 읽으며 소리 내어 울었다. 문상이 끝나자 공명이 강가로 가 배에 오르려는데 죽관竹冠을 쓴 한 사내가 옷깃을 잡으며 말했다.

"게 섰거라! 주유의 화를 돋우어 죽여 놓고는 조문을 오다니……. 동오에도 눈뜬 사람이 있다는 걸 모르느냐?"

공명이 놀라 그를 보니 봉추 선생 방통이었다. 공명과 방통은 소리 내어 껄껄 웃으며 함께 배에 올라 지난 일에 대한 이야기를 나누었다. 공명은 방통에게 손권이 중용해 주지 않는다면 유비에게 올 것을 권하고 글 한 통을 써 주었다.

방통은 공명의 말에 쾌히 응낙했다. 방통과 헤어진 공명은 형주로 돌아갔다.

한편 동오의 도독이 된 노숙은 손권에게 방통을 천거하고 그를 크게 써 줄 것을 진언했다. 그러나 손권은 방통의 못생긴 외모와 퉁명스런 목소리를 마땅치 않게 여겼다. 방통도 손권에게 실망해 공명의 권유대로 유비에게로 갔다. 유비도 그의 꾀죄죄한 풍채에 실망한 나머지 처음에는 뇌양현이란 작은 고을의 현령으로 부임시켰다. 때마침 공명이 그곳에 없어 방통도 하는 수없이 뇌양현으로 갔으나 장비가 그의 뛰어난 재주를 알아보고 천거해 부군사副軍師 중랑장中郎將으로 삼았다.

유비는 이제 지난날 수경 선생 사마휘가 말한 복룡과 봉추, 두 사람을 그의 휘하에 두게 되니 호랑이가 날개를 단 듯한 기세였다.

유비가 방통을 얻어 부군사로 삼았다는 소식은 조조의 귀에도 들어갔다. 군세를 키우던 유비가 머지않아 북방을 정벌할 기세라는 보고를 들은 조조는 군사를 일으켜 남쪽을 치려했으나 서량태수 마등이 출정한 틈을 타 허도를 침범할 것을 걱정했다.

순유가 조조에게 계책을 말했다.

"마등에게 정남장군을 제수한다는 조서를 내려 허도로 불러들인 뒤 없애면 될 것입니다."

조조는 순유의 말을 좇아 마등에게 사자를 보냈다. 마등은 한나라의 명장 복파장군 마원의 후손으로 키가 팔 척에 씩씩하고 용맹스런 데다 마음이 어질어 그를 공경하지 않는 사람이 없었다. 영제 말년에 강족光族의 난이 일어났을 때 의병을 모아 그 난을 평정하는 등 공을 세워 정서장군征西將軍에 제수되었으며 진서장군鎭西將軍인 한수와는 형제의 의를 맺은 사이였다.

마등은 지난날 천자의 밀조를 받들어 동승, 유비 등과 함께 연판장에 서명하고 조조를 제거하려 했으나 뜻을 이루지 못했던 터였다. 뜻밖에 조조가 천자의 칙명을 빌려 허도로 부르니 의심이 일었으나 천자의 명을 거절할 수도 없었다. 이에 장남 마초에게 서량을 지키게 하고 차남 휴休와 철鐵, 조카 마대馬岱, 군사 오천을 거느리고 허도로 향했다. 마등이 허도성 거리 밖에 이르러 군사를 머물게 하고 조조의 동태를 살피고 있는데 조조가 보낸 문하시랑^{門下侍郎} 황규가 마중을 나왔다. 황규는 이전부터 역적 조조를 암살하려고 기회를 노리고 있었다. 마등이 술자리를 마련해 황규를 대접하는 자리에서 황규가 말했다.

"내일 조조가 공의 군사를 사열할 때 그를 치도록 하십시오."

마등은 황규의 말에 따르기로 했다. 그러나 이 일이 사전에 조조의 귀에 들어가고 말았다. 조조는 조홍과 허저, 하후연과 서황을 보내 마등, 마철, 마휴를 죽였고 후진에 군사 천 명을 거느리고 있던 마대만은 간신히 서량으로 달아났다.

마등을 없애자 조조는 남방 정벌을 위해 삼십만 대군을 일으키고 합비에 있는 장요에게도 이 사실을 알렸다.

조조가 군사를 일으키자 이 소식을 접하게 된 강동의 손권은 유비에게 구원을 청했다.

유비가 공명에게 대책을 물었다.

"조조가 평생을 두고 염려한 것이 서량의 군사들입니다. 조조가 마등을 죽였으니 마초는 조조에게 이를 갈고 있을 것입니다. 마초에게 사람을 보내 동맹을 맺은 후 허도로 향하는 길목으로 군사를 이끌어 오게 한다면 조조는 강남을 엿볼 겨를이 없을 것입니다."

공명의 말에 유비는 사자를 서량으로 보냈다. 아버지 마등의 죽음을 알고 목 놓아 울며 아버지의 한을 씻겠다고 다짐하던 마초는 유비가 보낸 사자가 오자 그 자리에서 유비의 뜻에 따르기로 하고 서량태수 한수의 군사를 합쳐 이십만 대군을 일으켜 장안으로 진격했다. 장안군수 종요가 이 사실을 조조에게 알리는 한편 서량군을 맞았으나 성을 빼앗긴 채 달아나고 말았다.

조조는 남쪽으로 밀고 갈 겨를도 없이 마초를 맞이하기 위해 군사를 돌렸다. 조조가 진세를 벌인 후 서량군을 살펴보았다. 서량군은 굳세고 용맹스러운 것이 모두 영웅의 기개를 갖춘 듯했으며, 마초는 얼굴에 분을 바른 듯 희고 입술이 붉고 어깨가 떡 벌어져 눈에 띄었다.

마초는 양쪽에 방덕麗德과 마대를 거느리고 있었다.

'용맹은 강족이라더니 사실이었구나!'

조조가 마초를 보고 감탄해 마지않았다. 마초는 조조를 보자 창을 치켜들고 말을 몰았다. 조조 진영에선 우금이 나섰으나 마초를 당해내지 못했고 장합과 이통까지 나섰으나 마초의 창에 찔려 죽고 말았다. 기세가 오른 서량군이 조조군에게 덮쳐들자 조조군은 우왕좌왕하다 무너지고 말았다. 이때 마초와 방덕·마대가 백여 기병을 이끌고 본진으로 쳐들어가자 조조는 달아날 길을 찾았다.

"수염이 길게 난 놈이 조조다. 그 자를 찾아라!"

조조는 그 외침에 황급히 칼로 수염을 싹둑 자르며 달아났다.

"조조는 달아나지 마라!"

뒤에서 은빛 갑옷을 걸친 마초가 한 떼의 기병을 거느리고 뒤쫓아 오다 뒤에서 창을 던졌다. 조조가 황급히 숲속으로 뛰어드니 창이 나무에 박혔다.

마초가 창을 뽑는 사이 때마침 조홍이 달려 나와 마초를 맞자 조조는 가까스로 목숨을 보전해 영채로 돌아왔다.

조조는 방비를 단단히 한 다음 성을 굳게 지키며 나가 싸우지 않았다. 그러는 동안 서량군은 새로운 병력을 증강시켰다. 조조는 적군이 계속해서 군세를 늘릴 때마다 기뻐하며 소리 내어 웃었다.

장수들이 조조의 웃음에 영문을 몰라 어리둥절해 했다. 그러자 허저가 계책을 냈다.

"마초가 이곳으로 군사를 불러들이고 있으니 하서河西는 비어 있는 거나 다름없습니다. 이때 우리 군사 한 갈래로 하여금 적이 돌아갈 길을 끊은 후 위수 북쪽을 치신다면 적은 앞뒤가 호응할 수 없으니 크게 무너질 것입니다."

서황의 말에 조조가 무릎을 치며 말했다.

"그대의 말이 바로 나의 계책이었네."

마초가 동관에 군사를 집결시키자 조조가 기뻐한 것은 바로 그런 연유에서였다. 조조는 서황·주령으로 하여금 하서에 매복토록 하고 조홍에게는 배와 뗏목으로 위수 북쪽으로 건너가 마초의 뒤를 치게 했다. 그러나 조조 군사의 이러한 움직임은 세작에 의해 마초에게 전해졌다.

마초는 조조군이 강에서 배에 오르기를 기다렸다가 급습했다. 조조군이 앞 다투어 배에 오르려고 아우성을 치며 서로 뒤엉키니 강변은 그야말로 아비규환이었다.

"승상께서는 어서 배에 오르십시오."

등 뒤쪽에서 말발굽 소리와 함성이 점점 가까워지자 허저가 조조를 등에 업고 훌쩍 뛰어 배 위로 올랐다. 허저가 힘을 다해 싸워 조조는 가까스로 강 언덕에 이르러 목숨을 구했다.

들판에 세운 진영으로 들어간 조조는 마음속은 쓰라렸으나 짐짓 껄껄 웃으며 말했다.

"내가 오늘 어린 역적놈 때문에 곤욕을 치렀구나."

한편 조조군을 크게 꺾은 마초는 조조를 등에 업고 배에 뛰어오른 장수 때문에 조조를 놓쳤다며 한수를 보고 안타까운 심사를 털어놓았다. 한수가 짐작이 간다는 듯 고개를 끄덕이며 말했다.

"오늘 조조를 구한 자는 틀림없이 허저일 걸세. 그는 성난 소의 꼬리를 끌어당길 힘을 가진 자로 사람들은 그를 '호치虎痴(호랑이처럼 미련함)'라고 한다네."

양군이 일진일퇴를 거듭하던 어느 날 허저가 마초에게 싸우자는 글을 보냈다. 마초도 즉시 허저가 청한 싸움에 응했다. 마초가 먼저 창을 비껴들고 말을 박차고 달려 나가자 허저도 마주 달려 나와 칼과 창이 부딪치며 한바탕 불꽃이 이는 싸움이 벌어졌다. 그러나 백여 합을 부딪쳐도 승부가 나지 않자 두 장수보다 말이 지쳐 비틀거렸다.

"말이 지쳤다. 갈아타고 와서 싸우자."

두 장수는 각기 자기 진으로 달려가 말을 갈아타고 와서 맞섰다. 그들은 또 백여 합을 싸웠으나 승부가 나지 않았다. 허저는 분을 삭이지 못해 씩씩거리더니 갑자기 말을 돌려 영채로 돌아와 갑옷을 다 벗고 알몸에 칼 한 자루만 들고 다시 말 위에 올라 마초를 향해 덤벼들었다. 두 호랑이의 세 번째 싸움에서 다시 삼십여 합을 겨루었으나 여전히 승부가 나지 않자 양군은 각기 영채로 군사를 물렸다.

계책으로 싸우지 않고는 마초를 꺾을 수 없다고 여긴 조조는 서황과 주령에게 마초군의 뒤쪽에 진영을 만들어 앞뒤에서 협공할 채비를 갖추게 했다.

조조는 여포와 버금가는 용맹을 지닌 마초를 꺾는 길은 지략밖에 없다고 여겼다. 이에 계략을 써 마초와 한수를 이간시켜 서로 싸우게 한 뒤, 세력이 꺾인 마초를 협공해 패퇴시켰다. 조조에게 패한 마초는 방덕·마대와 함께 천여 기의 지친 군사를 이끌고 농서의 임조 땅을 향해 달아났다.

한중漢中 땅 한녕漢寧태수는 장로張魯라는 자였다. 그는 조조가 마초를 물리치고 위세를 떨치고 있다는 소식을 듣자 크게 놀랐다. 조정에서는 한중 땅이 워낙 멀리 있는데다 지세 또한 험준해 장로에게 진남중랑장의 벼슬을 내려 태수를 겸하게 하고 해마다 조공을 바치게 했다.

장로는 조조가 서량의 마초까지 물리쳤으니 반드시 한중 땅을 노릴 것이라 여겼다. 그는 조조의 위세에 눌려 맞서 싸울 엄두를 못 내고 대신 유장이 다스리는 서천(익주)의 마흔네 개 고을을 먼저 뺏어 그 기반을 넓힌 뒤 기회를 엿보기로 했다.

익주의 유장은 유언의 아들로 이전에 장로의 어머니와 동생을 죽인 일이 있어 장로와는 불구대천의 원수였다. 천성이 유약

한 유장은 장로가 쳐들어온다는 소식을 듣고 황급히 문무백관들을 불러 대책을 의논했다.

"주공께서는 염려 마십시오. 제가 허도로 가 조조로 하여금 군사를 일으켜 장로를 치도록 설득하겠습니다. 그렇게 되면 장로는 우리 땅을 넘볼 겨를이 없을 것입니다."

장송張松이 나섰다. 그는 뾰족 머리에 이마는 톡 튀어나온 데다 들창코요 뻐드렁니였다. 키마저 오 척에 불과했고 목소리는 깨진 종소리 같았다.

유장은 장송의 말에 기뻐하며 금은보석과 비단을 예물로 갖추어 주고 허도로 떠나게 했다. 장송은 떠나기 전 서천 고을의 산천 계곡과 고을, 성의 위치, 그리고 말이 달릴 수 있는 길 등을 한눈에 볼 수 있는 지도를 그려 품에 넣고 허도로 향했다.

이 소식은 곧 형주에도 전해졌다. 공명은 사람을 허도로 보내 그 뒷 소식을 염탐케 했다.

그때 조조는 마초를 쳐 쫓은 뒤라 날마다 술잔치를 벌이고 있었다. 장송은 허도에 도착한 지 며칠이 지나서야 조조를 만날 수 있었다.

"네 주인 유장은 어찌하여 해마다 조공을 바치지 않는가?"

조조는 장송을 보자 대뜸 꾸짖기부터 했다.

"길이 멀고 험한 데다 도적이 많기 때문입니다."

"내가 중원을 평정해 천하가 태평하니 도적이 있을 리 없다."

"한중에 장로, 형주에 유비, 남에는 손권이 있는데 어찌 천하가 태평하다고 하십니까?"

그렇지 않아도 장송의 망측스런 몰골에 비위가 상해 있던 조조는 장송의 입바른 소리에 자리를 뜨고 말았다.

이때 승상 휘하에서 창고 일을 맡고 있는 양수楊修가 장송이 조조 앞에서도 굽힘없이 빈정대듯 하자 은근히 감탄하는 마음이 일어 슬며시 서원으로 이끌었다. 장송도 양수가 범상치 않은 인물임을 알아보고 그와 상대로 대화를 나누었다.

양수는 조조가 지은 병법서인 『맹덕신서孟德新書』를 장송에게 보여주며 조조의 높은 재주를 칭송했다. 장송이 그 책을 죽 훑어본 후 말했다.

"이 책은 전국시대의 어느 선비가 쓴 책으로 승상이 그걸 베껴 쓴 것이오."

장송은 그렇게 말한 후 비단 전포 『맹덕신서』의 내용을 처음부터 끝까지 한 구절도 빠짐없이 외웠다. 양수가 책을 보며 확인하니 한 자도 틀린 곳이 없어 감탄해 마지않았다.

양수는 그 길로 조조 앞에 나아가 장송이 귀재임을 칭찬하고 다시 만나보라고 권했다. 조조는 장송의 기를 꺾어 놓기 위해 군사들의 사열을 보여 주기로 했다.

다음 날 양수가 장송을 데리고 조련장으로 갔는데 조조의 정예군 오만을 도열시키니 그 기세가 웅대하고도 굳세 보여 사람과 말이 금방이라도 하늘로 치솟을 듯했다. 조조가 장송을 불러 물었다.

"서천에도 이런 군사가 있는가?"

"서천에는 이러한 군사는 없습니다. 다만 인의仁義로서 백성들을 다스릴 뿐입니다."

장송이 그렇게 잘라 말하자 장송의 오만한 태도와 빈정대는 말투에 조조의 얼굴빛이 달라졌다. 그러나 장송은 조금도 두려워하는 빛이 없었다.

조조는 마침내 화를 터뜨리며 장송의 목을 베게 했다. 그러자 양수와 순욱이 간곡히 말려 조조는 곤장을 쳐서 내쫓았다.

장송은 원래 서천 땅을 조조에게 바치려 했으나 조조의 무례함에 실망해 서천으로 돌아가려 했다. 그러나 맨손으로 돌아갈 수는 없었다.

장송은 문득 유비를 만나보기로 하고 형주로 향했다.

이때 공명은 염탐꾼을 통해 장송이 허도를 떠난 사실을 알고 있었다. 장송이 형주로 향하던 중 한 떼의 군마가 마주 달려오더니 선두의 장수가 말에서 내려 예를 표하며 말했다.

"익주의 장 별가님이 아니시오? 조운이 오시기를 기다린 지 오래입니다."

군사들이 준비해 온 음식을 장송에게 바쳤다. 장송이 조운과 술잔을 나눈 후 형주로 향하는데 형주 경계에 이르자 이번에는 관우가 백여 명의 군사와 함께 북을 치며 장송을 맞았다.

일행이 말위에 올라 길을 가는데 사오 리를 채 못가 유비가 공명과 방통을 데리고 장송을 마중 나왔다. 유비는 장송을 형주성으로 청해 잔치를 베풀며 극진히 대접했다.

그로부터 사흘이나 장송을 위해 매일 잔치를 베풀었으나 유비는 서천에 대한 말은 입에 담지도 않았다. 이윽고 장송이 하직을 고하고 떠나려 하자 유비는 십 리 밖까지 나와 배웅하며 석별의 정을 나누었다.

"이제 떠나가시면 언제 다시 봐올 수 있겠소?"

유비가 눈물을 흘리며 이별을 아쉬워하자 장송이 감격하며 마침내 서천 땅을 유비에게 바치기로 마음을 정하고 입을 열었다.

"익주는 지형이 험해 천연의 요새를 이루고 있는 데다 기름진 땅이 천 리나 되고 백성들은 풍족하고 넉넉합니다. 거기다 어진 선비들은 황숙의 덕을 흠모하고 있습니다. 황숙께서 군사를 이끄시어 서천을 취하신다면 패업을 이루심은 물론 한의 왕실도 다시 일으킬 수 있을 것입니다."

장송이 속마음을 털어놓았다. 그러나 유비는 고개를 저으며 말했다.

"공의 뜻은 고마우나 유장은 나와 종친이며 그곳 촉蜀 땅을 다스리며 은덕을 베풀어 온 지도 오래이오. 다른 사람도 아닌 제가 어찌 그 땅을 뺏을 수 있겠소?"

"제가 주인을 거슬러 영화를 얻고자 함이 아니외다. 주인 유장이 비록 익주 땅을 다스리고 있으나 우매하고 나약합니다. 만약 서천을 공략할 뜻이 있으시다면 제가 안에서 접응토록 하겠습니다."

장송이 그렇게 말하며 유비를 채근했다. 유비도 그제야 마지 못한 듯 장송의 말에 고개를 끄덕였다.

장송이 소매 속에서 지도를 꺼내 유비에게 넘겨주며 말했다.

"이 지도를 보시면 촉 땅의 모든 길을 알 수 있을 것입니다. 저와 뜻을 같이하는 벗이 있는데 법정法正과 맹달孟達이라 합니다. 그 두 사람도 유 황숙을 도울 테니 이 일을 빨리 도모하도록 하십시오."

장송은 작별을 고하고 서둘러 익주로 향했다.

유장은 허도로 갔던 장송이 돌아오자 급히 물었다.

"그래, 허도로 갔던 일은 어찌되었소?"

"조조는 한의 역적인 데다 우리 서천까지 넘보고 있었습니다. 형주의 유 황숙은 주공과는 종친이며 성품이 너그럽고 어지신 분입니다. 주공께서는 유 황숙에게 사자를 보내 화친을 맺도록 하십시오."

장송의 말에 유장은 얼굴이 밝아지며 그 말에 따랐다.

장송은 법정과 맹달을 사자로 천거해 군사 오천을 주어 유비에게 화친을 청하는 글을 전하게 하고 유비를 맞아들이려 했다.

이때 조정의 대신중 황권黃權, 왕루王累가 나서 유비와의 화친을 반대했으나 유장은 그들을 꾸짖으며 물리쳤다.

유비는 법정이 오자 잔치를 열어 후히 대접한 후 공명을 불러 관우·장비·조운과 함께 형주를 지키게 했다.

자신은 방통·황충·위연과 함께 오만의 보병과 기병을 이끌고 서천으로 진군했다.

봉추를 잃은
유비

때는 건안 16년(서기 211년) 10월 유비가 서천을 향해 군사를 이끈 지 얼마 지나지 않아 맹달이 오천 명의 군사를 거느리고 마중을 나왔고 뒤이어 유장 스스로 부성까지 나와 영접했다. 이때 황권·왕루가 다시 유장을 말렸으나 유장은 귀를 기울이지 않았다.

유장은 삼만 명의 인마를 거느리고 부성으로 가 유비를 맞앗다. 유비와 유장은 각기 형제의 예로 대했다. 유장이 잔치를 열어 유비를 대접하며 서로 돕기를 약속했다. 유비를 만난 유장은 잔치가 끝나자 크게 기뻐하며 장송에게 상을 내렸다.

이때 유비는 잔치 자리에 유장을 청해 그를 죽이자는 방통의 말을 물리쳤다. 유비에게 승낙을 받을 수 없다고 여긴 방통은 몰래 잔치 자리에 위연을 불러 칼춤을 추는 체하다 기회를 보아 유장을 죽이도록 했다.

주연이 무르익자 위연이 흥을 돋우기 위해 칼춤을 추겠다고 청하자 유비도 선선히 허락했다. 그러자 유장의 종사 장임張任이 눈치 채고 위연과 함께 칼춤을 추며 유장의 앞을 가로막았다. 이에 방통이 유봉에게 눈짓을 하자 유봉이 나섰고 유장의 장수 유괴·냉포·동현 등이 칼을 빼들고 춤을 추기 시작했다. 그제야 유비는 이 칼춤이 심상치 않은 뜻이 있음을 알고 칼을 뽑아들고 자리에서 일어나 소리쳤다.

"우리 형제가 만나 즐거운 마음으로 술을 마시고 있거늘 웬 칼춤인가? 모두 칼을 놓지 않으면 내가 목을 베리라!"

유장도 유비가 노한 이유를 깨닫고 서천의 장수들을 꾸짖어 물리쳤다. 하마터면 잔치 자리가 피비린내로 얼룩질 뻔했으나 유비가 이를 막아 주자 유장은 더 한층 믿고 의지하는 마음이 깊어졌다. 유비는 잔치가 끝나고 진으로 돌아오자 방통을 보고 술자리에서 벌인 일을 꾸짖었다.

그러던 어느 날, 서천 경계의 가맹관으로 장로가 쳐들어온다는 급보가 날아들었다. 유장은 유비에게 장로를 막아달라고 청했다. 유비는 곧 군사를 거느리고 가맹관으로 향했다. 유비가 군사를 이끌고 떠나자 유장의 장수들은 유비가 변심할 경우를 대비해 관문마다 장수들을 보내 지키도록 권했다. 유장은 처음에는 그 말에 귀를 기울이지 않았으나 두 번 세 번 간하니 하는 수 없이 양회와 고패에게 가맹관의 길목인 부수관을 지키게 하고 자신은 성도成都로 돌아갔다.

　그 무렵 손권은 유비가 군사를 일으켜 서천으로 떠났다는 소식을 듣고 형주를 뺏을 기회라고 여겼다. 장소가 계책을 냈다.

　"태 부인께서 병이 위중해 죽기 전에 따님을 보고 싶어 하신다고 전하게 하여 손 부인을 불러들이십시오. 그때 유비의 아들 아두를 함께 데려오면 유비는 단 하나뿐인 아들과 형주를 맞바꾸려 할 것입니다."

　손권은 장소의 계책에 따라 장수 주선으로 하여금 손 부인에게 밀서를 전하게 했다. 손 부인은 어머니의 병이 위중하다는 말을 듣고 깜짝 놀라며 아두와 함께 수레에 올라 동오로 향했다. 때마침 형주성에 있던 조운은 초소를 순시 중이었던 터라 이 사실을 뒤늦게 알고 수하 사오 기만 거느리고 급히 강가로 달려갔다. 주선은 조운이 뒤쫓아 오자 화살을 날렸다. 조운이 창을 휘둘러 날아오는 화살을 막으며 훌쩍 몸을 솟구쳐 주선이 탄 배로 뛰어올라 손 부인으로부터 아두를 빼앗아 품에 안았다. 손 부인이 소리쳐 꾸짖었으나 조운이 결연한 목소리로 말했다.

　"주인께 아뢰지도 않고 주공의 아드님을 동오로 데려가시려 하니 이는 도리가 아닙니다."

조운이 아두를 빼앗아 안고 배에서 뛰어내렸다. 그러나 타고 왔던 배는 이미 떠내려가고 없었다. 그때 북소리를 울리며 배 십여 척을 거느리고 장비가 다가오고 있었다.

장비도 뒤늦게 소식을 듣고 급히 배를 몰고 온 것이었다. 동오로 돌아온 손 부인으로부터 그동안의 일을 전해들은 손권은 크게 화를 내며 군사를 일으켜 형주를 공격하려 했다. 그러나 강북으로부터 조조가 적벽대전의 원한을 씻기 위해 대군을 일으켜 강동으로 온다는 급보가 전해졌다.

손권은 형주 공격을 뒤로 미루고 장굉의 유언을 좇아 말릉秣陵으로 도읍을 옮긴 다음 여몽의 권유에 따라 유수濡須강 어귀에 제방을 쌓았다.

한편 허도에 머물고 있던 조조는 날이 갈수록 그 위세와 복록이 더해지고 있었다. 동소董昭가 조조를 한껏 부추기며 천자만이 누릴 수 있는 특전을 누려야 한다며 아첨을 떨었다. 동소의 교언영색巧言令色(환심을 사기 위한 아첨의 말과 표정)을 대하고도 조조는 머뭇거리거나 거리끼는 기색이 없었다. 그러자 조조의 일등공신인 모사 순욱이 반대했다. 조조는 그 이후 순욱을 보는 눈이 차가워져 갔다. 건안 17년 10월이 되자 조조는 강남으로 진군했다.

조조는 순욱에게 함께 갈 것을 명했다. 그러나 순욱은 이미 조조가 자신을 없애려 한다는 것을 알고 병을 핑계대고 나오지 않았다. 조조는 순욱이 자신의 속마음을 알고 있다고 여겨 수하를 시켜 음식을 담은 합盒에 친필로 봉기蜂起(봉인)를 붙여 보냈다. 순욱이 합을 열어보니 아무것도 없이 텅 비어 있었다.

'이제 내가 그대에게 내릴 것은 아무것도 없다.'

조조가 순욱에게 알린 것은 그런 뜻이었다. 순욱이 조조의 뜻을 알고 독약을 먹고 스스로 목숨을 끊으니 그의 나이 쉰이었다.

조조는 남으로 진군하던 중 유수 땅에 이르자 진을 벌려 세웠다. 조조가 멀리 손권의 진영을 보니 대오가 질서정연했다.

그때 산기슭 부근에서 홀연 함성이 일며 유수의 제방 뒤에서 한 떼의 인마가 달려 나와 조조 군사들을 공격했다. 갑작스런 동오군의 급습에 싸울 채비를 갖추지 못한 조조군은 달아나기에 바빴다.

조조가 앞선 장수를 보니 푸른 눈에 자줏빛 수염의 장수로 남방사람 특유의 단단하고 날렵해 보이는 모습을 한 손권이었다.

조조는 황급히 말 머리를 돌려 간신히 영채로 돌아갔다. 이후 양군은 한 달 동안 승패 없이 대치 상태가 지속되었고 어느새 해가 바뀌었다.

정월부터는 매일 억수같은 비가 퍼붓자 군사들의 어려움은 말로 다할 수 없었다. 그런 어느 날 손권이 조조에게 서신을 전했다.

조조가 보니 군사를 거두어 물러나라는 서신 뒷면에 '그대가 죽지 않는 한 이 몸이 편안치 않네.'라는 시구가 적혀 있었다.

손권은 조조를 빈정거리는 시구를 적어 화를 돋우어 싸우려 했다. 그러나 조조는 소리 내어 웃으며 군사들에게 허도로 철수한다는 명을 내렸다. 조조가 물러나자 손권은 형주로 군사를 내려 했다. 그러자 장소가 계책을 냈다.

"유장에게 유비가 동오와 동맹을 맺어 서천을 뺏으려 한다고 글을 보내고, 장로에게 유비가 없는 틈을 타 형주를 빼앗으라는 글을 보내십시오. 유장은 유비를 의심해 그를 치려 할 것이고 장로는 형주를 공략할 테니 그때 우리가 형주로 짓쳐들면 형주는 우리 손안에 떨어질 것입니다."

손권은 급히 두 통의 서신을 써 유장과 장로에게 보냈다.

그 무렵 유비는 조조가 강동으로 군사를 이끌고 가 유수를 침범했다는 소식을 듣고 가맹관을 지키고 있던 방통을 불러 의논했다.

"유장에게 글을 보내되, 조조가 손권을 공격하자 손권이 형주로 원병을 청해 왔다고 하고 함께 조조를 쳐야 하니 정병 삼사만 명과 군량 십만 섬만 도와 달라고 하십시오."

유비는 방통의 말에 따라 사자를 성도로 보냈다. 유장은 양회, 유파, 황권 등의 신하들이 유비의 청에 한결같이 반대하고 나서자 그 의견에 따르지 않을 수 없었다.

그러나 유비의 청을 송두리째 물리칠 수도 없어 늙고 힘없는 군사 사천과 양곡 만 섬을 보내기로 하고 답장을 써서 사자에게 주어 전하게 했다.

유비는 유장의 답장을 보고 크게 노해 서신을 찢어버렸다. 유장이 마침내 유비에게 성도를 칠 구실을 만들어 주고 만 셈이었다.

유비는 방통의 계책에 따라 곧 유장에게 형주로 회군한다는 서신을 보냈다.

그런데 유비의 글이 유장에게 전해지자 뜻하지 않은 일이 벌어졌다. 유비가 형주로 회군한다는 소식에 놀란 장송이 유비에게 회군을 말리는 서신을 보내려다 친형인 장숙에게 그 서신이 발각되고 말았다. 장숙은 이 서신을 유장에게 보였다. 유장은 그때서야 장송이 유비와 음모를 꾸몄음을 알고 장송 일가를 끌어내 목을 베고 말았다.

유장은 각처에 격문을 보내 유비를 막게 하고 양회와 고패에게 유비가 형주로 돌아갈 때 전송하는 척하며 죽이기로 했다. 그러나 유비 또한 이미 두 장수를 죽이기로 작정하고 있던 터라 유봉·관평이 거느린 도부수들에게 사로잡혀 목이 떨어지고 말았다.

유비는 여세를 몰아 부수관으로 쳐들어 가 힘들이지 않고 관을 차지했다. 이 소식을 들은 유장은 크게 놀랐다. 그러자 황권이 성도로 오는 길목인 낙성으로 군사를 보내 방비토록 진언했다. 유장은 유괴·냉포·장임·등현 네 장수에게 군사 오만을 주어 낙성을 지키게 했으나 위연·황충이 협공해 냉포와 등현을 무찔렀다.

유장은 냉포와 등현이 싸움에 패했다는 소식을 듣고 오의에게 군사 이만을 주어 낙성으로 보내 유괴·장임과 함께 유비를 막게 했다. 오의가 낙성에 이르자 냉포가 부강의 둑을 무너뜨려 산 아래 있는 유비의 영채를 물속에 잠기게 하겠다는 계책을 냈다. 오의는 곧 냉포에게 군사를 주어 둑을 무너뜨리게 했다.

한편 유비는 황충과 위연에게 빼앗은 영채를 하나씩 지키도록 한 다음 부성으로 돌아왔다.

그때 손권이 장로와 손잡고 가맹관을 치려 한다는 소식이 전해졌다. 유비는 맹달을 보내 가맹관을 지키게 했다.

이때 형주의 공명이 보낸 한 통의 서신이 전해졌다. 밤에 별자리를 보니 운세가 불길하므로 진군을 삼가라는 내용이었다. 그러나 방통은 자신이 공을 세울까 공명이 시기해 진군하는 것을 말리는 것이라고 여겼다.

방통이 유비를 부추기며 진군을 재촉하자 유비도 군사를 이끌어 성도로 향했다. 가는 도중 방통이 탄 늙은 말이 발을 헛디뎌 쓰러졌다. 그러자 유비가 자신이 타던 흰 말을 방통에게 주고 자신은 방통의 말을 탔다.

그 무렵 낙성에 있던 유장의 장수 오의와 유괴는 형주 군사가 두 갈래로 나뉘어 온다는 소식을 듣고 장임이 산골짜기 샛길로 가 매복했다. 먼저 위연의 군사가 그곳에 이르렀다.

장임은 유비를 노리고 있어 위연이 지나치도록 했다. 오래지 않아 방통이 군사를 이끌어 오는 것이 보였다.

"저기 흰 말을 타고 오는 장수가 바로 유비입니다."

군사 중 하나가 방통을 가리키며 말했다.

매복군이 있는 줄 모르고 낙봉파落鳳坡란 곳에 당도한 방통은 주위를 보니 좁은 골짜기에 나무와 풀이 무성하자 문득 불길한 예감이 일어 좌우를 돌아보며 물었다.

"이곳이 어디인가?"

"이 고개는 낙봉파라는 곳입니다."

'나의 호가 봉추鳳雛인데 이곳이 낙봉파라면 봉추가 떨어지는 고개란 뜻이 아닌가.'

방통이 생각이 거기에 미치자 큰소리로 외쳤다.

"모두 물러나도록 하라."

그러나 그 소리와 함께 화살이 빗발치듯 방통의 몸으로 날아들었다. 방통이 백마와 함께 수많은 화살에 맞은 채 그 자리에 쓰러지니 그의 나이 겨우 서른여섯이었다.

방통이 죽자 장임이 매복군을 앞뒤로 내몰아 방통군은 제대로 싸워보지도 못한 채 태반이 꺾이고 말았다.

황충과 위연이 힘을 다해 싸웠지만 촉의 오란과 뇌동군, 유괴의 대군을 당할 수 없었다. 유비도 장임의 추격군에 쫓기다 부관을 지키고 있던 유봉과 관평이 구원을 오자 함께 부관으로 돌아갔다.

유비는 방통이 죽었다는 소식을 듣고 목 놓아 울다가 제단을 쌓고 제사를 올려 방통의 넋을 달랬다.

서천 군사들에게 크게 패한 유비는 형주의 공명에게 구원을 청했다. 장임이 군사를 거느리고 왔으나 성을 지킬 뿐 나가 싸우지 않았다.

한편 공명이 어느 날 밤 별 하나가 서쪽으로 떨어지는 걸 보고 술잔을 떨어뜨리며 통곡했다.

"슬프구나, 봉추여! 실로 가슴 아픈 일이로다."

여러 관원이 까닭을 몰라 어리둥절해 했다. 그로부터 며칠이 지나지 않아 관평이 달려와 방통이 죽었다는 소식을 전했다.

"주공께서 부관에서 나아가지도 물러나지도 못하시니 내가 가보아야겠소."

공명의 말을 듣고 있던 관우가 물었다.

"그럼 형주는 누가 지킨다는 말씀이오?"

"주공께서 관평을 보내신 뜻은 관운장에게 형주를 지키게 하라는 뜻이오. 운장은 지난날 도원에서 맺었던 형제의 의를 잊지 말고 형주를 굳게 지키도록 하오."

"목숨을 바쳐 명을 따를 것이오."

공명은 관우에게 '북으로는 조조를 막되 동의 손권과는 화친하라.'는 글귀를 적어 주었다. 이어 문관으로는 마량馬良·이적伊籍 등 네 사람과 미방·요화廖化 등 네 장수에게 관우를 돕게 했다.

공명은 정병 만 명을 뽑아 장비로 하여금 파주巴州를 치고 낙성 서쪽으로 나아가게 하고 조운에게는 강을 따라 낙성에 이르도록 한 후 자신은 간옹·장완과 더불어 군사 일만 오천 명을 거느리고 서천을 향해 떠났다.

장비는 파성에서 십여 리 떨어진 곳에 영채를 세우고 전령을 보내 파군巴郡태수 엄안嚴顔에게 항복을 권하게 했다. 엄안은 나이는 늙었으나 강한 활을 잘 쏠 뿐 아니라 큰 칼을 잘 쓰며 용맹이 뛰어난 촉의 이름난 장수였다. 엄안은 장비가 아무리 욕을 퍼부어대며 싸움을 걸어도 성을 굳게 지킬 뿐 응하지 않았다.

장비는 한 가지 계교를 생각해 냈다. 파군을 치는 대신 영채를 거두고 샛길로 군사를 이끌어 떠나려 한다는 기밀을 흘렸다. 엄안이 이를 알고 장비를 기습하기 위해 산속에 매복했다.

장비는 자신과 닮은 군사 하나를 뽑아 거짓 장비로 꾸민 뒤 그에게 선봉을 맡겼다. 장비군이 샛길로 들어서자 엄안은 장팔사모를 비껴든 장비를 덮쳤다. 그러자 진짜 장비가 뒤에 나타나 엄안군을 급습했다.

"늙은 도적은 달아나지 마라!"

깜짝 놀란 엄안이 보니 장비가 아닌가. 엄안이 당황한 가운데도 장비의 창을 칼로 막으며 맞섰다.

장비가 십여 합을 부딪친 뒤 엄안의 칼을 피하자 엄안이 칼을 높이 쳐들어 내리치느라 중심이 기운 틈을 노려 장비가 갑옷 끈을 끌어당겨 그의 몸을 땅바닥에 내팽개쳤다. 그러자 장비의 군사들이 달려들어 엄안을 꽁꽁 묶어 버렸다. 촉의 명장 엄안이 사로잡히자 군사들은 모두 창칼을 버리고 항복했다.

파군성에 든 장비는 엄안을 꾸짖으며 항복하라고 소리쳤다. 엄안은 사로잡혔으나 조금도 움츠러들지 않고 기개가 당당했다. 장비는 그런 엄안을 보고 친히 결박을 풀어 주며 손수 대청 위의 높은 자리에 앉히고 머리를 숙이며 말했다.

"장군을 욕되게 한 걸 용서해 주시오. 오래 전부터 장군이 호걸임을 알고 있었소이다."

엄안도 천하의 명장 장비가 패장에게 몸을 굽히며 극진히 대하자 마침내 감복해 항복했다. 엄안이 항복하자 낙성에 이르는 관문을 지키는 서천의 장수들은 모두 엄안이 관장하고 있던 터라 엄안이 그들을 설득해 항복하게 하니 싸우지 않고 진군할 수 있었다.

한편 다른 길로 떠났던 공명은 유비에게 전령을 보내 장비·조운도 수륙으로 진격해 낙성에서 만나기로 했음을 알렸다.

유비도 황충·위연과 함께 세 갈래로 길을 나누어 장임의 본진으로 밀고 들어갔다. 장임은 유비군의 협공에 견디지 못하고 부성으로 달아났다. 유비는 성 밖에 영채를 세우고 성을 에워싼 후 공격을 퍼부었으나 장임은 성 안에서 나올 기미조차 보이지 않았다. 그렇게 공격을 퍼부은 지 사흘이 지나 군사들이 지쳐 공세가 무디어지자 장임이 유비군을 기습했다. 때 아닌 기습에 크게 혼란스러운 유비의 군사들은 제대로 싸우지도 못했다.

유비는 난전 중에 급히 말 머리를 돌려 산속 좁은 길로 달렸다. 장임은 유비 홀로 달아나는 걸 보고 뒤쫓았다. 유비가 뒤돌아볼 겨를도 없이 앞만 보고 달리는데 문득 앞쪽에서 한 떼의 군마가 산길을 내려오고 있었다. 유비가 깜짝 놀라며 보니 그는 장팔사모를 치켜든 장비였다. 장비는 그때 엄안과 함께 산길로 낙성을 향해 달려오던 중이었다. 장비는 유비를 만나 말을 건넬 틈도 없이 장임을 향해 장팔사모를 치켜들고 달려갔다. 뜻밖에 땅 속에서 솟아나기라도 한 듯 장비를 맞게 된 장임은 이를 악물고 십여 합을 부딪쳤으나 당해내지 못하고 성 안으로 달아났다.

이때 황충과 위연 두 장수가 촉의 장수 오란·뇌동과 싸우고 있던중 오의와 유괴가 군사를 이끌고 나와 협공을 당하고 있다는 소식이 전해졌다.

유비가 장비와 함께 두 장수를 도우러 나갔는데 촉의 군사들이 오히려 협공을 당하게 되자 오란과 뇌동은 말에서 내려 항복했다. 이제 낙성에는 유장의 아들 유순을 돕는 유괴와 장임 뿐이었다. 그때 공명이 당도해 장임을 사로잡기 위해 장수를 배치했다.

공명이 낙성의 동쪽 금안교金雁橋 양쪽 언덕 왼쪽에 위연이 창을 든 군사 천명을 거느리고 가 매복케 하고 오른쪽에 황충이 도끼를 든 군사를 거느리고 가 매복케 했다. 이어 조운에게도 금안교 북쪽에 매복케 했다.

공명은 사륜거를 타고 윤건 차림에 깃털 부채를 들고 금안교를 건너와 장임에게 소리쳤다.

"백만 대군을 거느렸던 조조도 내 이름만 듣고 도망쳤는데 너는 누구이기에 감히 내게 맞서려 하느냐?"

장임이 보니 그가 거느린 군사가 얼마 되지 않는 데다 거동이 날래 보이는 군사로도 보이지 않았다. 장임이 단번에 오합지졸을 쓸어버리겠다는 기세로 성 안에서 물밀듯이 내몰았다. 그러자 사방에서 매복군이 쏟아져 나와 장임은 사로잡혀 죽고 말았다.

유비의 품으로 들어온
금마초金馬超

유비는 낙성을 거두어들이자 장비와 엄안, 조운에게 서천의
여러 고을을 돌며 고을을 다스리는 관원들을 달래고 민심을 가
라앉히게 했다. 이어 법정의 진언에 따라 유장에게는 항복을 권
하는 서신을 보냈다. 그러나 유장은 크게 노해 서신을 찢으며
사자를 호령해 성 밖으로 쫓아내 버렸다.

유장은 처남인 비관에게 군사 이만을 주어 면죽을 지키게 하

고 익주태수 동화의 권유에 따라 원수처럼 지내오던 장로에게 구원병을 청하는 사자를 보냈다.

　한편 이전에 조조에게 쫓겨 달아났던 마초는 이 년 동안 강병羌兵(티베트족, 오랑캐)들과 손을 잡고 농서지방 여러 고을을 평정한 뒤 기주를 공격하기에 이르렀다. 기주의 자사인 위강은 하후연에게 구원을 청했으나 하후연은 조조의 허락 없이 함부로 군사를 낼 처지가 아니었다. 위강은 하는 수 없이 마초에게 항복하고 성을 내주었으나 마초는 위강을 비롯한 문무관원들을 모두 죽여 버렸다. 이때 항복을 반대했던 양부가 기주성에서 몸을 빼내 군사를 일으켜 마초를 공격했다. 마초가 성 밖으로 나가 싸우는 틈에 양부가 기주성을 다시 뺏었다. 이때 하후연도 군사를 이끌고 와 마초를 공격하자 마초는 방덕과 마대와 함께 달아나 장로에게 의지했다.

　바로 그 무렵 유비를 막기 위해 유장이 사람을 보내 구원병을 청했다. 장로는 유장과는 원수지간이라 한마디로 거절했으나 유장이 다시 서천 스무 고을을 바치겠다며 황권을 사자로 보내오자 장로도 이를 받아들였다.

　장로는 황권을 먼저 돌려보내고 마초에게 군사 이만을 주어 유장을 돕게 했다.

　한편 낙성에 있던 유비는 성도로 가며 가장 방비가 엄한 면죽으로 황충과 위연을 보내자 면죽을 지키던 이엄이 항복했다.

　면죽관을 얻은 유비가 성에 들어가자 마초가 가맹관을 치러 온다는 급보가 날아들었다. 공명이 유비에게 말했다.

"마초는 장익덕이나 조자룡이라야만 맞설 수 있을 것입니다."

"자룡이 군사를 거느려 나가고 없으니 익덕을 보내야겠소."

공명은 유비를 뒤따르게 하고 위연에게도 군사 오백 명을 주어 선봉을 맡기니 장비는 중군이 되어 가맹관으로 향했다.

가맹관에 당도하자 사자 모양의 투구를 쓰고 은빛 갑옷을 입은 마초가 군사를 이끌고 왔다.

"마초를 칭송하여 금마초金馬超(비단 같은 마초)라더니 과연 듣던 대로구나!"

유비가 감탄해 마지않았다. 장비가 창을 꼬나잡고 말을 달려 나가 마초와 싸우기를 백여 합이 되었으나 승부를 가릴 수가 없었다. 유비는 장비가 실수라도 할까봐 징을 쳐 장비를 불러들였다.

장비와 마초가 다시 맞붙어 싸웠으나 승부가 나지 않았는데 이미 해가 저물고 있었다. 장비와 마초는 다시 횃불을 들고 나와 으르렁거리며 싸웠으나 승부가 나지 않자 각각 말 머리를 돌려 각각 진으로 돌아갔다.

다음 날 공명이 가맹관으로 왔다.

"마초는 범 같은 장수이니 두 장수가 싸우면 반드시 한쪽이 목숨을 잃을 것입니다. 때문에 조자룡과 황충에게 면죽을 지키게 하고 이곳에 달려온 것입니다. 제가 계략을 써서 마초를 항복시키겠습니다."

공명은 마초와 장로 사이를 이간질시키기 위해 뇌물을 좋아하는 장로의 모사인 양송에게 금은보화를 보내 주는 한편, 마초가 서천을 뺏어 스스로 촉의 주인이 되려고 한다는 소문을 퍼뜨리게 했다.

공명에게 뇌물을 받은 양송이 마초를 모함하니 장로는 마초가 한중으로 돌아오지 못하도록 길목을 막게 했다. 그렇게 되자 마초는 한중으로 물러날 수도 없고 군사를 이끌고 나아갈 수도 없게 되었다. 이때 공명이 마초를 달래 항복하게 하니 마초는 군사를 거느리고 가맹관으로 가 유비에게 항복했다.

항복한 마초가 유장을 항복시키겠다고 나섰다. 유비가 기뻐하며 마초를 내보냈다. 마초가 성문 앞으로 다가가 유장에게 항복을 권하며 만약 싸우려 든다면 자신이 먼저 이 성을 치겠다고 말하자 유장도 마침내 항복하고 말았다. 유비는 유장이 항복하자 공명의 권유에 따라 유장을 형주로 보내고 스스로 익주 태수가 되었다.

익주를 거두어들인 유비는 마침내 지난 날 공명이 말했던 천하삼분의 계책을 실현하게 되었다.

이 무렵 손권은 유비가 서천을 손에 넣었다는 소식을 듣고 지난날의 약속대로 형주를 되돌려 받으려 했다.

손권은 장소의 계책에 따라 공명의 형 제갈근의 가솔들을 모두 옥에 가둔 후 제갈근을 유비에게 사자로 보냈다.

그러자 공명이 옥에 갇힌 형의 식구들을 살리고 이전의 약속을 지킬 수 있는 계책을 냈다.

우선 형주의 절반인 장사·계양·영릉 세 고을을 돌려주되 서신을 써 줄 테니 형주를 지키고 있는 관우에게 허락을 받으라며 제갈근을 그곳으로 보냈다. 그러나 관우는 눈을 부릅뜨며 제갈근을 비롯한 동오의 군사들을 모두 내쫓고 말았다.

손권이 이 사실을 보고받고 벌컥 화를내자 노숙이 계책을 내놓았다.

"강의 상류인 육구陸口에 군사를 머무르게 하고 잔치를 열어 관운장을 청해 좋은 말로 달래겠습니다. 만약 듣지 않으면 도부수들을 매복시켰다가 죽여 버리면 됩니다."

손권은 노숙의 계책에 따라 사자를 관우에게 보냈다. 관우는 노숙의 글을 보자 주저함이 없이 선뜻 응했다. 관평과 마량이 반드시 계교가 있을 것이라며 동오로 가는 걸 말렸으나 관우는 듣지 않았다. 관우는 떠나기 전 관평에게 배 십여 척에 수군 오백 명을 태워 강 위에 머무르다가 붉은 기를 신호로 강을 건너오라고 했다.

다음 날 노숙이 강 언덕에서 형주 쪽을 살피는데 배 한 척이 다가오는데 보니 초록빛 전포에 푸른 머릿수건을 두른 관우가 보였다. 그 곁에는 주창을 비롯한 십여 명 남짓의 부하들만을 거느리고 있었다.

노숙은 주연을 베풀어 관우를 대접하며 말했다.

"지난날 유 황숙께서 서천을 얻으면 형주를 돌려주시기로 약속하고도 아직 약속을 지키지 않으시니 이는 신의에 어긋나는 일이 아니겠소?"

"그 일은 나랏일인데 어찌 이런 술자리에서 입에 담겠소?"

관우가 한마디로 잘라 말했다.

"황숙께서는 그나마 우선 세 고을을 돌려주시겠다고 약속하셨는데 장군께서는 그것마저 마다하시니 이는 도리에 어긋나는 처사가 아닙니까?"

"그 일은 형님께서 알아서 할 일이오. 내가 관여할 바가 아니오."

"장군은 유 황숙과 형제의 의를 맺고 생사를 함께하기로 했다고 들었소. 그러니 황숙의 일이 곧 장군의 일이 아니겠소? 그런데 어찌 무관하다 하시오?"

그러자 관우의 청룡언월도를 들고 뜰아래 서 있던 주창이 소리쳤다.

"천하의 땅은 오로지 덕이 있는 자가 차지하기 마련이거늘 어찌 동오만이 차지한다는 것이오?"

"국가 대사를 논하는 자리에 어찌 감히 끼어드느냐? 나가 있도록 하라!"

관우가 엄하게 꾸짖으며 주창이 가지고 있던 청룡언월도를 뺏어들었다. 주창은 관우의 뜻을 알아차리고 강 언덕으로 달려가 붉은 기를 흔들었다. 그러자 기다리고 있던 관평이 쏜살같이 배를 몰아 강동으로 건너왔다.

관우는 몹시 취한 체하며 입을 열었다.

"공은 오늘 나를 술자리에 청했을 뿐인데 어찌 형주 일을 입에 담으시오?"

관우가 억센 힘으로 노숙의 팔을 잡고 강변으로 끌고 갔다.

여몽과 감녕이 이 모양을 보고 군사를 내몰까 했으나 관우가 칼을 들고 노숙을 잡고 있으므로 노숙이 다칠까 염려되어 망설였다. 그 사이 관우가 관평이 몰고 온 배 위에 오르며 작별을 고했다.

"잘 있으시오. 후한 대접 잊지 않으리다."

여몽과 감녕이 강가로 달려와 화살을 날렸지만 배는 이미 멀리 달아나고 있었다.

이 소식을 전해들은 손권이 펄쩍 뛰며 군사를 일으켜 형주를 치려 하는데 조조가 대군을 이끌고 강남으로 진군하려 한다는 급보가 전해졌다. 손권은 깜짝 놀라 형주를 그냥 두고 군사를 합비와 유수로 돌렸다.

조조가 군사를 일으켜 남정南征하려 하자 참군 부간이 글을 올려 군사를 내는 것보다 문文과 덕德을 닦으라고 권했다. 조조는 그 글을 보고 깨달은 바가 있어 남정 출정을 뒤로 미루었다. 그 대신 새로운 문부文部 제도를 설치해 여러 곳에 학교를 세우고 선비들을 맞이해 높이 대하니 칭송이 그치지 않았다.

이에 시중 왕찬 등은 조조를 위왕魏王으로 받들려고 했다. 그러나 으뜸가는 공신인 순유가 승상은 위공魏公으로 더 이상 오를 데가 없는데 다시 왕위에까지 높이는 건 이치에 맞지 않는다며 반대했다. 그 말을 들은 조조는 크게 노했다. 순유는 조조의 엉뚱한 야심을 위해 일해 온 자신에 대한 분노와 우울한 마음에 휩싸여 번민하다 그만 병이 나 그 자리에 누운 지 열흘 만에 숨을 거두었다. 그의 나이 쉰여덟이었다. 조조는 순유가 죽자 성대히 장시를 지내주고 위왕에 오르려던 마음을 버렸다.

조조가 비록 위왕에 오르지는 않았으나 그의 위세는 이미 조정을 뒤덮고 있었다. 조조는 칼을 찬 채 헌제에게 성난 목소리로 겁박하기 일쑤였다. 천자의 조신들이 조조의 그런 언행에 분함을 감추지 못하던 중 한 신하가 헌제에게 조조는 스스로 위왕이 되고자 한다고 말했다. 그 말을 들은 천자와 복 황후는 두려움과 분노에 휩싸여 서로 손을 잡고 목 놓아 울었다.

조조에게 원한이 서린 복 황후가 눈물을 거두더니 말했다.

"제 아버지 복완伏完은 항상 조조를 제거하려는 마음이었습니다. 제가 몰래 글을 보내 그 일을 도모할까 합니다."

헌제는 지난날 국구國舅 동승이 그 일을 꾸미다 탄로나 죽었던 일이 생각나 주저했으나 복 황후는 물러서지 않고 거듭 간청했다. 헌제도 더는 복 황후의 말을 물리치지 못하고 믿을 만한 사람인 목순穆順을 불러 은밀히 밀서를 주어 복완에게 전하게 했다. 밀서를 본 복완이 말했다.

"손권과 유비에게 밀조를 내려 군사를 일으키게 한다면 조조는 그들을 치러 갈 것이네. 그때를 틈타 일을 도모하도록 하세."

복완이 황후에게 밀조를 내려달라는 글을 써 주자 목순은 상투 속에 감췄다.

조정에 깔려 있는 조조의 심복 중 하나가 목순이 궁궐을 드나드는 의심쩍은 거동을 조조에게 알렸다. 조조가 그 말을 듣고 몸소 대궐 문 앞에서 지키고 있는데 때마침 목순이 대궐 문으로 들어왔다. 조조가 무사들에게 그의 몸을 뒤지던 중 그의 머릿속에서 복완이 황후에게 깨알 같은 글씨로 써 준 글이 나왔다. 그 글을 읽은 조조는 분노로 치를 떨었다.

조조는 목순을 옥에 가두고 군사 삼천을 복완의 집으로 보내 샅샅이 뒤지게 하여 복 황후의 밀서를 찾아냈다.

조조는 늙고 젊고를 가리지 않고 복완의 삼족三族을 옥에 가둔 후 복 황후의 옥새를 거두어 오게 했다. 그제야 헌제는 비밀이 탄로 난 것을 알고 얼굴빛이 달라졌다.

복 황후도 일이 탄로 난 것을 알고 두려움에 얼굴이 파랗게 질려 전각 뒤 좁은 이중 벽 속에 숨었으나 마침내 조조가 보낸 상서령 화흠에게 발각되었다.

"부디 목숨만은 살려 주시오."

화흠이 복 황후를 끌어내 조조 앞으로 데리고 가자 조조가 살기 띤 눈으로 노려보았다.

"저년을 끌어내 때려죽여라."

조조의 명에 좌우에 늘어서 있던 군사들이 채찍과 몽둥이로 개잡듯 패니 황후는 비명을 지르다 마침내 숨지고 말았다. 조조는 뒤이어 황후의 소생인 두 왕자에게 독약을 먹여 죽이고 황후의 아버지 복완과 목순 그리고 이백여 가솔을 모두 궁 밖 네거리로 끌어내 목을 베었다.

조조가 복 황후를 죽인 뒤 자기 딸을 황후로 천거하자 헌제는 물리칠 수가 없었다. 조조는 딸이 황후가 되고 자신은 황제의 장인이 되자 그 위세가 더 높아졌다.

조정의 일이 마무리되자 조조는 문무관원들을 불러 모아 손권과 유비를 칠 일을 의논했다. 조조는 유비와 손권 정벌을 뒤로 미루고 한중부터 치기로 하고 군사를 일으켰다.

하후연과 장합을 선봉에 세우고 자신은 중군을, 하후돈과 조인은 뒤따르게 하여 한중으로 진군했다.

조조가 진군해 오자 장로는 아우 장위를 지세가 험한 양평관으로 보내 막게 했다. 첫 싸움에서는 먼 길을 달려와 지친 조조군이 밤중에 기습을 당해 패했다. 첫 싸움 이후 양군이 한동안 대치 상태를 계속하다가 조조가 군사를 물리는 척하며 적을 유인해 앞과 뒤를 치니 한중군은 크게 패하고 장위는 성문을 빠져 달아났다.

조조는 양평관을 거두어들이자 군사를 휘몰아 남정 땅으로 나아갔다. 장로가 황급히 문무관원들을 모아놓고 대책을 묻자 염포가 마초의 장수였던 방덕을 천거했다. 장로는 염포의 진언에 따라 방덕에게 군사 만 명을 주어 조조를 막게 했다.

조조가 남정성에서 십여 리쯤 떨어진 곳에 진을 치자 방덕이 군사를 이끌고 왔다. 조조는 방덕의 용맹을 아껴 장합, 하후연, 서황, 허저를 차례로 내보내 방덕을 지치게 한 후 사로잡으려 했다. 그러나 방덕은 연거푸 네 장수를 맞고도 조금도 두려워하는 기색이 없었다.

조조는 가후의 계책에 따라 장로의 모사인 양송이 탐욕이 많아 뇌물을 몹시 밝히자 그에게 금은과 비단을 보내 매수한 후 장로에게 방덕을 모함하게 했다. 모함에 넘어간 장로는 방덕을 내치고 조조가 판 함정에 빠져 사로잡히고 말았다.

조조가 남정성을 단번에 함락할 기세로 공격하자 장로는 결국 양송의 권유에 따라 조조에게 항복하고 말았다. 조조는 장로에게 진남장군鎭南將軍이란 벼슬을 내리고 뇌물에 눈이 어두워 두 번이나 주인을 배반한 양송의 목을 베게 했다.

왕위에 오른
조조

그 무렵 익주를 얻긴 했으나 기반을 굳건히 다질 겨를이 없었던 유비는 공명과 의논해 강하·장사·계양 세 고을을 손권에게 돌려주되 함께 합비를 칠 것을 제안했다.

손권은 합비를 거두어들이기 위해 유비의 제안을 받아들이고 십만 명의 군사를 일으켰다. 손권은 강을 건너 환성을 먼저 뺏고 합비를 향해 진군했다. 그러나 장요의 매복군에게 군사가 태반이나 꺾인 채 크게 패하고 말았다.

이때 손권이 군사를 일으켜 합비의 장요와 싸우고 있다는 소식을 들은 조조는 합비를 구원하기 위해 사십만 대군을 일으켰다. 조조는 하후연에게는 한중으로 드는 험한 길목인 정군산을, 장합에게는 중요한 길목을 지키게 하고 자신은 유수로 향했다.

손권은 유수에서 합비를 치기 위해 새로운 군마를 뽑고 있었는데 조조군이 유수에 이르자 감녕이 기병 백 명만으로 조조를 기습하겠다고 나섰다. 손권은 감녕의 의기를 높이 사 정예군 백 명을 뽑아 주고 술과 안주를 내려 군사들을 격려했다. 감녕은 밤이 되기를 기다려 장요의 영채를 기습해 닥치는 대로 찌르고 베었다. 조조군이 때 아닌 기습에 횃불을 밝히고 북을 울리며 감녕을 사로잡으려 했다. 그러나 감녕은 한바탕 조조의 영채를 쑥대밭으로 만든 후 군사를 거두어 달아났다.

조조군은 그토록 적은 군세로 급습하고 달아나자 필시 매복군이 있으리라 여겨 뒤쫓지 못했다. 이후에도 양군은 승부를 내지 못한 가운데 일진일퇴를 거듭하며 싸웠다.

손권은 싸움 도중 조조군에게 포위당했으나 주태가 창에 두 군데나 찔리고 십여 개 화살이 갑옷에 꽂히는 부상을 당하면서도 포위를 뚫어 손권을 구했다. 주태 때문에 목숨을 구한 손권은 영채에 머물면서 유수를 지키기만 했다.

조조 또한 많은 군사가 꺾인 터라 함부로 유수를 침범할 수가 없어 양군이 서로 대치만 한 상태에서 날짜만 흘러갔다. 그러자 장소와 고옹이 손권에게 조조와 화친을 청할 것을 진언했다. 손권도 승패 없이 무작정 대치만 하고 있는 것이 아무런 이득이 없다는 것을 알고 조조에게 조공을 바치기로 하며 화친을 청했다. 조조 또한 사정이 손권과 크게 다르지 않았으므로 손권이 조공까지 바친다고 하자 화친을 받아들이고 허도로 돌아갔다.

한중 땅을 거두어들인 데다 손권이 해마다 조공을 바치게 하자 문무백관들은 조조를 위왕으로 받들려고 했다. 이때 상서 최염이 반대하다 조조에게 죽임을 당했다.

때는 건안 21년(서기 216년) 5월. 천자가 조서를 내려 조조를 위왕으로 세우게 했다. 조조는 짐짓 세 번이나 글을 올려 사양하다 마침내 왕위를 절하며 받았다.

위왕에 오른 조조는 업군에 큰 위왕 궁전을 세우고 세자를 세울 일을 의논했다. 조조에게는 두 번째 첩 변 씨가 낳은 아들 넷이 있었는데 큰아들은 비丕요, 둘째는 창彰, 셋째는 식植, 넷째가 웅熊이었다. 이 가운데 조조가 가장 총애한 이들은 셋째인 식이었다. 식은 문학과 예술에 대한 뛰어난 안목을 지닌, 조조를 이어받은 듯 총명할 뿐만 아니라 글재주가 뛰어났다. 그러나 맏아들 조비는 조조가 동생인 조식을 총애하자 모사 가후를 찾아가 의논했고 가후가 계책을 일러주었다.

조비가 가후의 가르침에 따라 조조에게 지극한 정성으로 효심을 다하자 조조도 그 효심을 갸륵하게 여겨 맏아들 조비를 왕세자로 삼았다.

이때 손권은 위왕에 오른 조조에게 환심을 사기 위해 큰 귤 마흔 상자를 업군으로 보냈다. 귤을 지고 가던 짐꾼들이 가는 도중에 어느 산기슭에 앉아 잠시 쉬고 있는데 애꾸눈에다 다리를 절며 등나무로 만든 관을 쓴 한 늙은이가 나타나 짐을 저다 주었다. 그런데 그 노인이 진 짐은 마치 봇짐이라도 진 듯이 가벼워 보였다. 노인은 짐을 다 옮긴 후 짐꾼을 거느린 관리에게 자신은 조조와 동향인 좌자左慈라고 말하며 사라졌다.

조조가 귤을 상자에서 꺼내 쪼개보니 껍질 속에 과육이 없이 텅 비어 있었다. 두세 개를 쪼개 보았으나 매한가지였다. 이때 좌자가 조조를 청했다. 조조가 좌자를 불러들여 귤 속이 비어 있다며 호통을 쳤다. 그런데 좌자가 껍질을 벗기자 모두 과육이 그득 들어있었다.

좌자는 유비가 한실의 종친이니 그에게 왕의 자리를 넘겨주는 것이 옳다고 말했다. 조조는 크게 화를 내며 궁문 밖을 빠져나간 좌자를 사로잡아 오게 하여 그의 목을 베어버렸다. 그러자 잘린 목구멍에서 푸른 기운이 솟아나더니 학을 타고 날던 좌자가 조조의 죽는 날을 예언했다. 조조는 너무 놀란 나머지 기절해 쓰러지더니 마침내 병이 들어 자리에 눕고 말았다. 조조는 병이 깊자 신통하기로 이름난 점쟁이 관로管輅를 청해 점쳐 보았다.

"동오에서는 대장 한 사람을 잃게 될 것이고 서촉에서는 군사를 움직여 경계를 침범할 것입니다."

조조는 그 말을 듣고 한달음에 달려가 유비를 칠 기세였다.

조조가 떠나기 전 관로에게 점쳐 보게 했다.

"내년 초봄에 허도에 큰 불이 날 것이니 함부로 멀리 움직이지 않도록 하십시오."

조조는 그 말을 듣고는 감히 군사를 낼 수 없어 조홍에게 군사 오만을 주고 하후연과 장합을 도와 한중을 구원케 했다.

또한 하후돈에게 군사 삼만을 주어 허도의 경비를 맡게 하고 왕필王必에게는 성 안의 수비를 맡게 했다. 그때 조정의 관원 중 경기耿紀라는 자가 왕이 된 조조가 머잖아 천자의 자리도 빼앗을 것이라 여기고 역적을 쳐 없애기로 했다. 경기는 친구인 위황과 뜻을 같이했다. 위황은 뜻을 함께 할 김위 등을 끌어들였다. 김위가 의견을 냈다.

"대보름날 밤, 경기와 위황은 집 안의 장정들을 데리고 왕필의 영문 앞으로 나오되 영문 안에서 불길이 일거든 왕필을 죽이게. 그런 다음 나와 함께 천자를 오봉루五鳳樓로 모시고 가서 문무백관들을 모아 역적을 치라고 분부를 내리시도록 하겠네."

드디어 보름날 밤이 되자 곳곳에 불을 지르며 거사를 일으켰으나 하후돈이 이끌고 온 군사들에게 떼죽음을 당하고 말았다.

하후돈은 반란을 진압하고 난 후 전령을 업군으로 보내 조조에게 이 사실을 알렸다. 조조는 관로의 예언이 어김없이 들어맞은 것에 놀라며 한조漢朝 옛 신하들의 끈질긴 모반에 치를 떨었다.

조조는 경기와 위황의 반란을 빌미로 허도에 있던 백관 대부분을 죽여 다시는 자신을 거스르는 자가 없도록 했다.

허도의 일이 마무리되자 조조는 만약을 대비해 업군에 머무는 대신 조홍에게 군사를 거느리고 한중으로 가게 했다. 조홍은 한중에 이르러 하후연과 장합에게 중요한 길목을 지키게 하고 자신은 대군을 이끌고 적을 맞으러 나갔다.

조홍과 먼저 부딪친 서촉의 장수는 마초 휘하의 오란이었다. 마초는 오란에게 선봉을 이끌어 적의 형세를 살피게 했다. 그런데 조홍과 맞닥뜨리자 임기가 공을 세울 욕심으로 창을 휘두르며 말을 달려 조홍에게 덤벼들었으나 단 삼합 만에 조홍의 칼에 목이 떨어지고 말았다. 오란은 군사를 크게 꺾인 채 달아났다.

"내가 적의 동태를 살피라 했거늘 어찌하여 군사를 냈느냐?"

오란이 도망쳐 오자 마초가 호되게 나무랐다. 마초는 성도로 전령을 보내 유비와 공명에게 이 사실을 알리고 답신이 올 때까지 성을 굳게 지키기만 했다. 조홍은 적이 나오지 않자 무슨 계책이라도 쓰려는 것이 아닌가 의심해 군사를 남정南鄭으로 물렸다.

그러자 장합이 조홍을 찾아와 물었다.

"장군은 적장의 목을 베어 첫 싸움에서 이겼는데 왜 군사를 뒤로 물리셨습니까?"

"싸움을 마다하지 않는 마초가 나와 싸우지 않으니 분명 다른 계략이 있는 듯하오. 게다가 지난날 관로가 이곳에서 장수 한 사람을 잃게 된다 했소. 어쩐지 그 말이 꺼림칙하오."

"장군은 반평생을 싸움터에서 보냈으면서도 어찌하여 점쟁이의 말에 현혹되십니까? 제가 군사를 이끌고 가 파서巴西를 빼앗겠습니다."

"파서를 지키는 장비는 가볍게 여길 장수가 아니오."

"장비를 겁내는 자가 많으나 제 눈에는 어린애일 뿐이오."

장합이 불끈하며 조홍에게 말했다. 조홍은 장합이 지나치게 호기만 앞세우는 것 같아 군령장을 쓰게 한 후에야 군사 내는 일을 허락했다. 장합은 군사 삼만을 거느리고 나가 산을 의지해 세 곳에 진을 치고 절반의 군사를 이끌고 나아갔다.

이 사실을 안 장비도 뇌동에게 군사 오천을 뽑아 먼저 나아가 매복케 하고 자신은 군사 만 명을 거느리고 나아가 장합을 맞아 싸워 크게 물리쳤다.

장비에게 쫓겨 간 장합은 장비가 매일 싸움을 걸어도 나와 싸우려들지 않을 뿐 아니라 술을 마시며 장비의 화를 돋우었다. 장비가 그 꼴을 보다 군사들에게 욕을 퍼붓게 했으나 장합은 여전히 술만 마실 뿐이었다.

그렇게 서로 노려보며 욕설만 퍼붓는 가운데 어느새 오십 일이 흘렀다. 그러자 장비가 무슨 생각에서인지 암거산 기슭에 앉아 장합에게 질세라 술을 퍼마시기 시작했다.

이때 성도에 있던 유비가 그 소식을 전해 듣고 깜짝 놀라며 공명에게 의논했다. 공명은 껄껄 웃으며 좋은 술 오십 독을 장비에게 보내라고 말했다.

유비는 그제야 장합을 꾀어내려는 계책임을 짐작했으나 안심이 되지 않아 위연을 보내 돕게 했다.

장비는 성도에서 가져온 술을 장막 앞에 늘어놓게 한 뒤 수레에 있는 기를 늘여 세우고 북을 치며 전보다 더 질펀한 술잔치를 벌였다.

장합이 산봉우리에 올라 장비의 장막을 보니 수레에는 '군전공용미주軍前公用美酒(싸움터에서 마시는 술)'라는 글씨를 쓴 기가 펄럭이고 술판에 씨름판까지 벌이고 있었다. 밤이 되자 장합이 마침내 화를 참지 못하고 군사를 이끌고 성 밖으로 나왔다.

장합이 희미한 달빛을 받으며 산기슭으로 내려가자 장비는 불을 환히 밝힌 채 그때까지도 술을 마시고 있었다. 장합은 곧장 장비에게 다가가 한 창으로 찔러 넘어뜨렸다. 그런데 창을 맞으며 '퍽' 소리와 함께 쓰러진 것은 뜻밖에도 짚에다 갑옷을 입혀 놓은 허수아비였다. 장합이 속았음을 알고 말 머리를 돌리려 하는데 폭죽 소리와 함께 장비가 벼락같은 호통을 내지르며 덮쳐들었고 장합은 급히 말 머리를 돌려 와구관瓦口關으로 달아났다.

장비는 곧 위연을 보내 와구관을 치게 하는 한편 자신은 기병 오백을 거느리고 샛길로 달려가 와구관 뒤쪽 여기저기에 불을 질렀다. 장합은 협공을 당하자 황망히 오백여 군사를 거느리고 샛길로 빠져 나갔다.

장비가 놓칠세라 추격하자 장합은 말을 버리고 산 위로 기어올라 가까스로 길을 찾아 달아났다. 조홍이 다시 한 번 더 기회를 주라는 곽회의 의견에 따라 장합에게 군사 오천을 주어 가맹관을 치게 했다.

그때 가맹관을 지키고 있는 장수는 맹달과 곽준이었다. 곽준은 관문을 굳게 지키자고 했으나 맹달이 군사를 이끌고 나가 장합과 싸웠다. 그러나 장합이 죽기로 작정하고 싸우자 맹달은 장합을 당해내지 못하고 관으로 쫓겨 오고 말았다. 이에 곽준은 급히 성도로 사람을 보내 이 사실을 알렸다. 공명이 여러 장수 앞에서 정색을 하고 말했다.

"장합은 조조 휘하의 명장이니 장비라야만 그와 대적할 수 있을 것이오."

"군사께서는 여기 있는 장수들을 너무 업신여기시오. 저를 보내주신다면 장합의 목을 베어 바치겠소."

장수들 중 홀연 한 사람이 자리를 박차고 일어나며 소리쳤다. 그는 늙은 장수 황충이었다.

유비는 흡족한 얼굴로 황충에게 엄안을 부장으로 삼게 하여 출진을 허락했다. 그러나 그 자리에 있던 다른 장수들과 가맹관에 있던 맹달·곽준은 비웃었다.

노병의 힘,
황충

장합은 황충이 군사를 이끌고 오자 소리 내어 껄껄 웃었다.

"너는 늙은 주제에 부끄러운 줄도 모르느냐?"

"네 이놈! 내 손에 있는 이 보검은 아직 늙지 않았다."

그 소리와 함께 황충은 말을 박차 장합에게로 달려갔다.

두 사람이 어우러진 지 이십여 합이 되었을 때 홀연 장합의
등 뒤에서 크게 함성이 일었다. 황충이 관 아래로 나올 때 엄

안이 군사를 이끌고 샛길로 나가 장합의 뒤를 치기로 했던 것
이다. 뜻밖에 등 뒤로 적군이 밀어닥치자 장합도 크게 당황
했다. 게다가 늙은이로만 여긴 황충은 함부로 상대할 장수가 아
니었다.

황충과 엄안이 힘을 다해 장합을 들이치자 장합의 군사들이
일시에 무너지며 적의 함성에 쫓기면서 구십여 리나 물러났다.

이 소식을 전해들은 조홍이 펄펄 뛰며 장합을 불러 목을 베
라고 했으나 곽회가 다시 조홍에게 지금 죄를 물으면 유비에게
투항하기 쉽다며 간곡히 만류했다.

조홍은 하후돈의 조카 하후상과 항복해 온 장수 한현의 아
우 한호에게 군사 오천을 주어 장합을 돕게 했다.

이때 황충은 군사를 풀어 그 일대의 지세를 살핀 후 엄안의
귀에 대고 생각해 두었던 계책을 말했다. 엄안은 고개를 끄덕이
더니 급히 군사를 수습해 어디론지 말을 달렸다. 황충은 하후
상과 한호를 맞아 싸우다 패한 척하며 달아났다.

그날 밤이 되자 황충은 군사 오천을 이끌고 가맹관으로 나
섰다. 이때 하후상과 한호는 황충이 싸우러 나오지 않자 황충
의 오천 군마가 오는 줄은 까맣게 모르고 곤한 잠에 빠져 있
었다. 그러다 요란스런 함성이 일며 순식간에 군사가 밀어닥치
자 잠결에 가까스로 말에 안장을 얹어 황급히 목숨을 구해 달
아났다.

날이 밝자 황충의 군사들은 적이 고스란히 남겨 두고 간 군
량과 마필을 거두어 들였다.

영채를 지키고 있던 장합도 가맹관을 치러 갔던 군사들이 도 망쳐 오자 함께 달아났다. 장합이 두 장수에게 말했다.

"천탕산과 미창산은 우리의 군량과 마초를 쌓아둔 곳이오. 만약 이곳을 잃게 되면 군량이 끊겨 한중 땅을 잃게 될 것이 오."

하후상이 생각난 바가 있는 듯 입을 열었다.

"미창산은 나의 숙부이신 하후연이 지키고 계시며 정군산定 軍山이 잇닿아 있으니 걱정하지 않아도 될 것이오. 그런데 천탕 산은 하후덕 형님이 지키고 있으니 그곳으로 가서 돕는 것이 좋 겠소."

이에 장합은 두 장수와 함께 패잔병을 이끌고 천탕산으로 갔다. 그때 군사 하나가 숨을 헐떡이며 달려와 황충의 군사가 쳐들어오고 있다고 알렸다.

하후덕이 비웃음을 날리며 말했다.

"그 늙은 도둑이 병법도 모르면서 용맹만 믿고 날뛰는군."

그러자 형을 죽인 원수에다 영채마저 빼앗긴 한호가 황충을 사로잡겠다며 호기 있게 나섰다. 하후덕이 쾌히 응낙하며 군사 삼천을 주고 산을 내려가 싸우게 했으나 한호는 황충의 한 칼 에 목이 떨어져 말 아래로 뒹굴었다.

장합과 하후상도 급히 군사를 거느리고 내려가 촉군을 막으 려 하는데 이번에는 산 위에서 크게 함성이 일더니 불길이 하늘 로 치솟았다.

황충이 미리 천탕산 뒤로 올라가게 했던 엄안의 군사들이 지른 불이었다.

천탕산 본진에 있던 하후덕이 깜짝 놀라 군사를 이끌고 나섰으나 하후덕의 본진을 치러 가던 엄안과 맞닥뜨리고 말았다. 하후덕을 본 엄안이 큰 호통과 함께 어느새 한칼에 하후덕의 몸을 두 동강 내고 말았다.

장합과 하후상은 앞뒤로 적을 맞은 데다 불길마저 사방으로 번지자 마침내 천탕산을 버리고 정군산으로 말을 몰아 하후연에게로 달아났다.

천탕산을 빼앗은 황충은 군사를 수습한 뒤 사람을 보내 성도의 유비에게 이 일을 알렸다. 유비는 모든 장수에게 천탕산을 점령했음을 알리고 몹시 기뻐했다.

법정이 앞일에 대한 의견을 유비에게 진언했다.

"이제 천탕산을 빼앗았으니 주공께서 몸소 대군을 거느리신다면 한중은 능히 평정될 것입니다. 하늘이 내리신 이 기회를 놓쳐서는 아니 될 것입니다."

유비는 물론 공명도 법정의 말이 옳다고 여겨 십만 명의 군사를 내몰았다.

유비는 장비와 조운을 선봉으로 삼고 가맹관으로 나가 황충과 엄안을 불러들인 뒤 후한 상을 내리고 황충에게 정군산도 뺏도록 했다.

황충은 법정과 함께 군마를 이끌고 떠났다. 황충이 떠난 뒤 공명은 조운에게 샛길로 가 황충을 돕도록 하고 유봉과 맹달에게 산속 요지에서 깃발을 세워두게 했다. 이어 마초에게도 계책을 전하고 장비와 위연에게도 함께 한중 정벌에 나서게 했다.

유비가 몸소 군사를 거느리고 한중으로 온다고 하자 하후연은 크게 놀라며 조조에게 이 사실을 알렸다. 조조는 급히 영을 내려 사십만 대군을 일으켜 스스로 군사를 이끌었다.

건안 23년 7월 그믐, 조조는 군사를 세 길로 나누어 나아가기로 하고 하후돈에게 선봉을, 조휴에게는 후군을, 자신은 중군을 거느리게 했다. 대군이 꼬리를 물고 나아가니 끝이 보이지 않았다. 조조는 곧 하후연에게 나가 싸우라는 영을 전하는 서한을 사자에게 주어 보냈다. 하후연은 하후상에게 계책을 일러 준 후 군사 삼천을 주어 내보냈다.

그 무렵 황충은 하후연이 군사를 이끌고 온다고 하자 몸소 나아가 그들과 맞설 채비를 서두르는데 부장 진식陣式이 나서자 그에게 군사 천명을 주어 나가 싸우게 했다.

하후상이 군사를 이끌고 오자 진식이 그를 맞았으나 적의 유인책에 빠져 사로잡히는 몸이 되고 말았다.

황충은 법정에게 이 일을 의논했다. 법정이 생각에 잠기다 입을 열었다.

"하후연은 성품이 가볍고 조급한 데다 자신의 용맹을 지나치게 믿고 꾀를 쓸 줄 모릅니다. 천천히 진을 쌓으면서 산 위로 밀고 올라가면 하후연은 반드시 산을 내려와 싸우려 들 것입니다. 이것이 바로 '반객위주般客爲主(수세에 몰리는 척하나 공세를 취해 주도권을 빼앗음)의 병법'인 바 오히려 우리 군사가 앉아서 적을 방비하는 것을 말합니다."

황충도 함부로 험한 산길을 나아갈 수가 없는 터라 법정의 말을 좇았다.

황충은 군사들을 이끌면서 조금씩 앞으로 나아가 진을 치고 또 조금씩 나아가 진을 치기를 되풀이했다.

하후연이 이 보고를 듣고 군사를 이끌고 나가려 하자 장합이 적의 계략이라며 말렸다.

그러나 하후연은 장합의 말을 귓등으로 흘려버리고 조카인 하후상을 내보냈는데 몇 번 부딪지도 않아 하후상은 황충의 손아귀에 사로잡히고 말았다.

하후연은 궁리 끝에 진식과 하후상을 서로 맞바꾸기로 하고 곧 사람을 황충에게 보냈다. 그러자 황충도 마다하지 않고 쾌히 응낙했다.

다음 날 양쪽 진에서 크게 북소리가 울리자 진식과 하후상이 각기 자기 진을 향해 달려갔다.

그런데 하후상이 자기의 진문 앞에 거의 이르렀을 때 황충이 하후상을 향해 활을 쏘니 화살이 하후상의 등에 꽂혔다. 하후연이 불같이 노해 말을 박차고 황충을 향해 내달았다. 황충도 백발을 흩날리며 하후연을 향해 달려갔다. 불꽃을 튀기며 이십여 합을 싸우는데 홀연 징 소리가 울렸다. 조조군이 군사를 거두어들이는 징 소리였다.

하후연이 진으로 돌아와 대뜸 성난 목소리로 물었다.

"무엇 때문에 징을 쳐 군사를 물리게 했는가?"

"산골짜기에 촉군의 깃발이 여럿 보이는데 복병임에 틀림없습니다."

하후연이 산골짜기를 바라보니 과연 촉군의 기치가 무수히 바람에 펄럭이고 있었다. 하후연은 이후부터 굳게 성문을 닫고 나가지 않았다.

황충은 법정의 의견에 따라 밤이 되기를 기다려 곧장 산꼭대기로 밀고 올라갔다. 이 산은 하후연의 부장인 두습이 수백 명만 거느리고 지키고 있었다. 황충이 많은 군사를 거느린 채 산 위로 밀고 오자 겁이 난 두습은 그만 산을 버리고 달아났다.

산을 점령하자 법정이 황충에게 적이 지쳐 있을 때를 기다려 치게 했다. 황충이 법정의 말대로 미동도 않은 채 어느덧 한나절이 되었다. 하후연의 군사들은 적을 향해 욕설을 퍼붓다 제풀에 지쳐 말에서 내려 땅바닥에 주저앉아 쉬는 자도 있었다.

그러자 별안간 북소리와 피리 소리가 요란히 일더니 황충이 먼저 말을 달려 산 아래로 달리고 그 뒤로 군사들이 쏟아져 내려왔다.

하후연은 미처 싸울 태세를 갖출 겨를이 없었다. 황망히 군사들을 수습하려는데 어느새 하늘에서 떨어진 듯 황충이 바로 눈앞으로 달려오고 있었다.

"이놈 하후연, 내 칼을 받아라!"

벼락치듯 한 외침과 함께 그가 미처 칼을 뽑기도 전에 황충의 칼이 머리와 어깨를 찍어 하후연은 두 토막이 나버렸다.

황충은 그 기세를 타고 정군산으로 짓쳐들어갔다. 장합이 군사를 이끌고 나왔으나 황충을 도우러 온 조운과 유봉·맹달의 매복군에게 급습을 당하고 달아났다.

장합은 두습과 함께 한수漢水로 가 영채를 세운 다음 사람을 보내 조조에게 소식을 전했다.

조조는 하후연이 죽었다는 말에 목을 놓아 울었다. 그런 가운데도 지난날 관로의 점괘를 생각하고 감탄해 마지않았다.

조조는 하후연을 죽인 황충에게 이를 갈며 서황을 선봉으로 삼은 뒤 군사를 거느리고 나아가 한수에 이르렀다. 정군산에서 쫓겨 와 그곳에 진을 치고 있던 장합과 두습이 나와 조조를 맞아들였다.

한편 황충이 하후연의 머리를 가지고 가맹관으로 돌아오자 유비는 황충을 정서대장군征西大將軍으로 높이고 크게 잔치를 열어 그 공을 치하했다. 잔치가 한창 무르익어 갈쯤 조조가 대군을 이끌고 온다는 소식이 전해졌다.

"조조는 오는 도중 장합으로 하여금 미창산의 양식과 마초를 북산北山 영채에 옮기게 했다 합니다."

공명이 그 말을 듣더니 유비에게 대책을 말했다.

"그들의 양식과 마초를 불태운다면 조조의 기세도 꺾일 수밖에 없습니다."

"저를 보내주시면 반드시 장합의 목을 베어 오겠습니다."

황충이 자리를 박차고 일어나며 말했다.

"좋소이다. 대신 조자룡과 함께 가도록 하시오."

군사를 이끌고 가는 도중 조운과 황충이 서로 선봉이 되겠다고 다투었다. 결국 제비뽑기를 하여 선봉을 가리니 황충이 선봉이 되었다. 이에 황충이 군사를 이끌고 나가려는데 조운이 말했다.

"장군께서 돌아올 시각을 정해 두고 만약 그 시각이 지나도 아니 오시면 저는 즉시 군사를 움직여 장군을 도우러 가겠습니다."

이윽고 다음 날 새벽 무렵 황충이 군사를 이끌고 북산으로 향해 군량과 마초에 불을 지르려 할 때 장합과 서황이 군사를 거느리고 함성을 지르며 내달려왔다. 서황이 장합과 함께 가세하자 황충도 그들을 뚫지는 못했다. 적병에게 에워싸인 채 있는 힘을 다해 싸웠으나 점점 위급한 지경으로 빠져들고 있었다.

이때 황충이 조운에게 약속했던 오시가 지나고 있었다. 조운은 끝내 황충이 돌아오지 않자 창을 비껴들고 바람같이 말을 몰았다. 조운이 말을 달린 지 오래지 않아 앞쪽에 먼지가 자욱이 일며 한 떼의 조조 군사가 앞길을 가로막았으나 조운은 적병들을 휩쓸며 바로 북산 아래쪽에 이르렀다. 조운이 보니 장합과 서황이 황충을 겹겹이 에워싸고 있었다.

조운이 외마디 고함 소리와 함께 말을 몰아 에워싸고 있는 적을 좌우로 휩쓸며 뛰어들었다.

장합과 서황이 간담이 서늘해 감히 맞서지 못하고 있는 사이 조운이 그 틈에 황충을 구해냈다. 적군 수만 명이 그 주위를 둘러싸고 있었으나 아무도 길을 막으려 나서는 자가 없었다.

조운이 영채로 돌아가자 부장 장익이 달려 나와 맞았다.

"모든 궁노수를 영채 앞에 파놓은 해자 속에 매복시키도록 하라."

조운은 영을 내린 후 말 위에 오른 채 창 한 자루만 비껴들고 홀로 영문 밖에 가서 우뚝 섰다.

조조가 몸소 군사를 이끌고 왔다. 그러나 대군을 거느리고 장수들이 달려오는데도 조운은 여전히 그 자리에 우뚝 선 채 눈을 부릅떠 노려보고만 있을 뿐이었다.

그러다 조운이 창을 번쩍 치켜들어 휘둘렀다. 그와 때를 같이해 영채 밖 구덩이 속에 매복해 있던 궁노수들이 불쑥 몸을 일으키며 일제히 활과 쇠뇌를 쏘았다. 조운과 황충, 부장 장저는 달아나는 조조를 뒤쫓으며 조조 군사들을 닥치는 대로 쳐 죽였다.

조조가 말고삐를 단단히 잡고 정신없이 북산 쪽으로 말을 달리는데 홀연 미창산 쪽에서 두 갈래의 군마가 쏟아져 내려왔다. 그들은 유봉과 맹달이 거느린 군사들로 조조의 군량과 마초를 전부 불사르고 내려오던 중이었다.

조조군을 크게 꺾고 영채를 모조리 빼앗은 조운과 황충은 곧 그 소식을 유비에게 알렸다.

유비가 좌우를 둘러싸고 있는 험악한 산길을 바라보며 공명에게 말했다.

"자룡의 온몸은 담력 덩어리인 모양이오."

유비는 조운의 큰 공을 치하하며 그를 호위장군虎威將軍으로 삼고 모든 장졸에게 상을 내린 다음 크게 잔치를 열어 위로했다.

조조는 서황을 선봉으로 삼아 기어코 한수를 빼앗고야 말 겠다고 단단히 다짐했다. 그러자 떠나기 전에 왕평王平이 나서 촉군을 치겠다고 말했다. 조조가 기뻐하며 왕평을 부선봉으로 삼아 서황과 함께 가게하고 자신은 정군산 북쪽에 둔병했다.

　서황과 왕평은 한수 강변에 이르러 서황이 강을 건너 진을 치 자 왕평이 급히 물러나야할 퇴로가 없다며 반대했다. 그러나 서 황은 고집을 꺾지 않은 채 배다리를 놓고 한수를 건너 영채를 세워 배수진을 쳤다. 서황이 강을 건너 영채를 세우는 걸 본 황 충과 조운이 군사를 두 갈래로 나누어 매복해 두고 나가 싸우 지는 않고 화살만 날렸다.

　서황이 하는 수 없이 물러나려 하는데 황충은 왼쪽 길, 조운 은 오른쪽 길을 택해 급습했다.

　서황의 군사들은 크게 혼란에 빠졌다. 제대로 싸워볼 엄두도 못 내고 달아나는데 앞에는 강물이었다. 강물에 수많은 군사가 빠져 죽는 가운데 서황도 달아날 수밖에 없었다. 있는 힘을 다 해 길을 열어 가까스로 강 건너 영채로 들어간 서황은 분한 김 에 역정을 내며 애꿎은 왕평을 닦아세웠다.

　"너는 우리 군사가 위태로운 걸 보고도 바라보기만 했느냐?"

　서황은 분이 머리까지 차, 자기 잘못을 뒤돌아보기는커녕 말 대꾸 하는 왕평을 죽이려 들었다.

　그날 밤이었다. 서황의 어리석음에 실망한 왕평이 거느리던 군사들을 시켜 영채에 불을 지르게 한 후 조운의 영채로 달려 가 항복하고 말았다.

조운은 왕평을 데리고 가 유비를 만나게 했다. 왕평이 투항해 온 까닭을 밝히며 한수의 지리를 자세히 일러주자 유비는 곧 왕평을 편장군偏將軍에 임명하고 길을 안내하게 했다.

　조조는 싸움에도 지고 왕평에게도 속은 것을 알고 크게 노해 몸소 한수를 빼앗기 위해 대군을 휘몰았다. 이에 조운은 한수 서쪽으로 군사를 물려 조조 군사와 한강을 사이에 두고 대치했다.

　조운이 한수 서쪽에 진을 치자 유비는 공명과 함께 한수의 형세를 살피러 갔는데 문득 강가의 토산土山 하나가 보였다.

　공명이 영채로 돌아와 조운에게 군사 오백을 토산에 매복케 하고 포 소리와 함께 북과 징을 울리되 절대 나가 싸우지 말라고 일렀다.

　그날 밤이 깊어갈 무렵이었다. 조조의 영채에 화톳불이 꺼지고 군사들이 잠든 것을 본 공명이 포를 쏘게 했다. 토산에 있던 촉군은 포 소리가 나자 일제히 북과 징이며 꽹과리를 울렸다. 조조군이 뛰쳐나가 보았으나 적병은 보이지 않았다.

　그런 일이 사흘 동안이나 되풀이되자 조조도 두려움이 일어 영채를 뽑아 멀리 삼십여 리나 물러났다. 조조는 넓은 들판에 영채를 세우고 촉군의 야습에 대비했다.

　조조가 물러나자 공명은 강을 건너 강기슭에 영채를 세웠다.

　조조가 사람을 보내 유비에게 싸움을 청하는 도전장을 전하자 공명이 내일 승부를 가리자는 답장을 보냈다.

　다음 날 양군은 중간 지점인 오계산 앞에 마주 보고 진을 벌였다. 이에 유비는 유봉·맹달과 여러 장수를 거느리고 천천히 말을 몰아 진 앞쪽으로 나섰다.

"유비를 사로잡는 자는 서천왕西川王으로 삼을 것이다."

조조의 외침을 들은 조조군의 장수들이 함성을 지르며 유비의 진 쪽으로 달려갔다. 조조의 장수들이 대군을 이끌고 밀려들자 촉군은 둑이 무너지듯 흩어져 영채는 물론 말과 무기도 모두 팽개치고 달아났다.

조조군은 촉군을 뒤쫓다 말고 버린 말과 버린 물건들을 거두어들이기에 바빴다. 조조가 그 모양을 보고 급히 징을 쳐 군사들을 불러들이게 했다. 촉군이 달아나는 것을 보고 문득 의심이 들어 내린 영이었다.

그러나 공명은 조조가 지나친 의심으로 군사를 물리리라는 것을 짐작했다. 이때를 기다렸다가 왼쪽에서는 황충이, 오른쪽에서는 조운이 각기 군사를 이끌고 달려가자 조조군은 그대로 무너지며 남정 땅으로 달아나기에 바빴다.

그러나 조조가 남정으로 향하려고 앞을 보니 남정으로 가는 다섯 갈래의 길에 이미 불길이 치솟고 있었다. 이미 장비와 위연이 그 길을 막고 불을 지른 것이었다.

장비와 위연은 낭중郎中을 그들 대신 지키려고 온 엄안에게 그곳의 방비를 맡긴 후 군사를 두 갈래로 나누어 밀고 들어가 남정을 빼앗은 것이었다.

남정이 적의 손에 떨어진 것을 안 조조는 크게 놀랐다. 조조는 뒤돌아볼 겨를도 없이 황망히 말을 재우쳐 양평관陽平關으로 달렸다.

양평관에 이른 조조는 장비와 위연이 양도를 끊으려 한다고
하자 허저에게 양초를 싣고 오는 군사들을 호위하게 했다.

허저는 곧 천여 기를 이끌고 양평관을 출발해 도중에 양초를
싣고 오던 관원과 만났다. 어림군의 대장인 허저가 직접 군사를
거느리고 오자 해량관解糧官(양초 수송관)은 안도의 한숨을 내쉬
며 술과 고기를 내어 바쳤다. 허저는 술에 취했으나 몸을 일으
키며 수레를 재촉했다.

어느덧 어두워질 무렵이 되었을 때 수레는 포주의 험한 길에
이르렀다. 그때 한 떼의 군마가 달려왔다. 앞장선 장수는 장비
였다. 그러나 이미 크게 취해 있던 허저는 손과 발이 떨려 장비
의 매서운 공격을 당해내지 못하고 달아나기에 바빴다.

촉병이 양평관까지 뒤쫓아 거세게 공격을 퍼붓자 조조는 양
평관을 버린 채 달아났다.

조조가 말고삐를 두 손으로 움켜잡고 한동안 달리고 있는데
앞쪽에선 장비, 뒤에서는 조운이 뒤쫓았다. 조조는 정신을 가다
듬고 급히 옆길을 뚫어 촉군의 세 갈래 군사를 따돌리고 가까
스로 사곡斜谷 계곡으로 접어들었다. 그런데 맞은편에서 또 한
떼의 군마가 달려오는데 보니 앞장선 장수는 둘째 아들 창이
었다. 조창이 아버지 조조가 싸움에 져 양평관으로 쫓겨났다는
말을 듣고 급히 군사를 이끌고 구원하러 온 것이었다.

조조가 아들 조창이 이끌고 온 군사 오만과 함께 야곡에 새
로 영채를 세우고 서로 마주 보며 대치한 지 며칠이 흘러가고

있었다. 조조는 군사를 거두어 돌아가자니 촉군이 비웃을 것이고, 그렇다고 앞으로 나아가 적을 치자니 촉군이 점점 늘어났다. 조조가 답답한 얼굴로 생각에 잠겨 있는데 저녁으로 닭탕이 나왔다. 조조는 그릇 속에 들어 있는 계륵鷄肋(닭의 갈비)을 건져내다 문득 생각나는 바가 있어 쓴웃음을 지었다. 이때 하후돈이 들어와 그날 밤의 암호를 물었다.

"계륵, 계륵이라고 하라."

조조가 무심코 말했다.

이 말을 전해들은 행군 주부 양수楊修가 군사들에게 일렀다.

"너희들은 각기 짐을 꾸려 물러날 준비를 하라!"

하후돈이 깜짝 놀라며 까닭을 물었다.

"오늘 밤 군호를 들어보니 위왕께서 곧 군사를 물리실 듯합니다. 원래 '계륵'이란 먹을 것도 없고 그렇다고 버리자니 아까운 것이지요. 지금 우리의 싸움이 바로 그런 형국입니다. 앞으로 나아간댓자 이길 가망이 없고 물러서면 비웃음을 사게 됩니다. 그러나 지키고 있어도 아무런 이득이 없습니다. 그러니 차라리 일찍 돌아가느니만 못하지요."

하후돈은 고개를 끄덕이더니 그가 거느린 군사들에게도 짐을 꾸리게 했다. 그러자 이 사실을 안 조조가 얼굴을 일그러뜨리며 호통을 쳐 양수를 꾸짖었다.

"네 어찌 함부로 말을 지어내 군사들의 마음을 어지럽히려드느냐!"

조조는 그 말과 함께 도부수들을 불러 양수의 목을 치게 했다. 양수의 재주가 뛰어나 자신의 속마음을 꿰뚫어보자 감탄의 마음이 어느새 강한 시샘과 같은 미움으로 변해 언젠가는 그를 죽여 없애야겠다고 작정했던 터였다.

다음 날 조조는 군사를 이끌고 야곡 어귀로 나아갔다. 조조가 군사를 이끌자 촉군에서는 위연이 군사를 마주 이끌고 나왔다.

조조는 방덕을 내보내 위연과 싸우게 하는데 조조의 영채에 불길이 오르고 있었다. 마초가 영채를 급습해 지른 불이었다.

"만약 물러나는 자가 있으면 목을 베리라!"

조조가 외치며 모든 장수들을 휘몰자 군사들도 기세를 올리며 장수들의 뒤를 따랐다. 촉군은 그 기세를 당하지 못한 듯 크게 어지러워지며 달아났다.

그러나 달아나던 위연이 시위에 살을 메겨 언덕 위에서 양군의 싸움을 내려다보고 있던 조조에게 쏘아붙였다. 화살이 조조의 얼굴 한가운데를 향해 날아가 보기 좋게 맞히자 조조는 외마디 비명과 함께 몸을 뒤집으며 말 아래로 떨어지고 말았다. 방덕이 조조를 구해 영채로 돌아온 후 상처를 살피니 화살은 바로 조조의 인중人中(코밑)에 맞아 앞니 두 개가 부러져 있었다.

조조는 방덕을 후군으로 삼아 촉군이 뒤쫓을 것에 대비케 하고 전거氈車(담요를 깐 수레)에 누워 좌우 호위군의 호위를 받으며 물러났다.

그러나 조조가 군사를 되돌릴 것을 미리 헤아린 공명이 마초를 비롯한 여러 장수에게 십여 리 길에 군사들을 배복시켰다.

매복군의 급습을 받자 조조군은 밤낮없이 달려 수천의 군사가 꺾인 후에야 가까스로 경조京兆 땅에 이르러 겨우 숨을 돌릴 수 있었다.

조조가 허도로 달아나자 유비는 맹달·유봉·왕평으로 하여금 상용上庸 일대의 고을을 빼앗게 했다. 조조가 유비에게 쫓겨 가자 신탐申耽을 비롯한 그곳의 태수들이 유비에게 항복해왔다.

한중을 거두어들이자 장수들은 은연중에 유비를 한중의 천자로 떠받들자는 생각이 있었으나 감히 입 밖에 내지 못했다. 섣불리 입을 열었다가 한漢의 황숙인 유비에게서 어떤 불호령이 떨어질지 몰라 기회를 엿보던 그들은 공명에게 먼저 그 뜻을 비쳤다.

공명은 법정을 비롯한 여러 사람을 거느리고 유비에게 찾아가 '한중왕漢中王'에 오를 것을 청했다.

"내 비록 한실의 종친이나 천자가 계시니 아직 신하의 몸이오. 왕위를 참칭한다면 무슨 명분으로 조조의 반역을 벌한다고 하겠소?"

그러나 공명은 물러서지 않았다. 거듭해서 장수들과 간청하자 유비도 사양하다 못해 마침내 왕위에 오르는 것을 허락했다.

건안 24년(서기 219년) 7월 어느 날, 유비는 한중왕의 위位로 나아갔다. 유비는 왕의 의장을 갖춰 입고 남쪽을 향해 앉아 왕관과 옥새를 받은 후 모든 벼슬아치로부터 하례를 받으며 한중왕이 되었다. 유비는 왕 위에 오르자 곧 아들 유선劉禪을 세자로 삼은 다음 허정을 태부太傅로, 법정은 상서령尙書令으로 높이고, 공명은 그대로 군사軍師로 삼되 나라 안팎의 일과 군무軍務를 모두 관장케 했다. 관우·장비·조운·마초·황충은 오호대장五虎大將으로 삼아 다른 장수들보다 그 벼슬을 높이고 위연은 한중태수로 삼았다.

유비는 허도의 천자께 표문을 올려 스스로 한중왕이 되었음을 아뢰었다. 표문이 허도에 이르자 업군에 있던 조조가 그 소문을 듣고 펄쩍 뛰며 노했다.

"돗자리나 짜서 팔던 촌놈이 어찌 감히 이럴 수가 있다는 말이냐? 내가 맹세코 이놈을 죽여 없애리라!"

조조는 이어 좌우에게 소리치며 군사를 일으키기 위해 영을 내렸다. 그러자 한 사람이 나서 말했다. 그는 바로 사마의司馬懿였다.

"중달仲達은 무슨 고견高見이라도 있다는 말인가?"

"강동의 손권과 유비를 먼저 싸우게 하십시오. 유비는 형주를 손권에게 빌린다고 했으나 돌려주지 않아 이들 두 사람은 서로 이를 가는 사이가 되었습니다. 양쪽이 싸우는 틈을 타 대왕께서 군사를 거느려 한중과 서천으로 밀고 들어가십시오."

조조는 곧 만총에게 밀서를 써 주며 강동으로 가 손권을 만나게 했다.

손권은 그 자리에서 대답을 하지 않은 채 잔치를 베풀어 만총을 대접한 뒤 역관에 나가 편히 쉬게 하고 모사들을 불러 의견을 물었다. 그러자 고옹이 조조와 손을 잡으라고 권했다. 이때 제갈근이 관우의 딸과 손권의 아들을 혼인시키자는 의견을 내었다.

손권은 제갈근의 말대로 만총에게는 조조의 뜻에 따라 군사를 내겠다고 약속하고 허도로 돌려보낸 후 제갈근을 사자로 삼아 형주로 가서 관우를 만나게 했다.

형주에 이른 제갈근이 성 안으로 들어가 관우를 보고 예를 올린 후 찾아온 용건을 말했으나 관우는 제갈근의 말이 끝나자 붉어진 얼굴로 노기를 띠며 소리쳤다.

"범의 딸을 어찌 개의 아들에게 시집보낼 수 있겠느냐? 만약 군사의 형이 아니었다면 당장 목을 쳤을 것이다."

관우의 호령에 제갈근은 달아나듯 물러나고 말았다.

칠로군을 제압하는
관우

"그놈이 어찌 그렇게 무례할 수가 있다는 말이냐?"

손권은 제갈근의 말을 듣고 그 즉시 장소를 비롯한 문무백관들을 불러 모아 형주를 칠 일을 의논했다. 그러자 보질이 조조의 속셈을 알려주었다.

"조조가 우리에게 사자를 보내 촉을 치게 함은 바로 동오에 모든 화근을 떠넘긴 뒤 촉과 동오를 함께 취하려는 뜻입니다."

"나 역시 오래 전부터 형주를 되찾을 궁리를 하지 않았소?"

"지금 조인은 양양과 번성에 둔병하고 있습니다. 주공께서는 사람을 허도로 보내시어 조조에게 조인으로 하여금 먼저 형주를 치게 하십시오. 그러면 운장은 반드시 형주 군사를 내서 번성을 치려할 것입니다. 그 틈을 타 형주를 공격한다면 어렵지 않게 빼앗을 수가 있을 것입니다."

손권이 보질의 말에 따르면서 조조의 속마음을 알아보기 위해 조조에게 사자를 보냈다.

조조는 동오와 촉이 손을 잡을까 마음속으로 두려워하고 있던 터라 두말 않고 손권의 말에 따랐다. 조조는 동오로 격문을 보내 조인이 뭍으로 공격할테니 물길로 군사를 거느려 조인과 호응토록 했다.

그 무렵 한중왕 유비는 조조가 동오와 합세해 형주를 치려한다는 급보를 받고 급히 공명을 불러 대책을 물었다.

"관운장에게 먼저 번성을 치게 하면 적군은 두려워 저절로 흩어지고 말 것입니다."

유비는 관우에게 오호대장五虎大將의 사령장을 전하고 번성을 공격하게 했다.

관우는 영을 받자 곧 부사인傅士仁과 미방 두 사람을 선봉으로 삼아 군사를 형주성 밖에 머물게 했다. 그러나 부사인과 미방이 장막 뒤에서 술을 마시다 실수해 불이 나 병장기와 군량을 태워버리고 말았다.

관우는 크게 노하여 부사인과 미방에게 곤장 사십 대를 치게 하고 미방은 남군에, 부사인은 공안으로 쫓아 보내 그곳을 지키게 했다.

관우는 곧 요화를 선봉으로 삼고 양아들 관평을 부장으로 삼았다. 그리고 자신은 중군을 거느리고 마량과 이적을 참모로 삼아 함께 번성으로 향했다.

이때 조인은 관우가 군사를 이끌고 온다는 소식을 듣고 크게 놀라며 성 안에 틀어박혀 지키기만 했다. 그런 조인에게 부장 적원과 하후존이 싸우기를 청하자 조인이 군사를 이끌고 나갔으나 적원과 하후존이 관우와 관평에게 군사 태반을 꺾인 채 패하고 말았다. 조인은 목숨을 보전하기 위해 황급히 양양을 버리고 번성으로 물러날 수밖에 없었다.

관우가 조인을 쫓아내고 양양성을 빼앗자 수군사마 왕보王甫가 말했다.

"동오의 여몽은 육구陸口에 군사를 머무르게 하고 형주를 엿보고 있습니다. 만약 이들이 형주로 밀고 들어간다면 어찌하실 작정이십니까?"

"그대는 강 언덕에 이삼십 리 간격으로 봉화대를 쌓고 군사 오십여 명을 두어 지키게 한 뒤 동오군이 쳐들어오면 밤에는 불로, 낮에는 연기를 피워 신호를 하도록 하라."

"미방과 부사인이 남군과 공안을 지키고 있으나 힘을 다해 지킬지가 걱정입니다."

"내가 이미 반준을 보냈네."

그러나 왕보가 고개를 저으며 미심쩍은 얼굴로 말했다.

"반준은 시기심이 많고 자기 이득만을 밝히는 사람입니다. 충성스럽고 청렴한 조루를 보내는 것이 어떻습니까?"

"이미 반준을 보낸 터이니 다시 딴 사람으로 바꿀 필요는 없네."

왕보의 말을 듣지 않은 것이 뒷날 자신에게 얼마나 엄청난 해를 끼칠 수 있는지 관우는 그때 알지 못했다.

왕보가 형주로 돌아가자 관우는 강을 건너 번성을 치러갔다. 관우가 번성으로 쳐들어오자 조인은 나가 싸우려 하지 않으나 여상이 나가 싸우겠다고 했다.

여상이 칼을 빼들고 관우를 향해 달려가려는데 뒤따르던 군사들이 관우의 위풍당당하고 범 같은 자태를 보고는 뿔뿔이 흩어질 뿐이었다.

여상의 군사는 태반이 꺾인 채 번성으로 몰려들고 말았다.

여상이 도망쳐 오자 조인은 급히 장안의 조조에게 구원을 청했다. 조조는 우금으로 하여금 관우를 치게 했다. 그러자 방덕이 나섰다.

"제가 관운장을 사로잡아 오겠습니다."

조조는 방덕을 정서도선봉征西都先鋒으로 삼는 한편 우금을 정남장군征南將軍으로 높이고 일곱 갈래로 나눠 군사를 이끌게 했다. 그 칠로군七路軍의 군사들은 모두 북방의 날랜 군사들이었다. 그때 칠로군 장수 중 하나가 우금에게 방덕의 옛 주인 마초가 촉의 오호대장임을 상기시켰다.

조조가 그 말을 듣고 곧 방덕을 불러들여 선봉의 인수印綬를 거두려 하자 방덕이 관을 벗어 던지고 머리를 땅바닥에 짓찧어 얼굴에 붉은 피를 흘리며 목소리를 높여 말했다.

"제가 한중에서 항복한 이후 대왕께 두터운 은혜를 입었습니다. 이에 비록 간과 뇌를 땅바닥에 쏟는다 해도 그 은혜를 갚을 길이 없다고 여기고 있는 터에 대왕께서는 어찌 저를 의심하십니까?"

조조는 몸소 방덕을 부축해 일으킨 후 인수를 돌려주며 출진을 허락했다.

방덕은 관棺 하나를 짜게 한 후 부장들을 불러 말했다.

"내가 운장과 싸우다 죽거든 그대들은 내 시신을 이 관속에 넣어 거두어라. 만약 내가 관우를 죽인다면 그의 머리를 이 관속에 담아 위왕께 바치리라."

방덕이 선봉에서 관을 메고 온다는 척후병의 말을 들은 관우는 수염을 떨며 화를 냈다.

"천하의 장수들도 내 이름을 들으면 두려워 떨지 않는 자가 없거늘 감히 방덕이 나를 우습게 본다는 말이냐?"

그러자 관평이 관우에게 청했다.

"제가 나가서 방덕과 싸우겠습니다."

관우가 허락하자 관평은 방덕이 진을 치고 있는 곳으로 칼을 휘두르며 말을 달렸다. 방덕도 말을 박차 관평을 맞으니 한바탕 싸움이 어우러졌으나 승패가 나지 않았다.

관우는 요화로 하여금 번성을 지키라 이른 뒤 청룡언월도를 비껴들고 적토마를 몰았다. 방덕도 칼을 휘두르며 관우를 맞았다. 싸움이 언제 끝날지 모른 채 계속되고 있을 때 양군에서 징 소리를 울려 각각의 진지로 두 사람을 불러들였다. 방덕이 진으로 돌아오자 말했다.

"사람들이 관운장을 영웅이라 하더니 과연 헛된 이름이 아니었구나."

관우도 그때 진영으로 돌아와 방덕의 무예에 마음속으로 감탄했다.

다음 날 관우가 군사를 거느리고 나아가자 방덕도 기다리고 있었다는 듯이 군사를 이끌고 나왔다.

진을 세우자 두 장수가 달려 나가 싸우다 방덕이 문득 힘이 다한 듯 말 머리를 돌려 달아나기 시작했다. 관우가 뒤쫓기 시작하자 방덕이 급히 활을 꺼내 살을 메겨 쏘았다. 관우가 급히 몸을 젖히며 피했으나 화살이 왼쪽 팔에 꽂히고 말았다. 뒤따르던 관평이 아버지를 부축해 진영으로 말을 몰았다.

방덕이 관우와 관평을 뒤쫓는데 문득 자신의 진영에서 요란스럽게 징 소리가 울렸다. 징을 울려 방덕을 진으로 불러들인 장수는 우금이었다. 방덕이 활을 쏘아 관우를 맞히자 그가 공을 독차지할 것을 경계해 불러들인 것이었다.

한편 관우는 다행히 상처는 깊지 않아 금창약金瘡藥을 발랐다.

"맹세코 이 화살에 맞은 욕을 풀고야 말겠다."

다음 날 방덕이 바쁘게 군사를 휘몰아와 싸움을 돋우었다. 관우는 달려 나가 방덕과 싸우려 했으나 장수들이 간곡히 만류해 싸움에 응하지 않았다.

방덕이 참다못해 우금에게 칠로군 모두 휘몰아 싸울 것을 권했다. 그러나 우금은 관우와의 싸움에 가볍게 맞서지 말라는 조조의 훈계를 핑계 대며 방덕을 산 뒤쪽에 둔병시켜 그가 마음대로 군사를 움직이지 못하도록 했다.

양군이 대치하고 있을 동안 관우의 상처가 아물어 갔다. 우금이 진을 옮기자 관우가 높은 언덕에 올라가 지세를 살펴보니 산골짜기에 군마가 진을 치고 있었는데 그 진 가까이에 물살이 거센 양강襄江이 흐르고 있었다.

관우가 문득 양강을 바라보다가 향도관嚮導官(길을 안내하는 사람)을 불러 물었다.

"저 골짜기의 이름이 무엇인가?"

"증구천罾口川이라 합니다."

그러자 관우가 몹시 기뻐하며 외쳤다.

"우금이 고기 잡는 그물 주둥아리인 증구罾口로 들었으니 사로잡힌 것이나 다름없다."

그러나 장수들은 관우의 말을 믿지 않았다.

계절은 음력 8월인 가을이었다. 때마침 가을장마가 시작되 비가 쏟아지자 관우는 군사들에게 배와 뗏목을 만들게 했다.

"지금 우리는 육지에서 싸우고 있는데 어찌하여 배와 뗏목을 준비하라하십니까?"

"우금은 지금 증구천의 험한 산골짜기에 둔병해 있다. 그런데 장마철이라 매일 비가 와 양강의 물이 나날이 불어나고 있다. 내가 군사들을 시켜 여러 곳에 둑을 쌓아 물길을 막아놓게 했으니 우금의 군사들은 모두 물귀신이 되고 말 것이다."

그날 밤이었다. 세찬 바람이 휘몰아치며 비가 억수같이 쏟아졌다. 방덕이 불안한 마음으로 장막 안에 앉아 있는데 수만 마리의 말이 내닫는 듯한 요란한 소리와 함께 산이 무너지고 땅이 꺼지는 듯 흔들렸다. 관평이 여러 개의 둑을 한꺼번에 무너뜨려 가두었던 물을 일시에 내보낸 것이다.

사면팔방에서 산더미 같은 흙탕물이 굽이치며 쏟아져 들어와 위군의 본진을 물바다로 만들었다. 방덕은 물론 우금을 비롯한 장수들은 황급히 조그만 산 위로 올라가 물을 피했다. 우금은 어디로도 달아날 길이 없는데다 거느리고 있는 군사도 오륙십에 지나지 않자 하는 수 없이 관우에게 항복했다. 그때 방덕은 이리저리 내달으며 관우군과 싸우고 있었으나 중과부적이었다.

이때 형주 군사 수십 명이 작은 배를 몰아 제방 가까이로 다가갔다. 방덕이 그걸 보고 칼을 움켜잡더니 몸을 솟구쳐 작은 배 위로 뛰어내린 후 싸웠으나 홀연 상류 쪽에서 주창이 뗏목을 타고 내려와 방덕이 타고 있는 작은 배를 세차게 들이받아 물속에 빠진 방덕을 사로잡았다.

방덕마저 사로잡히자 우금이 거느리고 왔던 칠로군 대부분이 물귀신이 되거나 다행히 살아남은 자도 모두 항복했다.

"우금을 묶어 형주로 보내 옥에 가두고 내가 돌아가 다시 처결할 때를 기다리도록 하라."

관우의 명에 우금이 끌려 나가자 곧이어 방덕이 끌려왔다. 방덕은 도부수들에게 이끌려나온 후에도 눈썹을 치켜세운 채 눈을 부릅뜨고 관우를 노려보며 무릎을 꿇지 않았다.

"내가 비록 칼에 맞아 죽을지언정 어찌 너에게 항복을 하겠느냐!"

방덕은 이어 관우에게 갖은 욕설을 다 퍼부었다. 관우는 그 용맹과 의기를 가상히 여겨 그를 달래보려 했으나 험한 욕설에 그만 화가 치밀어 그의 목을 베게 했다.

관우는 번성을 치기 위해 장수와 군사를 거느리고 배에 올랐다. 번성 주위로 흰 물살이 하늘에 닿을 듯 거세지자 축대가 무너지고 성벽도 침수될 지경에 이르렀다.

관우는 번성의 북문에 이르러 말을 세우고 채찍을 들어 성 위를 가리키며 소리쳐 꾸짖었다.

"어서 나와 항복하지 않고 무얼 그렇게 꾸물대고 있느냐?"

이때 조인이 화살을 날리게 하자 궁노수들이 일제히 활과 쇠뇌를 쏘았다. 관우가 급히 말 머리를 돌려 세우는데 오른팔에 화살 한 대가 날아와 박혔다. 관우는 몸을 뒤집으며 말에서 굴러 떨어지고 말았다.

관평이 부친을 구해 영채로 돌아오자 급히 팔에 박힌 화살부터 뽑게 했다. 그러나 화살촉에 묻어 있던 독이 이미 뼛속까지 스며들어 오른팔이 퍼렇게 부어오르고 있었다.

그러던 어느 날 한 사람이 강동에서 조각배를 타고 영채에 이르렀다.

"저는 패국 초군 땅 사람으로 이름은 화타華佗라고 합니다."

화타는 관우가 화살을 맞았다는 소문을 듣고 치료해 주기 위해 온 것이었다. 그때 관우는 마량을 상대로 바둑을 두고 있었다. 높은 열 때문에 입 안이 바싹 말라 가시를 문 듯했고 상처가 욱신거려 온 몸이 떨릴 지경이었다.

"칼로 살을 가르고 뼈를 드러내 뼛속에 스민 독을 긁어내야 합니다."

"잘 알겠소."

술을 몇 잔 마신 관우는 오른팔을 내밀어 화타에게 내맡기고 다시 바둑 두기를 계속했다.

화타는 칼로 관우의 팔을 찔러 뼈가 드러나게 속살을 헤쳤다. 독이 스며든 뼈는 이미 푸른색을 띠고 있었다.

살갗이 도려지고 뼈가 깎이는 가운데도 관우는 조금도 아픈 기색이 없어 보였다.

치료를 끝낸 화타의 이마에는 진땀이 배어 있었다. 그러나 관우는 치료가 끝나자 껄껄 웃었다.

치료를 마친 다음 날이었다. 화타가 관우를 찾아갔다.

"팔을 마음대로 움직일 수 있으며 조금도 아프지가 않소. 선생이야 말로 참으로 신의神醫요."

관우가 화타에게 감탄하며 치하하자 화타도 고개를 저으며 감탄했다.

"많은 사람을 치료해 왔습니다만 장군 같은 환자는 처음입니다. 장군이야말로 신장神將이십니다."

관우는 황금 백 냥을 내놓으며 사례하려 했으나 화타는 끝내

받지 않았다. 그리고는 약 한 첩을 두고는 다시 표연히 조각배를 타고 가버렸다.

그 무렵 관우가 우금을 사로잡고 방덕을 베었다는 소식은 멀리 허도에까지 전해졌다. 조조는 황급히 문무의 벼슬아치들을 불러 모아 의논했다.

사마의가 일어나 조조에게 말했다.

"손권으로 하여금 군사를 일으키게 하여 관운장의 뒤를 치게 한다면 번성의 위태로움은 절로 풀릴 것입니다."

조조가 곧 사람을 뽑아 동오로 보내는 한편 관우의 예기를 꺾기 위해 서황을 보내 관우를 치게 했다.

한편 손권은 조조의 뜻을 받아들이기로 하고 여몽으로 하여금 관우가 없는 형주를 치게 했다.

여몽은 그날로 군사를 이끌었으나 형주군의 물샐틈없이 치밀한 방비에 좋은 방책이 서지 않았다. 여몽은 생각다 못해 병이 났다는 핑계를 대며 문 밖에도 나가지 않았다.

손권이 초조한 얼굴로 생각에 잠겨 있는데 육손陸遜이 말했다.

"여몽의 병은 꾀병일 것입니다."

손권이 그 말을 듣고 육손에게 여몽을 찾아보게 하자 육손이 밤을 틈타 육구로 가 여몽을 만나 계책을 말했다.

"장군께서 병이 났다는 핑계를 대고 다른 사람에게 육구를 맡기십시오. 그리고 새로 육구를 맡은 사람으로 하여금 온갖 말로 관운장을 치켜세우도록 하십시오. 그러면 관운장은 형주의 군사를 모두 번성으로 거두어들일 것입니다. 그때 깜짝 놀랄 계책을 써 들이친다면 형주도 어렵지 않게 우리 손안에 떨어지게 될 것입니다."

여몽은 그날로 자리에 누워 점점 병을 핑계 대고 사직을 청했다. 육손은 손권에게 돌아가 여몽에게 얘기했던 계책을 들려주었다. 손권은 곧 여몽을 대신해 지모가 뛰어나나 이름이 잘 알려지지 않은 육손을 그 자리에 앉혔다.

육구에 당도한 육손은 마군·보군·수군 삼군을 거둔 후 계책을 펴기 위해 먼저 관우에게 자기가 육구를 맡아 다스리게 되었다는 인사장을 썼다. 관우를 한껏 치켜세우고 자기를 한껏 낮추어 글을 잘 다듬은 후 좋은 말과 진귀한 비단에 술과 안주를 갖추어 바치게 했다.

관우는 육구와 같은 중요한 곳을 이름도 없는 젊은 육손에게 지키게 한 손권이 어리석게만 보였다. 그 글과 예물이 육손의 계책임을 알 리 없는 관우는 흡족해하며 예물을 거두어들인 뒤 사자를 돌려보냈다.

며칠 후 형주를 살피러 갔던 육손의 군사로부터 관우가 형주에 있는 군사 태반을 뽑아 상처가 낫기만 하면 번성을 치려고 준비한다는 전갈이 왔다.

육손이 손권에게 이 소식을 알리자 손권은 즉시 여몽에게 형주를 치게 했다.

여몽은 군사 삼 만과 빠른 배 팔십여 척을 정돈했다. 선봉으로 내세운 배에는 헤엄 잘 치는 군사들에게 흰 옷을 입혀 장사치로 꾸민 후 노를 젓게 했다. 또한 가려 뽑은 날랜 군사들을 배 안에 숨겨 형주군에 눈에 띄지 않도록 했다.

한편 손권은 조조에게 이 일을 알리고 군사를 내서 관우의 뒤를 치라는 서한을 보낸 뒤 육손에게도 호응할 채비를 갖추게 한 후 모든 배를 형주로 나아가게 했다. 군사들은 팔십여 척의 배에 올라 밤낮을 가리지 않고 노를 저어 심양강尋陽江을 거쳐 관우의 봉화대가 있는 북쪽 언덕에 닿았다.

"어디서 오는 배인가?"

"저희들은 장사를 하는 나그네들인데 풍랑을 만나 이곳까지 떠내려 왔습니다."

흰 옷을 입은 군사들은 그 말과 함께 봉화지기에게 재물財物뿐 아니라 술과 안주를 바쳤다. 재물을 건네받은 형주 군사들은 입이 벌어져 제대로 살피지도 않고 배를 강변에 대게 했다.

그날 밤 돌연 배 안에 숨어 있던 군사들이 뛰쳐나와 봉화대 위에 있는 형주 군사들을 덮쳤다. 동오 군사들이 형주군을 생선 엮듯 묶은 후 군호를 내지르자 기다리고 있던 팔십여 척의 배가 강변에 닻을 내린 후 배 안에 있던 날랜 군사들을 쏟아냈다.

동오군은 형주군의 진을 덮쳐 모조리 사로잡아 타고 온 배 안에 가두고 다시 유유히 형주를 향해 짓쳐 나갔다. 동오군의 배가 무리지어 형주로 향했지만 아무도 수상쩍게 여기지 않았다. 배가 형주 가까이 이르자 여몽이 사로잡은 군사들에게 후한 상을 내리겠다며 좋은 말로 달랬다.

형주군으로서는 거역하면 당장 목이 떨어질 판이라 여몽의 말에 따를 수밖에 없었다.

여몽은 형주군을 앞세워 성문 앞에 이르자 형주 군사들에게 소리치게 했다.

"성문을 열어 주시오. 봉화지기 군사들이오."

성 위에서 군관軍官이 내려다보니 틀림없이 형주군이라 아무런 의심 없이 문을 열어 주었다. 여몽을 뒤따르던 군사들이 일제히 고함을 지르며 성 안으로 밀고 들어가 불을 질러 군호를 보냈다.

그때 군호를 보고 들이닥친 동오의 대군이 성 안을 휩쓸자, 마침내 형주성은 손 한번 써 보지 못한 채 동오 군사들에게 점령되고 말았다.

며칠 후 손권은 대군을 이끌고 형주에 이르렀다. 손권은 여몽의 공을 치하한 후 반준을 치중으로 삼아 형주를 다스리게 하고 우금을 옥에서 불러내 조조에게 보냈다.

형주를 거두어들인 손권은 공안을 지키는 부사인과 남군의 미방을 치려했다. 그러자 한 사람이 자리에서 일어나며 말했다.

"화살 한 대 쏘지 않고 세 치 혀만을 놀려 부사인이 제 발로 걸어 들어와 항복하도록 하겠습니다."

그는 회계의 여조 땅 출신인 우번이었는데 부사인과는 동향이었다.

손권은 크게 기뻐하며 군사 오백을 주어 우번으로 하여금 공안으로 가게 했다. 공안에 이른 우번은 서한을 써 화살대에 매서 성 안으로 쏘아 보냈다. 서한을 읽고 난 부사인은 형주마저 동오의 손에 떨어지자 항복하고 말았다.

이때 여몽이 손권에게 귀띔했다.

"부사인을 남군에 있는 미방에게로 보내 항복하도록 달래보라 하십시오."

손권이 곧 부사인을 남군으로 보냈다. 부사인은 남군으로 달려가 미방에게 항복할 것을 권했다. 미방이 선뜻 마음을 정하지 못하고 망설이고 있는데 관우로부터 사자가 와 남군과 공안 두 곳에서 쌀 십만 석을 가져오라며 만약 늦어지면 두 사람의 목을 베겠다고 했다. 이때 여몽이 군사를 이끌고 성으로 밀려온다는 소식이 전해지자 미방도 마침내 항복했다.

한편 조조가 허도에서 모사들과 함께 형주와 번성 일을 의논하고 있는데 손권의 사자가 와 관우를 앞뒤에서 협공하자는 서한을 바쳤다.

조조는 곧 사람을 양릉파로 보내 서황으로 하여금 군사를 움직이게 하고 자신도 조인을 구하기 위해 몸소 대군을 이끌고 양릉파로 향했다.

서황은 군사를 두 갈래로 나누었다. 먼저 서상과 여건 두 부장에게 자신의 거짓 깃발을 주고 언성으로 달려가 관평을 치게 했다. 이어 자신은 날랜 군사 오백을 뽑아 면수를 돌아 샛길로 가 관평의 뒤를 치기로 했다.

한편 관평은 서황이 군사를 이끌고 온다는 전갈을 받자 진을 벌려 세우고 적을 맞아 싸웠다. 서상과 여건 두 장수는 관평을 맞아 싸우다 달아났다.

관평이 그들을 뒤쫓고 있는데 뒤따르던 군사들이 다급하게 외치는 소리가 들려왔다. 관평이 그 소리에 놀라 뒤를 돌아보니 성에서 벌겋게 불길이 치솟고 있었다. 관평이 그제야 적의 계교에 빠진 것을 알고 말을 돌려 언성으로 달려가는데 서황이 앞을 가로막았다.

　관평은 적군을 헤치고 길을 열어 사총의 영채를 향해 급히 말을 달렸다.

　관평을 맞아들인 요화는 걱정스런 얼굴로 형주를 여몽에게 빼앗겼다는 소식을 전했다.

　그때 전령이 달려와 소식을 전했다.

　"북쪽에 있는 첫 번째 영채를 서황이 공격하고 있습니다."

　관평과 요화는 부장에게 영채를 굳게 지키도록 하고 군사를 이끌고 위군의 진으로 짓쳐들었다. 그러나 위군의 진에는 군사는커녕 개미 새끼 하나 얼씬하지 않았다. 적의 계교임을 알고 급히 말을 돌려 사총의 영채를 향해 말을 몰았다. 그러나 사총의 진에서도 시뻘건 불길이 오르고 있었다.

　관평과 요화가 황급히 번성으로 통하는 큰 길을 택해 뒤돌아볼 틈도 없이 말을 모는데 문득 앞에 한 떼의 군마가 나타났다. 앞선 장수는 바로 서황이었다. 관평과 요화는 죽기 살기로 서황과 싸워 가까스로 길을 열어 달아났다. 그러나 겨우 서황을 따돌리고 보니 남은 군사는 몇 백에 지나지 않았다.

　관평과 요화는 패잔병을 거느리고 관우의 대채에 이르러 그동안의 일을 고했다. 형주가 이미 동오 군사들에게 떨어진 걸 모르고 있던 관우가 관평에게 거짓 소문이라고 꾸짖듯 말하는데 홀연 탐마가 달려와 알렸다.

"서황이 대군을 이끌고 오고 있습니다."

관우가 말 위에 올라 서황을 대적하려 했으나 오른팔의 상처가 다 낫지 않았으니 전과 같을 리 없었다.

그때 홀연 사방에서 크게 함성이 일었다. 번성에 갇혀 있던 조인이 구원병이 왔음을 알고 성 밖으로 군사를 이끌고 나온 것이었다. 관우가 하는 수 없이 장졸들을 이끌고 양강 상류 쪽으로 달아나자 홀연 맞은편에서 군사 하나가 달려와 놀라운 소식을 전했다.

"형주는 이미 여몽에게 빼앗기고 공안을 지키던 부사인이 동오에 투항했습니다."

관우는 그 소리를 듣고 이를 갈았다. 그러나 뒤이어 들려온 소식은 관우의 화를 머리끝까지 뻗치게 했다.

형주를 잃고, 거기다 부사인 뿐만 아니라 혈육처럼 오랫동안 가까이 지내왔던 미방마저 배신했다는 소리에 가슴이 터질 듯했다.

관우의 눈이 찢길 듯 위로 치켜지고 어금니를 가는데 그만 화살에 맞았던 상처가 터지며 그대로 땅바닥에 쓰러지고 말았다.

장수들이 깜짝 놀라 황급히 관우를 장막 안으로 떠메고 가 자리에 눕힌 후 상처를 돌보았다. 얼마 후 정신이 든 관우가 문득 왕보王甫를 돌아보며 탄식하듯 말했다.

"내가 그대의 말을 듣지 않았다가 오늘 이 꼴을 당하는구려."

봉화대마저 동오군에게 빼앗겼다는 소식을 들은 관우는 그제야 여몽과 육손의 계교에 떨어졌음을 알았다. 관우는 자신의 어리석음을 뉘우치고 주먹을 부르르 떨며 한탄해 마지않았다.

"내 무슨 낯으로 형님을 뵈올 수가 있단 말이냐?"

관우는 마량과 이적에게 글을 주어 성도의 한중왕에게 구원병을 청하게 하고 자신은 군사를 이끌고 형주로 향했다. 관평과 요화에게는 뒤를 맡겨 뒤쫓는 적을 막게 했다.

조조는 번성이 포위에서 풀려나자 사총의 영채를 돌아본 후 군사를 마피 땅으로 돌려 그곳에 영채를 세웠다. 그리고 서황을 평남장군平南將軍에 봉하고 하후상과 함께 양양을 지키며 관우의 군사들을 막게 했다.

관운장도 가고,
조조도 가고

한편 관우가 형주로 군사를 재촉하고 있는데 홀연 함성이 크게 일며 한 떼의 군마가 앞을 가로막았다. 앞선 장수는 동오의 장흠이었다. 장흠이 창을 치켜들고 말 위에 앉아 소리쳤다.

"관운장은 빨리 항복하라."

"나는 한나라 장수다. 어찌 역적놈들에게 항복하겠느냐?"

관우는 꾸짖음과 함께 말을 몰아 장흠을 향해 달렸다. 그때 왼편 산골짜기에서 고함 소리가 크게 일며 한당이 군사를 내몰고, 오른편 골짜기에서 주태가 군사를 이끌고 달려 나왔다. 이때 장흠이 군사를 되돌려 관우를 향해 덮쳐왔다.

수가 많지 않았던 관우의 군사는 세 갈래로 몰려오는 적병을 당해낼 길이 없었다. 관우는 급히 군사를 되돌려 오던 길로 달아나는 수밖에 없었다.

관우가 길을 되돌려 몇 리쯤 달려가는데 남산南山 언덕 위에 연기가 자욱했다. 관우가 놀라 보니 언덕 위에 사람들이 옹기종기 모여 화톳불을 피우고 있는데 한쪽에 흰 깃발이 펄럭이고 있고 그 깃발에 이상한 글씨가 씌어 있다.

'형주토인荊州土人(형주 본토 사람).'

형주토인이란 글씨를 보자 관우가 거느린 군사들이 걸음을 멈추고 언덕 위의 사람들을 바라보았다. 군사 대부분이 형주 토박이들이었기 때문이었다. 모여 있던 사람들이 관우의 군사들에게 소리쳤다.

"형주에 사는 토박이 여러분들은 어서 항복하시오."

관우는 군사들의 사기가 크게 떨어지는 걸 보고 언덕 위로 말을 달려 그들을 죽이려고 했다. 그러나 양쪽 산골짜기에서 기다리고 있었다는 듯 한 떼의 군마가 쏟아져 나왔다. 왼편은 정봉丁奉이 거느린 군사요, 오른편은 서성徐盛이 거느린 군사였다. 거기다 언덕 위에서도 한 떼의 군마가 쏟아져 내려오는데 앞선 장수는 장흠이었다.

세 갈래 길로 달려온 군마는 고함 소리, 북소리, 징 소리와 함께 하늘을 뒤흔드는 가운데 순식간에 관우를 에워쌌다.

관우가 달려드는 적병을 찌르고 베는 가운데 저녁때가 되어갈 무렵 문득 사방의 산을 바라보니 산꼭대기마다 형주 사람들이 올라가 애절한 목소리로 가족을 부르고 있었다. 부모는 자식을 부르고 형제는 형이나 아우를, 여인이 남편을 부르는 소리가 바람결에 들려오고 있었다.

그 소리를 들은 군사들은 너도나도 마음이 산란해져 산꼭대기를 향해 달아나기 시작했다. 관우가 청룡언월도를 치켜들고 달아나는 군사들에게 소리쳤으나 이미 싸울 마음을 잃은 군사들이었다. 남은 군사는 겨우 삼백여 명에 지나지 않았다.

그날 밤 문득 동쪽에서 고함 소리가 크게 일며 두 갈래 길로 군마가 달려왔다. 그 군마는 적군을 헤치며 관우가 있는 곳으로 달려왔다. 바로 관평과 요화가 관우를 구하기 위해 달려온 것이었다. 겨우 관우를 구한 관평이 함께 길을 열어 달아나면서 말했다.

"어디든 성을 얻어 잠시 머무르며 기회를 엿보는 것이 좋겠습니다. 가까운 맥성麥城이 작기는 해도 우선 잠시 머무를 만합니다."

달리 길이 없는 관우는 관평의 말에 따랐다.

군사를 재촉해 맥성에 이른 관우는 상용 땅의 유봉과 맹달에게 구원을 청하기로 했다.

관우는 요화에게 상용 땅으로 가게하고 관평이 적의 포위를 뚫게 했다. 요화와 관평이 성 밖으로 나가 적의 포위를 뚫자 관평은 다시 성 안으로 돌아와 굳게 문을 닫고 지키기만 했다.

유봉과 맹달이 상용 땅에 머무르게 된 것은 이전에 두 사람이 이곳을 빼앗고 태수 신탐의 항복을 받았을 때였다. 한중왕은 그들의 공을 치하해 유봉을 부장군으로 봉하고 맹달과 함께 상용 땅을 다스리게 했다.

요화가 상용에 이르러 관우의 글을 전했다. 그러나 유비의 양아들인 유봉은 관우의 위급한 처지를 전해 듣고도 한가롭게 맹달에게 의논했다. 그런데 맹달은 미리 겁부터 먹고 구원에 나서지 않았다. 요화는 하는 수 없이 한중왕에게 구원을 청하기로 작정하고 성도로 말을 몰았다.

한편 맥성에 있는 관우가 상용에서 구원군이 오기를 기다리고 있는데 뜻밖에도 제갈근이 찾아왔다. 제갈근은 관우에게 오에 귀순할 것을 권했다.

"옥은 부서질지언정 그 흰 빛을 잃지 않으며 대나무는 불에 타도 그 곧음을 잃지 않는다. 내 몸은 비록 죽을지언정 이름은 죽백竹帛(역사)에 남을 것이다. 나는 죽기로 작정하고 손권과 결판을 낼 것이다."

손권에게 돌아간 제갈근이 관우의 말을 전했다. 손권이 그 말을 듣고 고개를 끄덕이더니 문득 탄식하듯 말했다.

"과연 충신이로구나. 그렇다면 이제 어찌해야 하겠소?"

여몽이 그 물음에 빙긋이 웃으며 대답했다.

"관운장의 군사가 많지 않으니 큰길보다는 맥성 바로 북쪽 험한 오솔길로 달아날 것입니다. 그러니 주연朱然에게 날랜 군사 오천을 주어 맥성 북쪽 이십여 리 되는 곳에 매복케 하십시오. 그러나 맞서 싸우지 말고 그들을 보낸 뒤 뒤를 치게 하십시오. 관운장은 군세가 적으니 싸움을 피해 반드시 임저臨沮 땅으로 달아날 것입니다. 그러니 군사 오백을 반장潘璋에게 주어 임저의 산속 길에 매복케 했다가 쫓겨 오는 관운장을 사로잡는다면 그도 도리 없이 산채로 묶이고 말 것입니다. 이제 장수들을 보내 맥성을 치되 북쪽 문을 비워두어 그 문으로 달아나게 하십시오."

손권은 크게 기뻐하며 주연과 반장에게 각기 군사를 주어 여몽이 말한 곳으로 가서 매복케 했다.

한편 맥성의 관우가 마군馬軍과 보군步軍을 점검해 보니 겨우 삼백 명에 지나지 않았고 군량과 마초도 이미 바닥이 나 있었다. 구원병이 오지 않자 관우는 우선 성을 빠져 나가 서천에서 군사를 수습하기로 하고 성 위에 올라 사방을 살펴보았다. 성 밖은 동오군으로 뒤덮여 있는 듯한데 그중 북문만은 군사들의 수가 얼마 되지 않는 듯했다.

"오늘 밤 북문을 뚫고 나가야겠네."

그러자 왕보가 나서 관우를 말렸다.

"산길에는 으레 적병이 있게 마련이니 큰길로 가시는 것이 좋습니다."

"어찌 그까짓 매복을 두려워하겠는가?"

관우는 주창에게 왕보와 함께 성을 지키게 하고 관평·조루와 함께 이백여 명의 군사만 이끌고 북문으로 달려 나가 산길로 접어들었다. 청룡언월도를 비껴든 관우가 많지 않은 적을 좌우로 휩쓸며 이십여 리쯤 달렸을 때였다.

문득 맞은편 산골짜기에서 갑자기 징 소리와 북소리가 요란히 일며 한 떼의 군마가 내달아왔다. 앞선 장수를 보니 주연이었다.

"운장은 달아나지 말고 빨리 항복해 목숨을 구하라!"

관우가 화가 치밀어 청룡언월도를 휘두르며 곧장 말을 박차며 달려가자 주연은 싸울 생각도 하지 않은 채 달아났다. 관우가 말을 박차며 주연과의 거리를 점점 좁히고 있을 때 홀연 북소리가 크게 일더니 사방에서 복병이 쏟아져 나왔다.

어둠 속에서 쏟아져 나오는 수많은 복병을 본 관우는 임저 땅으로 뻗은 샛길로 급히 말 머리를 돌려 달아났다. 주연이 군사를 이끌고 달아나는 관우를 쫓으며 뒤따르는 군사들을 덮치자 그나마도 적은 군사가 점점 줄어들었다.

임저의 산길은 원래 험한데다가 밤길이라 더욱 헤쳐 나가기가 어려웠다. 관우가 뒤따르는 적을 막으며 한편으로는 길을 헤쳐 사오 리쯤 갔을 때였다. 홀연 앞쪽에서 함성이 크게 일며 불길이 하늘을 사를 듯이 일었다. 이곳에 미리 매복해 있던 반장이 지른 불이었다.

반장은 관우를 보고 칼을 휘두르며 달려 나왔으나 몇 차례 칼을 부딪더니 달아났다.

관우가 가던 길을 재촉해 말을 달리는데 관평이 급히 뒤쫓아 와 소식을 알렸다.

"조루가 적군과 싸우다 죽었습니다."

관우는 그 소리를 듣고 경황없이 말을 달리던 중에도 한줄기 눈물을 흘렸다. 위급한 지경에 이르러 끝까지 자기를 따랐던 장수였다. 그러나 우선은 적의 손아귀에서 벗어나는 일이 급했다.

"너는 뒤쫓는 적을 막아라. 내가 앞장서서 길을 열겠다."

관우가 관평에게 이른 후 앞장서 산길을 헤치고 나가는데 어느새 뒤따르는 군사는 겨우 십여 명으로 줄어들고 말았다.

한동안 말을 달려 이른 곳이 결구決口였다. 양쪽이 모두 높은 산인데 산 아래쪽은 가시나무와 덩굴이 뒤엉키고 갈대와 억새가 뻗어 있어 길을 헤치고 가기가 몹시 어려웠다.

험한 길을 힘을 다해 헤쳐 나가는 동안 어느덧 오경(새벽 3~5시)이 되었다. 날이 밝기 전에 험한 길을 벗어날 작정으로 무성한 잡풀을 헤칠 때였다. 갑자기 산이 떠나갈 듯 함성이 크게 일더니 땅에서 솟은 듯 복병들이 쏟아져 나오더니 관우가 타고 있는 적토마의 다리를 갈고리로 걸어 쓰러뜨렸다. 밧줄에 다리가 걸려 말이 쓰러지자 관우도 말 위에서 굴러 떨어졌다.

반장의 수하인 마충馬忠이 갈고리를 던져 관우의 허벅다리를 끌어당기자 때를 놓치지 않고 오나라 군사들이 달려들어 팔을 비틀어 눌렀다. 그러고는 관우가 허리의 칼을 뽑아들기도 전에 벌떼처럼 몰려들어 관우를 꽁꽁 묶고 말았다. 온 화하華夏(중국 천지)에 그 위세를 떨쳐 울리던 장수로서는 너무나 한스러운 순간이 아닐 수 없었다.

관평이 황급히 달려가 구하려 했으나 어느새 반장과 주연이 군사를 몰아와 몇 겹으로 에워싼 채 관평을 덮치니 관평도 사로잡히는 몸이 되고 말았다.

어느새 이미 날이 밝아오고 있었다. 관우 부자를 사로잡았다는 소식은 곧 손권에게 전해졌다. 손권은 기뻐 어쩔 줄 모르는 가운데 문무관원들을 장막으로 불러들였다. 얼마 지나지 않아 마충이 사로잡은 관우를 끌고 왔다. 손권은 관우가 거미줄에 얽매이듯 묶인 채 앞에 나타나자 그를 내려다보며 물었다.

"장군은 스스로 천하에 맞설 만한 사람이 없다고 여긴다 들었는데 오늘은 이 몸에게 사로잡히셨구려. 어떻소? 이제라도 이 손권에게 귀순하시겠소?"

"이 눈알 푸르고 수염 붉은 어린놈아! 나는 유 황숙 어른과 형제의 의를 맺고 한漢의 왕실을 다시 일으키고자 행세했던 몸이다. 어찌 너 같은 역적과 손을 잡고 함께 하겠느냐? 내가 이번에 너희들의 간사한 꾀에 잘못 빠져들었으니 다만 죽음이 있을 뿐이다."

관우가 눈을 부릅뜨며 소리쳐 손권을 꾸짖었다. 그러나 손권은 그 꾸짖음에도 선뜻 관우에 대한 욕심을 버리지 못했다. 문득 여러 관원을 돌아보며 목소리를 낮추어 말했다.

"관운장은 천하의 호걸이다. 두터운 예로 대접해 항복을 권해 보고자 하는데 그대들의 뜻은 어떤가?"

그 물음에 주부主簿와 좌함左咸이 일어나 대답했다.

"아니 됩니다. 지난 날 조조가 그를 자기 사람으로 만들고자 후侯에 봉하고 온갖 은혜를 베풀어 그의 마음을 거두려했습니다. 그러나 관운장은 다섯 관關을 지나며 조조의 여섯 장수를 죽이고 유비에게로 떠났습니다. 이제 주공께서는 그를 죽여 없애 뒷날의 걱정거리를 남기지 않도록 하십시오."

그 말을 듣고 한동안 생각에 잠겨 있던 손권이 마침내 무거운 목소리로 영을 내려 관우의 목을 치게 했다.

"그대의 말이 옳다. 관운장 부자를 끌어내 목을 베라."

관우와 관평 부자가 손권에게 목숨을 잃으니 때는 건안 24년 10월, 관우의 나이 쉰여덟이었다.

관우가 죽자 손권은 마충에게 적토마를 주었다. 마충은 명마를 받고 몹시 기뻐했으나 그 기쁨은 오래가지 못했다. 적토마는 관우가 죽은 그날부터 풀을 뜯지 않았다. 아무리 향기로운 사료를 주어도, 물가에 몰고 나가 입을 대주어도 고개를 돌릴 뿐 끝내 먹지 않더니 마침내 굶어 죽고 말았다.

한편 관우가 죽던 날 맥성에 있던 왕보는 갑자기 가슴이 두근거리고 살이 떨렸다. 그때 군사 하나가 급히 뛰어와 얼굴색이 변한 채 알렸다.

"동오군이 성 아래에 이르러 관운장 부자의 목을 걸어놓고 항복을 권하고 있습니다."

왕보와 주창이 크게 놀라며 성벽 위로 달려가 보았다. 성 밖에 오나라 병사가 두 개의 머리를 들고 있는데 틀림없는 관우 부자의 목이었다.

그걸 본 왕보는 치솟는 노기와 한스러움을 억누르지 못한 채 외마디 소리를 지르며 성 아래로 몸을 던져 스스로 목숨을 끊었고, 주창도 왕보의 마음과 다를 바가 없어 칼을 뽑아 자기 목을 찔러 자결하고 말았다. 그리하여 맥성도 동오에 떨어졌다.

한편 손권은 감히 엄두도 내지 못했던 일이 이루어지자 크게 기뻐했다. 잔치를 열어 장수들의 공을 사례하며 누구보다 으뜸가는 공을 세운 여몽에게 친히 잔에 술을 가득 따라 권했다. 그런데 술잔을 받아 마시려던 여몽이 갑자기 술잔을 땅바닥에 내던지고 손권의 멱살을 잡더니 호통을 쳤다.

"눈알 푸른 어린놈아, 붉은 수염 난 쥐새끼야. 네가 나를 알아보겠느냐?"

이것은 바로 관우가 죽기 전에 한 말이었다.

놀란 손권은 황망히 땅바닥에 엎드려 관우의 혼령을 뒤집어쓴 여몽을 향해 절을 올렸다. 그러자 여몽은 홀연 몸을 뒤집으며 쓰러지더니 두 눈과 두 귀, 콧구멍과 입으로 피를 쏟으며 죽어 버렸다. 장수들은 그 참혹한 광경에 몸을 떨었다.

손권은 여몽이 죽고 난 이후 관우의 혼령에 대한 두려움이 일어 불안한 날을 보내고 있었다. 그런데 건업에 있던 장소張昭가 와 무거운 얼굴로 말했다.

"유비가 단숨에 원수를 갚기 위해 반드시 조조와 손을 잡으려 할 터인즉 조조에게 관운장의 목을 보내십시오. 그러면 이번 일을 조조가 시켜서 한 것처럼 되니 유비는 조조에게 원한을 품고 위나라를 치려 할 것입니다."

장소의 말에 손권은 크게 감탄하며 곧 관우의 머리를 나무상자 안에 담아 조조에게 보냈다.

조조는 동오의 사자가 관우의 머리를 가지고 오자 크게 기뻐하며 말했다.

"이제 베개를 높이 베고 잠들 수 있겠구나!"

그러자 사마의가 나서서 말했다.

"이는 동오에서 우리에게 재앙을 떠넘기려는 수작입니다."

조조도 사마의 말을 듣고 고개를 끄덕였다. 조조는 사마의의 말에 따라 향나무로 관우의 몸을 만들어 목에 붙여 후히 장사를 지내주기로 했다. 곧 동오에서 온 사자를 불러들이고 나무상자의 뚜껑을 열었다. 관우의 목은 살아 있을 때의 모습과 다를 바가 없었다. 조조가 슬며시 웃으며 말했다.

"운장 그동안 별고 없으셨소?"

그러자 관우의 얼굴이 살아 있는 듯 갑자기 입을 딱 벌리고 눈을 부릅떴다.

조조는 그만 기겁을 하여 까무러치고 말았다. 장수들도 놀란 가운데 급히 조조를 부축해 자리에 눕혔다. 한참 뒤에야 정신을 차린 조조가 주위를 둘러보며 말했다.

"관운장은 실로 천신이로구나."

동오에서 온 사자가 관우의 혼령이 여몽을 죽였다는 말을 전하자 조조는 더욱 두려운 생각이 들었다. 조조는 관우를 낙양성 남문 밖에 장사를 지낸 뒤 관우에게 형왕荊王의 칭호를 더하고 관리를 두어 묘소를 지키게 했다.

한편 한중왕 유비는 동천에서 성도로 돌아온 후 법정의 권유에 따라 새로 왕비를 맞아들여 유영과 유리 두 아들을 낳았다.

그러던 어느 날 유비는 까닭 없이 온몸이 저려오고 살이 떨리는 가운데 마음이 불안했다. 밤이 되어도 잠을 이룰 수가 없어 등불을 밝히고 책을 읽다가 정신이 혼미해져 책상에 엎드렸다. 그러자 맞은편에 한 장수가 서 있는데 보니 관우였다. 유비가 깜짝 놀라 깨어보니 꿈이었다.

유비가 그 꿈이 기이하고 불길해서 공명에게 물어보니 관우를 지나치게 걱정하다 보니 그런 꿈을 꾸게 되었다고 유비를 안심시켰다.

공명이 유비로부터 물러나 있는데 허정이 들어와 여몽이 형주를 빼앗았다고 보고하고 마량과 이적이 들어와 관우가 여몽에게 져 구원을 청하는 서한을 보내왔다고 전했다. 이어 요화가 이르러 유봉과 맹달에게 구원을 청했으나 거절당했다고 알렸다. 유비가 군사를 이끌고 가 관우를 구하겠다고 나서는데 관우가 죽었다는 소식이 전해졌다.

유비는 그 소리를 듣더니 외마디 비명을 크게 지르며 땅바닥에 쓰러졌다. 문무관원들이 유비를 부축해 안으로 들인 뒤 구호하자 정신을 되찾았다.

"예부터 생사는 다 명에 달린 것이라 했으니 부디 옥체를 보양하여 뒷일을 도모하십시오."

공명이 유비를 위로했다.

"운장이 이 세상에 없는데 어찌 나 홀로 부귀를 누리겠소."

그때 관우의 작은 아들 관흥이 소리 높여 울면서 들어오자 유비는 또다시 비통함과 분노를 억누르지 못해 외마디 비명과 함께 혼절했다. 유비는 정신을 되찾은 이후에도 사흘 동안 물한 모금, 죽 한 숟갈 먹지 않고 목을 놓아 울더니 마침내 눈에서 피눈물이 떨어져 옷자락에 아롱졌다.

공명이 유비를 간곡히 위로하며 낙양의 소식을 알려주었다.

"동오가 관운장의 목을 조조에게 바쳤는데 조조가 친히 장사를 지내고 형왕의 칭호를 내렸다고 합니다."

"그들이 그렇게 한 까닭이 무엇이오?"

"동오는 화가 두려워 그 화를 조조에게 떠넘기려 했으나 조조도 그 속셈을 알아차리고 주상의 분노를 동오로 돌리기 위해 관운장의 장례를 후하게 치른 것입니다."

"이젠 지체할 수가 없소. 손권에게 그 죄를 묻고 하늘에 맺힌 한을 씻어야겠소."

그러자 공명이 관우의 장례를 치른 다음 위와 동오가 다투기를 기다렸다 군사를 내자고 말했다. 문무백관들도 공명의 말을 따르자고 거듭 권하자 유비는 관우의 장례부터 치르기로 했다. 유비는 모든 장졸에게 상복을 입고 조의를 표하게 하고 좋은 날을 잡아 친히 남문 밖에 나가 초혼제를 지내고 하루 종일 목놓아 울었다.

그 무렵 낙양에 있던 조조는 관우의 장례를 치른 이후 눈만 감으면 관우의 모습이 아른거렸다. 조조가 관원들에게 그 까닭을 물으니 낙양 행궁行宮의 전각들이 오래되어 요사스런 일이 많다고 말했다.

이에 조조는 건시전이라는 궁전을 새로 짓기로 했다. 그런데 기둥과 대들보로 쓸 만한 재목을 찾던 중 낙양에서 삼십 리쯤 떨어진 연못 약룡담躍龍潭 옆에 높이 십여 리 길이나 되는 배나무가 좋겠다는 말에 따라 그 나무를 베어오게 했다.

그런데 그 나무를 베려하자 톱으로 썰어도 톱날이 들어가지 않고 도끼로 찍어도 날이 박히지 않는다는 것이었다. 조조가 몸소 수백의 기병을 거느리고 가 나무를 베라고 하자 그곳 토박이 노인 몇 사람이 나서며 이것은 수백 년이 된 나무로 신神이 살고 있다며 말렸다.

조조가 노인들을 꾸짖으며 허리에 찬 보검을 뽑아 힘껏 나무를 찍었다. 그러자 '쩽그렁'하는 소리와 함께 나무에서 검붉은 피가 뻗쳐 나와 조조의 온 몸을 물들였다. 조조는 깜짝 놀라며 칼을 던져 버리고 말을 타고 궁으로 돌아왔다.

그날 밤이었다.

"나는 배나무 귀신이다. 네가 신목神木을 베려 했으니 네 놈의 숨을 끊어 놓겠다."

검은 옷을 입고 머리를 풀어헤친 배나무 귀신이 칼을 뽑아 조조를 향해 내리쳤다. 조조가 외마디 비명을 지르며 그 소리에 놀라 눈을 뜨니 꿈이었다. 조조는 꿈에서 깨어났으나 온몸엔 식은땀이 흐르고 머리는 마치 도끼로 찍힌 듯이 쑤시고 아팠다. 여러 의원이 와 조조를 치료했으나 증세는 차도가 없었다. 이에 화흠이 명의 화타를 천거하며 그를 불러오게 했다.

화타가 불려와 조조의 병을 살핀 후 말했다.

"대왕의 병은 머릿속에 바람이 일어 생긴 것으로 이미 골수에까지 퍼졌습니다. 마취약을 드신 후 칼로 두개골을 열어 병의 뿌리를 씻어내야 합니다."

그 소리를 들은 조조가 대뜸 화를 내며 소리쳤다.

"네가 나를 죽이려 하느냐?"

"대왕께서는 전에 관운장이 오른팔에 독화살을 맞았을 때 그 뼈를 긁어 치료한 일을 듣지 못하셨습니까? 그때 관운장은 조금도 두려워하지 않았습니다. 대왕께서는 어찌 저를 의심하십니까?"

조조는 자신과 견주어 관우를 은근히 높이는 듯하자 더욱 화가 뻗쳤다. 조조는 화타를 끌어내 옥에 가두게 한 후 날마다 문초를 하다 목을 뺐다.

화타가 죽은 후 조조의 병세는 점점 깊어졌다. 밤이 되면 자신에게 끔찍한 죽임을 당한 복 황후, 동귀인, 복완, 동승 등 이십여 명이 나타나 목숨을 내놓으라고 아우성쳤다.

마침내 조조도 스스로 그 명이 다했음을 알고 신하들을 불렀다.

"하늘에서 얻은 죄는 빌 곳이 없다 하였으니 내 명도 얼마 남지 않았구나. 내가 천하를 누비고 다닌 지 삼십여 년 만에 모든 영웅을 평정했으나 다만 강동의 손권과 서촉의 유비만 남았다. 맏이 비를 후사로 삼겠으니 경들은 그를 도와 내 뜻을 이루도록 하라."

조조는 말을 끝내고 긴 탄식과 함께 눈물을 쏟더니 숨을 거두었다. 그의 나이 예순여섯이요, 건안 25년(서기 220년) 봄이었다.

일세의 영웅이며 무장武將으로서나, 또는 치자治者로서 당대의 으뜸가는 인물이었던 조조의 마지막 길은 천하의 패자답지 않게 조용하고 담담했다. 조조가 죽자 문무백관들은 소리 높여 통곡하며 금관金棺에 유해를 안치해 업군으로 옮겼다.

조조의 장남 조비는 그날로 위왕으로 즉위하고 연호를 연강 원년延康元年으로 고쳤다. 이때 차남 조창이 십만 대군을 이끌고 와 군사를 조비에게 바치고 다시 돌아갔으나 조식과 조웅은 끝내 문상도 오지 않았다. 이에 조비는 사신을 보내 장례에 불참한 두 아우를 꾸짖었다. 그러자 평소 병약한 넷째 웅이 그만 겁이나 스스로 목숨을 끊었다. 그러나 셋째 식은 술에 취해 조비가 보낸 사신을 꾸짖고 매질해서 내쫓았다.

조비가 그 말을 듣고 격분해 허저를 보내 조식을 잡아 대령케 했다. 이때 조비의 어머니 변 씨가 형제간의 정리를 생각해서라도 조식의 목숨만은 살려달라고 청했다. 그러나 화흠은 조식의 재주가 뛰어나니 죽여 후환을 없애라고 진언했다. 조비는 화흠의 계교에 따라 조식에게 벽에 걸린 두 마리의 소 그림을 제목으로 일곱 걸음을 걷는 동안 시 한 수를 지으면 살려주되 그렇지 못할 경우에는 그 죄를 묻겠다고 말했다.

"그러나 시 속에 '두 마리의 소가 토담 옆에서 싸우다 한 마리는 우물에 떨어져 죽었다.'는 말이 한마디도 들어가지 않도록 하라."

그것은 두 마리의 소가 토담 옆에서 싸우다 한 마리가 다른

소에게 밀려 우물에 떨어지는 그림이었다. 문무백관들은 조비의 가혹한 명에 놀라며 쥐 죽은 듯이 입을 다물었다.

　그러나 조식은 담담한 얼굴로 일곱 걸음을 옮긴 후 낭랑하게 시를 읊기 시작했다.

　　두 고깃덩이가 함께 길을 가는데
　　머리 위엔 오목한 뿔이 달렸네.
　　서로 볼록한 산 밑에서 만나니
　　홀연 머리 맞부딪쳐 서로 싸우는데
　　두 적이 다 굳세지 못해
　　한 고깃덩이는 쓰러졌네.
　　힘이 없어서가 아니라
　　넘치는 기운 한꺼번에 내쏟지 못한 탓이네.

　문무백관들이 깜짝 놀라고 있는데 조비가 다시 '형제'라는 제목으로 시를 짓되 '형'이나 '아우'라는 말은 쓰지 못하게 했다.

　　콩깍지를 태워 콩을 태우니
　　콩이 솥 안에서 울고 있네.
　　본디 한 뿌리에서 났는데도
　　어찌 이다지도 급히 볶아대는가.

　조비는 조식이 콩과 콩깍지로 형제의 일을 비유한 시를 읊자 문득 눈물을 흘리며 새삼 형제의 정을 되살렸다. 조비는 조식의 벼슬을 안향후安鄕侯로 낮추고 임지로 가게 했다.

한편 한중왕 유비는 관우의 원수를 갚기 위해 동오를 치고 관우가 원병을 청했을 때 매정하게 거절한 유봉과 맹달을 잡아 오게 했다. 그러자 공명이 너무 서두르면 그 둘을 위나라에 투항하게 만드는 결과가 될지도 모른다며 유비를 만류했다. 유비는 공명의 말에 따라 유봉에게 벼슬을 올려 면죽 땅을 지키게 하고 맹달은 상용태수로 높여 두 사람을 떼어놓았다. 맹달은 유봉이 면죽으로 떠나자 불안한 마음을 달래지 못하고 마침내 위나라에 투항하고 말았다. 한중왕이 맹달의 배반에 크게 노하자 공명은 유봉에게 맹달을 사로잡아오게 했다. 이에 유봉은 명을 받들어 맹달을 사로잡기 위해 성을 나섰다.

이때 조비는 맹달이 투항해 오자 그를 의심하던 중 유봉이 군사를 이끌고 맹달을 사로잡으러 온다는 말을 듣고는 맹달에게 유봉의 목을 베어 오게 했다. 맹달이 군사를 이끌고 오자 양군이 진을 친 후 맹달과 유봉이 마주 달려 나와 싸웠다. 그러나 유봉이 맹달의 유인책에 빠져 협공을 당하자 많은 군사가 꺾인 채 성으로 달아났는데 성은 이미 위에 떨어진 뒤였다. 하는 수 없이 방릉을 바라보고 말을 달렸으나 그곳도 위의 깃발이 꽂혀 있었다. 유봉은 간신히 백여 기를 거느리고 성도에 이르렀다.

"욕된 자식이 무슨 낯으로 나를 보러 왔느냐?"

유비는 비록 부자의 의를 맺은 사이이나 관우를 구원하지 않은 것만으로도 용서할 수 없었다. 유비는 무사들에게 명해 그의 목을 베게 했다.

한편 위왕 조비는 왕위에 오른 뒤 모든 문무관원의 벼슬을 올려주고 상을 내린 뒤 조정이 안정되자 삼십만 대군을 거느리고 고향인 패 땅을 찾았다. 업군에 있던 하후돈이 병으로 죽자 후히 장사도 지내주니 이로써 한나라는 종말을 고했다.

이때 조비의 신하들이 천자에게 수선受禪(천자기 위를 남에게 물려줌)하도록 겁박하자 마침내 천자는 조비에게 천자의 위를 넘겨주었다.

그런데 조비가 제위를 넘겨받기 위해 하늘과 땅의 신에게 절을 올리려 할 때 홀연 거센 회오리바람이 불더니 모래와 흙먼지가 소나기처럼 쏟아지고 수선대受禪臺 위의 촛불이 모두 꺼졌다. 조비는 크게 놀라더니 기절해 쓰러졌다. 그날 이후 조비는 병을 얻었는데 얼른 낫지 않았다. 조비는 낙양으로 도읍을 옮기고 새로 큰 궁궐을 짓게 했다. 조비는 헌제를 산양공山陽公으로 봉하고 임지로 쫓아 보냈다. 조비는 연호를 황초黃初 원년으로 삼고 국호를 대위大魏라고 고쳤다.

한중왕에서 황제로
오르는 유비

그 무렵 한중왕도 위나라의 소식을 듣고 목 놓아 울었다. 공명과 신하들은 유비에게 한漢 왕실을 잇고자 한중왕을 높여 황제의 제위에 오르라고 진언했다.

"그대들은 나를 불충불의한 사람으로 만들려고 하는가?"

신하들이 간곡히 청했으나 유비는 받아들이지 않았다. 그러자 공명이 병을 핑계 대고 밖에 나오지 않자 유비가 깜짝 놀라며 문병을 갔다.

"대왕을 받들어 제위에 오르시게 한 다음 역적을 쳐 없애 한 나라를 잇게 하려 하나 대왕께서는 사사로운 명분에 얽매여 마다하시니 어찌 근심이 되지 않겠습니까?"

공명이 그렇게 말하며 제위에 오를 것을 간곡히 청하고 문무백관들이 일제히 유비에게 절을 올리니 마침내 유비도 윤허하고 말았다. 유비는 성도 남쪽에 대를 쌓고 천지신명에게 제사를 지내고 제위에 올랐다.

때는 건안 26년(서기 221년) 4월 12일이었으며, 연호는 장무章武 원년이었다. 유비는 제갈량에겐 승상丞相의 자리를 주고 다른 높고 낮은 관료들에게도 벼슬을 높이거나 상을 내렸다.

제위에 오른 유비는 곧 동오를 정벌해 관우의 원수를 갚으려 하자, 조운이 엎드리며 말했다.

"역적을 물리치는 것은 공적인 일이고 원수를 갚는 것은 사적인 일입니다."

공명도 아뢰었다.

"폐하께서 역적을 쳐 대의大義를 천하에 펴시려면 몸소 군사를 거느리는 게 마땅합니다. 그러나 형제의 원수를 갚기 위해서라면 한 장수에게 명하시면 될 것이니 몸소 나서실 필요가 없습니다."

유비가 공명의 간곡한 만류에 생각에 잠겨 있는데 낭중에 있던 장비가 달려왔다. 장비는 원수 갚는 걸 뒤로 미룬다면 혼자서라도 출정하겠다고 고했다. 이에 마침내 유비도 출정키로 마음을 정하고 장비에게 군사를 이끌어 오게 했다.

유비는 승상 공명에게 촉을 지키게 하고 칠십오만의 대군을 일으켜 동오를 정벌하기 위해 출병했다.

한편 낭중으로 돌아온 장비도 출병을 서두르며 수하 장수 범강과 장달에게 일러 전군에게 입힐 상복으로 흰 갑옷과 흰 기를 삼일 안에 만들게 했다.

"그렇게 급히 마련할 수가 없으니 기한을 연장해 주십시오."

화가 치솟은 장비는 두 장수를 결박해 나무에 매달고 각각 곤장 오십 대씩을 치게 했다.

"사흘 안에 마련하지 못한다면 우리 두 사람은 꼼짝없이 죽게 될 걸세."

장비의 급하고 사납기가 불같은 성미를 잘 알고 있는 두 사람은 장비를 죽여 없애기로 뜻을 정했다.

그날 밤 군사 낼 일을 궁리하던 장비는 웬일인지 정신이 어수선하고 어지러웠다. 장비가 장수들을 불러 마음을 진정시키려고 술을 마신 후 잠이 들자 범강과 장달이 단도를 품고 장막 안으로 들어가 동시에 장비의 배와 가슴을 찔렀다. 장비가 외마디 소리를 크게 내지르고 숨을 거두니 그때 그의 나이 쉰다섯이었다.

범강과 장달은 장비의 목을 들고 동오로 달아났다. 이때 유비가 무심코 하늘을 쳐다보니 서북쪽에서 큰 별 하나가 떨어지는 것이 보였다. 유비가 불길한 징조로 여기고 군사를 그곳에 머물게 하며 동정을 살피고 있는데 낭중의 부장 오반吳班이 달려와 장비의 죽음을 알렸다.

유비는 그 자리에서 목 놓아 울다가 혼절하고 말았다.

다음 날 장비의 큰아들 장포張苞와 관우의 둘째아들 관홍이 달려왔다. 두 조카를 본 유비는 또 한 번 대성통곡했다.

그 무렵 낭중에서 오반이 군마를 거느리고 왔다.

유비는 장포와 관홍에게 어가를 호위하게 하고 물과 뭍으로 대군을 휘몰아 백제성白帝城에 이르렀다. 그러나 선봉은 이미 강하구까지 진병하고 있었다.

한편 동오의 손권은 유비가 대군을 이끌고 온다는 급보에 공명의 형 제갈근을 사자로 보내 유비를 달래게 했다.

"그대는 무슨 말을 하려고 왔소?"

"지난날 여몽이 제멋대로 군사를 일으켜 관운장을 해친 것이므로 여몽의 죄지 오후吳侯의 허물은 아닙니다."

"내 아우를 죽이고 지금 와서 딴말이냐?"

"천하의 사람들은 폐하께서 제위에 오르시면 다시 한나라를 되찾을 줄 알고 있습니다. 그런데 조비의 큰 죄를 묻지 않으시고 오를 치려고 하시니 참으로 안타까운 일이 아닐 수 없습니다."

제갈근의 말에 유비가 호통을 쳤다.

"아우를 죽인 자들과는 한 하늘 아래 살 수가 없다."

제갈근이 쫓겨나다시피 동오로 돌아가 손권에게 그대로 고하자 손권이 얼굴빛을 달리하며 한탄했다.

"강남이 실로 위태롭게 되었구나."

손권이 탄식하자 중대부中大夫 조자趙咨가 나섰다.

"주공께서는 표문 한 장만 지어 주십시오. 신이 조비를 달래 유비를 치게 하겠습니다."

손권은 곧 조비에게 스스로를 신臣이라 낮추며 동오를 구하기 위해 한중을 치라는 상주문을 주었다. 조비는 동오에서 조자가 오자 이미 그 속뜻을 알고 있었다.

조비는 조자를 보자 냉소를 머금으며 물었다.

"오후는 어떤 사람인가?"

"오후께서는 여몽을 졸개들 중 뽑아 대장으로 쓰셨으니 이는 곧 밝음이요, 우금을 사로잡았으나 죽이지 않고 위나라로 보냈으니 이는 어지심이며, 형주를 빼앗되 칼에 피 한 방울 묻히지 않았으니 이는 슬기로움입니다. 또한 삼강三江을 의지하여 천하를 범처럼 굽어보시니 이는 영웅의 기상이요, 폐하께 몸을 굽힐 줄도 아니 계략을 함께 지닌 주인이라 아니할 수 있겠습니까?"

조자의 대답은 처음부터 끝까지 막힘이 없는데 그 말에는 사리가 정연했다.

조비는 손권이 스스로 신하라고 낮추고 항복해 오자 오왕吳王으로 봉했다.

조자가 물러나자 대부 유엽이 조비에게 말했다.

"폐하께서는 그의 거짓 항복에 속아 그의 벼슬을 높이고 세력을 넓혀 주시니 이는 범한테 날개를 달아주는 것입니다."

"짐은 오도 촉도 돕지 않을 것이오. 오와 촉이 서로 싸워 그중 하나가 망할 때를 기다릴 뿐이오."

그 무렵 손권이 위의 조비로부터 왕작까지 받으며 화친을 맺었으나 얼른 구원군을 보내 주지 않자 급히 문무백관을 모아놓고 의논했다.

그때 한 젊은 장군이 나서 결연한 목소리로 외쳤다.

"제게 군사 몇 만만 주신다면 나아가 서촉의 군사들을 물리치겠습니다."

손권이 그를 보니 무위도위 손환孫桓이었다. 활쏘기와 말달리기를 잘해 손권이 나가는 싸움터를 따라다니며 놀라운 공을 자주 세워 벼슬이 무위도위에 올랐던 것이다.

손권은 손환을 좌도독 주연을 우도독으로 삼아 군사 오만 명을 주고 각기 이만오천 명을 거느리고 나아가게 했으나 첫 싸움에서 장포와 관흥에게 패했다. 손환은 손권에게 사람을 보내 구원을 청할 수밖에 없었다.

우도독 주연은 부장 최우에게 군사 만 명을 주어 손환을 돕게 했다. 그러나 그날 밤이 되자 촉장 풍습과 장남이 오반과 함께 세 갈래로 군사를 나누어 손환의 영채를 급습했다. 오군은 제대로 싸워볼 엄두도 내지 못한 채 살길을 찾아 뿔뿔이 흩어졌다.

손환도 오반이 거느린 군사들에게 야습을 당해 군사 태반이 꺾인 후 이릉성夷陵城으로 달아났다. 그러나 손환이 이릉성 안으로 달아난 것을 안 오반이 성 밖을 에워쌌다.

이때 최우를 사로잡은 관흥과 장포의 다른 한 갈래 촉군은 유비가 있는 자귀로 돌아갔다.

한편 이릉성에서 오반이 거느린 군사들에게 에워싸인 손환은 급히 오후에게 구원을 청했다. 손권은 한당을 대장으로 주태를 부장, 반장을 선봉으로 능통을 후군으로 삼고 군사 십만 명을 일으켰다.

그 무렵 유비는 무협과 건평에서 이릉 경계까지 칠십여 리에 걸쳐 영채 사십여 채를 늘여 세우고 있었다. 그때 젊은 장수 관흥과 장포가 큰 공을 세우고 돌아오자 크게 기뻐했다.

유비가 장수를 보내 동오 군사를 치려하는데 군사 하나가 급히 달려와 말했다.

"노장군 황충이 군사 대여섯을 거느리고 동오로 투항하러 갔다 합니다."

"황충은 결코 배반할 사람이 아니다. 자신이 늙어 쓸모없는 장수가 아님을 보이려고 떠났을 것이다. 조카들은 가서 돕도록 하라."

유비의 명에 관흥과 장포가 황충을 도우러 갔다. 이때 황충은 말을 몰아 오반의 영채로 달려갔다. 이때 군사 하나가 달려와 오병의 선봉이 영채 가까이 이르렀음을 알렸다. 그러자 황충은 나는 듯이 말을 달려 오군의 진 앞에 이르러 벽력같이 소리쳤다.

"관공의 원수를 갚으려고 왔다. 누구든 이 황충에게 맞서려거든 썩 나서보라."

오병의 선봉 장수는 반장이었다. 반장은 부장 사적을 내보내 싸우게 했으나 황충과 칼을 부딪친지 삼합이 되자 목이 떨어지고 말았다. 부장 사적이 제대로 싸워보지도 못하고 죽는 걸 본 반장은 화가 치솟아 지난 날 관우가 죽자 거두어들인 청룡언월도를 휘두르며 달려 나갔다. 황충이 힘을 다해 반장을 공격하자 반장은 슬며시 말 머리를 돌려 달아났다.

황충은 반장을 뒤쫓으며 오병을 짓밟았다. 황충이 크게 오병을 깨뜨리고 돌아오는데 관흥과 장포가 그곳에 이르렀다.

다음 날 반장이 다시 와서 싸움을 걸었다. 황충은 아무도 따라오지 못하게 한 뒤 오천 군마를 이끌고 적을 맞으러 나갔다. 반장은 그런 황충을 맞아 싸우다 달아났다.

황충은 반장을 사로잡을 욕심으로 급하게 그 뒤를 쫓았다. 그러나 그것이 탈이었다. 홀연 사방에서 크게 함성이 일며 복병들이 쏟아져 나왔고 적장 마충이 쏜 화살이 황충의 어깨에 꽂혔다. 때마침 관흥과 장포가 나타나 그를 구하고 돌아갔다.

유비가 몸소 문병을 와 황충을 위로했다.

"신은 일개 장수에 지나지 않으나 폐하께서는 신을 두터이 대하셨습니다. 바라건대 폐하께서는 용체를 보중하시어 부디 중원을 도모하시기 바랍니다."

황충은 그 말을 마치자마자 숨을 거두었다.

유비는 황충의 시신을 성도로 보내 엄숙히 장사를 지내게 한 뒤 어림군을 거느리고 효정으로 나아갔다. 그곳에서 모든 장수와 군사를 불러 모은 후 다시 군사를 여덟 갈래로 나누어 물과 뭍으로 대군을 휘몰아 가니 그 기세가 자못 드높았다.

유비가 몸소 뭍의 군사를 이끌고, 물길의 군사는 황권이 거느리게 했다. 때는 장무 2년 2월 중순이었다.

한편 오의 장수 한당과 주태는 유비가 몸소 군사를 이끌어 온다는 소식을 듣고 군사를 이끌고 나가 진을 벌여 촉병과 맞섰다. 한당의 부장 하순이 달려 나오고 주태의 아우 주평이 달려 나와 각각 장포와 관흥을 맞아 싸웠으나 그들은 한 칼에 목이 떨어졌다.

두 적장을 단번에 꺾어버린 관흥과 장포가 그 기세를 몰아 한당과 주태를 향해 달려가자 한당과 주태는 황급히 진속으로 달아나며 진문을 닫아버렸다.

멀리서 이 광경을 바라보고 있던 유비가 흐뭇한 마음으로 감탄해 마지않았다.

"범 같은 아버지에게서 어찌 개 같은 아들이 태어나겠는가?"

유비가 그 말과 함께 말채찍을 들어 군호를 보내자 군사들이 일제히 동오군을 향해 밀고 들어갔다. 관흥과 장포가 한바탕 적진을 휩쓴 터라 촉군은 사기가 드높았다.

이때 병든 몸으로 싸움터에 나왔던 오의 장수 감녕은 배 위에서 몸을 추스르고 있다가 적군이 밀려온다는 소식을 듣게 되었다. 감녕은 황망히 말에 올라 달려가다 마주 오는 한 떼의 만병蠻兵(오랑캐)과 마주쳐 화살에 맞아 숨을 거두고 말았다.

한편 유비는 오병을 크게 깨뜨린 뒤에도 오병을 뒤쫓아 효정을 빼앗았다. 그때 관흥은 오군을 뒤쫓다 난군 속에서 아버지 관운장을 죽인 반장을 만났다.

관흥은 눈에 불을 켜고 그를 뒤쫓았다. 관흥이 뒤쫓자 깜짝 놀란 반장은 허둥지둥 말을 달려 산속으로 도망쳤다. 관흥이 산속을 이리저리 찾아다녔으나 반장은 보이지 않았다. 어느덧 해가 떨어지고 관흥은 길을 잃었다. 다행히 달이 밝은 밤이어서 산기슭을 따라 내려오는데 멀리 산장에서 불빛이 새어나오는 것이 보였다.

관흥이 그곳으로 달려가 말에서 내려 문을 두드리니 한 노인이 나와 맞았다. 관흥이 등촉이 밝혀진 방 안으로 들어가 보니 벽에는 뜻밖에도 아버지 관운장의 화상이 걸려 있었다. 아버지의 화상을 보자 관흥은 새삼 슬픔이 북받쳐 그 앞에 엎드려 절하며 눈물을 흘렸다.

노인이 놀란 얼굴로 물었다.

"장군은 어찌하여 그토록 슬피 우시오?"

"이 어른이 바로 제 아버님이십니다."

관흥이 눈물을 거두며 대답하자 그 노인이 얼른 관흥과 함께 관운장의 화상에 절을 올린 후 말했다.

"이 지방 사람들은 관운장을 신으로 받들어 모시고 있습니다. 이 늙은이는 다만 촉이 하루빨리 관공의 원수를 갚아 주기를 빌고 있습니다."

노인은 그렇게 말하더니 술과 밥을 내어 정성스레 관흥을 대접하고 말죽을 쑤어 말에게 먹였다.

관흥이 밥과 술을 먹는 동안 삼경이 지나고 있었다. 그때 집 밖에서 말발굽 소리와 함께 문 두드리는 소리가 났다. 바로 반장이었다. 관흥을 따돌리고 산속을 헤매다 그도 이 집을 찾아온 것이었다. 관흥은 귀를 기울여 그 말소리를 듣고 그가 반장임을 알았다. 반장이 방 안으로 들어서자 관흥이 칼을 덥석 들며 소리 높여 외쳤다.

"이놈 반장, 꼼짝마라!"

반장이 깜짝 놀라며 문 밖으로 뛰쳐나가려 하자 관흥이 반장의 목을 한 칼에 베어 떨어뜨렸다.

관흥은 반장의 목을 관운장의 화상 앞에 놓고 목 놓아 울며 제사를 드렸다. 관흥은 아버지가 쓰던 청룡언월도를 되찾고 반장의 목을 말에 매단 후 노인과 작별하고 말을 달렸다.

관흥이 말을 몰아 삼사 리쯤 달렸을 때였다. 말 울음소리와 사람들의 말소리가 들리더니 한 떼의 인마가 나타나 길을 막았다. 앞선 장수를 보니 바로 반장을 찾아 나선 마충이었다.

마충 역시 관운장을 죽인 자였다. 관흥은 원수를 보자 온몸의 피가 위로 끓어오르는 듯했다. 아버지가 쓰던 청룡언월도를 빼들어 마충의 목을 찍으려는데 마충의 졸개 삼백여 명이 일제히 함성을 울리며 관흥을 에워쌌다. 그때 홀연 서북쪽에서 한 떼의 군마가 달려왔다. 관흥이 보니 바로 장포였다. 그야말로 어둠 속에서 한 줄기 빛을 만난 격이었다. 마충은 장포가 군사를 이끌고 오자 싸울 생각을 버린 채 황망히 군사를 거두어 달아났다.

한편 한당과 주태는 패잔병을 수습한 뒤 군사들을 나누어 각각 진을 굳게 지키기만 하고 나아가지 않았다. 오의 군사 중에는 전에 관운장을 떠나 여몽에게 항복했던 형주병이 많았다. 마충은 부사인·미방과 더불어 강변의 방비를 맡고 있었다. 어느 날 밤 문득 군중에서 들려오는 군사들의 말소리를 미방이 엿듣게 되었다.

"우리는 원래 형주 군사인데 여몽의 속임수에 빠져 관운장의 목숨을 잃게 했다. 그런데 우리에게 관운장을 저버리게 한 역적은 미방과 부사인 그 두 놈이다. 그러니 그들을 죽이고 촉에 항복하는 것이 어떻겠는가?"

군사들의 말을 엿들은 미방은 깜짝 놀라 몸을 떨며 부사인을 찾아가 이 사실을 알렸다. 두 사람은 의논 끝에 그날 밤 영문으로 들어가 곤히 잠든 마충의 목을 베고 말을 달려 유비에게 갔다.

두 사람은 유비에게 인도되자 마충의 목을 바치고 울며 엎드려 죄를 빌었다. 그러자 유비가 크게 화를 내며 그들을 꾸짖었다.

"만약 짐이 너희들을 살려 주면 죽어서 무슨 낯으로 관운장을 대한다는 말이냐?"

유비의 명에 따라 관흥은 미방과 부사인의 옷을 벗겨 알몸으로 무릎 꿇게 했다. 유비는 두 사람의 죄상을 낱낱이 밝힌 후 몸소 목을 베 관운장의 영전에 바쳤다.

그때 유비의 위세는 강남 천지를 떨게 했다. 닥치는 대로 동오군을 깨뜨리며 밀려드니 오병들은 겁에 질려 싸우려고도 하지 않은 채 모두 밤낮으로 울며 관운장을 죽인 일만 탓하고 있었다.

손권도 슬며시 두려움이 일어 보질의 의견에 따라 나무로 상자를 만들어 그 안에 장비의 목을 담은 후 장달과 범강을 결박

지어 수레에 싣고 유비에게 보냈다. 유비는 장달과 범강을 장포에게 넘겨주었다. 장포는 장달과 범강의 몸을 산 채로 도려내고 잘라 뼈에 사무친 한을 풀고 아버지의 영전에 바쳐 제사를 드렸다.

한편 손권이 유비에게 정병을 사자로 보내 형주 땅과 손 부인을 돌려보내겠으니 화친을 맺자고 청하자 유비는 노기로 얼굴을 붉히며 외쳤다.

"손권 네놈의 목을 내 손으로 치리라."

동오로 돌아간 정병은 손권에게 이 사실을 알렸다. 손권이 크게 당황해 얼굴빛까지 달라지고 있는데 감택이 나서며 말했다.

"지금 우리에게는 하늘이라도 떠받들 만한 사람이 있는데 어찌하여 그를 써 보지 않으십니까?"

"그 사람이 누구요?"

"세상 사람들은 그를 단지 선비일 뿐이라고 말하지만 실은 웅대하고 큰 책략을 지닌 인물입니다. 전에 여몽이 관운장을 죽일 수 있었던 것도 육손의 계략이었습니다."

장소와 고옹이 적극적으로 반대하고 나섰지만 감택이 육손을 보내자고 거듭 청했다.

"그가 기재奇才임은 나도 전부터 알고 있소. 내가 이미 마음을 정했으니 경들은 여러 소리 하지 마시오."

손권은 그렇게 말한 후 육손을 전군을 지휘하는 대도독에 봉했다. 이윽고 육손이 대도독이 되어 효정에 이르렀으나 장수들은 한결같이 나이 어린 서생인 육손을 마음속으로는 마땅치 않게 여기며 제대로 따르려 하지 않았다. 육손이 그들의 속마음을 모를 리 없었다. 그가 장수들이 자리에 모이자 엄한 얼굴로 입을 열었다.

"주상께서는 나를 대장으로 삼았으니 만약 어기는 자가 있다면 왕법에 따라 처단할 것이오."

그러자 주태가 일어나 말했다.

"안동장군安東將軍 손환이 지금 이릉성에서 촉군에 포위되었으니 도독께서는 계책을 세우셔서 손 장군을 구해야 할 것이오."

"손환은 반드시 군사들과 힘을 합해 이릉성을 지켜낼 것이니 구하러 갈 것까지는 없소. 내가 촉병을 쳐부수고 나면 저절로 성에서 나올 수 있을 것이오."

그러나 장수들은 육손의 말을 속으로 비웃으며 돌아갔다.

다음 날 육손이 장수들에게 군령을 내렸다.

"모든 장수는 각처의 관關과 험한 길목을 지키기만 하고 가벼이 나가 싸우지 않도록 하라."

그러자 한당을 비롯한 장수들은 속으로 비웃었다.

그 무렵 유비는 효정 땅에서부터 천구川口에 이르기까지 군마를 나누어 영채를 세웠다. 그 사이가 무려 칠백 리요, 사십여 개의 영채를 늘여 세우니 낮에는 깃발과 창검이 해를 가렸고, 밤이면 모닥불 빛이 하늘을 밝게 밝혔다.

그러던 어느 날 적의 형세를 살피러 갔던 군사가 달려와 여몽으로 하여금 형주를 뺏게 했던 육손이 동오의 대도독이 되었다고 고했다.

"내 반드시 그자를 산 채로 사로잡으리라!"

유비는 버럭 소리치며 몸소 전군을 이끌고 나아갔다. 유비는 오병이 싸우러 나오지 않자 앞쪽 군사들에게 시켜 갖은 욕설을 퍼붓게 했다. 그러나 육손은 군사들의 귀를 틀어막게 한 채 나가 싸우는 것을 금했다.

때는 여름이라 나무 그늘 하나 없는 들판은 뜨거운 햇빛에 풀도 마르고 흙도 타는 듯했다. 유비는 숲이 빽빽이 들어선 산골짜기 시냇물 가까운 곳으로 영채를 옮기고 가을이 오기를 기다리기로 했다. 마량이 영채를 옮길 때 오군이 쳐들어올 것을 걱정했다.

"오반에게 나이 많고 힘없는 군사 만여 명을 주어 오영吳營 앞쪽에 진을 치게 했다. 그리고 짐은 날랜 군사 팔천 명을 거느리고 산속에 숨어 기다릴 것이다. 육손이 쳐들어오면 그때 짐이 군사를 내몰아 적이 돌아갈 길을 끊고 그 어린놈을 사로잡을 것이다."

마량은 관원들이 감탄하는 가운데도 한 가닥 불안한 마음을 떨쳐 버리지 못한 듯 유비에게 말했다.

"폐하께서는 이번에 옮기는 영채를 그림으로 그리시어 승상에게 한번 물어보시는 것이 어떻겠습니까?"

마량이 거듭 권하자 유비도 끝내 그의 말을 물리칠 수 없어 허락했다.

마량은 곧 모든 영채를 그림으로 그려 그날로 동천으로 떠났다.

촉병이 영채를 이동시키고 있다고 하자 육손은 몸소 군사를 이끌고 촉군의 형세부터 살폈다. 촉병의 군사는 만여 명이 안되고 태반이 늙고 약한 군사들이었다. 그러자 주태와 서성, 정봉이 나가 싸우기를 청했으나 육손은 고개를 저으며 말했다.

"저것은 유비가 우리를 꾀어내려고 하는 계교요. 사흘이 지나면 그것이 속임수라는 것이 드러날 테니 두고 보시오."

그로부터 사흘이 지나자 육손은 모든 장수를 관문 위로 불러 모으고 촉병을 살폈다. 관 앞쪽에 머무르고 있던 오반이 군사를 물리고 있는데 육손이 맞은편 산골짜기를 손으로 가리키며 말했다.

"유비가 저 산골짜기에서 나올 것이오."

그 말이 끝나기도 전에 과연 산골짜기에서 무장을 갖춘 촉병이 유비를 호위한 채 지나가는 것이 보였다. 그 촉병을 본 동오의 군사들은 깜짝 놀라지 않을 수 없었다.

"지금 적의 복병들이 다 쏟아져 나왔으니 계략을 다 쓴 셈이오. 이제 반드시 열흘 안에 서촉의 군사들을 쳐부술 것이오."

"중요한 길목을 차지한 채 굳게 지키고 있는 적을 무슨 수로 깨뜨린다는 말입니까?"

"장군들은 병법을 알지 못하고 있는 듯하오. 지금은 싸우러 나온 지 여러 달이 지난 데다 우리마저 나가 싸우지 않았으니 모두 지쳐 매서웠던 기세도 꺾였을 것이오. 그러니 그들을 깨뜨릴 때는 바로 지금이오."

장수들은 그제야 육손의 속마음을 알고 감탄해 마지않았다.

한조의 기수,
유비의 최후

한편 유비는 효정 땅에서 모든 수군水軍을 휘몰아 강을 따라 내려가는 동안 곳곳에 수채를 세우며 동오의 경계 깊숙이 들어갔다.

그 무렵 공명을 찾아간 마량이 그려간 영채의 지도를 공명에게 보였다. 도본을 받은 공명이 깜짝 놀라더니 탁자를 치며 신음하듯 외쳤다.

"한조漢朝의 기수氣數가 이제 다했구나!"

공명이 탄식해 마지않으며 마량에게 말했다.

"원래 숲이 무성하고 거친 땅을 안은 채 영채를 세우는 것은 병가兵家에서 꺼리는 바다. 만약 적이 불로 공격하면 어떻게 벗어날 것인가? 급히 돌아가 주상께 모든 영채를 다시 세우라고 아뢰고 만약 일이 잘못되면 백제성으로 피하라고 말씀드려라."

"만약 가는 도중 변고라도 생기면 어떻게 합니까?"

"내가 그때를 대비해 어복포라는 곳에 십만 명의 군사를 숨겨놓았다."

마량은 공명의 말에 의아심을 품었으나 유비에게 올리는 공명의 표문을 받아 말을 채찍질해 돌아갔다. 마량을 떠나보낸 공명은 선주를 도우러 가기 위해 군마를 수습했다.

그때 육손은 촉군이 오랫동안 싸우지 않아 마음이 풀어져 느리고 게을러진 것을 보고 하급 장수인 순우단에게 군사 오천을 주어 촉군과 싸우게 했으나 크게 패하고 말았다.

순우단이 싸움에 패하고 돌아와 죄를 빌자 육손이 빙긋 웃으며 말했다.

"이번에 내가 그대를 보낸 것은 공명을 속이기 위함이었다. 다행히 그 사람이 여기 없으니 이번 싸움에서는 내가 크게 이길 것이다."

육손은 그 말과 함께 장수들을 불러들여 군사들을 배치했다. 장수들은 육손의 빈틈없는 군사 배치에 감탄하며 군사를 이끌었다.

그때 유비에게도 동오의 군사 하나가 달려와 알렸다.

"산 위에서 보니 멀리 오병들이 산을 타고 동쪽으로 갔다 합니다."

유비는 육손이 유인책을 쓰려는 것으로 여겨 관흥과 장포에게 각기 군사 오백을 주어 사방을 돌아보게 했다. 해질 무렵에 전장을 돌아본 관흥이 이상한 기후 변화를 유비에게 알렸다.

그것은 바로 초경 무렵이 되자 홀연 동남풍이 강하게 불고 있다는 것이다. 그 바람과 때를 맞춰 본진의 오른쪽과 왼쪽 영채에서 불길이 올랐다. 바람이 점점 거세지자 불길은 숲 전체로 번져가고 함성이 크게 일며 오군이 밀려왔다. 불길 속에서 서로 뒤엉키다 보니 촉군은 오군의 수가 얼마나 되는지 살필 겨를도 없이 불길과 오군을 피해 달아날 뿐이었다.

유비도 하는 수 없이 급히 말에 올라 달아났다. 그러나 서성과 정봉이 앞과 뒤에서 유비를 에워싸며 밀려들었다.

오군의 한가운데 갇힌 꼴이 된 유비가 어쩔 줄 모르고 우왕좌왕하고 있을 때였다. 문득 크게 함성이 일며 한 떼의 군마가 오군의 뒤를 덮치더니 포위를 뚫고 유비에게 달려왔다. 유비가 놀라 보니 그는 바로 장포였다. 장포는 유비를 구하고 어림군을 거느린 채 길을 열어 달아났다.

한동안 말을 달려가다 보니 문득 앞쪽에 산이 보였다. 유비가 군사들에게 그 산 이름을 물으니 마안산馬鞍山이라고 했다. 형주의 이릉주에 있는 산이었다.

산봉우리까지 올라간 유비는 산 아래를 굽어보았다. 육손이 거느린 대군이 산 아래를 겹겹이 에워싸고 있었다. 유비가 참담한 마음으로 멀리 어둠 속을 내려다보니 아득히 뻗은 수백 리 들에 굽이굽이 이어진 불길이 하늘과 땅을 태우고 있었다. 뿐만 아니었다. 강물에는 시체가 쌓여 흐르는 물을 막다시피 하며 떠내려가고 있었다.

유비가 타오르는 불길 속에서 어찌할 줄을 몰라 허둥대고 있는데 문득 한 장수가 군사 몇 기를 이끌고 달려왔다. 그는 다름 아닌 관흥이었다.

관흥이 앞서고 장포는 가운데, 부동이 뒤를 맡기로 하고 유비를 호위해 오병을 헤치며 산 아래로 내려갔다.

유비가 달아나는 걸 본 오의 장수들은 공을 다투어 각기 군사를 거느리고 짓쳐들었다. 유비는 군사들에게 전포와 옷을 벗어 불을 지르게 했다.

그 불길에 잠시 적이 주춤하는 사이를 틈타 정신없이 달려갔다. 유비가 가까스로 강이 보이는 곳까지 달려왔을 때였다.

갑자기 앞쪽에서 함성이 크게 일어나는 가운데 동오의 장수 주연이 앞을 가로막았고, 등 뒤에서는 육손이 군사를 이끌며 오고 있었다.

그때였다. 그 난군 속에서 한 장수가 달려오고 있었다.

유비가 놀라며 그 장수를 보니 바로 조운이었다. 원래 조운은 강주江州에 있었는데 한중보다 유비가 있는 곳에 가까웠다. 촉과 오가 싸운다는 소식을 듣고 유비를 돕기 위해 군사를 이끌고 오는 도중 문득 동남쪽에서 하늘을 찌를 듯이 솟아오르는 불길을 보고 달려온 것이었다.

육손은 조운이 군사를 이끌고 오자 군사들에게 영을 내려 물러나게 했다. 그러나 육손의 영을 듣지 못한 주연이 조운과 맞닥뜨렸다. 주연이 말 머리를 돌릴 사이도 없이 조운은 한 칼에 그를 찍어 말 아래로 떨어뜨렸다. 조운은 오병을 쳐 죽이며 흩어버린 다음 유비를 구해 백제성으로 달려갔다. 유비가 백제성으로 들어가는데 그를 뒤따르는 장졸은 백여 명에 지나지 않았다.

그때 촉의 장수 오반과 장남은 이릉성을 에워싼 채 공격하고 있다가 소식을 듣고 유비를 구하기 위해 달려갔다. 그러나 장남은 오군의 칼에 죽고 말았으며, 오반만은 가까스로 적의 창칼을 벗어나 때마침 군사를 이끌고 나온 조운의 도움으로 백제성으로 들어갈 수 있었다.

한편 촉군을 물리쳐 큰 공을 세운 육손은 군사를 이끌고 촉의 패잔병을 뒤쫓다가 가관이란 곳에서 문득 말을 세웠다. 육손이 앞을 보니 맞은편 산자락을 끼고 강물이 은은히 흐르는데 한 줄기 살기가 동벌을 메울 듯 감돌고 있었다.

"앞쪽에 틀림없이 매복이 있다."

육손은 군사들을 보내 이곳의 백성 몇 사람을 불러오게 하여 물었다.

"이곳은 어복포로 전에 제갈량이 서천으로 돌아갈 때 군사들을 풀어 세워놓은 진陣입니다. 돌을 주워다 강변에 쌓아 만든 것인데 돌무더기 안에서 항상 괴이한 기운이 구름처럼 피어났습니다."

'그렇다면 공명의 장난이란 말인가?'

육손이 공연한 의심을 품었다는 듯이 기병 몇을 거느리고 언덕 아래로 달려가 석진石陣 안으로 뛰어들었다. 석진 안으로 들어간 육손이 주위가 어두워지자 내심 불안하게 여겨 말 머리를 돌리려 할 때였다. 홀연 회오리바람이 크게 일어나며 모래가 흩날리고 돌멩이가 구르는 가운데 하늘과 땅이 칠흑 같은 어둠으로 뒤덮였다. 육손이 정신을 가다듬어 보니 눈앞에 아른거리는 돌무더기가 칼을 세운 듯 날카롭게 번뜩이고 있었다.

육손이 소스라치게 놀라며 소리쳤다.

"내가 제갈량의 계략에 빠졌구나!"

육손은 급히 석진 속에서 빠져 나가려 했으나 어디로 달아나야 할지 알 수 없었다. 그때 홀연 한 노인이 말 앞에 나타나 빙그레 웃으며 말했다.

"장군은 이 석진에서 벗어나고 싶다면 나를 따르시오."

노인이 지팡이를 끌며 천천히 걸어 나갔다. 육손이 뒤를 따라가다 보니 어느새 돌무더기 진 밖이었다.

"어르신은 대체 누구십니까?"

"나는 제갈공명의 장인 되는 황승언이란 사람이외다. 전에 내 사위가 서천으로 들어갈 때 돌로 만든 저 진을 세웠소. 그 이름은 팔진도八陣圖라 하오. 차마 장군을 버려 둘 수가 없어 내가 '살아 나는 문[生門]' 안으로 나오도록 이끈 것이외다."

육손은 노인의 말을 듣자 더욱 고마운 생각이 들어 말에서 내려 거듭 감사의 뜻을 전한 뒤 진영으로 돌아갔다.

육손은 더 이상 서측으로 밀고 갈 마음이 없어 곧 군사를 물리도록 영을 내렸다. 그러자 좌우에 있던 장수들이 한결같이 못마땅한 얼굴로 철수하는 까닭을 물었다.

"내가 촉병의 뒤를 쫓는 걸 조비가 알면 그는 틀림없이 우리 동오의 빈틈을 타 쳐내려올 것이오."

육손은 한 장수에게 촉군이 뒤쫓을 경우를 대비하게 한 다음 대군을 돌려 동오로 돌아갔다. 육손이 군사를 되돌린 지 사흘이 채 못 되어 세 곳으로부터 위나라 군사들이 쳐들어온다는 급보가 전해졌다.

한편 효정과 이릉 싸움에서 육손에게 크게 패한 유비는 백제성으로 쫓겨 갔고 조운이 성을 지키며 선주 유비를 호위했다. 때는 장무 2년 6월이었다. 이때 공명에게 갔던 마량이 유비에게로 돌아와 이미 때가 늦었으나 공명의 말을 전하며 써 준 글도 바쳤다. 유비가 공명의 글을 보고 탄식해 마지않았다.

"짐이 진작 승상의 말을 들었더라면 패하지는 않았을 것이다. 이제 무슨 낯으로 돌아가 성도의 신하들을 대한단 말인가?"

유비가 성도로 돌아가기를 마다하고 백제성에 그대로 머물렀다. 유비가 머물게 되자 역관을 고쳐 영안궁永安宮라 했다.

유비가 백제성에 머무르고 있는데 오군에게 쫓겨온 군사들이 장남, 풍습, 부동, 정기, 사마가 등의 장수가 싸우다 죽고 황권이 위군에게 항복했다는 소식을 전했다. 유비는 몹시 슬퍼하며 눈물을 흘렸다.

이때 위주 조비는 조인·조휴·조진에게 각각 군사들을 주어 세 갈래 길로 공략케 했다. 그러나 오의 육손은 조비의 세 갈래 군사들에 대해 철저히 대비를 해 두었다. 결국 위군은 세 갈래 모두 여범과 제갈근·주환에게 패하고 말았다. 더구나 더운 여름철이라 전염병이 크게 번져 많은 군사가 쓰러져 죽자 조비는 하는 수 없이 군사를 낙양으로 되돌렸다.

한편 유비는 영안궁에 몸져누웠다. 두 아우의 연이은 죽음과 오와 싸워 크게 패하자 상심하던 유비는 나이가 든 탓인지 약을 써도 낫지 않고 병세가 깊어져 마침내 눈마저 잘 보이지 않았다.

유비는 자신의 살날이 얼마 남지 않았음을 알고 성도로 사람을 보내 승상 제갈량과 상서령 이엄 등을 불러들였다. 제갈량은 유비의 둘째 유영, 셋째 유리와 함께 영안궁으로 갔다. 성도는 태자 유선이 지키게 했다.

유비는 공명이 영안궁에 이르자 공명의 등을 어루만지며 부드럽게 말했다.

"짐이 승상을 얻어 나라를 세우는 큰일을 이루었소. 그러나 짐의 지혜가 얕고 모자란 탓에 승상의 말을 듣지 않아 패하고 말았으니 뉘우친들 무슨 소용이 있겠소? 후회와 한스러움으로 병을 얻어 이제 죽음이 눈앞에 이른 듯하오. 그러나 태자는 어리고 약하니 대사를 승상께 당부하지 않을 수가 없소이다."

말을 마친 유비의 얼굴에 눈물이 흘러내렸다. 공명도 눈물을 흘리며 대답했다.

"폐하께서는 용체를 돌보시어 온 천하 사람들의 바람을 저버리지 마시옵소서."

유비가 한 손으로는 눈물을 씻으며 다른 손으로는 공명의 손을 잡고 숨을 가다듬더니 말했다.

"승상의 재질은 조비의 열 배나 되니 반드시 나라를 안정시키고 마침내 큰일을 이룰 수 있을 것이오. 그때 내 아들이 도울 만한 재목이 되거든 도와주시오. 그러나 만약 재목이 되지 못하거든 승상께서 촉의 주인이 되어 대업을 이루도록 하시오."

나라를 위해 자기 자식을 폐하고서라도 공명이 제위에 오르라는 말이었다. 공명은 그 말을 듣자 온몸에 땀이 흐르고 손발이 떨려 엎드려 울면서 말했다.

"신이 간과 뇌를 땅에 뿌리며 죽는 한이 있더라도 충의로서 태자를 받들어 신을 믿어 주신 은혜에 보답하겠습니다."

공명이 그렇게 말하며 땅에다 머리를 짓찧으니 그의 이마에 피가 흘러내렸다. 유비는 유영과 유리를 불러 공명에게 아버지를 받드는 예로 절을 올리게 한 다음 문무백관과 조운에게도 뒷일을 당부하고 홀연히 숨을 거두었다. 유비의 나이 예순셋, 촉의 장무 3년(서기 223년) 4월 24일이었다.

공명은 황제 유비의 영구와 함께 성도로 돌아가 정전正殿에 모시고 슬피 울며 장례를 치렀다. 공명이 곧 태자 유선을 제위에 오르게 하니 이때 그의 나이 열일곱이었다. 유선은 연호를 건흥健興으로 고친 뒤 공명의 벼슬을 무향후武鄕侯로 높이고 익주자사를 겸하게 했다.

유비가 죽고 그 아들 유선이 제위에 올랐다는 소식은 곧 위의 조비에게도 전해졌다.

"이제 걱정할 것이 무엇인가? 하늘이 정해준 때가 왔나보구나!"

조비는 기쁨을 감추지 못하며 촉을 치기 위해 군사를 일으키려 했다. 그러자 가후가 촉에는 공명이 있으니 함부로 군사를 내지 않는 것이 좋겠다고 진언했다. 그러자 사마의가 촉을 칠 때는 바로 지금이라며 소리치며 나섰다. 조비가 기쁜 얼굴로 계책을 묻자 사마의가 서슴없이 대답했다.

"사신을 뽑아 요동의 선비鮮卑 국왕 가비능에게 뇌물을 주고 군사 십만 명을 일으켜 서평관西平關을 치게 하십시오. 다음은 사신을 남만南蠻(미얀마의 일부)으로 보내 맹획孟獲에게 군사 십만 명을 일으켜 서천 남쪽을 공격하게 하시고 오나라로 사신을 보내 영토를 떼어 주고 동천과 서천 사이로 쳐들어가 부성을 뺏도록 하십시오. 그 다음은 촉에서 투항해 온 맹달에게 군사 십만 명을 일으켜 서쪽으로 한중 땅을 뺏도록 하고 대장군 조진을 대도독으로 삼아 군사 십만 명을 주고 양평관으로 나가 서천을 치게 하십시오. 이렇게 다섯 갈래의 길로 대군이 한꺼번에 나아간다면 제갈량이 제아무리 여망呂望(강태공)의 재주를 지녔다 한들 막을 수 있겠습니까?"

조비는 사마의 말을 듣고 기쁨을 감추지 못하며 곧 사신을 뽑아 보내고 조진을 대도독으로 삼아 양평관으로 나아가게 했다.

그 무렵 촉의 유선은 공명의 권유에 따라 장비의 딸을 황후로 삼았다. 그런데 이 경사가 있은 지 얼마 되지 않은 건흥 8월, 위의 조비가 다섯 길로 대군을 일으켜 촉으로 온다는 급보가 전해졌다. 유선이 그 말을 듣고 급히 사람을 보내 공명을 궁으로 모셔오게 했으나 공명은 병이 나 출사하지 못한다는 전갈이었다. 유선은 그 말을 듣고 어찌할 바를 몰랐다.

선주先主 유비를 여읜 지 얼마 되지 않고 유선이 후주後主의 위에 오른 지도 엊그제 일이라 당장 눈앞에 닥쳐온 일이 화급을 다투자 그만 정신이 아득했다. 후주 유선은 몸소 어가를 타고 승상부로 찾아갔다. 공명은 대지팡이를 짚고 못 가에 서서 물고기들이 노는 것을 보고 있었다. 후주는 한동안 그 뒤에 아무 말 없이 서 있다가 가만히 물었다.

"상부相父(아버지처럼 높여 부른 말)께서는 별고 없으시오?"

그 소리에 놀란 듯 뒤돌아 본 공명이 후주를 보고 황망히 지팡이를 버리고 땅에 엎드렸다. 후주는 공명을 부축해 일으키며 물었다.

"조비가 대군을 일으켜 국경에까지 이르렀는데 어인 까닭으로 등청하지 않으셨소?"

그 물음에 공명이 한바탕 껄껄 웃더니 후주를 방 안으로 들인 후 입을 열었다.

"조비가 다섯 길로 군사를 보낸 것을 어찌 신이 모르겠습니까? 가비능과 맹획, 맹달, 위의 장수 조진이 거느린 네 길의 군사는 신이 이미 물리친 바나 다름없습니다."

유선은 공명의 말에 놀라움과 기쁨이 뒤섞인 얼굴로 말했다.

"승상은 실로 귀신도 헤아릴 길이 없는 지모를 가지셨구려.
어떻게 그들을 물리칠 수 있다는 말이오?"

"신은 이미 서번국 왕 가비능이 서평관으로 군사를 낼 것을
짐작하고 마초에게 서평관을 굳게 지키도록 했습니다. 그리고
남만의 맹획이 이끄는 군사는 위연에게 이미 한 떼의 군사를 보
내 좌우로 군사를 움직이게 하여 군세가 많은 것처럼 보이도록
하게 했습니다. 남만의 군사는 반드시 겁을 먹고 나오지 못할
것입니다. 또 상용 땅의 맹달은 원래 촉의 장수였던 이엄과는
생사를 함께하기로 다짐할 만큼 가까운 사이입니다. 그 때문에
신이 지난번 성도로 돌아올 때 이엄을 영안궁에 남겨 두면서
맹달이 군사를 내지 않도록 서신을 보내게 했습니다. 그러니 맹
달은 필시 병을 핑계 대며 나오지 않을 것입니다. 또 조진이 양
평관으로 나온다 하나 그곳은 땅이 거칠고 산이 높아 밀고 들
어오기가 어려우니 우리가 지키기 좋은 곳입니다. 게다가 조자
룡에게 군사를 주어 지키되 나가 싸우지 말라고 당부해 두었습
니다. 그러나 만약을 염려해 관흥과 장포에게 각기 삼만의 군사
를 주어 중요한 길목에 머물게 했습니다."

"실로 놀라운 용병술이오."

후주가 감탄하며 고개를 끄덕였다. 공명이 다시 말을 이었다.

"다만 한 갈래 동오의 군사가 문제입니다. 그래서 신은 손
권을 달래 군사를 내지 않도록 할 작정입니다. 그런데 손권을

달랠 만한 마땅한 사람을 얻지 못해 주저하고 있던 중이었습니다."

공명의 말에 후주 유선이 한숨을 내쉬며 말했다.

"그 말씀을 들으니 마치 흉한 꿈에서 깨어난 듯하오. 짐이 무엇을 근심하겠소?"

후주 유선이 공명의 배웅을 받으며 얼굴 가득히 웃음을 머금은 채 승상부를 나섰다. 그러자 문무백관들이 궁금한 마음을 억누르지 못하고 있는데 호부상서戶部尙書 등지鄧芝만이 껄껄 웃었다.

공명이 그런 등지를 보고 서원으로 불러들여 물었다.

"지금 천하는 촉과 위·오나라로 나뉘어 있소. 다시 한의 왕실을 일으켜 세우기 위해 먼저 어느 나라부터 쳐야겠소?"

"위나라는 그 형세가 워낙 커 한순간에 쓰러뜨리기는 어려우니 우선은 동오와 손을 잡고 뒷날의 계책을 세워야 할 것입니다."

"나 역시 그렇게 생각하고 있소. 다만 그 일을 맡길 만한 사람을 찾지 못했는데 오늘 그 사람을 얻게 되었소."

공명은 곧 후주에게 동오와의 화친을 청할 사신으로 등지를 보낼 것을 아뢰고 그를 동오로 보냈다.

한편 육손이 촉의 군사에 이어 위나라의 군사까지 물리치자 오왕 손권이 그를 보국장군輔國將軍 강릉후 겸 형주자사로 높이니 모든 군권은 그의 손으로 넘어갔다. 그런데 조비도 군사를 일으키며 사자를 동오로 보내 함께 촉을 치고 그 땅을 반씩 나누어 갖자고 사자를 보냈다. 오왕 손권이 육손에게 의견을 묻자 육손은 위의 요구를 받아들이는 척하며 네 갈래 군마의 동정을 살피는 것이 좋겠다고 말했다.

손권은 육손의 말에 따라 위나라 군사의 동정을 살펴보게 했다. 그런데 서평관으로 갔던 선비의 군사는 마초를 만나자 싸우지도 않고 되돌아서고 맹획도 위연의 계략에 말려 물러서고 말았다는 소식이었다. 또한 맹달도 출진도중 병을 얻어 상용으로 돌아가고 조진도 조운이 험한 길목마다 지키니 싸워보지도 못하고 돌아갔다는 것이었다.

이때 손권에게 촉의 사자로 등지가 왔다는 보고가 들어왔다. 장소가 손권에게 권했다.

"이는 바로 제갈량의 계책으로 군사를 일으키지 않도록 달래려는 것이니 먼저 사신의 기부터 죽이는 것이 좋겠습니다."

손권은 장소의 말을 받아들였다. 곧 큰 가마솥을 대전 뜰에 걸게 하고 기름을 펄펄 끓인 뒤 무사 천여 명을 두 줄로 늘여 세우고 등지를 들게 했다. 등지가 궁문을 들어서고 보니 무사들이 칼과 창과 도끼를 들고 있는데 그 기세가 살기등등했다. 등지는 곧 손권의 속셈을 알아차렸다. 등지는 조금도 두려워하는 기색 없이 고개를 쳐들고 당당하게 걸어가 손권에게 길게 읍揖할 뿐 절을 올리지 않았다. 손권이 등지를 향해 큰소리로 호통을 쳤다.

"너는 어찌하여 절하지 않느냐?"

"원래 대국의 사신은 소국의 주인 앞에 엎드리지 않는 법입

468

니다.”

“네가 자기 신분도 헤아리지도 못하면서 세 치 혀를 놀리려는 게냐? 저놈을 당장 가마솥에 처넣어라.”

손권이 화가 치솟아 소리치자 등지가 껄껄 웃으며 말했다.

“동오에는 밝고 어진 이가 많다고 들었는데 한낱 선비를 이토록 두려워하다니…….”

“누가 너같이 하찮은 세객을 두려워한다는 말인가?”

“이 몸을 두려워하지 않는다면 어찌하여 병장기를 든 무사를 세우고 가마솥에 기름을 끓여 놓고 사신을 맞으시오? 나는 특별히 오를 위해 그 이로움과 해로움을 가리려고 왔는데 이렇듯 도량이 좁아서야 어찌 큰일을 해내겠소?”

그 말을 들은 손권은 부끄러운 생각이 들어 무사들을 물린 후 등지에게 물었다.

“나에게 어떤 가르침을 주겠소?”

“대왕께서는 당대의 영웅이며 제갈량 또한 이 시대의 영걸입니다. 두 나라가 이[齒]와 입술[脣]의 사이가 되어 서로 힘을 합한다면 천하를 도모할 수 있습니다. 그러나 위에 항복한다면 대왕을 조정으로 불러들일 것이고 태자를 내시로 삼을 것입니다. 대왕께서 항복하지 않으신다면 위는 오를 치려할 것이며 그렇게 되면 우리 촉도 위와 손잡고 오를 치게 될 것입니다. 대왕께서 제 말이 그릇된 것이라 여기신다면 이 자리에서 목숨을 끊어 세객이란 오명을 씻을까 합니다.”

등지는 옷자락을 걷어 올리며 전 아래로 걸어 내려가 가마솥에 뛰어 들려 했다. 손권이 급히 등지를 말리게 하며 말했다.

"내 뜻이 선생의 뜻과 다름없소. 내가 뜻을 정했으니 의심치 마시오."

손권은 등지에게 다짐을 해둔 후 중랑장 장온을 등지와 함께 서천으로 가 화친의 맹약을 맺게 했다.

한편 촉과 오가 서로 화친을 맺자 위의 조비는 크게 노했다.

"오와 촉이 손을 잡았다면 우리 중원을 치려는 뜻이니 내가 먼저 그들을 치리라!"

그러자 사마의가 오로 진병하기 위해서는 배를 건조해 수군水軍과의 전쟁에 대비해야 한다고 건의했다. 조비는 그의 말을 좇아 이십여 장丈(약 60m)의 길이에 이천여 명을 태울 수 있는 용주龍舟(임금이 타는 큰 배)를 만들고 작은 전선 삼천여 척을 만들었다.

위의 황초 5년 8월, 조비는 조진을 선봉으로 삼아 수륙 양군 삼십만을 이끌고 오나라로 향했다. 손권이 이 소식을 듣고 문무 백관들과 대책을 의논하자 고옹이 말했다.

"제갈량에게 군사를 일으켜 한중으로 나오게 하여 적의 군세가 두 군데로 나뉘게 하십시오. 이때를 틈타 우리가 장수를 보내 남서南徐에 진을 치고 조비를 막으면 될 것입니다."

손권은 그 말에 얼른 육손이 생각났으나 그는 형주를 지키고 있었으므로 서성을 안동장군으로 삼아 건업과 함께 남서를 지키도록 했다. 서성은 군사들에게 싸움에 필요한 모든 채비를 갖추고 강 일대의 언덕을 지키게 했다.

그런데 오왕 손권의 조카 손소孫韶가 나가 싸우지 않고 지키기만 하는 서성을 반대했다. 서성은 젊은 혈기에만 들떠 있는 손소가 미덥지 못해 그의 말을 물리쳤으나 서성이 군령에 따르지 않는다며 목을 베라 청했다. 그러자 오왕 손권이 친히 나서 그의 목숨만은 살려 주게 했다.

그날 밤 손소가 밤을 틈타 군사 삼천을 이끌고 강을 건너 북쪽으로 갔다. 서성은 이 사실을 알고 급히 정봉에게 삼천의 군마를 주어 손소를 돕게 했다.

그 무렵 위주 조비가 용주를 타고 광릉에 이르니 먼저 와 있던 조진이 주군을 맞았다. 조비가 강 언덕에 배를 대고 강 남쪽을 살펴보니 적군은 그림자도 보이지 않았다.

그날 밤이 지나고 안개가 걷히자 남쪽 기슭의 성벽에 창칼이 번쩍이고 깃발이 바람에 펄럭이고 있었다. 하룻밤 사이에 수백 리에 이르러 성곽과 배와 수레가 잇대어져 있는 것을 본 조비는 깜짝 놀랐다. 그것은 서성의 군사들이 갈대로 엮어 군복을 입혀 만들고 창칼을 꽂아 성처럼 만든 거짓 군사와 성곽들이었다. 조비가 놀라며 당황하는데 홀연 거센 바람이 일기 시작했다.

거센 바람에 산처럼 큰 물결이 일렁이자 용주가 뒤집힐 듯 기우뚱거리고 군사들은 배 위에 어지럽게 뒹굴었다.

문빙이 급히 조비를 등에 업고 작은 배에 옮긴 뒤 힘을 다해 노를 저어 강나루에 이르렀다.

그때 나는 듯이 전령이 달려와 고했다.

"촉장 조자룡이 양평관에서 군사를 내어 장안으로 밀려들고 있습니다."

조비는 크게 놀라며 즉시 군사를 되돌리라는 명을 내렸다. 그때 그 뒤를 한 떼의 동오 군사들이 위병을 급하게 뒤쫓아 왔다. 위의 장수들이 조비를 가까스로 구해 회하淮河에 이르자 홀연 북소리, 징 소리와 함께 함성이 크게 일며 한 떼의 동오 군사들이 달려와 위군을 덮쳤다. 서성의 영을 어기고 밤중에 몰래 달려 나온 손소가 이끄는 군사들이었다.

위군은 뜻밖의 기습에 태반이 꺾였으며 물에 빠져 죽는 자도 헤아릴 수 없었다. 위의 장수들이 힘을 다해 조비를 구해 달아났지만 갈대와 억새가 무성한 앞쪽 강변이 불바다로 변해 있었다. 오군이 갈대밭에 지른 불이었다. 조비가 황급히 작은 배에 올라 달아나자 오의 장수 정봉이 달려 나왔고 장요가 이들을 맞아 싸우다 정봉의 화살에 맞아 죽었다. 이에 서황이 조비와 장요를 구해 정신없이 말을 달려 간신히 오군의 손길에서 벗어났다.

제갈공명에게 일곱 번
사로잡힌 남만의 맹획

그 무렵 촉은 제갈 승상이 모든 일을 몸소 처결하며 백성을 다스리자 모처럼 태평세월이었다.

그런데 건흥 3년, 익주군에서 남만 왕 맹획이 군사 십만 명을 이끌고 국경을 침범하고 있다는 소식이 날아들었다. 건녕태수 옹개雍闓가 맹획과 짜고 모반을 일으키자 장가태수 주포朱褒와 월전태수 고정高定도 항복했으며 다만 영창태수 왕항王伉만이 공조工曹 여개呂凱와 함께 힘을 모아 싸우고 있으나 형세가 매우 급한 지경이라는 것이었다.

공명은 곧 궁으로 들어가 후주 유선에게 몸소 군사를 이끌고 나가 남만을 정벌하겠다고 고했다. 유선은 오와 위가 쳐들어올 것을 걱정했다. 공명은 오는 화친을 맺은 사이이며 위의 조비도 오에게 크게 패한 뒤라 군사를 내기 어렵다며 유선을 안심시켰다. 간의대부 왕련도 공명의 진병을 말리자 공명이 몸소 출진하는 까닭을 밝혔다.

"남만은 이곳과 너무나 멀어 오랑캐들이 임금의 덕화德化(왕화王化, 임금의 교화)를 잘 알지 못하고 있소. 그로 인해 그들을 따르게 하기 매우 어려우니 내가 몸소 가려 하오. 그들은 때로는 강하게, 때로는 부드럽게 형편을 보아가며 달래고 누르기도 해야만 복종하게 될 것이니 결코 남에게 시켜서 될 일이 아니오."

남만을 평정하지 않으면 촉은 위나 오와 더불어 등 뒤에 근심거리를 지고 있는 셈이었다. 지금이야말로 나라의 근심거리를 도려낼 때라고 여긴 공명이었다.

공명이 조운과 위연을 대장으로, 왕평과 장익을 부장으로 삼고 전군을 일으켜 진병하니 모두 오십만의 대군이었다. 공명은 진병도중 관우의 셋째 아들 관삭이 찾아오자 그도 선봉으로 삼아 함께 떠났다. 그때 옹개도 공명이 몸소 군사를 이끌고 온다는 소식을 듣고 주포와 고정을 불러 각기 오륙 만의 군사를 세 갈래로 나누어 맞이하기로 했다.

고정의 선봉은 악환이라는 장수였는데 키가 구 척에 얼굴은 먹칠을 한 듯 검었고 큰 창을 잘 썼다. 익주의 경계에 이른 공명은 악환이 이끄는 군사와 마주쳤다. 위연이 먼저 말을 달려 나가 악환을 맞아 싸우다 달아났다. 악환이 위연을 급하게 뒤쫓는데 장익과 왕평이 내달아 악환의 뒤를 끊고 협공해 악환을 사로잡았다.

사로잡힌 악환에게 공명이 술과 음식을 대접하며, '고정태수는 원래 충의가 깊으니 항복을 권하도록 하라.'며 악환을 돌려보냈다. 고정에게 돌아간 악환은 공명의 말을 그대로 전하며 공명의 덕을 칭송했다. 고정도 공명이 자신을 충의로운 사람이라고 말하며 악환을 풀어준 것을 보고 마음속으로 감격했다.

공명은 고정과 옹개에게 반간계反間計를 써 고정이 옹개와 주포의 목을 바치며 항복하게 했다. 공명의 계책에 따라 고정이 옹개와 주포의 목을 베어와 항복하자 공명은 고정을 치하한 후 익주태수의 벼슬을 내리고 세 고을을 다스리게 했다.

세 갈래의 모반군이 평정되자 영창태수 왕항은 몹시 기뻐하며 성문을 열고 공명을 맞아들였다. 공명은 왕항과 함께 성을 지킨 여개를 치하했다. 여개는 전부터 오랑캐들이 모반을 일으키려는 것을 알고 '평만지장도'라는 지도를 만들었는데 이 지도를 공명에게 바쳤다. 공명은 크게 기뻐하며 여개를 향도관 삼아 길을 안내하게 하며 남만 땅 깊숙이 들어갔다.

그 무렵 남만 땅 맹획은 공명이 진군해 오자 세 동洞(부족)의 원수元帥인 금환삼결金環三結, 동도나董荼那, 아회남阿會喃을 불러 대책을 의논했다. 세 원수는 각기 군사 오만을 이끌고 세 길로 나누어 나아갔다.

공명은 왕평을 왼쪽 길, 마충을 오른쪽 길로 보내 적을 맞도록 하고 조운과 위연은 이곳 지세에 어두우니 뒤를 돌보게 한 다음 장의와 장익에게 가운뎃길로 나아가 적을 맞게 했다. 조운과 위연은 공명이 지리에 밝지 못함을 핑계로 자신들을 쓰지 않자 화가나 얼굴이 붉어졌다.

조운과 위연은 적의 척후병 몇 사람을 붙잡아 술과 밥을 배불리 먹인 후 길잡이로 앞세워 군사 오천을 이끌고 금환삼결의 대채로 쳐들어갔다.

조운과 위연이 양쪽 길에서 달려 나가자 금환삼결의 군사들은 큰 혼란에 빠져 무기도 잡지 못한 채 촉군의 창칼 아래 죽거나 상하는 자가 헤아릴 수 없었다. 조운은 긴 창을 비껴든 채 곧장 중군으로 치고 들어가 금환삼결의 목을 꿰어 들었다.

조운은 군사 반을 휘몰아 서쪽 길로 들어가 아회남의 영채로 달려가고 위연도 군사 절반을 이끌고 동쪽 길로 접어들어 동도나의 영채로 쳐들어갔다. 여기에 공명의 영을 받고 나온 왕평도 군사들을 이끌고 오자 아회남과 동도나는 급히 영채를 버리고 달아났다. 그러나 공명은 여개가 그려 놓은 지도를 보고 그들이 달아날 길에 군사를 매복해 그들을 사로잡았다.

공명이 사로잡은 동도나와 아회남의 결박을 풀어 주고 술과 음식을 대접한 후 다시는 변방을 노략질하지 말라고 타이르고 풀어주자 공명의 너그러움에 눈물을 흘리며 절을 올렸다.

한편 맹획은 이 소식을 듣고 화가 나 곧 군사를 이끌고 가다가 마주 오는 왕평과 맞닥뜨렸다. 맹획은 보석을 박은 자줏빛 금관에 구슬 달린 붉은 비단 전포를 입고 허리에는 사자를 새긴 옥대를 찼으며, 독수리 주둥이 모양의 녹색 가죽신을 신고 적토마 위에 앉아 보검 두 자루를 차고 있었는데 그 위세가 자못 당당해 보였다. 맹획이 적진을 살피다 장수들에게 말했다.

"제갈량의 용병이 뛰어나다 하더니 지금 적진을 보니 깃발은 뒤섞여 있고 대오도 어수선하기 짝이 없구나. 누가 가서 촉의 장수를 사로잡아 오겠느냐?"

그러자 망아장이란 장수가 말을 몰아 왕평을 향해 달려들었고 왕평은 몇 합을 부딪지 못하고 달아났다. 촉군을 얕보고 있던 맹획이 군사를 휘몰아 뒤쫓았다. 이번에는 관색이 나와 맹획군을 맞았으나 그도 말을 돌려 달아났다.

맹획이 더욱 신이 나 뒤쫓는데 홀연 왼쪽에서 장의, 오른쪽에서 장익이 군사를 거느리고 달려 나오고 왕평과 관색이 말을 돌려 맹획을 향해 덤벼들었다.

그제야 계책에 빠진 걸 알고 맹획이 가까스로 금대산을 향해 달아나는데 조운이 거느린 한 떼의 군마가 앞을 가로막았다. 맹획이 그를 뒤쫓은 수십 기병만을 거느리고 산골짜기로 달아나자 공명의 영을 받아 이곳에 매복해 있던 위연이 달려 나와 팔로 맹획을 낚아했다.

위연이 맹획을 사로잡아 오자 공명은 맹획의 졸개들에게 술과 음식을 배불리 먹이고 곡식까지 내려 그들을 돌려보낸 후 맹획을 끌어와 엄한 얼굴로 꾸짖었다.

"선제先帝(유비)께서 너를 박하게 대하지 않으셨는데 너는 어찌하여 모반했느냐?"

"원래 이 땅은 다른 사람의 땅인데 너의 주인이 뺏은 후 스스로 천자가 되지 않았느냐? 나는 대대로 이 땅에서 살았는데 너희들이 침범했으면서 어찌 모반했다 하느냐?"

"너는 사로잡힌 몸이다. 그런데도 진심으로 무릎을 꿇지 않겠다는 것이냐?"

"산길이 좁아 제대로 싸울 수가 없었다. 어찌 항복하겠는가?"

맹획은 조금도 누그러지는 기색이 없었다. 공명은 그 말을 듣고 껄껄 웃더니 그의 결박을 풀어 주고 후히 대접한 후 그를 풀어 주었다. 이를 본 장수들이 맹획을 돌려보낸 걸 못마땅하게 여기자 공명이 말했다.

"그가 진심으로 굴복했을 때 비로소 이 땅이 평정 되는 것이니 그때를 기다리라."

공명에게서 풀려난 맹획은 공명과 정면으로 맞설 수 없음을 알고 험난한 노수瀘水 가에 토성을 쌓아 높은 성루를 세우고 적을 기다렸다.

한편 공명이 군사를 이끌고 진군하는데 더위가 기승을 부리는 여름이라 갑옷을 입을 수가 없을 지경이었다. 공명은 여개에게 노수에서 떨어진 나무가 우거진 서늘한 곳에 네 개의 영채를 세우게 하고 왕평·장익·장의·관색으로 하여금 각기 영채 하나씩을 지키게 했다.

그때 천자가 보낸 약품과 군량을 가지고 마대가 도착했다. 공명은 마대가 이끌고 온 삼천의 군사로 하여금 적의 군량 보급로를 끊게 했다. 마대가 군사들에게 가슴께도 못 미치는 강을 건너게 했다. 그러나 강을 건너가던 군사 모두 입과 코로 피를 토하며 죽고 말았다. 공명이 전갈을 받고 길잡이에게 까닭을 물었다.

"날씨가 더워 노수에 고여 있던 독기가 햇빛에 끓어올라 온몸에 스며들기 때문입니다. 밤이 되어 물이 차가워질 때를 기다렸다가 건너도록 하십시오."

공명은 길잡이의 말대로 밤이 되기를 기다렸다가 뗏목을 엮어 강을 건너게 한 뒤 군량 운반로인 협산곡夾山谷을 차지했다.

노수 가에 촉병에 대한 방비를 든든히 해 두었다고 여긴 맹획은 영채 안에서 술만 마시고 군무는 돌보지 않았다. 촉병이 노수를 건넌 것을 알게 된 맹획은 그제야 망아장에게 삼천의 군사를 주어 촉병을 막게 했으나 망아장은 마대의 한 칼에 죽임을 당하고 말았다. 맹획이 다시 동도나에게 군사 삼천을 주어 막게 했으나 공명에게 사로잡혔다가 풀려난 추장들이 술에 취해 잠든 맹획을 사로잡아 공명에게 바쳤다.

공명은 다시 전처럼 맹획에게 후히 대접하며 좋은 말로 타일렀다. 그러자 맹획도 마음이 달라진 듯 고을 사람들을 타일러 달랜 후 항복하겠다고 말했다. 그러나 공명이 맹획을 배에 태워 보내자 본채로 돌아간 맹획은 공명에게 했던 말과 달리 자신을 배신한 동도나와 아회남을 죽이고 싸울 준비를 서둘렀다. 맹획은 아우 맹우를 불러 예물을 주고 공명에게 가 거짓으로 항복하게 하고 공명의 진영에서 내응하게 했다.

맹우가 예물을 바치러 오자 공명과 마속이 이미 그들의 계책을 헤아리고 술에 약을 타서 마시게 하자 맹우가 거느리고 온 백여 병사가 모두 깊은 잠에 빠져 버렸다.

그날 밤 맹획이 백여 장수들을 거느리고 공명의 대채로 밀고 들어갔다. 그러나 사방에 매복해 있던 촉병에 사로잡히는 몸이 되고 말았다.

공명이 맹획을 보고 웃음 띤 얼굴로 또다시 말했다.

"아우에게 거짓 항복하게 했지만 어떻게 나를 속일 수 있겠는가? 이제는 진실로 항복하겠는가?"

"아우가 술에 약을 탄 걸 모르고 마셔 일을 그르쳤다. 내가 싸울 줄 몰라 진 것이 아닌데 어찌 항복하겠느냐?"

공명은 맹획이 다시 사로잡히면 진심으로 항복하겠다고 말하자 맹획과 그 장졸들을 돌려보냈다.

세 번이나 사로잡혔다가 풀려난 맹획은 즉시 욕된 한을 씻기 위해 은갱산銀坑山으로 가 금은과 재물을 마련해 여러 고을에 나누어주고 수십만의 군사를 일으켰다.

이런 사실을 보고받은 공명이 껄껄 웃으며 말했다.

"만병이 총동원되었으니 이는 내가 바라는 바다. 우리의 용맹을 보여 주거라."

공명이 수백여 기만 거느린 채 맹획의 군사를 살피다 보니 앞쪽에 서이하西洱河 강이 흐르고 있었다. 그런데 뗏목으로 강을 건너려 하자 뗏목이 가라앉아 버렸다.

공명이 여개의 진언에 따라 대나무로 강 위에 다리를 놓으니 군마가 자유롭게 강을 건널 수 있었다. 이때 맹획이 서이하로 쳐들어와 공명의 영채를 공격했으나 공명은 지키기만 하고 싸움에 응하지 않았다. 며칠이 지나 만병들이 지쳐 기세가 흐트러지자 공명이 조운과 위연 등 장수들에게 계책을 일러주었다.

　맹획이 촉군에게 싸움을 돋우러 나가 보니 촉군이 구축한 영채 셋이 텅 비어 있었다. 맹획이 급히 말을 몰아 촉군을 뒤쫓아 서이하 강변에 이르자 촉군이 북쪽 언덕에 진을 치고 있는 게 보였다. 맹획은 강을 건너기 위해 대나무를 베서 뗏목을 만들게 했다.

　그런데 밤이 되자 홀연 사방에서 불길이 오르더니 북소리와 함께 촉군이 밀려나왔다. 맹획은 깜짝 놀라 본채로 달아나기에 바빴다. 그러나 본채에 이른 맹획이 한숨 돌릴 사이도 없이 본채에서 한 떼의 군마가 쏟아져 나오는데 앞선 장수를 보니 두 눈을 부릅뜬 조운이었다.

　맹획이 강을 건너기 위해 뗏목을 만드는 사이 촉군이 본채를 차지한 것이었다. 맹획이 말 머리를 돌려 숲속으로 달아나는데 수십 명의 군사가 작은 수레를 호위하고 오는데 보니 수레 위에 앉은 사람은 바로 공명이었다. 맹획이 크게 놀라 어찌할 줄을 모르는데 공명이 껄껄 웃으며 말했다.

　"네가 싸움에 패하고 이리로 올 줄 알았다."

　맹획이 공명 주위에 군사가 얼마 되지 않는 것을 알고 단숨에 수레를 덮칠 기세로 달려들자 사람과 말이 깊은 구덩이로 굴러 떨어지고 말았다. 위연이 군사를 이끌고 와 함정에 빠진 맹획과 장졸들을 끌어올려 꽁꽁 묶었다.

공명이 추장들과 남만 군사들을 좋은 말로 달랜 후 모두 놓아주자 모두가 공명의 너그러움에 감복하며 돌아갔다. 그러나 맹획 만은 여전히 항복할 뜻이 없었다. 공명은 다시 맹획을 놓아주었다. 맹획은 여러 고을의 장정 수천을 모은 뒤 독룡동禿龍洞의 타사대왕朶思大王에게로 가 도움을 청했다.

"대왕께서는 조금도 걱정하지 마십시오. 제갈량과 촉군이 모두 살아서 돌아가지 못할 것입니다."

"어떤 계책으로 촉군을 물리치겠소?"

"이곳으로 들어오는 길은 지세가 평탄한 길과 험한 길이 있습니다. 평탄한 길 어귀에 돌이나 나무로 길을 막으면 험한 길을 택할 수밖에 없는데 그 길에는 독사와 전갈이 우글거리고 안개와 같은 독기가 가득 서려 있어 물도 마실 수가 없습니다. 그러니 백만 대군일지라도 어찌 살아서 돌아갈 수가 있겠습니까?"

맹획은 그 말을 듣고 몹시 기뻐하며 날마다 타사대왕과 잔치를 열며 술만 마셨다.

한편 공명은 군사를 이끌고 독룡동으로 향하다 고을로 들어가는 평탄한 길에는 나무와 돌을 쌓아 막아 두어 좁은 길을 택해 진군했다. 그런데 행군 도중 그곳의 샘물을 마신 군사들이 말을 하지 못했다. 공명이 샘물에 독이 있는 것을 알고 높은 언덕 위로 올라가 지세를 살피는데 사당祠堂 하나가 눈에 띄었다. 그 사당은 옛날 한나라 마원馬援 장군이 만방을 평정하자 이곳 사람들이 그를 기리기 위해 세워놓고 제사를 지내고 있었다.

공명이 마원 장군의 사당에서 절하며 진군할 수 있도록 빌었다. 그때 건너편 산에서 한 노인이 지팡이를 짚고 걸어와 샘물의 독기를 씻어 주는 안락천安樂泉이라는 샘물과 독기를 막아 주는 해엽운향薤葉芸香이라는 풀이 있는 곳을 알려 주었다. 공명은 곧 안락천을 찾아 중독된 군사들을 치료하고 해엽운향을 구해 독기의 침범을 막으며 독룡동 앞으로 나아가 영채를 세웠다.

그 말을 들은 타사대왕은 소스라치게 놀랐으나 곧 맹획과 함께 촉군과 싸울 채비를 서둘렀다. 가까운 고을의 양봉楊鋒이란 추장도 타사대왕을 돕겠다며 군사 삼만을 이끌고 왔다. 타사대왕과 맹획은 몹시 기뻐하며 크게 잔치를 열어 양봉을 대접했다. 그러나 양봉은 이들이 술에 취하자 맹획과 맹우, 타사대왕을 꽁꽁 묶어 공명에게 바쳤다. 양봉은 전에 공명에게 사로잡혔으나 공명이 풀어준 추장이었다.

공명은 맹획과 함께 아우 맹우와 타사대왕의 결박을 풀어 주게 하고 말에 안장까지 얹어 주며 떠나가게 했다.

맹획은 자기의 근거지인 은갱동으로 돌아가 가솔들과 휘하의 무리 천여 명을 수습하고 목록대왕木鹿大王에게 구원을 청했다. 목록대왕은 도술에 통달해 있으며 용맹스럽고 날랜 삼만의 군사를 이끌고 있었다. 한편으로는 타사대왕을 삼강성三江城에 보내 지키게 했다.

촉군이 삼강성을 공격했으나 성 위에서 독화살을 비 오듯 쏘아 대자 하는 수 없이 물러났다. 공명은 군사 만여 명에게 삼강성 아래 토성을 쌓아 성 위로 오르게 했다. 첫 싸움에서 촉병이 물러나자 만병들은 안심하고 잠에 취해 있다가 토성 위에서 촉병들이 쏟아져 내리자 우왕좌왕하다 달아났다. 난전 중에 타사대왕은 촉군의 칼에 죽고 말았다.

패잔병들로부터 이 소식을 듣고 맹획이 크게 놀라고 있는데 맹획의 아내 축융부인祝融夫人이 나섰다. 축융부인은 말타기와 활쏘기에 능하고 특히 작은 칼을 잘 던져 백발백중의 빼어난 솜씨를 지녔다. 축융부인은 말에 올라 정병 오만을 이끌고 촉의 진지로 쳐들어갔다. 촉의 장수 장의가 상대가 여자라 가볍게 여겨 맞서다 작은 칼에 맞고 마충이 장의를 구하려다 밧줄에 말다리가 얽혀 땅바닥에 나뒹굴고 말았다. 축융부인이 장의와 마충을 사로잡았다. 그러나 위연이 축융부인을 뒤쫓으며 유인해 매복해 있던 촉군으로 하여금 축융부인을 사로잡게 했다. 공명은 맹획에게 사신을 보내 축융부인과 사로잡힌 장의와 마충을 교환했다.

그때 맹획이 구원을 청했던 목록대왕이 군사를 이끌고 왔다. 목록대왕이 흰 코끼리를 타고 주문을 외우자 회오리바람이 일며 호랑이, 표범, 늑대 등의 맹수와 독사가 촉군을 향해 덤벼들었다. 조운과 위연은 맹수의 기습을 당해낼 수 없어 많은 군사를 잃은 채 물러났다. 공명이 그 소식을 듣고 조용히 웃으며 말했다.

"전부터 남만에는 호랑이와 표범을 부리는 술법이 있다는 것을 알고 있었다. 그리하여 촉을 떠나올 때 그 술법을 깨기 위해 물건을 실은 수레 이십 대를 가지고 왔다."

공명은 붉은 기름을 칠한 궤짝을 실은 수레 열 대를 가져오게 했다. 궤짝에는 나무로 깎아서 만들어 칠을 한 큰 짐승들이 들어 있었다.

다음 날 목록대왕이 다시 주문을 외우며 맹수들을 몰아 공격해 왔다. 그런데 공명이 수레에 앉아 부채를 한 번 흔들자 촉군에게 불던 돌풍이 방향을 바꾸어 만병들에게 향했다. 그와 함께 촉진에서 엄청나게 큰 짐승이 코와 입으로 연기와 불을 뿜으며 만병들에게 달려들자 만병들이 놀라 달아나기 시작했다. 그러자 공명이 촉군을 휘몰아 만병들을 덮쳤으며 난전 중에 목록대왕은 촉병들에게 목이 잘리고 맹획은 궁궐을 버리고 달아났다.

다음 날 맹획의 처남인 대래동주帶來洞主가 맹획과 가솔들을 사로잡아 항복을 청했다. 그러나 공명은 장의와 마충에게 그들을 꽁꽁 묶게하고 그들의 몸을 뒤지게 하니 모두 작은 칼을 감추고 있었다. 공명이 맹획에게 물었다.

"네가 여섯 번이나 사로잡혔다. 이제 어떻게 하겠느냐?"

"당신이 나를 일곱 번째 사로잡는다면 다시는 거스르지 않겠소."

공명이 다시 맹획을 놓아 주었다.

근거지인 은갱동을 빼앗긴 맹획은 남은 군사 천여 명을 거느린 채 오과국烏戈國의 올돌골兀突骨 왕에게 의탁했다. 오과국 사람들은 곡식 대신 뱀과 짐승을 주식으로 삼았다. 오과국의 군사들은 등나무를 반년 동안 기름에 담가 두었다가 햇볕에 말리기를 열 번쯤 한 뒤에 그것을 엮어 갑옷을 만들어 입었다. 그 갑옷을 입은 군사들을 등갑군藤甲軍이라 불렀는데 그 갑옷을 입으면 물에 가라앉지도 않고 칼과 화살도 뚫지 못했다.

공명은 이번에는 검은 기름을 칠한 궤짝을 실은 수레 열 대를 가져오게 하여 마대에게 양쪽 절벽이 가파른 반사곡盤蛇谷 어귀에 머물도록 하고 올돌골의 군사들을 유인했다.

올돌골의 군사들이 골짜기에 이르자 양쪽 산마루에서 횃불이 쏟아져 수레 위 궤짝에 쏟아졌고 수레마다 화약이 터지며 불길이 등갑군에 닿자 기름을 칠한 나무껍질로 만든 등갑을 벗을 틈도 없이 순식간에 타들어갔다.

올돌골이 거느렸던 삼만 등갑군은 불바다가 된 골짜기에서 서로 뒤엉킨 채 고스란히 불에 타 죽고 말았다. 만병들이 모두 불에 타 손발이 오그라져 죽자 그 참혹한 광경을 내려다 보던 공명이 눈물을 흘리며 탄식해 마지않았다.

"내가 비록 나라에는 공을 세웠을지 모르나 내 수명은 반드시 줄어들겠구나. 이다지도 끔찍하게 사람을 죽였으니……."

맹획은 그 소식을 듣고 반사곡으로 달려갔다. 그러나 장의, 마충의 매복군에 걸려 가까스로 단신으로 달아나다가 기다리고 있던 마대에게 사로잡혔다. 축융부인과 일가족들도 왕평, 장익에게 사로잡혔다. 공명이 꽁꽁 묶인 맹획과 일가족에게 술과 밥을 주게 했다.

맹획이 가솔들과 함께 술과 음식을 먹고 있는데 관원이 와서 맹획에게 말했다.

"승상께서 이번 싸움으로 너무 많은 군사를 죽게 하여 차마 공과는 얼굴을 대할 수 없다고 하시며 공을 풀어 주라고 하셨소."

맹획은 이번에야 말로 죽음을 각오하고 있던 터에 그 말을 듣자 감복하지 않을 수 없었다. 맹획이 군사들을 죽인 일로 괴로워하고 있는 공명의 인품에 감탄하며 말했다.

"일곱 번을 사로잡아 일곱 번을 놓아준 일[칠종칠금七縱七擒]은 예로부터 없던 일입니다. 어찌 또 부끄러움도 없이 승상을 거스를 수 있겠습니까?"

맹획이 비로소 공명의 장막으로 가 웃옷을 벗고 꿇어 앉아 빌었다. 공명은 맹획이 진정으로 항복하자 그를 이전처럼 동주 洞主로 삼아 남만을 다스리게 했다.

공명은 맹획을 마음으로 왕화王化에 복속케 하기 위해 은혜와 덕을 베풀어 감복시킨 뒤에야 회군했다. 그런데 군사를 이끌어 노수 가에 이르렀을 때 검은 구름이 모여들며 미친 듯한 바람이 일고 모래가 날고 돌이 굴러 군사들이 앞으로 나갈 수가 없었다.

공명이 토박이들을 불러 모아 물어 보니 귀신들의 한이 서려 지난날 싸움이 있고부터 사람이 건널 수 없다하였다. 이에 공명은 행군을 멈추고 소와 말을 잡아서 그 고기와 밀가루를 반죽하여 사람의 머리처럼 만들고 그 속은 소와 양의 고기로 가득 채워 삶도록 하였다. 그날 밤 정성스레 제사를 드려 원통하게 죽은 귀신들에게 공양을 했다.

다음 날 아침이 되자 거짓말처럼 노수의 물길이 잠잠해져 무사히 돌아올 수 있었다. 오늘날의 만두饅頭(원래는 瞞頭)는 노수가에 제물로 바친 것에서 비롯되었다고 한다.

때는 위주魏主 조비가 제위에 오른 지 7년이 되던 해였으며 촉한의 건흥 4년 되던 해였다. 조비가 병이 들어 악화되자 아들 조예曹叡를 후사로 세우고 세상을 떠나니 그의 나이 마흔이었다.

대위大魏 황제가 된 조예는 사마의에게 표기대장군驃騎大將軍의 벼슬을 내리고 옹주와 양주의 자사로 명해 두 주를 지키게 했다.

이 소식을 듣고 공명은 크게 놀랐다.

"지모와 계략이 뛰어난 사마의가 두 주의 군마를 조련시키는 날에는 우리 촉에 큰 화를 끼치게 될 것이다. 내가 먼저 군사를 일으켜 그를 치리라."

공명이 군사를 내려 하자 참모 마속馬謖이 계책을 내었다.

"원래 사마의는 재략이 뛰어난 공신이나 조조 때부터 귀하게 쓰이지 못한 것은 그를 의심하여 꺼린 탓입니다. 낙양과 업군으로 사람을 몰래 보내 사마의가 모반을 꾀한다는 거짓 소문을 퍼뜨리게 하면 조예는 사마의를 제거할 것입니다."

공명은 마속의 계책을 받아들여 사람을 보내 그 계책을 쓰도록 했다.

촉에서 보낸 사람들이 유언비어를 퍼뜨리고 사마의가 모반을 꾀한다는 방문을 붙이자 열다섯 어린 나이인 조예의 얼굴색이 달라졌다. 그러자 대위 화흠과 사도 왕랑이 사마의를 죽여 화근을 없애자고 했으나 대장군 조진이 말렸다. 그러나 조예는 의심을 풀지 못하고 사마의의 벼슬을 빼앗고 고향으로 내려가게 했다.

공명이 그 소식을 듣고 크게 기뻐했다.

"사마의가 우리 계책에 걸려 벼슬에서 물러났다니 위를 칠 때는 바로 지금이다."

공명은 후주 유선에게 나아간 후 '출사표出師表'를 올렸다.

신은 본래 남양에서 밭을 갈며 어지러운 세상에서 목숨이나 부지할 뿐 제후를 섬기기를 원치 않았습니다. 그러나 선제께서는 신을 보잘 것 없다 아니하시고 몸을 굽혀 세 번이나 신의 오두막집을 찾으시어 세상일을 물으셨습니다. 이에 감격한 신이 힘을 다해 선제를 받들기로 했습니다.

그로부터 어느새 스물한 해가 흘렀고 선제께서는 신을 믿고 나라의 큰일을 당부하셨습니다. 신은 그 후로 선제의 이름에 누를 끼칠까 근심하고 두려워했습니다. 다행히 이제 남방이 평정되었고 군사와 무기가 넉넉하니 마땅히 북으로 나아가 중원을 평정해야 할 것입니다.

바라건대 폐하께서 신에게 역적을 쳐서 한실을 되살리는 일을 맡겨 주십시오. 만약 신이 이 일을 해내지 못한다면 그 죄를 다스리고 선제의 영전에 고하십시오. 신이 없더라도 신하들이 한실을

다시 일으키려는 충언이 없거든 시중·시랑 벼슬에 있는 곽유지·
비위·동윤 등을 벌하십시오. 폐하께서도 선한 길을 자주 물으시고
충언을 살펴 받아들이시어 선제께서 남기신 가르침을 좇으십시오.
신은 폐하의 큰 은혜에 감격하여 먼 길을 떠나기에 앞서 출사표를
올려 이를 고하려 하니 눈물이 솟아 더 말을 잇지 못하겠습니다.

공명은 곽유지와 비위·동윤에게 궁월 안의 모든 일을 돌보
게 하고 향총에게 어림군을 거느리게 한 뒤 진진陣震을 시중으
로, 장예張裔를 장사長史로 삼아 승상부의 일을 돌보게 했다. 나
라 안의 일을 정한 공명은 후주의 조서를 받아낸 후 거느릴 장
수들의 부서를 정했다. 이때 어느덧 백발을 휘날리는 나이 일흔
이 된 조운이 명단에서 빠져 있었다.

"만약 나를 선봉으로 써 주시지 않으면 이 주춧돌에다 머리
를 짓찧어 목숨을 끊어버리겠소."

조운이 그렇게 말하니 공명도 어쩔 수 없었다. 그러자 조운의
부장으로 삼아 달라며 등지가 나서자 공명은 오천의 군사를 주
어 뒤따르게 했다.

건흥 5년(서기227년) 3월 공명은 삼십만이 넘는 대군을 이끌고
한중으로 나아갔다.

위주 조예는 이 소식을 듣고 크게 놀라 신하들을 불러 대책
을 물었다. 그러자 하후연의 양자 하후무夏侯楙가 아버지의 원
수를 갚겠다며 나섰다.

조예는 하후무를 대도독으로 삼고 공명과 맞서 싸우게 했다.

하후무가 군사를 이끌고 오자 위연이 적이 예상치 못한 길로 미리 가 급습하자는 계책을 냈다. 그러나 공명은 고개를 저으며 위연의 계책을 물리쳤다. 위연은 공명이 끝내 자기의 계책을 쓰지 않자 못마땅한 얼굴로 물러났다. 공명은 위연이 낸 계책과는 달리 평탄한 큰길로 나아갔다. 위군으로서는 예상 밖의 진병이었다. 군세도 위군보다 커 큰길보다는 샛길이나 산길에 병력을 보낼 것으로 여겼는데 뜻밖에도 촉병이 당당히 큰길로 밀고 들어온 것이었다.

하후무는 서강西羌의 군사 팔만을 이끌고 온 서량의 대장 한덕을 선봉에 세웠다. 그에게는 네 아들이 있었는데, 모두 무예가 뛰어났다. 한덕은 네 아들과 함께 복명산에서 촉병과 마주쳤다.

촉병의 선봉 대장인 조운을 맞자 한덕의 네 아들이 차례로 나서 조운에게 덤볐다. 그러나 조운의 용맹은 젊은 날과 조금도 다를 바가 없었다. 결국 촉병과의 첫 싸움에서 다섯 부자 모두 조운에게 죽임을 당하고 말았다. 하후무는 그 꼴을 보자 간담이 서늘해졌다.

하후무는 정욱의 아들 정무의 계책을 받아들여 군사를 매복시키고 조운을 유인하기로 했다. 하후무가 패군답지 않게 기세를 올리며 출진하자 조운이 단번에 적을 쳐부술 기세로 달려나갔다. 그러나 위군은 제대로 싸우지도 않은 채 달아났다. 조운이 위군의 매복전술에 걸려들어 위급에 처했을 때 장포와 관흥이 군사를 이끌고 달려와 조운을 구했다. 공명이 노장군 조운에게 실수가 있을까 염려하여 장포와 관흥을 보낸 것이었다.

조운·관흥·장포의 세 갈래 군마가 서로 호응하고 등지가 군사를 이끌고 와 뒤를 받치며 접응하자 위병의 시체가 들을 덮고 피가 흘러 내를 이루었다. 하후무는 장졸 백여 명과 함께 남안군南安郡으로 달아났다.

남안군은 서쪽으로는 천수군天水郡으로 이어지고 북쪽으로는 안정군安定郡과 통하는 험준한 지세를 의지하고 있었다. 하후무를 뒤쫓은 조운·관흥·장포가 남안성을 에워싸고 열흘이나 공격했으나 워낙 견고한 성이라 함락시킬 수가 없었다. 그때 공명이 중군을 거느리고 남안성에 이르렀다. 공명은 계략을 써서 남안성을 빼앗고 하후무를 사로잡았다.

공명은 위연의 군마를 이끌고 천수성을 빼앗으러 떠났다. 이때 천수군 태수 마준은 남안성이 촉군에게 에워싸이고 하후무가 사로잡혔다는 소식을 듣고 문무관원을 모아 대책을 물었다. 그러자 나이 스무 살도 채 안 된 강유姜維가 계책을 냈다.

"우리 성 뒤쪽에 제갈량이 날랜 군사를 매복시켜 두었을 것입니다. 그는 우리가 성을 나가면 그 허를 찌를 것인즉 제게 정병 삼천만 주시면 적이 올 만한 길목에 매복해 있겠습니다. 태수께서는 저를 뒤따라 성을 나가시되 한 삼십 리쯤 가시다가 군호로 올린 불길이나 연기를 보시면 즉시 군사를 돌려 촉병을 치십시오. 제가 뒤에서 촉병을 치면 반드시 크게 이길 것입니다."

마준이 그 계책에 따라 강유에게 군사 삼천을 주어 떠나보냈다.

한편 공명의 명을 받고 천수성 뒤쪽에 매복해 있던 조운은 천수성에서 군사가 나왔다는 보고를 받자 군사를 이끌고 천수성으로 달려가 큰소리로 외쳤다.

"나는 상산의 조자룡이다. 너희들은 우리 계책에 떨어졌으니 어서 성문을 열고 항복하라!"

"너희들이야말로 우리의 계책에 떨어졌음을 아직도 모르느냐?"

그 말과 함께 성 안에서 웃음소리가 들려왔다.

조운이 벌컥 화를 내며 성을 치려고 할 때 함성이 일어나고 불길이 치솟더니 젊은 장수가 말을 달려오면서 외쳤다.

"천수의 강유를 못 알아보느냐?"

조운은 어린 장수가 내달아오자 한 창에 꿰어버릴 기세로 맞았다. 그런데 강유의 창 쓰는 재간이 여느 장수와는 달랐다. 이때 마준이 군사를 이끌고 오자 조운은 하는 수없이 말 머리를 돌렸는데 때마침 고상과 장익이 달려와 혈로를 열어 본진으로 돌아왔다. 조운이 공명에게 패배했음을 고하고 그동안 있었던 일을 전했다.

"그가 누구이기에 나의 계책을 꿰뚫어보더란 말인가?"

공명이 놀란 얼굴로 물었다. 마침 강유와 같은 고을 사람이 있어 앞으로 나서며 말했다.

"그의 이름은 강유이고 자는 백약伯約이라 하며 천수군 기성 사람인데 홀어머니에게 효성이 지극합니다. 문무를 두루 갖춘 데다 지용智勇을 아울러 지녀 향리에서는 이름이 널리 알려진 영걸입니다."

공명은 스스로 전군을 이끌고 전수로 나아가 군사들을 독려하며 천수성을 쳤다. 그러나 성 안에서는 아무런 기척이 없었다. 한 무리의 촉군이 성벽 높은 곳까지 오르고 있을 때였다. 돌연 땅을 뒤흔드는 함성과 함께 사방의 성루와 성벽 위에서 화살과 돌이 비오듯 쏟아졌다. 촉군은 하는 수 없이 물러나 밤이 되기를 기다렸다. 그러나 밤이 깊어지자 사방의 숲과 성 안에서 한 떼의 군마가 달려 나왔다. 공명이 앞선 장수가 누구인지를 알아보게 했다.

"군사를 이끄는 자는 강유입니다."

"군사란 많다고 좋은 게 아니라 어떻게 쓰느냐가 중요하다. 그는 진정한 대장 재목이다."

공명이 감탄하며 군사를 거두어 뒤로 물러났다.

공명은 위연에게 강유의 어머니가 살고 있다는 기현冀縣으로 쳐들어가게 했다. 그 소식을 들은 강유는 어머니가 있는 기성으로 군사를 이끌어 가다 위연을 만났으나 위연은 싸우는 척하다 물러났다.

기성으로 들어간 강유는 성문을 굳게 닫고 지켰다. 공명은 남안성에서 하후무를 데려오게 하여 기성의 강유에게로 가 항복을 권하게 했다. 하후무는 촉병에게서 풀려난다는 생각에 공명의 말에 따랐다. 하후무가 가던 도중 마주 오는 백성들에게 기성의 동태를 물으니 강유가 성을 비우고 항복했다고 말했다. 하후무는 강유가 항복한 것으로 알고 천수성의 마준에게로 달려가 강유가 항복했다고 말했다. 그러나 하후무가 만난 백성들은 공명이 백성들로 변장시킨 촉군이었다.

공명은 강유와 닮은 군사 하나를 강유처럼 변장시키고 그를 앞세워 천수성을 공격했다. 그를 본 천수성 태수 마준도 마침내 강유가 항복한 것으로 알았다.

이때 공명은 기성이 군량이 떨어져 고초를 겪고 있음을 알고 어느 날 군량을 가득 실은 수레들을 기성 앞으로 이동시켰다. 다급해진 강유가 군량을 뺏을 작정으로 군사를 이끌고 성 밖으로 나왔다. 그러자 강유가 나오기를 기다리고 있던 촉군이 기현을 점령했고 마준도 강유에게 화살을 날렸다.

강유가 부리나케 말 머리를 돌려 다른 길로 달려가는데 앞쪽에 무수한 깃발 사이로 수레가 있고 그 위에 공명이 앉아 있었다. 그렇게 되자 강유도 마침내 말에서 내려 항복할 수밖에 없었다.

공명이 강유의 손을 잡아 일으키며 말했다.

"나는 지난날 오두막에서 나온 이래 오랫동안 어진 인재를 구해 내가 평생 배운 것을 전하려 했소. 그런데 아직 그 사람을 만나지 못한 것이 한이었는데 이제 그대를 만나 한을 풀게 되었구려."

이 말을 들은 강유는 크게 감격해 땅에 엎드려 절을 올렸다.

항복한 강유가 자신과 가깝게 지내는 천수성의 양서와 윤상에게 서한을 보내 투항할 것을 권하자 두 장수는 성문을 열고 촉군을 맞아들였고 상규성의 양건도 성에서 나와 항복했다.

강유가 촉의 건흥 5년 겨울, 천수·상규·기성 등의 성을 거두어들이자 촉군의 무위는 크게 천하에 떨쳤다. 공명은 전군을 이끌고 기산祁山으로 나가 위수 서쪽에 머무르고 있었다.

이때 위는 조예의 태화太和 원년이었다.

위주 조예는 촉군의 소식을 듣고 크게 놀라 다시금 조진을 대도독으로 삼고 곽희·왕랑 등과 함께 이십만 대군을 일으켜 공명을 막게 했다.

양군은 각기 기산 앞에 진을 벌여 세웠다. 위의 조진과 곽희가 매복 전술로 촉군을 기습하여 영채를 뺏으려 했다. 그러나 공명이 그들의 매복을 역이용하자 저희끼리 베고 찌르다 위연·관흥·장포가 세 갈래로 쳐들어가자 전군이 크게 짓밟혔다.

조진은 곽희의 의견에 따라 서강국西羌國의 왕에게 구원을 청했다. 서강국은 위의 조조 때부터 교역을 하고 있었으며 그들로부터 조공도 받고 있었다.

위에서 조정의 이름으로 그들에게 벼슬을 내려 서강은 그것을 큰 은혜로 여기고 있었다. 서강의 국왕 철리길은 승상 아단과 대장군 월길에게 강병 이십오만을 주어 조진을 구원케 했다.

그런데 이 서강군은 쇠로 무장한 전차를 가진 '철거병鐵車兵'이 있었는데 모두가 두려워 떨었다. 그 서강군이 촉의 국경지대인 서평관으로 진군해 오자 공명은 우선 급한 대로 관흥·장포·마대에게 오만의 군사를 주어 맞서게 했으나 철거병을 당해내지 못하고 패하고 말았다.

공명이 서평관에 이르러 강병들의 영채를 살펴보았다. 쇠수레들이 울타리처럼 연이어져 있고 그 안에 인마가 마음대로 이리저리 내닫고 있었다.

"저 진을 무찌를 방책을 알겠는가?"

"그들은 힘만 믿을 뿐 지모가 없습니다. 어찌 승상의 묘한 계책을 알겠습니까?"

공명이 강유의 뜻을 알고 빙그레 웃었다.

공명은 장수에게 매복할 곳을 일러 준 뒤 강유에게 철거병과 싸우되 달아나게 하고 영채 어귀에는 깃발만 세워두고 안을 비워두게 했다.

그때가 섣달 그믐 무렵으로 얼마 있지 않아 눈이 내리기 시작했다. 눈이 내리자 강유가 군사를 이끌고 철거병을 향해 나아가 싸우다 물러나기를 되풀이하며 눈으로 뒤덮인 영채 속으로 유인했다. 기세가 오른 강병이 촉의 본채로 밀고 들어오자 돌연 산이 무너지는 듯한 소리와 함께 장병들이 함정 안으로 굴러 떨어졌다. 뒤이어 밀려드는 철거가 그 위에 떨어지니 강병들은 깔리거나 밟혀 죽었다. 이때 강병들의 좌우에 매복해 있던 관흥과 장포, 배후에서 강유와 마대, 장익의 군사들이 덮쳤다. 월길은 관흥의 창에 찔려 죽고 아단은 사로잡혔다. 공명은 사로잡힌 강병들과 아단을 용서하고 자기 땅으로 돌려보냈다.

그 무렵 서강병이 오기만 기다리고 있던 조진은 촉병이 물러난다는 소식을 듣고 서강병이 구원하러 왔기 때문일 것이라고 크게 기뻐했다. 조진은 곧 조준과 주찬에게 급히 군사를 휘몰아 촉병을 치게 했다. 그러나 위연이 거느린 매복군에게 두 장수를 잃고 위주 조예에게 구원병을 청했다.

서강병과 조진이 패했다는 소식에 조예가 문무백관들에게 대책을 묻자 태부 종요種繇가 권했다.

"제갈량을 물리칠 사람은 사마의 밖에 없습니다."

조예는 곧 조서를 내려 사마의에게 평서平西 도독으로 명하고 다시 그를 불러들였다.

사마의는 그의 두 아들 사마사·사마소와 함께 출진을 서둘렀다. 이때 신성新城태수 맹달이 모반을 꾀하고 있다는 소식이 날아들었다. 맹달은 원래 촉의 장수였다가 관우의 죽음에 대한 죄를 피할 길이 없어 유봉과 함께 위에 투항했다. 그러나 조비가 죽고 조예가 등극하고부터는 원래 촉의 장수라고 멸시하자 촉을 그리워하고 있던 중 공명의 연이은 승전 소식에 촉에 되돌아가겠다는 뜻을 전했다.

공명은 맹달에게 사자를 보내 비밀이 새어나가면 사마의가 먼저 신성으로 향할 터인즉 남에게 알리지 않도록 했다. 그러나 맹달은 만약 사마의가 자신의 모반을 알게 되더라도 조예에게 표문으로 올리고 허락을 받아 신성으로 오려면 한 달이나 걸리게 될 거라며 공명의 충고를 귀담아듣지 않았다.

한편 사마의는 맹달의 모반 소식을 듣자 조예의 칙지를 기다리다간 너무 늦을 것이라 여겨 곧장 신성으로 나아갔다. 결국 맹달은 사마의의 계책에 떨어져 합세하기로 했던 신탐의 창에 찔려 죽고 말았다. 위주 조예는 사마의가 맹달의 모반을 평정

하자 크게 기뻐하며 황금 도끼를 내려 치하하고 촉군을 치게
했다.

사마의는 장합을 선봉으로 삼아 이십만 군사를 이끌고 출진
했다. 조예는 구원을 청한 조진을 돕기 위해 신비辛毗와 손례孫禮
에게 따로 오만의 군사를 이끌고 나아가게 했다. 사마의가 중요
한 길목에 군사를 배치한 다음 출진 중에 선봉장 장합에게 말
했다.

"가정街亭은 한중에 이르는 목구멍 같은 곳으로 제갈량은 조
진이 대비가 없으리라 여겨 그곳으로 군사를 낼 것이오. 가정을
빼앗으면 군량을 실어올 길이 없으니 결국 한중으로 달아날 터
이니 길목을 막고 덮치면 반드시 우리가 이길 것이오."

사마의는 장합을 선봉으로 내보냈다.

군율로 다스려지는
마속馬謖

그 무렵 기산에 머무르고 있던 공명은 맹달이 죽고 사마의가 출진했다는 첩보를 듣고 좌우를 둘러보며 말했다.

"사마의가 급히 대군을 이끌고 온다면 가정이 우리의 목줄과도 같으니 반드시 그곳을 노릴 것이다. 누가 가정을 지킬 것인가?"

"제가 가겠습니다."

마속이 나섰다.

"가정은 작은 땅이나 매우 중요한 곳이다. 그곳을 잃으면 우리의 숨통이 끊기는 것이다. 그대가 병법에 능하다고는 하나 그곳은 성도 없고 의지할 만한 험한 곳도 없으니 지키기 어렵다. 더구나 사마의나 선봉의 장합은 위의 명장이니 그대에게는 벅찬 상대다."

"만약 실수가 있을 때는 제 일족의 목을 베십시오."

마속이 군령장까지 써 두고 가겠다면서 출진을 간청했다. 마속은 오랑캐와의 싸움 때 죽은 마량의 아우로 공명이 그 유족을 거두어 돌봐주었는데 유독 마속의 재주와 그 그릇됨이 커 몹시 아끼고 있었다. 공명은 마침내 마속의 간청을 받아들여 정병 이만오천을 주고 왕평을 상장上將으로 딸려 보내며 말했다.

"진을 세울 때는 요긴한 길목을 택해 적이 쉽사리 지나가지 못하게 하라. 진을 친 후에는 지도를 그려 나에게 보이고 가볍게 나서지 말라."

두 사람이 가정으로 떠난 후 공명은 만약을 위해 고상에게는 군사 만 명을 주어 가정 동북쪽에 있는 열류성列柳城 부근의 산모퉁이에, 위연에게는 가정의 오른쪽에 매복해 마속을 돕게 했다. 공명은 그래도 마음이 놓이지 않자 조운과 등지를 불러 기곡으로 나가 적을 교란케 하고 강유를 선봉 삼아 미성으로 향했다.

한편 마속이 가정에 당도해 지세를 살피더니 말했다.

"승상의 걱정이 지나치지 않은가? 야산에다 나무꾼이나 다닐 좁은 길에 어찌 위의 대군이 올 수 있겠소?"

"비록 지세는 그러하나 길에다 진을 치고 만일의 사태에 대비해야 할 것입니다."

왕평의 말에 마속이 고개를 저으며 산꼭대기에 진을 치려 했다.

"이 산은 달아날 곳이 없어 만약 위군이 와서 물을 길러 다니는 길만 끊어도 우리 군사들은 크게 낭패를 볼 것이오."

왕평이 거듭 만류했으나 마속은 듣지 않았다. 왕평은 하는 수 없이 오천의 군사를 달라고 하여 산기슭에 진을 치고 마속과 자신이 세운 영채의 지도를 그려 공명에게 보냈다.

한편 사마의는 적이 산 위에 진을 쳤다는 말에 무릎을 치며 기뻐했다.

"하늘이 나를 돕는구나!"

사마의는 촉의 진지를 살핀 후 장합에게 왕평이 올 길을 막게 한 후 신탐과 신의에게 적이 물을 길어 먹는 길을 끊게 했다. 사마의도 군사를 이끌고 가정의 산기슭을 에워쌌다. 마속이 군사들을 독려하자 마지못해 산 아래로 달려가 싸웠으나 몇 번 창칼을 맞대지도 못한 채 다시 산 위로 달아났다. 촉군은 밥을 지을 물은커녕 마실 물조차 없는 데다 사마의가 산기슭에 불을 지르자 크게 어지러워지더니 산을 내려가 위군에게 항복하는 군사가 늘어났다. 마속은 하는 수 없이 남은 군사를 이끌고 달아났다. 사마의는 달아나는 촉병에게 길을 열어 준 후 장합으로 하여금 뒤쫓게 했다. 마속은 그를 도우러 온 위연과 왕평의 도움으로 간신히 길을 열어 달아났으나 조진과 함께 기산에 포진하고 있던 위의 장수 곽회가 군사를 이끌고 오자 거느린 군사만 잃은 채 열류성을 비워 두고 양평관으로 달아났다.

이 무렵 공명은 왕평이 보내온 도본을 보다 주먹으로 탁자를 치며 소리쳤다.

"마속이 어리석어 우리 군사들을 죽음으로 내몰았구나!"

공명이 늦었지만 양의를 보내 어떻게 진을 치는 지를 알려주게 하려는데 가정과 열류성 모두 적에게 빼앗겼다는 보고가 들어왔다. 공명은 하늘을 우러러 길게 탄식하더니 관홍과 장포를 불러 각기 삼천의 정예병을 준 뒤 무공산武功山으로 가되 위병이 오더라도 싸우지 말고 함성을 지르며 북소리만 울리게 했다. 이어 장익을 검각劍閣으로 보내 군사를 되돌릴 때를 대비하게 하고 전군에게 영을 내려 짐을 꾸려 떠날 채비를 하게 했다. 또한 마대와 강유에게는 후군을 맡아 뒤쫓는 적을 맞으며 지연시키게 하고 장수에게는 조진의 진을 측면에서 찌르고 들어가게 하여 함부로 뒤쫓지 못하게 한 다음 천수·남안·안정의 군관민 모두를 한중으로 물러나게 했다.

물러날 준비를 마친 공명은 오천 군사를 거느리고 서성현으로 가 군량미를 한중으로 옮기기 시작했다. 그때 척후병이 사마의가 십오만 대군을 거느리고 몰려온다는 급보를 전했다. 공명이 거느렸던 군사 오천 중 절반이 군량미를 싣고 먼저 한중으로 떠난 후라 작은 성 안에는 고작 이천오백의 군사밖에 없었다.

공명이 성루에 올라가 보니 흙먼지가 하늘을 가득 메운 가운데 위군이 몰려오고 있는 것이 보였다. 공명은 어찌할 바를 모르는 군사들을 향해 영을 내렸다.

"모든 깃발을 감추고 자기 자리를 지키되 소리를 내는 자는 목을 벨 것이다."

공명은 성의 네 문을 활짝 열게 하고 군사 이십여 명씩을 백성들로 변장시켜 각 문 앞에 나가 길에다 물을 뿌리고 쓸게 하며 위병이 오더라도 동요하지 말라고 했다.

공명은 명을 내린 후 학창의를 입고 윤건을 쓴 뒤 아이 둘만 데리고 성에서 가장 높은 곳으로 올라가 거문고를 켰다.

이때 성벽 아래에까지 이른 사마의는 이 모습을 보자 덜컥 의심부터 들어 급히 군사들에게 물러나라고 소리쳤다. 그러자 둘째 아들 사마소가 물었다.

"군사가 없는 걸 숨기기 위한 속임수일지도 모릅니다."

"제갈량은 천성이 신중하고 조심하는 사람이다. 필시 매복이 있을 것이니 어서 물러나라!"

공명이 물러나는 위의 군사를 보고 손뼉을 치며 웃더니 곧 서성을 나가 한중으로 향했다.

한편 공명이 짐작한 대로 사마의가 무공산 북쪽 샛길로 접어들고 있는데 산 뒤쪽에서 함성과 북소리가 일어나더니 한 떼의 군마가 쏟아졌다. 장포와 관흥이 거느린 촉군이 달려오자 대군이 매복해 있다고 여긴 사마의는 큰길로 나아가지 못하고 가정으로 돌아가고 말았다. 그때 기산에 있던 조진이 공명이 달아났다는 급보를 받고 황급히 뒤쫓다 산 뒤에서 마대와 강유가 군사를 이끌고 나와 덮치자 그마저 기산으로 돌아갔다.

공명의 뒤를 따르던 조운은 뒤쫓는 위의 군사들을 맞았다. 그러나 위군은 '상산의 조자룡'이란 소리만 들어도 맞서 싸우려 하지 않았다. 조운은 위군을 크게 무찌르고 수레와 인마를 이끌어 한중으로 돌아갔다.

사마의는 다시 군사를 이끌고 서성으로 든 뒤, 그곳에 남아 있는 백성들로부터 공명에겐 이천오백의 군사에다 장수 한 사람도 없었고 복병도 없었다는 말을 듣고 길게 탄식하며 말했다.

"나는 공명의 적수가 되지 못하는 구나!"

한중으로 돌아온 공명은 조운과 등지가 무사히 돌아오자 가슴을 쓸어내리며 기뻐했다. 공명은 뒤이어 당도한 왕평으로부터 가정을 빼앗기게 된 경위를 듣고 마속을 불러오게 했다.

마속은 스스로 제 몸을 묶은 채 공명 앞에 무릎을 꿇었다.

공명이 엄한 목소리로 꾸짖었다.

"내가 가정 땅은 우리의 목구멍과도 같은 곳이라고 이르지 않았더냐? 왕평의 말을 들었던들 어찌 이런 화를 당했겠느냐. 땅과 성을 잃은 것은 모두 너의 잘못인데 내가 군율에 따라 다스리지 않는다면 어찌 군사를 이끌 수 있겠느냐? 네가 군율을 어겼으니 나를 원망하지 마라. 네 처자에게는 전처럼 봉록을 내릴 테니 걱정마라."

공명이 그를 끌어내 목을 베자 마속이 눈물을 흘리며 말했다.

"승상께서는 저를 친자식처럼 돌보셨고 저 또한 승상을 아버지처럼 받들었습니다. 저는 죽어도 여한이 없습니다만 부디 제자식들에게는 아비의 허물을 씌우지 말아 주십시오."

공명도 눈물을 흘리며 말했다.

"나와 너는 형제나 다름없다. 네 자식은 내 자식이기도 하니 괘념치마라."

이윽고 무사들이 마속의 목을 베어가지고 오자 공명이 더욱 서럽게 울었다[읍참마속泣斬馬謖]. 때는 촉의 건흥 6년 5월, 마속의 나이 서른아홉이었다.

공명은 몸소 제문을 지어 마속의 장사를 지낸 다음 황제에게 표문을 올려 스스로 우장군右將軍으로 벼슬을 내렸다.

한편 위주 조예가 다시 촉을 치기 위해 사마의와 의논하자 사마의는 무더운 때라 촉에서 군사를 움직이지 않을 것이니 진창陣倉의 학소를 보내 길목을 지키게 하자고 말했다.

이때 양주의 대도독 조휴에게서 표문이 올라왔다. 동오의 파양태수 주방이 거짓으로 항복했는데 동오를 무찌를 방책이 있다며 군사를 일으키기를 청했다.

건위장군 가규賈逵가 주방의 술책인지도 모른다고 반대했다. 그러나 사마의의 생각은 달랐다. 조예는 사마의의 말을 좇아 진병할 것을 허락했다. 이에 조휴는 환성으로, 가규는 양성으로, 사마의는 동관 세 갈래로 나누어 오로 나아갔다.

한편 손권은 위가 군사를 내자 육손을 대장군으로 삼고 주환과 전종 두 장수와 함께 위군을 막게 했다.

위의 조휴가 환성에 이르자 주방이 나와 조휴를 맞았다. 조휴는 아무래도 의심을 지울 수 없어 그의 투항이 거짓이 아니냐고 물었다. 주방은 목을 놓아 울더니 칼로 자기의 목을 찌르려다 조휴가 말리자 제 머리칼을 잘라 맹세했다. 그러나 가규는 그의 투항을 믿지 않았다. 이에 화가 난 조휴는 가규에게 진지를 지키게 하고 자신은 군사를 거느리고 동관으로 나아갔다. 주방은 가규가 출진하지 못하게 되자 크게 기뻐하며 육손에게 이 사실을 알렸다. 육손은 석정에 군사를 매복시키고 위병이 오기를 기다렸다.

조휴는 주방이 조휴의 군사를 안내해 석정에 이르러서야 계략에 빠졌음을 알았으나 주방은 달아난 뒤였다. 조휴는 크게 패한 채 달아나다 가규가 한 무리의 군사를 이끌고 와 가까스로 목숨을 부지한 채 군사를 거두어 물러났다. 조휴가 패했다는 소식에 사마의도 군사를 거두어 돌아갔다. 한 장수가 오군을 막지 않고 회군한 까닭을 묻자 사마의가 말했다.

"우리가 패한 걸 알면 제갈량이 곧장 장안을 찌르고 올 것이다. 그때는 어찌하겠느냐?"

사마의의 말에 모두 그를 겁쟁이라며 비웃었다.

한편 손권은 크게 잔치를 열어 주방과 육손을 치하했다. 잔치 자리에서 육손이 손권에게 말했다.

"위가 크게 패한 틈을 타 촉과 함께 위로 밀고 들어가면 위도 한순간에 무너지고 말 것입니다."

손권은 곧 육손의 말을 좇아 촉에 사자를 보냈다. 공명은 그동안 싸울 채비를 갖추고 있었으므로 즉시 잔치를 베풀어 장수와 군사들을 격려하고 군사 낼 일을 의논했다.

이때 조운의 두 아들이 와 절을 하고 울며 고했다.

"아버님께서 병이 위중하여 세상을 떠나셨습니다."

"나라의 대들보 하나를 잃고 나의 한 팔도 떨어져 나갔구나!"

이 소식이 성도에 알려지자 유선도 소리 내어 울었다.

"자룡이 나를 품에 안아 구해내지 않았던들 어찌 난군 속에서 짐이 살 수 있었겠는가?"

후주 유선은 그의 장례를 후히 지내고 사당을 세워 철마다 제사를 지내게 했다.

공명은 유선에게 표문을 올린 뒤 삼십만 대군을 일으켜 위연을 선봉대장으로 삼고 진창길로 밀고 들어갔다.

위주 조예는 급보를 전해 듣고 대장군 조진에게 용맹이 뛰어난 왕쌍을 선봉으로 삼아 십오만 정예병을 거느리고 장안으로 가 곽희와 장합의 군사와 합쳐 각처의 좁은 길목을 지키게 했다.

공명은 위연에게 진창으로 나아가 성을 에워싸고 공격하게 했다. 그러나 학소가 지키고 있는 성의 방비가 엄중해 여러 날에 걸친 공격에도 끄덕도 하지 않았다. 공명이 적장 학소와 같은 고향 친구를 두 차례나 보내 항복을 권했으나 학소는 그를 쫓아버렸다.

공명은 위의 원군이 오기 전에 성을 함락시키기로 하고 몸소 진두에 나서서 총공격을 감행했다. 공명은 긴 사다리를 만들게 하여 성벽 쪽으로 밀고 들어갔다. 그러자 학소는 성벽 위에서 군사들에게 불화살을 쏘게 했다. 비오듯 쏟아지는 불화살에 사다리 위의 군사들은 불에 타서 죽거나 상해 떨어졌다. 화가 난 공명이 이번에는 충차衝車로 밀고 들어갔다. 충차는 철판으로 수레를 덮어씌운 철갑차였다. 학소는 성벽 위에 모아두었던 큰 돌덩이에 구멍을 뚫고 칡으로 꼰 밧줄을 그 구멍에 꿰서 충차가 오는 대로 내리치게 했다. 충차는 휘두르는 돌에 맞아 모두 부서지고 말았다. 공명은 다시 삼천 군사들에게 땅굴을 파게 했으나 학소는 성 안에 또 구덩이를 파서 땅굴을 막아버렸다. 이렇게 이십여 일을 싸웠으나 성은 여전히 끄덕도 하지 않았다.

이럴 때 위의 구원군이 왔다. 공명이 크게 놀라며 요화·왕평·장의 세 장수로 하여금 왕쌍을 맞게 했다. 먼저 장의가 왕쌍을 맞아 싸웠으나 왕쌍의 유성추가 장의의 등을 찍었다. 요화와 왕평이 내달아 장의를 구했으나 이로 인해 촉군의 기세는 크게 꺾이고 말았다.

장의마저 중상을 입고 돌아오자 공명은 강유를 불렀다.

"진창으로 나아갈 수 없는데 좋은 계책이 없는가?"

"진창성이 높고 튼튼한 데다 학소가 굳게 지키고 있으며 왕쌍까지 도우니 성을 뺏기는 어려울 듯합니다. 그러니 이곳에 군사를 남겨 굳게 지키게 하고 가정으로 빠지는 길목에도 군사를 남겨 지키게 한 뒤 승상께서는 곧장 기산으로 밀고 들어가시는 것이 좋겠습니다.”

공명은 강유의 말을 좇아 진창 계곡은 위연, 가정 쪽의 샛길
은 왕평과 이회에게 지키도록 한 다음 마대를 선봉장으로 삼고
관흥과 장포에게 전군과 후군이 되어 호응토록 하여 기산으로
출진했다.

이때 조진은 왕쌍이 적장을 무찔렀다는 소식을 듣고 크게 기
뻐하고 있는데 적의 첩자를 잡아왔다는 보고가 들어오자 그를
불러들였다. 그는 자신은 첩자가 아니라며 품속에서 한통의 밀
서를 꺼내 보였다. 조진이 보니 그 밀서는 강유가 보낸 것으로
지난 날 공명의 계략에 빠져 할 수 없이 항복했으나 공명을 사
로잡아 이전의 허물을 면하고 싶다는 내용이었다. 번번이 사마
의에게 공을 빼앗겨 분한 마음에 사로잡혔던 조진은 이를 좋은
기회로 여겼다. 비요가 속임수일지 모른다며 조진을 만류했으
나 조진은 그에게 오만 군사를 이끌고 강유가 말한 야곡으로 나
아가게 했다. 그러나 촉의 매복군에게 오만 군사는 크게 꺾였고
살아 있던 나머지 군사들은 모두 항복하고 말았다.

공명은 군사를 재촉해 기산 기슭에 이르러 진을 쳤다. 조진이
크게 패하자 조예는 즉시 사마의를 불러 대책을 물었다. 사마의
는 촉군은 고작 한 달 정도의 군량밖에 없을 것이니 길목을 굳
게 지키는 것이 상책이라고 말했다. 그러자 손례가 계책을 냈다.

“제가 군량을 나르는 군사로 꾸며 기산으로 가 군량을 싣고
왔다고 거짓 소문을 퍼뜨리겠습니다. 그 말을 들으면 촉병이 군
량을 빼앗으러 올 것이니, 수레에 유황과 염초를 뿌린 마른 나

무와 땔나무를 싣고 가 그들이 오면 불을 지르고 복병이 합세하면 크게 이길 것입니다."

조진이 기뻐하며 손례를 보냈다.

한편 공명은 위병에게 싸움을 걸었으나 응전해 오지 않았다. 공명이 한 달이면 바닥이 나는 군량을 걱정하고 있는데 마침 위군이 양초를 운반한다는 보고를 받았다. 공명은 항복한 위군으로부터 양초를 실어 나르는 손례라는 장수가 상장군이란 걸 알고 적의 유인책이라는 걸 알았다. 공명은 적의 책략을 역이용해 조진군을 크게 무찔렀다.

촉장들이 싸움에 이기고 본진으로 돌아오자 공명은 군사를 물린 뒤 진창 길목을 지키고 있는 위연에게 계책을 주어 왕쌍을 죽이고 회군하게 했다.

조진은 왕쌍이 죽자 이룬 공 하나 없이 군사와 장수를 잃고 속을 끓이다 병이 들어 낙양으로 돌아갔다. 공명 또한 위병을 크게 깨뜨렸으나 군량이 바닥나 중원을 끝내 도모하지 못한 채 발길을 돌려야 했다.

그 무렵 동오에서는 손권이 문무백관의 추대로 제위에 올랐다. 황무 8년(서기 229년)을 황룡黃龍 원년으로 고치고 아들 손등孫登을 황태자로 세웠다.

촉에서는 손권이 천자의 위에 오르자 문무관원들이 유선에게 동맹을 파기해야 한다고 추정했으나 공명은 손권과 함께 위를 치자고 했다. 손권은 겉으로는 촉과 동맹을 맺는 척하며 두 나라의 싸움을 지켜보면서 기회를 엿보고 있었다.

이때 공명은 진창을 지키던 학소가 병에 걸려 위중하다는 소식을 듣고 위의 구원병이 오기 전에 군사를 이끌고 가 진창성을 빼앗았다. 공명의 기습에 놀란 학소가 죽자 공명은 위연과 강유에게 요충지를 뺏도록 한 후 기산으로 돌아갔다.

두 나라의 싸움을 지켜보던 손권은 육손을 무창으로 보내 군사를 조련하게 하며 군사 낼 준비를 했다.

한편 위주 조예는 오와 촉이 동맹을 맺고 위를 넘보자 사마의를 대도독으로 삼아 공명을 막게 했다. 사마의는 장합을 선봉으로 삼고 십만 군사를 이끌어 기산 아래 위수 남쪽에 진을 쳤다. 공명은 위의 군사들을 분산시키기 위해 한수 지역과 경계가 잇닿은 음평陰平과 무도武都를 공격했다. 사마의가 곽희와 손례를 보내 두 고을을 돕게 했으나 이미 왕평과 강유에게 떨어진 뒤였다. 사마의는 패한 채 돌아온 곽희와 손례에게 각각 미성과 옹성을 지키게 하고 장합과 대릉을 불렀다.

"공명이 음평과 무도를 뺏은 직후라 그곳 백성들을 달래느라 본진에 없을 테니 오늘 밤 기습하여 진을 뺏으라."

장합과 대릉은 좌우로 나누어 촉의 진을 급습했다. 그러나 촉군은 보이지 않고 마른 잎을 가득 실은 수레들이 앞을 가로막고 있었다. 공명의 계략에 빠진 걸 알고 급히 군사를 되돌리려 하는데 요란한 함성과 함께 촉의 매복군들이 쏟아져 나와 장합과 대릉을 에워쌌다.

촉병 앞에 공명이 나타나 소리쳤다.

"사마의는 내가 음평과 무도에서 백성들을 달래는 줄 알았을 것이다. 내가 그 허를 찌른 것이니 너희들은 말에서 내려 항복하라."

그러나 장합이 화를 벌컥 내며 말을 몰았다. 촉병이 그 기세에 겁을 먹고 주춤거리는 사이 장합이 대릉을 구해 길을 열어 달아났다. 공명이 좌우로 창을 휘두르는 장합을 보고 말했다.

"장합이 용맹하다고 했는데 그 소문이 헛된 것이 아니었구나. 살려두었다간 큰 화근이 될 것이다."

장합과 대릉이 돌아오자 사마의는 자신의 계략을 역이용한 공명의 헤아림에 감탄하며 군사를 물려 지키기만 했다.

공명이 수많은 무기와 군마를 거두어들인 채 진지로 개선하자 비위가 후주 유선의 칙사로 와 공명이 다시 승상으로 복직되었다는 칙서를 전했다.

공명은 사마의가 굳게 지키기만 할 뿐 싸우지 않자 장수들에게 각자의 진지에서 군사를 되돌리게 했다. 염탐꾼으로부터 이 소식을 전해들은 사마의는 공명의 계략이라며 뒤쫓지 않았다.

공명은 열흘 간격으로 삼십 리를 물러나 진을 치기를 세 번이나 거듭했다. 장합이 촉군을 치자고 거듭 청하는 바람에 사마의는 그제야 장합에게 삼만의 군사를 주고 자신은 오천의 군사로 뒤따랐다. 장합이 군사를 이끌고 오자 촉군은 싸우다 달아났다.

때는 6월이라 뜨거운 햇빛 아래 촉군을 뒤쫓던 위병들이 땀을 흘리며 헐떡이고 있는데 매복해 있던 촉병이 달려 나왔다. 그러나 사마의도 복병을 대비하고 있었던 터라 거꾸로 촉병을 에워쌌다. 그러자 촉병이 두 갈래로 갈라져 앞뒤의 적과 맞서는데 산 위에 있던 또 한 갈래의 촉의 복병이 사마의의 본진으로 쳐들어갔다. 사마의는 깜짝 놀라 즉시 전군을 물러나게 했다.

그때 촉병이 혼란에 빠진 위병을 치자 사마의는 크게 패한 채 진으로 돌아갔다.

공명이 승리를 거두고 진으로 돌아와 다시 군사를 내려는데 사자가 와 장포가 병으로 죽었다는 소식을 전했다. 이 소식을 들은 공명은 통곡하다 피를 토하고 혼절했다. 공명은 이미 깊은 병이 있는데다 장비의 아들 장포의 죽음에 마음까지 상해 병이 덧나자 본진을 거두어 한중으로 돌아갔다.

후주가 몸소 공명을 문병하고 어의를 보내 돌보게 하니 공명의 병세는 점차 차도를 보였다.

혼원일기진과
팔괘진

건흥 8년(서기 230년) 7월 위의 도독 조진은 그동안 군마가 편히 쉬어 사기가 드높으니 촉을 정벌할 좋은 때라며 조예에게 표문을 올렸다.

조예는 조진을 대사마에 정서부도독, 사마의를 대장군 정서부도독, 유엽을 군사로 삼고 사십만 대군을 일으켰다. 세 장수는 한중을 치기 위해 검각으로 나아갔다.

이 무렵 공명은 병이 완쾌되어 매일 군사를 조련하며 팔진법 八陣法을 가르쳐 모두 이 진법에 익숙해졌다. 위군이 쳐들어온다는 보고를 받은 공명은 왕평과 장의에게 천 명의 군사를 주고 진창을 지키게 하며 말했다.

"이달 안에 반드시 큰 비가 내릴 것이니 위군 사십만 명이 온다한들 무슨 수로 험한 산속까지 쳐들어올 수 있겠는가?"

두 장수가 그 말에 군사를 이끌고 가자 공명은 대군을 거느리고 한중으로 나가면서 각 요충지마다 전령을 보내 군량 등을 준비케 하고 장마에도 대비했다.

한편 조진과 사마의는 대군을 거느리고 진창성에 이르렀으나 보름도 되기 전에 비가 쏟아지기 시작하더니 성 안의 평지에 물이 석 자나 고이자 촉군이 추격하는 걸 경계하며 서서히 물러나기 시작했다.

한편 공명은 위군이 물러날 것을 알고 장수들에게 말했다.

"그들이 회군하도록 내버려 두었다가 군사를 나누어 야곡으로 나아가 기산을 취하면 위군은 우리를 막을 수 없을 것이오."

"장안으로 진격할 여러 길이 있는데 어찌하여 기산만 점령하려 하십니까?"

"기산은 장안의 머리와 같은 곳으로 농서 여러 고을에서 군사들이 오려면 반드시 그곳을 지나야 하오. 또한 앞에는 위수가 가로지르고 뒤에는 야곡에 기대어 있으니 매복하기 좋을 뿐만 아니라 적을 제압하기도 좋은 곳이오."

공명은 위연·장의·두경·진식에게 기곡으로 나아가게 하고 마괘·왕평·장익·마충을 야곡으로 보내 기산에서 합치게 했다. 그러나 사마의 또한 공명의 뜻을 헤아리고 있었다.

한편 위연과 장의·진식·두경이 기곡을 향하고 있는데 등지가 와 군령을 전했다.

"승상께서 기곡으로 나아갈 때 위병의 매복에 대비해 함부로 나가지 말라는 군령을 내렸소."

"위병은 오랜 장맛비를 맞다가 달아나기에도 바쁜데 매복할 틈이 어디 있겠소. 우리가 급히 뒤쫓을 때요."

진식이 비웃음을 날리며 말하자 위연도 맞장구쳤다.

"승상께서 지모가 그렇게 밝다면 가정 싸움에서 왜 패했는지 알 수 없구려."

진식이 군사를 이끌고 위병을 뒤쫓았다. 그러나 얼마 가지 못해 사마의의 복병에 에워싸여 사천여 명의 기병이 꺾인 채 가까스로 위연의 도움을 받아 달아났다.

공명은 왕평에게 기산 왼쪽으로 숨어들게 하고 마충과 장익에게 기산 오른쪽으로 가 불로 군호를 보내게 한 뒤 왕평과 합세해 조진의 진채를 덮치게 했다. 그런 다음 자신은 골짜기로 군사를 이끌기로 하고 관흥과 요화, 오의와 오반을 요충지에 매복시켜 조진을 크게 무찔렀다.

공명은 군령을 어긴 진식의 목을 베고 군사를 이끌어 네 번째로 기산으로 진군했다. 조진이 병든 채 진중에 있다는 말을 들은 공명은 한 군사에게 편지를 주어 조진에게 전하게 했다. 조진이 그 편지를 보니 공명이 자신을 조롱하며 꾸짖는 내용이었다. 조진은 울화가 치밀어 죽고 말았다.

조진이 죽자 사마의는 원수를 갚기 위해 군사를 내몰아 공명에게 싸움을 걸었다. 양군은 위수 기슭에 서로 진을 펼친 채 진법으로 자웅을 겨뤘다. 사마의가 '혼원일기진混元—氣陣'을 펴자 공명은 '팔괘진八卦陣'을 폈다. 공명이 사마의에게 팔괘진을 깨뜨려 보라고 하자 사마의가 장수들을 내보내 진 안으로 들여보냈으나 빠져 나오지 못하고 모두 촉군에게 사로잡혔다. 공명이 사로잡힌 위군을 돌려보내자 사마의가 분을 참지 못해 대군을 내몰았으나 촉의 복병에게 기습을 당해 크게 패한 채 위수 남쪽 기슭에 진을 치고 굳게 지켰다.

이때 구안이 군량을 운반하는 일을 게을리 해 열흘이나 늦게 군량이 왔다. 공명은 크게 화를 내며 그에게 곤장 팔십 대를 치게 했다. 이에 앙심을 품은 구안이 사마의에게 투항하자 사마의는 구안으로 하여금 성도로 가 '공명이 자기 공을 내세워 때가 되면 제위에 오르려 한다.'는 유언비어를 퍼뜨리게 했다.

후주 유선이 그 소문을 듣자 조서를 내려 공명을 불렀다. 위를 무찌를 절호의 기회가 눈앞에 다가왔으나 공명은 천자의 명이라 할 수 없이 회군했다. 성도로 돌아가 황제가 부른 까닭을 알게 된 공명은 구안의 유언비어를 고해바친 환관들에게 벌을 주고 장완과 비위를 크게 꾸짖었다.

건흥 9년(서기 231년) 2월, 공명은 다시 위나라 정벌을 위해 다섯 번째로 기산으로 진군했다. 잦은 출정으로 인해 군사들이 지쳐 있는데다 군량도 부족하자 공명은 군사를 양분해 백일마다

교대시켰다. 진중에 군량이 부족한데 때마침 농서에 보리가 익을 무렵이라 공명은 군사들을 내보내 보리를 베게 했다. 그런데 사마의가 이를 짐작하고 방비를 엄하게 하고 있었다.

공명은 강유·마대·위연에게 각각 계책을 주어 보내고 평소 자신이 타던 사륜거와 같은 수레 세 대를 가져오게 했다. 공명은 흰 도포 차림에 커다란 관을 쓰고 깃털 부채를 든 뒤 수레 위에 단정히 앉은 채 검은 옷을 입고 맨발에 머리를 산발하고 칼을 든 건장한 스물네 명의 군사에게 검은 깃발을 들게 하여 각 사륜거를 끌고 가게 했다. 이를 본 사마의가 이천 군사를 뽑아 명을 내렸다.

"공명이 탄 수레째 사로잡아라."

위병이 달려오자 공명은 수레를 돌려 달아났다. 위군이 말을 몰아 뒤쫓았으나 아무리 뒤쫓아도 잡힐 듯하면서도 따라잡을 수가 없었다. 사마의가 뒤쫓는 군사들을 말렸다.

"공명이 술법을 쓰고 있다. 축지법縮地法을 쓰고 있으니 뒤쫓지 마라."

사마의가 놀라며 소리치자 괴이쩍은 군사들을 보고 두려움에 떨고 있던 장졸들이 달아났다. 공명은 그 틈을 이용해 삼만 군사에게 보리를 베게 하여 노성으로 실어갔다.

사마의가 척후병을 보내 공명의 수레를 알아보게 했다.

"며칠 전 너희 군사 중 수레를 밀던 그 귀신같은 무리들은 도대체 누구인가?"

"뒤에 나온 수레들은 공명으로 꾸민 것으로 오백 명의 군사로 하여금 북을 울리게 하여 속인 것입니다. 맨 먼저 수레를 탔던 사람이 진짜 공명이었습니다."

척후병의 말을 들은 사마의는 이번에도 공명의 계략에 떨어졌다는 걸 알고 탄식했다. 사마의는 공명이 거느린 군사가 많지 않음을 알고 보리를 타작하고 있는 공명을 공격했다. 그러나 공명이 보리밭에 숨겨둔 매복군에게 크게 패하고 말았다.

다시 위병을 크게 깨뜨린 공명이 군사들을 성으로 불러들여 상을 내리고 있는데 영안성의 이엄으로부터 뜻밖의 전갈이 날아왔다. 오와 위나라가 화친을 맺었으니 이에 대비하라는 것이었다. 공명은 이 급보에 놀라며 장수들에게 기산의 군사를 서천으로 물리게 했다.

기산에서 공명과 맞서고 있던 장합이 사마의에게 이 사실을 알렸다. 그러나 사마의는 물러나는 공명을 뒤쫓다 크게 낭패를 당했던 터라 함부로 군사를 내지 않았다.

공명은 마충에게 만 명의 궁노수를 검각과 목문도木門道에 매복시키게 하고 위연과 관흥에게 적의 뒤를 치게 한 뒤 성벽 여기저기에 기를 꽂아 군사들이 있는 것처럼 꾸미게 했다.

성벽 위에 많은 기가 꽂혀 있자 장합은 뒤쫓는 걸 망설였다. 그러자 사마의가 높은 곳에 올라가 노성을 살피더니 성 안이 비어 있다며 촉병을 뒤쫓아 목문도까지 달려갔다. 그때 포성이 울리더니 산 위에서 불길이 치솟고 바위와 통나무들이 굴러 떨어져 돌아갈 길이 끊기고 말았다.

독 안에 든 쥐 꼴이 된 장합은 홀연 딱딱이 소리와 함께 절벽 위에서 쏟아지는 화살과 쇠뇌를 온몸에 맞아 목문도에서 죽고 장졸 또한 떼죽음을 당하고 말았다.

그때 장합보다 한발 늦게 쫓아온 위병들이 앞길이 막힌 걸 보고 말을 되돌리는데 산 위에서 호통 소리가 들려왔다.

"내가 오늘 활로 말[馬](사마의를 가리킴)을 쏘고자 했는데 노루[獐](장합을 가리킴)를 맞히고 말았구나. 너희들은 돌아가 사마의에게 목을 씻고 기다리라고 해라."

달아난 위병들이 사마의에게 보고 들은 대로 전했다. 사마의는 하늘을 우러러 통탄하더니 장수들에게 적이 올 만한 길목을 지키게 한 뒤 낙양으로 돌아갔다.

이때 이엄이 후주 유선에게 군량을 마련해서 보내려 하는데 공명이 어찌하여 회군했는지 알 수 없다는 글을 올렸다. 유선이 비위를 보내 묻게 하자 공명은 깜짝 놀랐다. 군량이 마련되지 않자 이엄이 유선에게 엉뚱한 거짓 글을 올려 자신의 죄를 면해보려 했던 것이다. 공명이 크게 노해 그의 목을 베려다 선제가 뒷일을 당부한 신하 중 한 사람이라 벼슬을 빼앗고 서민으로 돌아가게 했다. 공명이 다섯 번째로 기산으로 나아갔으나 다시 천하 평정의 큰 꿈이 꺾이게 된 셈이었다.

성도로 돌아온 공명은 군량과 마초를 비축했다. 삼 년 후 공명이 기산으로 다시 군사를 내려 하는데 후주 유선과 태사 조추가 만류했으나 출정을 강행했다. 이때 관흥이 병으로 죽었다는 소식이 전해지자 공명은 목을 놓아 울다가 끝내 혼절했다.

그로부터 며칠이 지나자 공명은 삼십사만 명의 군사를 다섯 갈래로 나누어 나아가게 했다. 위연과 강유를 선봉으로 삼아 기산에 진을 치고 이희는 군량을 날라다 사곡 어귀에서 기다리게 했다.

때는 청룡 2년 2월, 위주 조예는 사마의를 대도독으로 삼고 하후연의 아들 사 형제를 앞세워 사십만의 군사를 냈다. 사마의는 위수에 이르러 영채를 세우고 오만의 군사를 동원해 위수에 아홉 개의 부교浮橋를 만들게 했다. 하후연의 장남 하후패와 차남 하후위에게는 강을 건너 영채를 세우게 하고 곽희와 손례에게는 적이 농서 쪽의 길을 끊지 못하도록 북원北原에 영채를 세우게 했다.

그 무렵 공명은 기산에 다섯 개의 영채를 세우고 야곡에서 검각에 이르는 길에 열네 개의 대체를 세워 장기전에 대비했다.

사마의가 북원에 진을 쳤다는 보고를 받은 공명은 뗏목 백여 척을 급히 만들어 마른 풀을 신고 북원을 치는 체하다 곧장 강줄기를 타고 내려가 뗏목에 불을 질러 적이 만든 부교를 태우기로 했다. 그리고 한편으로는 적의 후방과 앞을 급습해 위수 남쪽을 장악할 계획을 세웠다.

촉의 이러한 움직임을 보고받은 사마의는 공명의 전략을 알아차리고 이에 대비했다.

공명의 계책을 훤히 내다본 듯한 사마의의 대비에 위연과 마대는 매복군에게 패했고 위수를 공격한 군사들도 패해 만여 명의 군사가 꺾이고 말았다.

여섯 번째로 기산으로 나와 첫 싸움에서 패하자 공명은 밤잠을 이루지 못했다. 공명은 비위에게 서한 한 통을 써 주며 손권에게 보내 함께 위를 정벌할 것을 청했다. 위를 칠 기회를 노리고 있던 손권은 거소문居巢門으로 나가 신성을 뺏기로 하고 육손과 제갈근에게는 강하와 면구沔口로 진군해 양양을, 손소와 장승은 광릉으로 보내 회양을 빼앗기로 하고 삼십만 대군을 일으켰다.

한편 공명은 수레를 타고 지세를 살피다 어느 골짜기의 어귀에 이르렀다. 그런데 땅의 형세가 마치 표주박처럼 생겨 군사 천명은 넉넉히 머무를 수 있을 것 같았다.

"이곳 골짜기를 무어라고 부르는가?"

"이곳은 상방곡上方谷인데 호로곡이라 부르기도 합니다."

공명은 군중에 있는 목공 천여 명을 불러 호로곡으로 들어가 목우유마木牛流馬를 만들게 했다.

목우유마는 공명이 소와 말을 본떠 만든 수레로 군량과 무기를 나르기 위한 것이었다. 공명은 이어 마대에게 군사 오백 명을 주어 호로곡을 지키라고 일렀다.

드디어 목우유마가 만들어졌다. 사람들이 보니 살아 있는 소나 말의 모습과 비슷하게 생겼는데 산에 오르고 내려가기를 힘들이지 않고 마음대로 할 수 있었다. 공명은 곧 우장군 고상에게 군사 천여 명을 주어 목우유마를 이끌고 검각에 있는 군량을 실어 나르게 했다.

사마의는 촉군이 목우유마라는 수레를 만들어 양초를 실어 나르고 있다는 말을 듣고 깜짝 놀라지 않을 수 없었다. 사마의는 장호와 악침을 보내 군사들을 골짜기에 매복시켰다가 촉장 고상이 목우유마를 이끌고 오자 기습했다. 촉병들이 당황해 이끌고 가던 목우유마 몇 필을 내팽개친 채 달아났다. 사마의는 군사들이 목우유마 몇 필을 이끌고 본채로 돌아오자 곧 백여 명의 목공을 불러 목우유마를 본떠 그대로 만들게 했다.

보름쯤이 되자 공명이 만든 것과 똑같은 목우유마가 이천 여 개가 만들어졌고 사마의는 농서로부터 군량을 실어 나르게 했다.

한편 위병들에게 목우유마를 빼앗기고 본채로 돌아간 고상은 공명에게 그 사실을 고했다. 공명은 곧 왕평을 불러 계책을 일러주고 북쪽 진으로 가게 했다.

왕평이 나가자 공명이 장의를 불러 명했다.

"그대는 오백의 군사를 머리는 귀신같이 풀어 헤치고 몸은 짐승의 모양을 한 뒤 다섯 가지 물감을 써서 얼굴을 여러 가지 괴이한 모양으로 칠하도록 하라. 그런 다음 목우유마가 오거든 일제히 내달아 목우유마를 빼앗도록 하라."

공명의 명을 받은 장의는 장수들을 불러 각각 명을 내렸다. 공명이 이런 계책을 쓰고 있는 줄을 알 리 없는 위의 장수 잠위가 목우유마로 군량을 나르고 있는데 위병으로 변장한 촉병이 나타났다.

잠위가 그들을 살펴보니 틀림없는 위병이었으므로 안심하고 그대로 나아가게 했다. 그리하여 순시병과 합쳐 다시 길을 갈 때였다. 홀연 함성이 크게 일었다. 위병으로 꾸몄던 촉병들이 갑자기 위병을 덮치는가 싶더니 앞쪽에서도 촉병들이 쏟아져 나와 위병을 공격했다.

그때 목숨을 건진 잠위의 졸개들이 곽희에게 달려가 이 사실을 알리자 곽희가 군량을 찾으러 갔다. 곽희가 뒤쫓는 걸 알게 된 왕평은 공명이 일러준 대로 얼른 목우유마의 혀를 돌려놓고는 달아나기 시작했다.

곽희의 명에 따라 군사들이 우르르 달려가 목우유마를 끌어가려 했다. 그러나 어찌된 일인지 아무리 밀고 당겨도 옴짝달싹도 하지 않았다. 서로 얼굴을 쳐다보며 어리둥절해 하고 있는데 갑자기 산 뒤쪽에서 북소리와 함성이 크게 일며 촉병이 밀려나왔다. 위연과 강유가 거느린 군사들이었다. 달아나던 왕평도 갑자기 군사를 되돌려 달려들었다. 앞뒤로 촉병을 맞은 곽희는 계책에 빠졌음을 깨닫고 급히 산속으로 길을 찾아 달아났다.

곽희가 달아나자 왕평의 군사들은 목우유마의 혀를 반대로 비틀었다. 그러자 그때까지 꼼짝도 않던 목우유마가 바람같이 달렸다. 달아나던 곽희가 그걸 보고 다시 군사를 되돌려 왕평을 뒤쫓았다. 그러나 뒤쫓은 지 얼마 되지 않아 홀연 산 뒤쪽에서 연기가 자욱이 일며 한 떼의 신병神兵이 쏟아져 나왔다. 손에는 각기 깃발과 칼을 들었는데 그 모습이 사람으로 보이지 않을 만큼 기괴했다. 그들은 나는 듯이 달려와 목우유마를 호위해 바람처럼 달려가고 있었다.

"저것은 분명 귀신이 촉병을 돕고 있음이 아닌가!"

곽희가 놀랍고 두려워 얼굴색이 달라지며 중얼거렸다.

이 소식을 들은 사마의가 급히 군사를 거느리고 구원하러 갔다.

한동안 말을 달리는데 홀연 함성이 크게 일더니 산골짜기에서 장익과 요화가 거느린 두 갈래의 군사가 달려 나왔다. 위병들은 뜻밖의 기습에 겁을 먹고 싸우기도 전에 뿔뿔이 흩어졌다.

사마의는 혼자 나무가 빽빽이 늘어선 숲속으로 뛰어들었다. 요화가 그런 사마의를 뒤쫓았다. 사마의가 나무 사이를 이리저리 빠져 달아나는데 요화가 어느새 등 뒤로 바싹 다가와 칼을 쳐들고 사마의를 한 칼에 쳐 죽일 듯이 힘껏 내리쳤다. 그러나 칼은 나무를 안고 도는 사마의의 어깨를 벗어나 나무 등걸에 깊숙이 박히고 말았다. 요화가 너무 힘차게 내리쳤기 때문에 그 칼을 뽑을 동안 사마의는 말을 박차 숲을 빠져나가고 있었다. 사마의의 황금 투구만이 땅 위에 떨어져 있을 뿐이었다. 요화는 그 투구를 말에 매달고 영채로 돌아왔다.

간신히 목숨을 보전한 사마의가 영채로 돌아오니 위주 조예가 오에서 군사를 일으켜 쳐들어오니 싸우지 말고 굳게 지키라는 칙서를 내렸다.

공명은 위군이 움직이지 않자 기산에서 둔전屯田(군량을 지급하기 위해 마련되어 있는 밭)을 일궈 농사를 짓게 하고 마대에게 명해 호로곡에 나무 울타리를 세우게 한 뒤 그 안에 구덩이를 파게 했다. 또한 그 구덩이에는 불 잘 붙는 장작과 마른풀, 유황 등을 뿌려 쌓아놓은 뒤 그 둘레의 산위에 마른 풀과 나무로 초가집들을 짓고 초가집 안팎에 지뢰地雷를 묻게 하여 불만 붙이면 주변이 순식간에 불덩이가 되게 했다.

공명은 다시 마대에게 가만히 일렀다.

"호로곡 뒤쪽으로 나가는 길을 모두 막고 골짜기 속에 군사를 매복시켜라. 그리고 사마의가 그곳으로 쫓아 들어오거든 즉시 지뢰와 풀더미에 불을 지르도록 하라."

사마의를 불구덩이 속으로 몰아넣으려는 계책이었다. 공명은 골짜기 어귀에 군사들을 세우되 낮에는 칠성기七星旗를 지니게 하고 밤에는 등불 일곱 개를 밝혀 군호로 삼게 했다.

공명은 이번에는 위연과 고상을 불러 계책을 준 뒤 군사들을 매복시켰다.

공명은 장졸들에게 명을 내린 후 몸소 군사 한 떼를 이끌고 호로곡 가까이에 진을 쳤다.

이때 위군에서는 하후연의 아들 하후혜와 하후화가 영채로 들어가 사마의에게 나가 싸울 것을 간곡히 청했다. 사마의가 하후 형제에게 각기 군사 오천씩을 주자 두 사람은 두 갈래로 나누어 한동안 나아가다 맞은편에서 목우유마를 이끌고 오는 촉병이 나타나자 크게 함성을 지르며 달려갔다. 그 서슬에 깜짝 놀란 듯 촉병은 목우유마도 버리고 달아나기에 바빴다. 두 사람은 두고 간 목우유마를 영채로 끌고 갔다.

다음 날 다시 영채를 나선 하후혜와 하후화는 이번에는 백여 명의 촉병을 사로잡았으나 모두 놓아 주었다. 사마의는 적의 마음을 흐트러뜨리기 위해서 보름 동안이나 장수들에게 사로잡히는 촉병을 모두 놓아 주게 했다.

사마의가 촉진의 움직임을 자세히 알아보려고 잡혀온 촉병에게 물었다.

"제갈량은 지금 어디 있는가?"

"호로곡에서 서쪽 십 리쯤 되는 곳에다 영채를 세우고 계십니다. 그래서 날마다 군량을 상방곡에다 날라다 쌓아놓게 하고 계십니다."

촉병을 모두 돌려보낸 사마의가 마음을 정한 듯 장수들을 불러들인 후 명을 내렸다.

"기산은 촉군의 본거지라 기산을 치게 되면 촉병은 모두 기산을 구하기 위해 달려올 것이다. 그 틈을 타 나는 호로곡에 있는 촉병의 양초를 불태울 것이다."

사마의는 곧 군사를 거느리고 나가며 장호와 악침으로 하여금 군사 오천씩을 거느리고 뒤에서 받치게 했다. 그때 공명은 높은 산 위에서 위병들이 나오는 것을 굽어보고 있었다.

위병들을 보니 일이천 또는 사오천씩 각기 대열을 이루어 차례로 올라오고 있었다. 공명은 그들이 기산을 빼앗기 위해 나아간다는 것을 알았다. 공명은 곧 장수들에게 명을 내렸다.

"사마의가 몸소 군사를 이끌고 나오거든 일제히 달려 나가 위병의 영채를 빼앗고 내친 김에 위수 남쪽 땅을 모두 빼앗으라."

위병이 모두 기산으로 밀려들자 촉병들은 기산을 구원하러 가는 척 함성을 울리며 달려 나갔다. 촉병들이 기산으로 달려 나가는 걸 본 사마의는 급히 두 아들과 군사를 거느리고 호로곡으로 밀고 들어왔다.

호로곡 어귀에 매복해 있던 위연이 사마의가 군사를 이끌고 오자 사마의와 싸우다 달아났다.

사마의는 군사를 휘몰아 골짜기 안으로 밀고 들어갔다. 그러나 사마의가 산 위의 움막들을 살펴보니 움막에는 마른 나뭇가지와 섶이 쌓여 있을 뿐 위연은 어디로 갔는지 보이지 않았다.

그때였다. 홀연 함성이 땅과 하늘을 뒤흔들 듯 일며 산 위에서 촉병들이 횃불을 던지자 골짜기 입구가 순식간에 불바다로 변해 버렸다. 촉병들이 다시 화전火箭(불 붙여 쏘는 화살)을 빗발치듯 퍼붓자 마른 풀 더미에서 불길이 이는가 싶더니 움막 부근 여기저기에서 지뢰가 터졌다.

사마의는 손과 발을 떨며 황망히 말에서 내려 두 아들을 부둥켜안고 소리내어 울었다.

"우리 세 부자가 여기서 함께 죽게 되는구나!"

그러나 사마의 부자에게 내린 하늘의 운이 아직 다하지 않았음인지, 이때 난데없이 미친 듯한 바람이 불고 천둥소리와 함께 하늘이 뚫린 듯 억수같은 비가 쏟아져 내렸다.

그러자 골짜기에 타오르던 불도 꺼지고 남은 지뢰와 화약 등 모든 화기火器가 비에 젖어 아무런 소용이 없게 되고 말았다.

사마의는 말 위에 올라 군사를 이끌고 골짜기 밖으로 허둥지둥 달려 나갔다. 그때 촉장 마대가 그걸 지켜보고 있었으나 거느린 군사가 위병에 비해 너무 적어 뒤쫓지 못했다.

사마의는 위남渭南의 대채로 돌아갔다. 그러나 그가 군사를 이끌고 나온 틈을 타 촉병이 밀고 들어와 대채를 차지한 뒤였다. 사마의는 촉병이 밀고 들어오지 못하도록 부교를 불태워버린 후 위수 북쪽 언덕에 영채를 세웠다.

제갈공명도
떠나고

공명은 이번에야말로 사마의도 꼼짝 못하고 죽을 것이라고 여기고 있다가 하늘을 우러러보며 탄식했다.

"일을 꾸미는 것은 사람이나 이루는 것은 하늘에 달려 있구나!"

공명은 위수의 남쪽 기슭을 거쳐 서쪽으로 가 오장원五丈原으로 진을 옮겼다. 공명이 여러 차례 장수를 내보내 위의 화를 돋우어 보았으나 위병은 끝내 나오지 않았다. 그런 어느 날 공명은 여인들이 쓰는 두건과 흰 상복을 상자에 넣고 사마의를 조롱하는 글을 보냈다. 공명이 사마의를 격동시키기 위해 그런 꾀를 낸 것이었는데 사마의가 그걸 모를 리 없었다. 사마의는 그 글을 읽고 벌컥 화가 치솟았으나 겉으로는 화를 드러내지 않은 채 껄껄 웃으며 편지를 가지고 온 사자에게 물었다.

"제갈량은 요즈음 먹는 것과 자는 것이 어떠한가? 그리고 하는 일은 바쁘시지 않은가?"

"승상께서는 아침에 일찍 일어나시고 밤에는 늦게 주무십니다. 또 스무 대 이상의 매를 때리는 벌을 몸소 행하시고 잡수시는 양은 매우 적습니다."

"일을 많이 하면서도 조금밖에 못 먹으니 어찌 오래 살 수가 있겠는가?"

사마의가 웃으며 말했다.

촉의 영채로 돌아온 사자는 곧 공명을 찾아가 있었던 일을 모두 말했다. 그 말을 듣고 나더니 공명이 문득 길게 탄식했다.

"중달이 나를 잘 알고 있구나."

양옹이 그 말을 듣고 있다가 공명에게 말했다.

"지금 승상께서는 조그만 일까지 모두 맡으시어 온종일 땀을 흘리고 계시니 어찌 지치지 않겠습니까? 사마의의 말이 참으로 이치에 어긋남이 없습니다."

"나도 그것을 모르는 바가 아니나 선제로부터 무거운 당부를 받은 몸이라 소홀히 할 수가 없구나."

공명이 그렇게 말하자 곁에 있던 모든 사람이 눈물을 흘렸다. 그렇지 않아도 몸과 마음이 편안치 않은 걸 애써 감추어 온 공명이었다. 이때 성도에서 비위가 찾아와 동오군이 위군에게 패해 군사를 거두어 돌아갔다는 소식을 전했다. 공명의 뜻이 한순간에 물거품이 되고 마는 순간이었다. 공명은 허탈한 마음을 감추지 못하며 길게 탄식하더니 마침내 그 자리에 정신을 잃고 쓰러지고 말았다. 겨우 정신을 차린 공명은 힘없는 목소리로 한탄해 마지않았다.

"마음이 이토록 혼란스러우니 묵은 병까지 도졌구나. 이제 내 목숨은 아침, 저녁에 달려 있구나."

강유가 안타까운 마음을 달래지 못하며 공명에게 천지신명께 목숨을 벌어볼 것을 청했다.

"나는 장막 안에서 북두칠성께 목숨을 빌어보겠다. 만약 이레 동안 주등主燈이 꺼지지 않으면 내가 앞으로 일기一紀(12년)를 더 살 수 있을 것이나 등불이 꺼지면 내 목숨은 당장 끊어질 것이다."

강유의 청에 공명은 목욕재계를 하고 장막 안으로 들어가 제단을 만들어 절을 올린 후 목숨을 늘려 달라는 기도를 드렸다.

어느 날 사마의는 문득 천문을 보고 기쁜 얼굴이 되어 하후패에게 말했다.

"천문을 살펴보니 장성이 빛을 잃고 떨어지려 하고 있다. 이는 반드시 제갈공명이 병이 나 목숨이 위태로운 지경에 이르렀음을 뜻한다. 너는 군사 천 명을 거느리고 오장원으로 가 촉진을 살피고 오라."

그날 밤은 공명이 머리를 풀고 칼을 잡은 채 기도를 드리기 시작한 지 엿새째 되는 날이었다. 기도드릴 날을 하룻밤 남겨 두고 있던 공명은 주등이 밝게 빛나자 기도가 통했는지도 모른다고 여겨 속으로 매우 기뻐하고 있었다. 그런데 영채 밖에서 함성이 일더니 갑자기 위연이 장막 안으로 뛰어 들어왔다.

"위군이 쳐들어오고 있습니다."

급하게 뛰어 들어오던 위연의 발에 주등이 걸려 넘어지면서 그만 불이 꺼지고 말았다. 공명은 깜짝 놀라 들고 있던 칼을 내던지며 탄식했다.

"아아, 죽고 사는 일이 하늘의 명에 달렸으니 빌어서 얻을 일이 아니로구나!"

위연이 땅에 엎드려 죄를 청했다.

강유는 위연이 등불을 꺼뜨린데 화가 치밀어 칼을 뽑아 그를 베어 죽이려 했다. 그러자 공명이 손을 들어 강유를 막았다.

"그만두어라. 이는 내 명이 다한 것이지 문장文長(위연의 자)의 잘못이 아니다."

공명은 위연에게 위병을 막게 한 후 강유를 불러 말했다.

"나는 충성을 바쳐 한실을 다시 일으키려 애써왔으나 하늘의 뜻이 이러하니 이제 내 목숨이 조석에 달렸다. 내 평생 배운 바를 스물네 편의 글로 남기고자 한다. 내 두루 여러 장수를 살펴 보았으나 이를 전수할 만한 자가 없고 오로지 그대만이 장수의 덕목을 갖추었다 생각되어 이 책을 전하니 부디 소홀히 하지 마라.”

강유는 울면서 절하고 공명의 책을 받았다. 공명이 다시 말을 이었다.

“내가 연노지법連弩之法이라는 것을 생각해냈는데 아직 실전에 사용해 보지는 못했다. 이는 화살의 길이가 팔 촌寸으로 석뇌를 한번 쏘아 화살 열 개를 한꺼번에 날릴 수 있다. 그 또한 설계도를 그려 놓았으니 그걸 보고 만들어 써 보라. 촉으로 들어가는 여러 길은 험해 크게 걱정되는 곳은 없다. 그러나 음평만은 쉬운 곳이 아님을 가슴에 새겨두도록 하라.”

강유에게 당부할 말을 마친 공명은 이어 마대를 부르게 하여 일렀다.

“내가 죽으면 위연이 반드시 모반을 일으킬 것이다. 그때가 되거든 이 비단 주머니를 열어 보아라.”

공명은 자기가 죽은 뒤의 일까지 모두 대비한 다음 정신을 잃고 쓰러졌다가 그날 저녁이 되어서야 겨우 다시 깨어났다. 공명은 자신이 위독함을 후주에게 알리게 했다.

공명의 글을 받은 후주는 정신이 아뜩해져 급히 이복을 보내 공명의 병세를 살펴보게 했다.

공명이 자신의 위중함을 안 듯 양의를 불러오게 한 후 일렀다.

“이번에 군사를 돌릴 때도 서둘러 급히 행하지 말고 천천히 하라. 다만 강유는 지모와 용맹을 두루 갖추었으니 뒤쫓아 오는 적을 그에게 맡겨 막게 하라.”

공명이 그렇게 마지막 말을 남기자 양의도 눈물을 떨구며 명을 받들었다. 이어 공명은 붓과 벼루와 먹을 가져오게 하여 침상에서 떨리는 손으로 후주에게 올릴 마지막 표문을 쓴 뒤 양의에게 다시 위병을 방비할 계책을 일러주었다.

"내가 죽더라도 결코 장례를 지내지 마라. 다만 큼직한 궤를 하나 만들고 나의 시체를 그 안에 앉혀 두어라. 쌀 일곱 알을 내 입에 넣은 후 그 앞에 등잔불을 환히 밝히도록 하라. 군중을 여느 때와 다름없이 안정시키고 절대로 슬퍼하며 우는 일이 없도록 하라. 물러날 때 후군부터 물러나게 한 뒤 한 영채씩 천천히 물리도록 하라. 그때 만약 사마의가 뒤쫓거든 전에 내 모습처럼 만들어 두었던 목상木像을 수레 위에 얹어 두라. 이때 장수들은 모두 수레 좌우에 늘어서 호위해 수레를 진 앞으로 끌어내도록 하라. 그걸 보면 사마의는 깜짝 놀란 나머지 급히 달아나리라."

그날 밤 공명은 정신을 잃고 쓰러졌다. 장수들이 놀라 어찌할 줄을 모르고 있는데 상서 이복이 물었다.

"폐하께서 나라의 큰일을 누구에게 맡겨야 할지를 여쭈라 하였습니다."

"장완이 좋겠소."

"그 다음으로는 누가 좋겠습니까?"

"비위가 뒤를 이을 만하오."

"그 다음으로는 누가 좋겠습니까?"

이복이 다시 물었다. 그러나 공명은 대답이 없었다.

장수들이 불현듯 불길한 마음이 들어 가까이 다가가 보니 공명은 이미 숨을 거둔 뒤였다. 건흥 12년(서기 234년) 8월 23일, 그의 나이 쉰 넷이었다.

강유와 양의는 공명이 남긴 말을 좇아 위연에게 은밀히 영을 내려 적의 추격을 막게 하고 진지를 거두어 차례로 군사를 물렸다. 그때 굳게 영채만 지키고 있던 사마의는 어느 날 밤 천문을 보다 놀라운 가운데도 기쁨에 차 소리쳤다.

"공명이 마침내 죽었구나."

이에 사마의는 전군에게 영을 내려 물러나는 촉군을 뒤쫓게 하려다가 또다시 공명의 계책에 떨어질까 두려워 하후패에게 수십 기를 주어 오장원을 살펴보도록 했다.

한편 비위는 위연의 영채에 이르러 공명의 죽음을 알렸다.

"그렇다면 누가 승상이 하던 일을 맡았소?"

"승상께서는 큰일을 모두 양의에게 맡기셨소."

그 말을 들은 위연이 벌컥 화난 목소리로 말했다.

"승상은 비록 죽었으나 내가 아직 살아 있지 않소? 양의로 말하면 한낱 장사長史에 지나지 않는데 그가 어찌 그런 중한 일을 해낼 수가 있겠소?"

위연이 마대에게 물었다.

"공의 생각은 어떠시오?"

"저 또한 일찍부터 양의에게 품은 한이 있는 터입니다. 장군과 함께 그를 치겠습니다."

마대가 주저하지 않고 위연의 말에 따랐다. 위연은 마대의 말에 몹시 기뻐하며 군사를 거두어 남쪽으로 향했다.

그 무렵 하후패도 오장원에 이르렀는데 촉병의 그림자도 보이지 않자 사마의에게 이 사실을 알렸다. 사마의는 두 아들과 함께 일제히 오장원으로 짓쳐들었다. 그러나 영채는 텅 비어 있었고 촉병은 그림자도 보이지 않았다.

사마의가 군사를 재촉해 산모퉁이를 돌아가니 멀지 않은 곳에 서촉병이 물러나고 있는 것이 보였다.

"빨리 저들을 뒤쫓아라!"

사마의가 채찍을 높이 들어 외치며 군사를 급히 몰았다.

그때였다. 홀연 한 방의 포 소리가 들리더니 산 뒤쪽에서 함성이 크게 일었다. 그와 함께 물러나던 촉병의 후군도 깃발을 돌려 세우고 북소리를 드높게 울리며 되돌아오는 것이 아닌가. 거기다가 나무그늘 속에서 쏟아져 나오는 촉병의 큰 기에는 한 줄로 크게 글씨가 씌어 있었다.

'한승상 무향후 제갈량!'

사마의는 대번에 얼굴빛이 달라졌다. 촉의 군사들 속에서 수십 명의 장수가 수레를 밀고 나오는데 그 수레 위에는 검은 띠를 두른 학창의에 윤건을 쓰고 깃털 부채를 든 공명이 앉아 있는 것이 아닌가. 사마의는 정신이 아뜩했다.

"공명이 살아 있는데 내가 스스로 회를 불렀구나!"

그 말과 함께 사마의는 황망히 말 머리를 돌려 달아나기 시작했다. 그러자 달아나는 사마의를 향해 강유가 뒤쫓으며 소리쳤다.

"달아나지 마라. 너는 우리 승상의 계책에 빠졌음을 모르는가?"

그 소리에 위군은 모두 얼이 빠진 듯 갑옷과 투구를 벗어던지고 창칼도 내던진 채 목숨을 구해 달아날 뿐이었다. 사마의가 정신없이 오십여 리를 달렸을 때 위의 장수 두 사람이 따라와 사마의가 탄 말의 고삐를 잡으며 외쳤다.

"도독께서는 안심하십시오. 촉병은 이미 멀리 물러갔습니다."

사마의는 그들 두 장수가 바로 하후패와 하후혜임을 알아보고는 그제야 마음을 가라앉혔다. 본채로 돌아온 사마의는 장수들을 내보내 촉병의 동정부터 살피게 했다.

그로부터 얼마 후 그 고장 토박이 백성 한 사람이 사마의에게 말했다.

"그날 수레 위에 앉아 있던 공명은 나무로 깎아 만든 거짓 공명이었다 합니다."

그 말을 들은 사마의가 땅을 치며 탄식했다.

이 일이 있은 후부터 촉 사람들 사이에 '죽은 제갈량이 살아 있는 사마의를 쫓아버렸다'는 말이 퍼졌다.

양의와 강유는 군사를 이끌며 천천히 서천으로 물러나다 잔도棧道(절벽 사이에 놓은 다리) 어귀에 이르러서야 상복을 입고 공명의 죽음을 애도했다. 그때 갑자기 불길이 치솟으면서 함성이 하늘을 찌르고 땅을 뒤흔들며 한 떼의 군마가 앞을 가로막았다.

"위연이 잔도를 불태운 다음 앞길을 막고 있습니다."

얼마 지나지 않아 정탐 보냈던 군사가 달려와 양의에게 아뢰었다. 공명이 언젠가는 위연이 배반할 것이라고 했는데 그 헤아림 그대로였다.

한편 성도의 후주 유선은 공명이 죽었다는 보고를 받고 용장 위에 쓰러지며 한탄했다.

"하늘이 짐을 버리는구나!"

그럴 때 홀연 위연이 양의의 모반을 알리는 표문을 보내왔다. 그로부터 얼마 지나지 않아 이번에는 위연이 배반했다는 양의와 강유의 표문이 올라왔다. 조정에서는 위연, 양의가 서로 반역했다는 표문에 얼른 뜻을 정하지 못하고 있는데 비위가 돌아와 위연이 반역했음을 소상히 아뢰었다.

그때 위연은 잔도를 불사른 뒤 군사들로 하여금 남곡 산골짜기에 영채를 세우게 하고 험한 길목들을 지키게 했다. 양의는 그때 위연한테 한중이 떨어질까 근심이 되어 먼저 선봉 하평에게 군사 삼천을 주어 앞서게 하고 자신은 강유와 함께 공명의 영구를 모시고 한중으로 들어갔다.

그때 양의와 강유는 남정성 안에서 공명의 유해를 지키고 있었다. 강유가 성 위에서 살펴보니 한 떼의 군마가 달려오고 있는데 앞선 장수는 바로 위연과 마대였다. 강유가 급히 군사들에게 적교를 끌어올리게 했다. 성 밖에 이른 위연과 마대가 소리쳤다.

"너희들은 성문을 열고 어서 항복하라!"

강유가 곧 군사 삼천 명을 거느리고 북을 울리며 달려 나가 소리쳤다.

"승상께서는 일찍이 너를 한 번도 소홀히 대접한 적이 없었는데 어찌하여 배반하느냐?"

그때 강유를 뒤따라 나온 양의는 문기 뒤에서 비단주머니를 열어 공명이 남긴 글귀를 읽고 있었다. 양의는 글을 읽고 빙그레 웃더니 말을 달려 나가 진 앞에 서서는 손가락으로 위연을 가리키며 웃음 띤 얼굴로 말했다.

"네가 말 위에서 '누가 감히 나를 죽일 수 있겠느냐?'고 세 번 외쳐보라. 그러면 너를 참 대장부로 알고 두말없이 이곳 한중의 성을 네게 바치겠다."

위연은 그 말과 함께 말고삐를 잡은 채 큰소리로 외쳤다.

"누가 감히 나를 죽일 수 있겠느냐?"

위연이 큰소리로 외쳤을 때였다. 그의 등 뒤에서 불쑥 나서며 버럭 소리를 지르는 사람이 있었다.

"내가 너를 죽여 주마."

그 외침과 함께 칼날이 번뜩이는가 싶더니 어느새 위연의 목이 땅에 떨어졌다. 사람들이 깜짝 놀라 바라보니 위연의 목을 벤 사람은 다름 아닌 마대였다. 공명이 숨을 거두기 전에 마대에게 밀계密計를 주어 위연을 따르는 척하며 그렇게 외칠 때를 기다렸다가 뒤에서 갑자기 목을 베게 한 것이었다. 양의 또한 비단주머니를 열어 보고서야 마대가 위연과 한 무리가 된 까닭을 알게 되었다. 위연이 죽자 마대는 강유의 군사와 합쳤다.

양의는 공명의 영구를 모시고 성도에 이르렀다. 후주가 슬피 우니 위로는 공경대부로부터 아래로는 농민과 나무꾼에 이르기까지 남녀노소 가릴 것 없이 모두 슬피 울어 그 울음소리가 온 나라를 메웠다.

그해 10월, 후주는 길일을 골라 영구를 정군산에 묻은 다음 조서를 내려 장례를 치렀다. 또한 공명에게 충무후忠武侯라는 시호를 내리고 면양 땅에 사당을 세우게 한 뒤 사철 빠뜨리지 않고 제사를 올리게 했다. 후주는 공명이 죽기 전에 남긴 말을 좇아 문무백관들의 작위를 새롭게 내렸다.

장완은 승상, 비위는 상서령으로 삼아 승상의 일을 돕게 하고 오의는 거기장군으로 삼아 한중 땅을 지키게 했다. 또한 강유는 보한장군 평양후로 삼아 모든 곳의 군사를 다스리게 하여 오의와 함께 한중에 머물며 위나라의 침범에 대비케 했다.

공명의 죽음으로 사마의도 위로 군사를 물리자 세 나라가 싸움을 그친 것은 촉한 건흥 13년(서기 235년), 오나라는 가화 4년이요, 위나라는 청룡 3년이었다. 이 해에는 세 나라 사이에 서로 군사를 내서 싸우지 않으니 오랜만에 평화로운 세월을 보내고 있었다.

한편 위주 조예는 사마의를 태위로 삼아 모든 군사를 이끌어 변방을 지키게 했다. 평화로운 날이 이어지자 위주 조예는 허도에 대규모 궁궐과 전각을 짓게 하고 낙양에도 여러 채의 궁전을 지었는데 그 높이가 모두 열 길이 넘으며 화려하고 웅장했다.

조예는 거기서 그치지 않고 다시 방림원芳林園에 별궁을 짓게 한 뒤 방림원에 천하의 아름다운 여인들을 뽑아 두고 향락에 흠뻑 빠졌다.

위나라의 세력가,
사마 씨

조예는 사치와 방탕을 일삼다 마침내 병이 들어 자리에 누
웠다. 날이 갈수록 병이 무거워져 국사를 돌볼 수 없게 되자 조
예는 조진의 아들인 조상을 대장군으로 삼고 국사를 돌보게
했다.

　임종이 가까워지자 조예는 사마의와 조방, 조상 등을 머리맡
으로 불러 뒷일을 당부했다.

"조방曹芳은 이제 겨우 여덟 살이니 바라건대 태위(사마의)와 종형(조상)과 조정의 원로 백관들이 힘을 다해 태자를 받들어 주시오."

그 말을 마친 조예는 더는 말을 잇지 못한 채 손으로 태자를 가리키며 마침내 숨을 거두었다. 경초景初 3년, 조예의 나이 서른여섯, 제위에 오른 지 13년째 되던 해였다.

위나라의 황제가 된 조방은 연호를 정시正始 원년으로 고쳤다. 조상은 조예가 죽자 사마의로부터 병권을 빼앗았다. 일이 그 지경이 되자 사마의는 병이 났다는 핑계를 대고 집 안에 들어앉아 바깥에 나오지 않았다. 위주 조방은 아직 나이 여덟에 지나지 않은 어린애라 조상은 거리낄 것이 없었다. 조상은 날마다 사치와 향락에 빠져 들었다. 사마의를 두렵게 여기고 있던 조상은 사람을 보내 사마의를 찾아가 동정을 엿보게 했다.

사마의는 관을 벗고 머리를 흐트러뜨린 채 침상에 누워 시녀들의 부축을 받으며 사자를 맞았다. 시녀가 탕약을 바치자 사마의는 마시려다가 입가에 질질 흘리며 옷자락을 모두 적셨다. 이 모양을 본 사자는 혀를 끌끌 차며 사마의의 속임수에 고스란히 넘어가고 말았다.

사자가 본 대로 말하자 조상이 기쁜 얼굴로 말했다.

"그 늙은이가 죽는다면 마음 놓고 편안히 지낼 수 있으리라."

중병에 들었다는 사마의의 소식을 들은 조상은 며칠 후 천자를 모시고 사냥을 하러 떠났다. 이때 사마의는 즉시 두 아들과 심복 장수 수십 명을 거느리고 궁중으로 달려가 궁궐을 장악

했다.

그러자 조상은 결국 사마의에게 병권을 돌려주고 사마의를 승상에 봉했다. 그렇게 되자 자연 위의 권력은 사마의의 손에 넘어갔다.

그 무렵 조상과 인척간인 하후패는 옹주를 지키고 있었는데, 삼천 군사를 일으켜 반기를 들었다. 옹주자사 곽희가 이 소식을 듣고 군사를 거느려 협공을 가하자 하후패는 마침내 당해낼 수 없어 거느렸던 군사 태반을 잃고 촉의 후주에게 투항했다.

강유는 하후패의 투항을 계기로 하후패와 함께 위를 치려고 나아갔으나 싸움에 패해 많은 군사를 꺾인 채 한중으로 군사를 거두어 돌아갔다.

때는 가평 3년 8월, 사마의는 늙어 병이 들더니 마침내 일어나지 못하고 숨을 거두었다.

이에 위주 조방이 사마의의 맏아들 사마사를 대장군으로 봉하고 작은 아들 사마소를 표기상장군으로 삼으니, 아버지를 이어 나랏일은 다시 사마 씨의 손에 넘겨진 셈이었다.

그 무렵, 오나라도 육손과 제갈근이 죽자 나랏일은 모두 제갈근의 아들 제갈각이 도맡고 있었다.

태화太和 원년 8월, 손권도 마침내 병이 들더니 다음 해에는 병세가 점점 위중해졌다. 손권은 태부 제갈각諸葛恪과 여대呂岱를 불러 뒷일을 부탁하고 숨을 거두었다. 손권이 제위에 오른 지 이십 사년이요, 그의 나이 일흔 하나였다.

손권마저 죽자 천하를 위·촉·오로 나누어 다스렸던 첫 세대의 영웅이 모두 사라졌다. 손권이 죽자 제갈각은 손량係亮을 천자로 세우고 연호를 대흥大興 원년으로 고쳤다.

손권이 죽었다는 소식을 들은 사마사는 정남대장군 왕창과 진남도독인 관구검에게 각각 군사 십만 명을 주어 동오를 치게 했다. 아우 사마소에게는 대도독이 되게 하여 삼로의 군사를 총지휘하게 했다. 왕창은 동오의 중요한 땅인 동흥東興으로, 관구검은 무창武昌으로 군사를 이끌고 나갔다.

사마소는 호준에게 선봉을 맡기고 동흥으로 나아가 두 성을 뺏게 했다. 그러나 오의 태부 제갈각이 평북장군 정봉을 보내 군사를 세 갈래로 나누어 기습을 가하자 군사 수만 믿고 오병을 얕보았던 위병은 크게 패하고 말았다.

제갈각은 이 여세를 몰아 강유에게 위를 함께 치자는 서한을 보내고, 자신은 군사 이십만을 일으켜 위병의 요충지, 신성을 에워싸고 거센 공격을 퍼부었다. 그러나 미리 오병의 급습에 대비하고 있던 위병이 성 위에서 화살을 빗줄기처럼 퍼부었고 화살 하나가 제갈각의 이마를 맞혀 제갈각은 말 위에서 굴러 떨어지고 말았다.

제갈각이 죽자 손량이 손준으로 하여금 승상에 대장군을 겸하게 하니 오의 권세는 이제 손준의 손으로 넘어갔다.

한편 성도에서 위를 함께 치자는 제갈각의 글을 받은 강유는 후주에게 알린 다음 군사를 일으켰다. 촉한 연희 16년의 일이었다. 강유는 예물을 주고 강왕光王(오랑캐왕)과 우호를 맺은 후 군사를 일으키도록 청했다. 강왕도 예물을 받자 군사 오만 명을 일으켜 강유가 나아가는 남안 땅으로 몰려왔다. 촉과 위는 일진 일퇴를 거듭하며 싸웠으나 강유는 크게 패한 채 한중으로 돌아갔다.

촉군을 물리친 사마소는 군사를 돌이켜 낙양으로 돌아갔다. 이번 싸움으로 더욱 위세등등한 건 사마사 형제들이었다. 위주 조방은 사마사가 조정에 들어올 때마다 무서워서 몸을 떨며 마치 바늘방석에 앉은 듯 불안해했다. 또한 사마사가 조회를 마치고 돌아갈 때 호위하는 자가 수천 명이었음에 반해 자신의 행색은 초라하기 그지없었다. 분하고 원통한 마음을 이기지 못한 조방은 하후현과 이풍 그리고 장인인 장즙을 불러 은밀히 피로 쓴 조서를 주며 사마사, 사마소 무리를 없애달라고 했다.

그런데 밀조가 사마사에게 발각되고 말았다.

"너희들이 우리 형제를 모함해 죽이려 했구나."

사마사는 그들 세 사람을 저잣거리로 끌어다 목을 베게 하고 곧 후궁으로 달려가 장 황후를 흰 비단으로 목 졸라 죽인 후 황제를 폐위시켜버렸다.

조방을 궁궐 밖으로 쫓아낸 사마사는 조비의 손자인 조모曹髦를 도성으로 불러들여 새 임금으로 세웠다. 조모는 가평 6년의 연호를 정원正元 원년(서기 254년)이라 고쳤다.

해가 바뀌어 정월이 되자 사마사가 천자를 폐위시켰다는 소식을 듣게 된 진동장군 관구검과 양주자사 문흠이 반기를 들었다. 관구검은 육만의 군사를 항성項城에 집결시키고 문흠은 이만의 군사를 일으켜 형세를 보아가며 접응키로 했다. 그때 왼쪽 눈에 혹이 생겨 치료를 받고 있던 사마사는 관구검이 군사를 일으켰다는 소식을 듣자 아우 사마소에게 낙양을 맡기고 병을 무릅쓴 채 대군을 일으켰다.

관구검은 사마사와 싸울 때마다 패하다 겨우 군사 십여 기를 거느리고 신현성으로 달아났다.

신현성의 현령 송백은 관구검을 맞아들였으나 사마사의 대군이 두려워 관구검에게 술을 권해 만취케 한 후 목을 베어 위병에게 넘겼다. 그렇게 되니 회남은 자연 평정되었다.

한편 사마사는 병을 무릅쓰고 군사를 이끌었던 터라 회남이 평정되자 병이 더욱 깊어져 자리에 눕고 말았다. 사마사는 사마소를 허창으로 불러 인수를 아우에게 넘겨주고는 숨을 거두었다.

위주 조모는 사마사가 죽었다는 말을 듣고 사신을 허창으로 보내 사마소에게 허창에 머물며 동오의 침입에 대비케 했다. 조모는 사마소가 딴 마음을 품지 않도록 사마소를 대장군에 상서사로 삼는다는 조칙을 전했다. 그리하여 사마사가 죽었어도 위나라의 대권은 여전히 사마 씨한테 돌아갔다.

촉한의 강유,
위 정벌을 노리다

위나라의 이런 움직임은 곧 촉의 성도에 있는 강유에게도 전해졌다. 강유는 위를 칠 더없는 기회로 여기고 후주에게 중원을 정벌하겠다고 알린 뒤 하후패와 함께 군사를 거느리고 포한 쪽으로 나아갔다. 이 소식을 듣고 옹주자사 왕경이 마병과 보병 칠만을 일으켰다.

그러나 강유가 배수진의 계책을 쓰고 장익·하후패 두 장수가 위병의 등 뒤를 두 길로 나누어 공격하자 위병은 크게 어지러워져 저희끼리 짓밟아 쓰러지며 태반이 죽고 조수의 물속으로 떨어지는 군사도 헤아릴 수가 없었다.

강유는 왕경의 군사를 깨뜨린 후 적도성을 에워쌌다. 그 소식을 들은 위의 정서장군 진태와 연주자사 등애가 대군을 이끌고 달려 왔다.

강유가 하후패에게 먼 길을 달려와 지쳐 있는 적을 치자며 급하게 군사를 휘몰았다. 그러나 오 리도 가기 전에 동남쪽에서 소리가 울리며 북소리가 땅을 흔드는 가운데 하늘을 찌를 듯한 불길이 일었다. 강유가 놀라 보니 사방이 모두 위병의 깃발이었다. 위의 장수 등애鄧艾가 깃발을 여기저기 꽂아 두고 위병이 사면을 에워싸고 있는 것처럼 허장성세를 꾸민 것이었다.

강유는 크게 놀라며 검각으로 군사를 물렸다. 강유는 군사를 수습하고 장수들에게 말했다.

"나는 다시 한 번 위를 치기로 했소."

하후패가 등애의 꾀와 기지가 뛰어나다며 출병을 막으려 했으나 강유는 끝내 그 말에 귀를 기울이지 않고 군사를 이끌고 남안으로 향했다. 등애가 이를 알고 진태에게 기산에 머물고 있는 촉의 영채를 치게 한 후 자신은 군사를 이끌고 가 무성산을 점령했다.

한편 남안으로 가기 위해 무성산에 이른 강유는 이미 등애가 거느린 위병들이 진을 치고 있다가 몰려오자 군사들만 크게 꺾인 채 남안을 버리고 상규로 향했으나 등애가 몸소 군사를 거느리고 나와 세 갈래로 촉병을 협공했다. 다행히 하후패가 군사를 이끌어 와 위병을 무찌르며 길을 열어 간신히 기산에 있는 영채로 돌아갔으나 그곳도 이미 위의 장수 진태에게 빼앗긴 뒤였다. 강유가 모든 군사를 먼저 보내고 뒤쫓는 위병을 막으며 한중으로 물러나니 사마의의 계교로 철군한 공명과 같은 일이 벌어졌다.

한편 위주 조모는 정원正元 3년의 연호를 고쳐 감로甘露 원년이라 했다. 형 사마사의 권세를 이어받은 사마소는 그 위세가 형과 다름없었다. 사마소는 제위에 오르고자 야심을 품고 있었다.

사마소는 먼저 심복 가충賈充으로 하여금 동쪽 지방 장수들의 속마음을 알아보게 했다. 가충은 회남 땅으로 가서 진동대장군 제갈탄을 찾아갔다.

그 무렵 제갈탄은 양회兩淮(회북·회남) 지방의 군사와 말을 거느리고 있었다. 제갈탄을 찾아간 가충이 사마소가 위나라의 대통大統을 이어받으면 어떻겠느냐고 슬며시 물었다.

"그대는 대대로 위주의 국록을 먹고 살았으면서 어찌 그따위 돼먹지 않은 말을 하느냐? 만약 조정에 변고라도 생긴다면 나는 목숨을 걸고 나라의 은혜에 보답하리라."

제갈탄은 크게 화를 내며 사마소의 죄목을 열거한 표문을 써서 낙양으로 보냈다. 제갈탄은 양회의 군사 십만과 양주에서 투항해 온 군사 사만을 조련시키며 아들 제갈정을 볼모로 동오에 사람을 보내 구원을 청하게 했다.

그 무렵 동오는 승상 손준이 죽고 그의 사촌 동생 손침이 대권을 쥐고 있었다. 손침은 제갈탄의 청을 받아들여 군사 칠만을 일으켰다. 위의 사마소는 천자로 하여금 친히 토벌에 나설 것을 청하며 대군을 일으켰다.

오병과 합친 제갈탄이 오나라 장수 주이와 문흠을 좌우에 거느리고 위나라의 진으로 달려가며 싸움을 돋우었다. 그러나 위의 장수 종회鍾會의 계교에 속아 많은 군사만 잃고 황망히 수춘성 안으로 달려갔다.

제갈탄은 수춘성을 지킬 뿐 위병과 싸우려 하지 않았다. 그러나 위병과의 대치 상태가 길어지자 군량이 떨어져 군사들이 먹지 못해 쓰러져 갔다. 보다 못한 문흠이 군사들을 내보내 굶주림이라도 면하게 하자고 했으나 제갈탄은 크게 노해 문흠의 목을 베어버렸다. 아비의 죽음을 본 문흠의 두 아들 문앙과 문호는 단검을 빼 수십 명의 군사를 찔러 죽인 후 성을 넘어 위군에게 투항해 수춘성을 빼앗았다.

그 무렵 서촉의 강유는 세작으로부터 회남 땅의 소식을 듣게 되었다.

"그렇다면 이번에야말로 큰일을 이룰 수 있겠구나."

강유는 곧 후주에게 위를 치겠다는 표문을 올렸다.

그 무렵 촉의 조정은 어지럽기만 했다. 천자가 주색에 빠져 있자 환관 황호黃皓가 나랏일을 마음대로 주무르고 있었다. 거기다 이런 조정의 사정을 모르는 강유가 군사를 일으켜 위를 치려 하자 대신들이 반대했으나 듣지 않았다. 강유는 군사를 일으켜 위나라의 군량과 마초를 쌓아 둔 장성으로 향했다.

장성 땅을 지키는 장수는 사마소의 인척 형이 되는 사마망司馬望이었다. 촉군이 쳐들어오자 사마망은 두 장수를 거느리고 나가 성 밖 이십여 리 되는 곳에 진을 쳤다.

양쪽 군사가 맞닥뜨리자 사마망 진에서 왕진이 칼을 휘두르며 나왔으나 두 장수가 죽고 말았다. 사마망은 두 장수를 잃자 장성으로 달려가 성문을 굳게 닫고 나오지 않았다.

강유는 성을 에워싸고 화포와 불화살을 날렸다. 성 안에서 위병의 비명 소리가 들려오는 가운데 성이 무너지려 할 때였다. 뜻밖에 등 뒤에서 함성이 크게 일며 위병이 몰려왔다. 위의 장수 등애 부자가 이끄는 구원병이었다. 강유가 군사를 되돌려 산을 의지해 진영을 세우자 등애도 위수에 진을 쳤다. 그때 홀연 급보가 날아들었다.

"그동안 사마소가 수춘성을 쳐서 제갈탄을 죽이고 구원하러 갔던 동오 군사들마저 모두 항복해 버렸습니다. 사마소는 군사를 거느리고 낙양으로 돌아갔으나 다시 장성을 돕기 위해 이리로 올 것이라 합니다."

강유는 그 소리를 듣고 몹시 놀랐다. 하는 수 없이 다시 군사를 철수시켰다.

한편 동오의 손침은 항복한 동오 장수들에게 모든 죄를 뒤집어 씌워 그 가족을 모두 죽여 버렸다. 그때 오주 손량의 나이 열일곱이었으나 그는 총명한 사람이었다. 그는 손침이 잔인해 너무 많은 사람을 해치자 일찍부터 마땅치 않게 여기고 있었다.

어느 날 손량이 장인인 황문시랑 전기全紀에게 조서를 내려 손침을 죽이라 하면서 결코 그의 어머니에게는 이 일을 알리지 말라고 일렀다. 전기의 어머니가 바로 손침의 누이였기 때문이었다. 전기는 이 일을 아버지 전상에게만 알렸다. 그러나 전상이 곧 이 일을 알리자 발연히 노한 손침이 군사를 일으켜 궁문을 에워싸고 손량에게서 인수를 뺏고 내쫓았다.

손침은 낭야왕 손휴孫休를 손량 대신 천자로 세웠다. 손휴는 바로 손권의 여섯째 아들이었다. 그렇게 되자 손침의 일가에서 다섯 후侯가 자리를 차지하고 궁중의 군사들을 모두 거느리니 그 권세가 천자보다 더했다.

손침의 교만과 횡포가 날이 갈수록 더해가자 늙은 장수 정봉이 그를 잔치 자리에 청해 그의 목을 쳤다.

오주 손휴는 손침 일가에게 해를 당한 제갈각, 등윤 등 억울한 죽음에 대한 누명을 벗겨 주고 귀양 갔던 사람들도 불러들였다.

손휴는 국서國書를 써서 촉의 성도로 보냈다. 사마소가 반역해 위의 천자 자리를 뺏으면 반드시 오와 촉을 노릴 것이니 그 경우에 대비해 힘을 합치자는 내용이었다. 오나라에서 이런 국서가 온 것을 가장 기뻐한 것은 강유였다.

다음 해 강유는 또다시 크게 군사를 일으켰다. 강유는 하후패와 함께 중군이 되어 군사 이십만을 일으켜 한중을 지나 기산으로 나아갔다. 강유는 곡구에 이르자 그곳에 영채를 세웠다. 그때 등애는 기산의 영채에 머물며 언젠가 촉군이 다시 올 것을 알고 미리 방비를 해 두고 있었다. 등애는 촉군이 와서 영채를 세울 만한 곳을 살펴 기산 본채에서부터 그곳까지 땅굴을 파놓고 있었다.

등애는 밤이 되길 기다렸다 땅굴로 들어가 촉의 영채를 급습하게 했다. 이때 강유는 왼편 영채에서 크게 함성이 일자 위병이 안팎으로 짓쳐드는 것으로 알고 재빨리 활과 쇠뇌를 쏘게 했다. 위병은 쏟아지는 활과 쇠뇌 때문에 앞으로 나아가지 못해 촉병을 칠 수 없었다. 날이 밝자 등애는 강유의 침착한 용병에 감탄하며 마침내 군사를 거두어 본채로 돌아갔다.

다음 날 강유와 등애는 팔진법으로 맞섰다. 그러나 진법에서도 강유가 한 수 위였다. 등애가 위급한 지경에 이르렀을 때 사마망이 이끄는 구원군이 달려왔다. 등애는 영채를 버린 채 구원군의 도움을 받아 달아났다. 등애는 다시 사마망과 함께 팔괘진八卦陣을 펼쳐 싸웠으나 제갈무후에게 진법을 전수받은 강유를 당해낼 수 없었다. 싸울 때마다 패해 위수 남쪽으로 달아난 사마망은 싸워서는 이길 수 없음을 알고 달리 계책을 내었다.

등애는 당균에게 촉으로 숨어들어 황호에게 황금과 보물을 바치고 강유가 후주를 원망하며 위에 투항할 것이라고 말하고 사람들에게도 그런 헛소문을 퍼뜨리게 했다.

그 소문은 삽시간에 입과 입으로 전해졌다. 황호가 후주에게 그런 소문을 전하자 후주는 크게 놀라며 기산으로 사람을 보내 강유를 급히 불러들였다. 까닭을 알지 못한 채 하는 수 없이 군사를 거두어 돌아간 강유는 성도에 이르자 그제야 등애의 반간계에 걸려든 것임을 알고 한탄해 마지않았다.

한편 위의 천자 조모는 사마소의 전횡을 보다 못해 '잠룡시'를 지었다. '용은 우물 아래 웅크리고 미꾸라지가 그 앞에서 춤을 춘다.'라는 내용이었다. 용은 천자를, 미꾸라지는 사마소를 빗댄 것이었다. 사마소는 왕침과 왕업의 밀고로 이 사실을 알고 크게 노했다. 곧 가충賈充에게 명을 내려 수천 군사를 거느리고 달려가 조모를 창으로 찔러 죽이게 했다.

사마소는 직접 위나라를 이어받는 대신 그 아들을 훗날 천자로 삼고자 했다. 그리하여 사마소는 조조의 손자인 조환曹奐을 황제로 삼았다. 조환은 연호를 경원 원년景元元年이라 고쳤는데 이가 곧 위나라의 마지막 천자인 원제元帝였다.

사마소가 조모를 죽이고 다시 조환을 천자로 세웠다는 소식이 전해지자 강유는 크게 기뻐했다.

"내가 다시 위를 칠 명분을 얻게 되었다."

강유는 곧 동오에 사신을 보내 사마소가 임금을 죽인 죄를 물어 함께 위를 치자는 뜻을 전하게 한 뒤 군사 십오만을 일으켜 요화와 장익에게 선봉을 맡게 하고 일제히 기산으로 나아갔다. 그러나 강유는 등애와 싸워 크게 이겼으나 군량과 마초를 모두 잃고 잔도를 훼손당해 더 이상 버틸 수 없는 상황이 되어 한중으로 철수하고 말았다. 군사를 되돌린 강유는 다시 위를 정벌할 기회를 노리고 있었다.

이 년 후인 촉한 경요 5년(서기 262년) 10월, 그동안 군량을 비축하고 군마를 조련한 강유는 위를 치기 위해 다시 삼십만 대군을 일으켰다. 강유는 요화를 한중에 남겨 두어 지키게 하고 장수들과 함께 조양 땅으로 나아갔다. 그러나 등애가 강유의 속마음을 꿰뚫어 보고 있었다.

"지난날 강유는 여러 번 우리가 양초를 쌓아둔 곳을 쳤소. 이제 조양에는 양초가 없으므로 우리가 기산만 지키고 조양은 방비가 없으리라 여길 것이오."

그렇게 말한 등애는 각 요처에 군사를 매복시켰다.

강유는 그런 줄도 모르고 하후패로 하여금 전군을 거느리고 나아가 조양을 뺏게 했으나 매복군에게 패했다. 그러자 장익이 강유에게 계책을 말했다.

"위병이 이곳에 몰려 있으니 기산은 분명 텅 비어 있을 것입니다. 장군께서는 군사를 수습해 조양과 후하侯河를 치십시오. 저는 한 떼의 군사를 이끌고 가 기산을 친 후 장안으로 나아가겠습니다."

강유는 장익에게 군사 한 갈래를 주어 기산을 빼앗게 했다.

그러나 강유의 속셈을 눈치 챈 등애는 아들 등충에게 그곳을 맡겨 지키게 한 후 자신은 기산을 구원하러 갔다. 등애가 떠나자 밤이 되기를 기다려 이번에는 위군 쪽에서 촉군에게 싸움을 걸었다. 등애가 기산으로 간 것을 감추기 위한 기습이었다. 강유는 틀림없이 위군의 한 갈래가 기산의 영채를 구하러 갔음을 알고 자신도 군사를 이끌고 기산으로 향했다.

강유는 등애의 군사들을 크게 깨뜨리고 등애의 영채를 에워싸고 들이치게 했다. 그럴 즈음 성도에서 강유에게 군사를 돌리라는 조서가 세 번이나 내려왔다.

강유는 후주의 명을 받들지 않을 수 없었다. 하는 수 없이 군사를 거두어 한중으로 돌아간 강유는 황호의 농간으로 천자가 조서를 내렸음을 알고 후주에게 황호를 제거하라고 아뢰었다. 그러나 후주는 황호를 불러 사죄하게 하고 죽이지 않았다. 분한 마음을 억누르며 밖으로 나온 강유는 극정을 찾아가 앞일을 의논했다. 극정이 한동안 생각에 잠기다 이윽고 입을 열었다.

"농서에 답중畓中이라는 곳이 있는데 땅이 기름집니다. 천자께 답중으로 가서 무후를 본받아 둔전하겠다고 청하십시오. 이야말로 화를 면하고 나라와 장군의 몸을 안전하게 지키는 계책이 아니겠습니까?"

강유는 팔만 군사를 거느리고 답중으로 가 씨를 뿌리고 밭을 갈며 먼 뒷날의 싸움을 위한 채비에 들어갔다.

한편 등애는 강유가 답중에 둔전하며 길에다 영채 사십여 개를 길게 늘여 세웠다는 말을 듣고 크게 놀랐다. 등애는 곧 세작을 풀어 그곳 지형을 그려오게 했다. 등애는 지도와 함께 표문을 조정에 바쳤다.

사마소는 종회와 등애로 하여금 두 길로 나누어 진군하게 했다. 그런데 종회가 촉으로 군사를 거느리고 가다 동오를 친다는 거짓말을 퍼뜨리게 했다. 뿐만 아니라 자신이 다스릴 다섯 지방에 큰 배를 만들게 했다. 이 일을 알게 된 사마소가 육로로 진군하면서 배를 만드는 까닭을 알 수 없어 종회를 불러들여 물었다.

"우리가 군사를 내면 촉은 반드시 동오에 구원을 청할 것인데 동오를 친다는 소문을 퍼뜨리면 동오는 함부로 움직이지 못할 것입니다. 서촉을 치는 동안 배가 완성되면 그때는 동오마저 무너뜨릴 수 있을 것입니다."

종회의 거침없는 대답에 사마소는 크게 기뻐했다. 종회는 허저의 아들 허의에게 선봉을 맡겼다.

강유는 위병이 쳐들어온다는 소식에 급히 후주에게 표문을 올려 장익에게 양평관을 지키게 하고 요화는 음평교를 지키도록 조서를 내리는 한편 사람을 동오로 보내 구원을 청하도록 했다. 황호는 강유가 거듭 올린 표문을 가로채고 후주에게 바치지 않았다.

그러는 동안 종회는 대군을 이끌고 한중으로 밀려들고 있었다. 전군 선봉인 허의는 먼저 남정관에 이르자 공을 세우고 싶은 생각에 군사를 휘몰아 남정관으로 짓쳐들었다. 이에 촉의 장수 노손이 한 번에 화살 열 대를 쏘며 분전했으나 위병이 쏜 화살에 맞아 죽었다.

대장 노손이 죽자 촉병들은 당황하기 시작했다. 종회가 그 기세를 몰아 군사를 이끌고 남정관을 덮쳤다. 촉병과 위병이 함께 어우러져 싸우니 성 위의 촉병도 화살을 날릴 수 없었다.

그 틈을 노려 종회가 성 안으로 군사를 휘몰아가자 촉병들은 마침내 성을 버리고 달아났다. 남정관을 빼앗은 종회는 전군 이보에게 낙성을, 호군 순개에게 한성을 치게 한 후 대군을 거느리고 양평관을 빼앗으러 나갔다.

양평관을 지키던 부첨이 종회와 싸웠으나 마침내 패해 칼로 자기 목을 찔러 죽고 말았다.

위나라에 촉한蜀漢도
망하다

답중에 있던 강유는 요화, 장익, 동궐에게 격문을 보내 위군을 막게 하는 한편, 자신도 군사를 거느리고 나가 위병을 맞아 싸웠지만 형세가 외로웠다. 강유는 감송과 양평관, 낙성과 한성 등이 모두 적의 손에 넘어갔다는 소식을 듣고 험한 산 밑으로 물러나 영채를 세우고 길게 탄식했다.

"하늘이 끝내 나를 저버리는구나."

강유는 부장 영수의 말을 좇아 용수 땅을 빼앗으려는 것처럼 군사를 거느려 공함곡으로 나아갔다.

제갈서가 이 사실을 알고 깜짝 놀라 황급히 대군을 거두어 옹주 땅을 구원하기 위해 남쪽으로 향했다. 그걸 안 강유가 갑자기 군사를 되돌려 얼마 남지 않은 위병을 쳐 없앤 뒤 음평교를 건넜다. 옹주 땅으로 군사를 휘몰아가던 제갈서는 음평교 쪽에서 불길이 일어난다는 전갈을 받고 나서야 강유에게 속은 것을 알았다. 제갈서가 다시 군사를 되돌려 음평교에 오니 이미 영채는 모두 불탄데다 위병은 모두 죽고 말았다. 그때 장익과 요화가 군사를 이끌고 왔다.

한중을 되찾겠다는 마음을 먹고 있던 강유는 얼른 결정을 내리지 못했다. 그때 다시 급한 전갈이 날아들었다.

"종회와 등애가 열 갈래로 군사를 나누어 쳐들어오는 중이라 합니다."

강유는 사면에서 적을 맞게 되자 유일한 퇴로인 검각으로 달려갔다. 그때 제갈서가 뒤쫓아 오자 강유는 사나운 기세로 달려가 위병을 닥치는 대로 죽였고 이에 위병은 여지없이 패했다. 제갈서가 음평교를 지키지 못한 데다 이번 싸움에서도 크게 패해 돌아오자 종회는 그 죄를 물어 그의 목을 베게 했다. 그러자 위관이 말렸다.

"그는 등애의 수하입니다. 그를 죽여 두 장군 사이의 의를 해칠까 걱정됩니다."

"나는 천자의 조서와 진공晉公(사마소)의 명을 받들어 촉을 치러 온 몸이다. 만약 죄가 있다면 등애도 목을 베야 할 것이다.”

이에 장수들이 나서 말리자 종회는 제갈서를 죽이지는 않고 함거에 가두어 낙양으로 보냈다. 그런데 종회가 한 말이 등애의 귀에 들어갔다.

등애는 울화를 참지 못하고 기병 수십을 거느리고 종회를 만나러 갔다. 종회는 등애가 온다는 말을 듣고 주위에 군사 수백을 늘여 세웠다. 장막 안으로 들어선 등애는 주위에 수백 군사가 험한 얼굴로 늘어서 있는 것을 보자 기가 꺾여 따지려던 생각을 버리고 엉뚱한 말을 꺼냈다.

“한 떼의 군사를 거느리고 음평 땅 지름길로 나가 한중 덕양정으로 빠져 성도로 나아가는 것입니다. 그러면 강유는 성도를 구하기 위해 달려올 것이니 그 틈을 노려 장군은 검각을 뺏도록 하십시오.”

“실로 묘한 계책이오. 나는 이곳에서 장군이 공을 이루었다는 소식을 기다리겠소.”

등애가 돌아가자 종회가 장수들에게 말했다.

“등애를 뛰어난 장수라 하였으나 오늘 보니 어리석은 장수에 지나지 않는구나. 음평 땅은 길이 좁은 데다 산은 높고 험하다. 만약 촉군 백여 명만 험한 길목을 지켜도 등애의 군사는 오도 가도 못하게 될 것이다.”

그러나 등애는 이왕지사 험한 길을 지나 성도를 뺏아 종회보다 더 큰 공을 이루리라고 작정하고 있었다. 그때 종회는 곧 구름사다리를 만들고 돌 날리는 기구를 설치해 검각 관문을 공격하기 시작했다.

한편 등애도 그날 밤에 영채를 뽑아 음평 좁은 길로 향했다. 공명이 음평 땅의 요긴함을 말한 바 있었으나 유선은 워낙 길이 험해 안심하고 있었다. 등애는 먼저 아들 등충에게 군사 오천을 주며 군사들에게 도끼와 끌을 가지고 앞서 가 험준한 산이 나타나면 바위를 깨뜨리고 물이 흐르는 골짜기가 있으면 다리를 놓아 군사들이 나아감에 아무런 불편이 없도록 군사 육만을 뽑아 영채를 세우게 했다. 그리하여 스무 날에 걸쳐 칠백여 리를 나아가니 나중에 남는 군사는 이천이었다. 등애는 이천 군사를 이끌고 나아가다 마침내 마천령이란 높은 고개 앞에 이르렀다. 하늘을 찌를 듯이 높고 험준한 고개라 말을 타고 갈 수 없게 되자 모두 고개를 기어올랐다.

등애가 고개 위에 오르자 등충이 길을 닦고 있었는데 모두가 단단한 바위로 된 절벽이어서 길을 낼 수가 없었다.

그러자 등애가 군사들이 가지고 있던 병기 등을 먼저 절벽 아래로 떨어뜨리게 한 다음 털가죽 옷으로 몸을 감싸 깎아지른 듯한 골짜기 아래로 굴렀다.

마천령을 넘은 등애는 지체 않고 다시 군사를 이끌어 강유성으로 밀고 들어갔다. 강유성을 지키고 있던 촉의 장수 마막은 뜻밖에도 위병이 쳐들어오자 등애에게 항복하고 말았다. 등애가 그를 길잡이로 삼아 부성으로 밀고 들어가니, 마치 하늘에서 내려온 듯한 등애의 군사들을 보고 모두 깜짝 놀라 항복해 버렸다.

이 소식은 급히 후주 유선에게도 전해졌다. 그제야 후주도 얼굴색이 달라지며 문무백관을 모아놓고 대책을 물었다. 그러나 서로 돌아보기만 할 뿐 선뜻 입을 여는 자가 없는 가운데 극정郤正이 나섰다.

"폐하께서는 제갈 무후의 아드님을 불러 계책을 의논하심이 좋겠습니다."

후주는 제갈첨諸葛瞻을 사위로 삼고 부마도위로 봉했으며, 그 뒤 무후의 벼슬에다 행군 호위장군을 겸하게 했다. 그러나 조정에서 황호가 나랏일을 제 마음대로 어지럽히자 핑계 대고 나오지 않고 있었다.

후주가 극정의 말을 좇아 제갈첨에게 연달아 조서를 세 번이나 내리자 그때서야 제갈첨이 후주 앞에 나타났다. 후주는 곧 성도의 군사 칠만을 제갈첨에게 주었다. 제갈첨이 아들 제갈상을 선봉으로 삼아 군사를 이끌고 나갔으나 등애는 제갈첨을 끌어들인 뒤 일거에 치기로 하고 복병을 매복시켰다. 제갈첨이 군사를 이끌고 나가자 홀연 양편에서 복병이 달려 나오니 제갈첨은 위병을 당해내지 못하고 군사만 꺾인 채 면죽으로 달아났다. 등애가 제갈첨을 뒤쫓아 면죽성을 에워싸자 제갈첨은 사람을 보내 동오의 손휴에게 구원을 청했다.

손휴는 제갈첨이 보낸 글을 보고 곧 늙은 장수 정봉에게 오만 군사를 거느리고 가 제갈첨을 구하게 했다. 면죽성에 갇혀 있던 제갈첨은 등애의 매복 작전에 걸려 화살에 맞자 스스로 칼로 목을 찔러 목숨을 끊었다.

면죽성이 점령당하고 등애가 성도로 쳐들어오자 유선은 놀라 몸을 떨며 중신들에게 대책을 물었다. 그러자 조정중신이란 자들은 '동오에 의탁하자, 위나라에 항복하자'는 등 의견이 분분했다. 그러자 초주礁周가 후주에게 항복하기를 권했고 후주도 마침내 항복하기로 마음을 정했다. 그때 병풍 뒤에서 한 사람이 달려 나와 소리치며 초주를 꾸짖었다.

후주가 놀라서 보니 다섯째 아들 유심劉諶이었다.

"아직 성도에 수만 명의 군사가 있고 강유가 반드시 군사를 이끌고 와 구원할 것이니 안팎에서 위병을 친다면 큰 공을 이룰 수도 있습니다."

"너 같은 어린아이가 어떻게 천시天時를 알겠느냐?"

후주는 끝내 아들의 말을 듣지 않고 군신을 시켜 유심을 궁문 밖으로 내쫓게 한 뒤 초주에게 명해 항복하는 글을 지어 옥새와 함께 낙성으로 보냈다.

유심은 그 소식을 듣고 치솟는 울분을 억누르지 못해 유비의 사당 앞에서 칼을 빼 스스로 목을 찔렀다.

다음 날 후주 유선은 태자太子와 문무관원들을 거느린 채 얼굴을 가리고 스스로 몸을 묶은 뒤, 관을 실은 들것을 메고 북문 십 리 밖에 나가 등애에게 항복했다.

등애는 후주의 묶은 몸을 풀어 주고 함께 성 안에 들어가 후주에게 표기장군을 내린 뒤 그 밖의 관원들에게도 각기 그 직위에 따라 벼슬을 내렸다. 등애는 후주를 궁궐로 다시 돌려보내고 백성들을 안심시켰다.

이로써 촉한은 2대 50년 만에 그 막을 내리고 말았다. 유비·관우·장비 세 사람이 한실漢室을 일으켜 세우기 위해 도원에서 의를 맺은 이래 80년, 서기 262년의 일이었다.

한편 강유는 후주의 항복하라는 칙명을 받고 너무 놀라 할 말을 잃었다. 장수들도 이 기막힌 소식을 듣자 모두 원한이 치솟아 눈에 불길이 이는 듯했다.

"우리들이 죽기 살기로 싸우는데 왜 먼저 항복을 했단 말이냐?"

"너무 근심하지 말라. 내게 한 계교가 있으니 반드시 한실을 다시 일으켜 세울 것이다."

강유는 귓엣말로 장수들에게 계책을 이른 뒤 다음 날 검각관 위에 항복하는 흰 기를 꽂고 먼저 사람을 종회에게 보냈다. 종회는 강유가 장익과 요화, 동궐 등 세 장수를 거느리고 항복하러 온다는 말을 듣고 크게 기뻐했다. 종회는 곧 사람을 보내 그들을 맞아들이고 귀한 손님을 맞는 예로 대했다.

강유는 짐짓 좋은 말로 치하했다.

"듣건대 장군은 회남에서 싸운 이래 계책에 한 번도 실수가 없었다고 합니다. 사마 씨가 오늘날 저토록 융성하게 된 것은 모두 장군 덕분이 아닐 수 없으니 이 강유도 마음으로 머리를 숙이는 것입니다. 만약 등애였다면 나는 목숨이 다할 때까지 싸웠을 것이외다."

그 말을 들은 종회는 더욱 흡족해 화살을 꺾어 맹세하는 가운데 의형제를 맺고 아울러 강유가 거느렸던 군사를 내어 주며 이전처럼 다스리도록 했다. 강유는 마음속으로 기뻐했으나 겉으로는 내색하지 않은 채 장현을 성도로 보내 뒷날을 기약하기로 했다.

한편 등애는 강유가 종회에게 항복했다는 말을 듣고 모든 공이 종회에게로 돌아갈까 봐 걱정되어 글 한 통을 써서 낙양의 진공 사마소에게 올리게 했다.

등애의 글은 지금이 동오를 칠 때이나 장졸들이 모두 지쳐 있으니 먼저 배를 만들며 쉬게 한 다음 오를 치자는 것이었다. 그리고 유선을 잘 대접해 주면 오나라 사람들이 그 너그러움에 이끌려 모두 귀순하게 될 것이니 유선을 내년 겨울까지 촉에 머물게 하라는 것이었다.

등애의 글을 읽고 난 사마소는 나라의 큰일을 마음대로 정하는 등애에게 슬며시 의심이 일었다. 사마소는 모든 일은 천자께 아뢰어 허락을 받아야 하니 마음대로 나랏일을 결정하지 말라는 내용의 서한을 등애에게 보냈다. 그 글을 읽고 난 등애가 못마땅한 듯 볼멘소리로 내뱉었다.

"이미 조서를 받들어 군사를 부리고 있는데 어찌하여 내 일을 막는단 말인가?"

그렇게 말한 등애는 다시 글을 써서 그 사자에게 주었다.

그 무렵 조정에서는 등애가 모반을 꾀한다는 소문이 나돌고 있어 사마소는 등애에 대한 의심이 부쩍 깊어지고 있었다. 그런 터에 등애가 다시 글을 올리자 사마소는 그 교만함이 더욱 마땅치 않았다. 그러자 가충이 진언했다.

"주공께서는 종회로 하여금 등애를 견제하도록 하십시오."

사마소는 곧 종회의 벼슬을 높이고 위관에게 조서를 내려 등애와 종회의 양군을 감독하며 등애의 움직임을 살피게 했다.

종회가 조서를 읽고 나서 강유를 청해 의견을 묻자 강유가 소매 안에서 지도 한 장을 꺼내며 종회에게 말했다.

"익주는 기름진 들이 천 리에다 백성은 많고 나라가 부강하니 가히 패업을 이룰 만한 곳이며 지금 등애가 그곳에 머무르고 있는데 어찌 딴 마음을 품지 않을 수 있겠습니까?"

강유가 등애를 역적으로 몰자 종회는 몹시 기뻐했다. 그가 촉의 지세를 소상히 가르쳐 주자 다시 물었다.

"그럼 어떤 계책으로 등애를 없애야 하겠소?"

"진공이 등애를 의심하고 있으니 등애가 모반할 마음이 있음을 전하십시오. 그러면 진공은 반드시 장군께 등애를 치게 할 것입니다. 그때 한번 싸움으로 등애를 사로잡도록 하십시오."

종회는 곧 강유의 말에 따라 표문을 써서 사자를 낙양으로 보냈다. 그리고 사람을 풀어 등애가 조정에 올리는 표문을 가로채 그의 글을 흉내 내 오만한 내용으로 바꾸어 썼다.

그걸 알 리 없는 사마소가 등애의 글을 보고 크게 노했다. 사마소는 곧 종회에게 사람을 보내 등애를 없애게 한 뒤 가충에게도 군사 삼만을 주어 야곡으로 나가게 하고 자신은 위주 조환의 어가를 이끌고 등애를 치러 나섰다.

사마소가 대군을 일으켜 나아가는데 가충이 문득 사마소에게 종회가 반역할지도 모른다고 말했다. 그러나 사마소는 종회를 추호도 의심하지 않는 것처럼 시치미를 떼었다.

사마소가 몸소 군사를 이끌고 등애를 치려 하자 종회가 강유를 불러 등애를 없앨 계책을 물었다.

"먼저 감군 위관을 보내 등애 부자를 잡아들이게 하십시오. 그때 만약 등애가 위관을 죽이려 든다면 반역할 마음이 있었음을 스스로 드러내는 결과가 됩니다. 그때 장군께서 군사를 일으켜 치시면 됩니다."

종회가 위관에게 등애를 사로잡아 오도록 하자 위관은 곧 격문 삼십여 장을 띄웠다.

"조서를 받들어 등애를 사로잡으려 한다. 다른 사람들에게는 추호도 물을 죄가 없다. 만약 빨리 조서를 받들면 상을 주고 벼슬을 올릴 것이되, 등애를 도와 나오지 않는 자는 삼족을 멸할 것이다."

위관의 격문을 본 등애의 부장들은 깜짝 놀라며 모두 달려나와 위관의 발아래 엎드려 항복했다. 위관은 무사들에게 명해 등애 부자를 묶어 수레에 싣게 했다.

종회는 등애 부자를 함거에 실어 낙양으로 보냈다. 성도로 들어간 종회는 등애의 군사들을 거두어들이고 그 위세를 더하게 되자 크게 기뻐하며 강유에게 말했다.

"내가 오늘에야 평생의 원을 풀었소."

그러자 강유가 종회에게 모반을 부추기고 은밀히 후주에게 다시 한실을 일으키겠다는 글을 올렸다.

종회는 등애 부자를 사로잡아 낙양으로 보낸 후 강유와 더불어 모반할 일을 의논하다 사마소가 군사를 이끌고 장안에 있다는 걸 알게 되었다.

종회는 곧 사마소가 자신을 의심하고 있는 것 같다고 강유에게 말하며 의논했다. 종회가 사마소를 의심하자 강유는 마음속으로 더욱 기뻐했다. 강유는 이제 드러내놓고 사마소와 맞설 것을 권유했다.

"요즈음 들으니 곽 태후가 죽었다고 합니다. '임금을 죽인 죄를 물어 사마소의 죄를 밝히라'는 곽 태후의 거짓 조서를 내려 사마소를 치도록 하십시오. 명공의 위세라면 중원도 자리 말 듯 하실 수 있을 것입니다."

"백약께선 마땅히 선봉이 되어 주시오. 일을 이룬 후에는 함께 부귀를 누릴 것이오."

"그러나 장수들이 따르지 않을까 걱정이 됩니다."

"모든 장수를 불러 잔치를 벌이겠소. 그때 만약 내 뜻에 따르지 않는 장수가 있으면 목을 벨 것이오."

다음 날 종회는 모든 장수를 잔치 자리에 청하고 강유가 말한 대로 곽 태후의 거짓 조서를 내보이며 함께 뜻을 이루자고 말했다. 그러나 너무 뜻밖의 일이라 장수들은 놀란 얼굴로 서로 눈치만 볼 뿐이었다.

"명에 따르지 않는 자는 목을 베리라!"

종회가 그렇게 나오자 장수들이 하는 수 없이 모두 서명했으나 종회는 그들을 믿지 못해 궁궐에 가두고 군사들을 시켜 엄중히 감시하게 했다. 강유가 종회에게 다가가 권했다.

"내가 보기에는 장수들이 명공의 뜻에 따르지 않는 듯합니다. 모조리 구덩이 속에 묻어 버리십시오."

"이미 궁궐 한쪽에 구덩이 하나를 파게 하고 큰 몽둥이 수천 개를 만들어 두라고 일렀소."

그때 종회와 강유가 주고받는 말을 종회의 심복인 구건이 엿듣고 성도 바깥에 있는 영채에 종회의 반역을 알렸다. 각 영채의 부장들은 크게 놀라며 날을 정해 성으로 밀고 들어가 종회를 치기로 했다.

"오래 두면 우리에게 큰 해가 될 것이니 빨리 죽여 버리십시오."

강유가 슬며시 종회에게 권했다.

"그럼 무사들을 거느리고 가서 장수들을 모두 죽여 버리도록 하시오."

바로 강유가 기다린 대답이었다.

강유가 곧 무사들을 거느리고 가서 위나라 장수들을 하나씩 죽여 없애려 할 때였다. 홀연 궁궐 밖에서 함성이 일며 종회의 부장들이 이끈 군사들이 사방에서 들이닥쳤다.

종회가 칼을 빼들고 몰려드는 군사들과 대적했으나 메뚜기 떼처럼 날아드는 화살에는 어쩔 수 없어 온몸에 화살이 꽂힌 채 쓰러졌다. 강유도 닥치는 대로 군사들을 죽이다 하늘을 우러러보며 외쳤다.

"내 마지막 계책이 이루어지지 못한 것은 바로 하늘의 뜻이로구나."

그 외침과 함께 강유는 자신의 칼로 자기 목을 찔렀다. 그의 나이 쉰아홉이었다.

종회와 강유가 죽자 등애의 부하들이 등애를 구하기 위해 밤을 새워 면죽성으로 달려갔다. 그걸 알게 된 감군 위관이 크게 놀라 이전에 등애가 죽이려 했던 전속에게 군사 오백을 주어 그 원수를 갚게 했다. 그때 먼저 갔던 등애의 군사들이 등애를 구해 성도로 돌아오고 있었다. 전속이 말을 달려오자 지난 날 거느렸던 부하들인지라 마음을 놓았던 등애는 전속의 칼에 찔려 죽고 말았다.

강유가 죽자 가충은 위관에게 성도를 지키게 하고 후주를 낙양으로 데리고 갔다. 그때 후주를 따른 촉의 신하는 몇 사람에 지나지 않았다. 요화와 동궐이 성도에 있었으나 나라를 빼앗긴 울분을 달래지 못해 울화병으로 죽고 말았다. 때는 위의 경원 5년으로 촉이 망하자 연호를 함희咸熙 원년으로 바꾸었다.

사마소는 낙양으로 끌려간 유선을 안락공安樂公에 봉하고 매달 양식은 물론이고 비단 만 필과 남녀 종 백 명을 주었다. 그러나 황호는 촉을 좀먹고 백성을 해쳤으므로 사지를 찢어 죽이게 했다. 후주는 사마소를 찾아가 절을 올리며 후히 대해 준 것에 대해 고마움을 표했다. 이에 사마소도 크게 잔치를 열어 후주를 대접하고 위나라 음악을 들려주며 넌지시 후주를 떠 보았다. 위나라 음악이 흘러나오자 촉의 신하들은 한결같이 서글픈 얼굴로 슬픔을 감추지 못했다. 그러나 후주는 연신 술잔을 기울이며 기뻐하고 있었다.

모두가 술이 얼큰해졌을 때 사마소가 가충에게 말했다.

"만약 제갈공명이 살아 있었다 해도 저런 인품으로는 끝내 나라를 지켜내기가 힘들었을 것이다. 그러니 강유 따위야 말해 무엇 하겠는가?"

그렇게 말한 사마소가 후주를 가까이 불러 물었다.

"서촉이 그립지 않으시오?"

"이토록 즐겁게 지내니 고향 생각이 나지 않습니다."

그런 일이 있은 지 얼마 후 후주가 옷을 갈아입기 위해 밖으로 나가자 극정이 따라 나와 눈물을 흘리며 말했다.

"폐하께서는 어찌하여 촉이 생각나지 않는다고 하셨습니까? 만약 다시 묻거든 눈물을 흘리며 '선친의 묘소가 먼 땅에 있으니 서쪽 하늘만 보아도 슬퍼집니다. 하루도 그립지 않은 날이 없습니다.'라고 대답하십시오. 그러면 진공은 틀림없이 폐하를 촉으로 돌려보낼 것입니다."

후주는 그 말을 가슴에 새기고 다시 잔치 자리로 돌아왔다. 다시 술이 몇 순배 돌고 얼큰하게 취했을 때였다.

사마소가 다시 후주에게 물었다.

"촉 땅이 생각나지 않는다니 정말이시오?"

후주는 극정이 이른 대로 눈물을 흘리려 했으나 눈물이 나오지 않아 눈을 감고 극정이 시킨 말을 더듬거렸다.

"하루도 그립지 않은 날이 없습니다."

"어찌하여 극정이 한 말과 똑같소? 극정이 그렇게 말하라고 일렀소?"

그 말에 유선이 깜짝 놀랐다. 사마소가 후주와 극정이 별실로 들어갔을 때 가만히 사람을 보내 엿듣게 한 것이었다.

"네, 실은 말씀하신 바와 같습니다."

그 말에 사마소와 좌우에 있던 문무백관들이 크게 소리 내어 웃었다.

이후부터 사마소가 후주를 의심하지 않고 내쳐 두어 유선은 평안히 남은 생을 마칠 수 있었다.

사마소가 서촉을 거두어 들이자 조정 대신들이 그 공을 내세워 왕으로 높이려고 위주 조환에게 표문을 올렸다. 그때 이미 조환은 이름뿐인 천자였다. 천자는 사마소를 진왕晉王으로 삼고 사마소의 아버지 사마의에게 선왕宣王, 그의 형 사마사에게는 경왕景王이라는 시호를 내렸다.

사마소는 두 아들을 두었다. 큰아들은 사마염司馬炎이요, 둘째아들은 사마유司馬攸였다. 사마소도 그 이후 부중에 돌아와 밥을 먹던 도중 그만 중풍을 맞아 쓰러지고 말았다. 사마소의 병이 깊어지자 대신들이 문안을 드렸다. 그러나 사마소는 말을 못하고 대신들을 향해 손가락으로 세자 사마염을 가리키며 죽었다.

삼국은 진晉나라로
통일되다

조정 대신들은 그날로 사마염을 진왕晉王으로 세웠다. 진왕에 오른 사마염은 새로 대신과 장군을 임명하고 아비 사마소에게 는 문왕文王이란 시호를 올렸다.

"전하께서는 조비가 한漢을 이어받았듯 수선대를 쌓아 천하 에 널리 알리시고 대위에 나아가십시오."

사마염은 신하들이 그렇게 권하자 더 이상 머뭇거리지 않고 다음 날 칼을 찬 채 궁궐로 들어 위주 조환에게 말했다.

"어찌하여 슬기롭고 덕 있는 이에게 자리를 물려주지 않으시오?"

그러자 그 자리에 있던 황문시랑 장절이 보다 못해 사마염을 만류했다.

"그런 짓을 한다면 나라를 빼앗는 역적이 될 것이오."

사마염은 주위의 무사들에게 명해 장절을 끌어내 몽둥이로 때려죽였다.

조환은 마침내 가충에게 수선대를 쌓게 하고 12월 갑자일로 날을 잡아 제위를 진왕에게 물려주었다. 이로써 선대 조비가 죽은지 45년 만에 그의 손자 조환마저 마침내 조비처럼 제위의 자리에서 쫓겨나고 말았다. 때는 위의 건안 25년(서기 220년)이었다.

사마염은 국호를 위 대신 대진大晉이라 바꾸고 연호를 태시太始 원년이라 삼은 뒤, 날마다 문무백관들을 모아 하나 남은 동오를 치기 위해 의논했다.

그 무렵 사마염이 위의 제위를 빼앗았다는 소문을 듣게 된 오주 손휴는 근심하던 나머지 병이 들어 자리에 눕더니 마침내 숨을 거두고 말았다.

손휴가 죽자 태자 손단을 천자로 세우려 했으나 나이가 너무 어려 하는 수 없이 대신들은 손호孫皓를 임금으로 세웠다. 손호는 손권의 태자인 손화孫和의 아들이었다. 손호는 황제의 위에 오르자 연호를 원흥 원년元興元年으로 고쳤다.

제위에 오른 손호는 밝은 임금이 되지 못했다. 제위에 오른 이후 날로 횡포해지더니 술과 여색만 탐닉하며 충언을 고하는 신하들을 죽였다.

손호는 크게 토목공사를 일으켜 새로 궁궐을 짓게 하고 점쟁이를 불러 천하를 차지할 수 있는지 점쳐 보게 했다. 상광이 점괘를 뽑아 보더니 손호에게 말했다.

"폐하께서는 경자년에 푸른 일산을 받으신 채 낙양으로 들어가실 점괘입니다."

경자년은 후에 손호가 진晉에게 항복하는 해였다. 이를 알지 못한 손호는 낙양에 들어간다는 말에 크게 기뻐하며 곧 진동장군 육항陸抗에게 명했다.

"군사들을 양강에 모은 후 이들을 이끌고 곧바로 양양으로 쳐들어가도록 하라."

진주晉主 사마염이 그 소식을 듣고 대신들을 불러 의논했다. 그러자 가충이 먼저 나서서 말했다.

"오주 손호는 황음무도한 짓만 일삼는다 하였습니다. 폐하께서 도독 양호羊祜에게 군사를 이끌어 막게 하십시오. 그리고 오나라에 변란이 일기를 기다렸다 진군한다면 동오를 얻는 일은 손바닥 뒤집는 것보다 쉬울 것입니다."

사마염의 명을 받은 양호는 곧 군마를 수습해 적을 맞을 준비를 했다. 양양 땅을 지키던 양호는 이전부터 그곳 백성들과 군사들로부터 인심을 얻고 있었던 터였다.

오나라 사람으로 항복한 뒤 다시 고향으로 돌아가려는 사람들은 모두 돌려보냈으며 경계를 지키는 군사들을 줄여 그들에게 농사를 짓게 했다.

그렇게 하자 그가 처음 이곳 임지로 왔을 때는 석 달 먹을 양식도 없었는데 다음 해에는 십 년 먹을 양식을 거두어들일 수 있었다.

어느 날 부하 장수 하나가 양호에게 의견을 냈다.

"요즘 오군은 모두 마음이 느슨해져 있다고 합니다. 이때를 틈타 적을 덮친다면 틀림없이 크게 이길 수 있을 것입니다."

"너희들은 육항을 너무 가볍게 보고 있구나. 그는 지혜가 남다르고 꾀가 많은 사람이다. 그들 내부에 변란이 일어나기를 기다려 그때 쳐들어가야 할 것이다."

그런 어느 날 양호는 군사들을 거느리고 사냥을 나갔다가 역시 사냥을 나온 육항을 보게 되었다. 양호가 군사들에게 적의 경계를 침범하지 말라고 명하자 장수들은 양호의 말에 따라 모두 진나라 땅에서만 사냥을 했다.

"양호의 군사들은 기율이 저토록 정연하니 우리가 함부로 칠 수가 없겠구나."

육항이 양호의 군사들을 보며 가만히 중얼거렸다.

사냥이 끝나고 영채로 돌아온 양호는 오군의 화살에 맞은 짐승이 자기편 군사 쪽으로 달려와 잡힌 것은 모두 오군에게 돌려주게 했다. 육항은 그 답례로 좋은 술을 양호에게 보내 주었다.

그런 일이 있고 난 후 양호와 육항은 사람을 서로 보내 안부를 묻곤 했다.

그즈음 홀연 오주 손호가 보낸 칙사가 이르러 진나라 군사를 치라고 했다. 사자를 돌려보낸 육항은 곧 표문을 써서 손호에게 바쳤다.

육항은 표문에 아직 진을 칠 때가 아님을 고하며, 그 이전에 덕을 닦아 형벌을 삼가고 백성들을 편안히 보살피라고 권했다. 표문을 본 손호는 크게 화를 내며 육항의 표문을 내던졌다.

손호는 다시 육항에게 사자를 보내 그의 병권을 거둔 다음 사마司馬로 벼슬을 낮추고 육항을 대신해 좌장군 손기에게 그곳을 지키게 했다.

한편 양호는 육항이 파직을 당한 데다 오주 손호가 무도함을 일삼아 군민이 모두 원망하고 있다는 말을 듣자, 곧 오를 치자는 표문을 써 사마염에게 보냈다. 사마염이 양호의 표문을 보고 기뻐하며 군사를 내려 하자 가충 등 대신들이 한사코 반대했다.

그 소식을 전해들은 양호는 크게 탄식했다.

"지금 하늘이 내리는 것을 받으려 하지 않으니 참으로 안타깝구나!"

함녕 4년, 양호는 마침내 낙양으로 가 병을 핑계 대고 벼슬자리를 내놓았으며 그해 11월이 되자 마음속에 품은 한이 병이 되었던지 마침내 자리에 눕고 말았다.

사마염은 몸소 어가를 타고 양호의 집으로 문병을 가 지난날 그의 말에 따르지 않은 것을 탄식했다.

"짐은 지난날 경이 말한 대로 오를 치지 않은 일이 한스럽기만 하오. 이제 누가 경의 큰 뜻을 이어받을 수 있겠소?"

그러자 양호는 눈물을 머금은 채 사마염에게 우장군 두예杜預를 천거하고 숨을 거두었다.

형주 땅 백성들은 양호가 죽었다는 말을 듣자 지난날 그의 덕을 기려 문을 닫고 소리 내어 울며 슬퍼했다.

양호가 죽고 나자 사마염은 그의 말을 좇아 두예를 진남대장군으로 높여 형주 일대의 군마를 맡아 다스리게 했다.

그 무렵 오나라는 정봉·육항 같은 원로들마저 죽자 손호의 무도함은 날이 갈수록 더했다. 오나라의 그 같은 사정을 알게 된 진의 익주자사 왕준이 상소를 올려 오를 치라고 권했다. 사마염은 마침내 마음을 정하고 두예를 대도독으로 삼아 물과 뭍으로 대군을 진병시켰다.

오주 손호는 크게 놀라며 대신들과 대책을 의논하고 곧 장제에게 군사를 주어 막게 했다. 그러나 손호는 아무래도 안심이 되지 않았다. 얼굴에 근심이 가득한 채 후궁으로 들어가는데 항상 총애하는 중상시 잠혼이 계책을 내었다.

"우리 강남에는 철이 많이 납니다. 그 철로 길이가 백길, 무게가 이삼십 근 되는 쇠고리를 만들어 그 쇠고리들을 강을 따라 긴요한 곳에 가로질러 펼쳐 놓게 하고 길이가 한길 정도 되는 쇠말뚝 수만 개를 만들어 물속에 박아 두게 하십시오. 그렇게 하면 진나라 배가 물길을 타고 내려오다 쇠고리에 걸리거나 쇠말뚝에 부딪쳐 부서지고 말 것이니 그들이 어떻게 강을 건널 수 있겠습니까?"

손호는 그 말을 듣고 뛸 듯이 기뻐하며 쇠고리와 쇠말뚝을 만들어 강물 속에 말뚝을 박고 쇠줄로 얽어 놓았다.

한편 두예는 수륙의 대군을 이끌고 진병했다. 두예는 군사를 이끌고 앞으로 나아가는데 손흠이 이끄는 배들이 앞에 몰려오고 있었다. 양쪽 군사가 맞닥뜨려 한동안 싸우던 중 두예가 슬며시 군사를 뒤로 물려 적을 유인한 뒤 매복군을 성 안으로 뛰어들게 하여 성을 빼앗았다.

두예가 거침없이 군사를 휘몰아 강릉을 뺏자 강릉이 떨어졌다는 소식을 들은 각 고을의 수령들이 인수를 들고 와 저마다 두예에게 항복했다.

두예는 오주 손호가 있는 건업으로 군사를 내몰았다. 그때 진의 왕준이 수군을 거느리고 물을 타고 내려가고 있었다. 그런데 홀연 정탐하러 갔던 군사가 달려와 알렸다.

"오군이 쇠고리를 이어 만든 쇠줄을 강 일대에 가로질러 놓고 쇠말뚝을 박아 놓았습니다."

그 말을 들은 왕준은 껄껄 웃더니 큰 뗏목 수십만 개를 만들게 했다. 그는 풀로 사람 모양을 만들어 갑옷을 입히고 막대기를 들리게 해 뗏목 위에 벌려 세운 후 하류로 띄워 보내게 했다.

그걸 본 오병들은 뗏목 위에 수많은 진나라 군사가 타고 있는 줄로 알고 싸워 보지도 않고 달아나기에 바빴다.

뗏목이 하류로 떠내려가면서 물속에 박아 두었던 쇠말뚝을 쓰러뜨리거나 끌고 가 버렸다.

진나라 군사들은 물밀 듯이 동오의 경계로 밀고 들어갔다. 오주 손호는 그 소식을 듣자 낯빛이 변했다.

이때 왕준이 더욱 크게 북을 울리며 나아가게 하자 그 기세를 본 오의 장수 장상이 군사를 거느리고 와서 항복했다. 왕준은 그를 선봉으로 삼아 성문을 열게 했다. 장수 장상이 성문을 열라고 하니 오병은 주저하지 않고 성문을 활짝 열었다.

오주 손호는 진나라 군사가 이미 성 안으로 들어왔다는 말을 듣고 스스로 목을 찔러 죽으려 했다. 그러자 중서령 호충과 광록훈 설영이 말렸다.

"폐하께서는 어찌하여 안락공 유선을 본받지 않으십니까?"

손호는 마침내 그 말에 좇았다. 스스로 몸을 묶고 관을 진 다음 문무백관을 거느리고 왕준에게 가 항복했다. 왕준은 그의 결박을 풀어주고 관을 불사른 뒤 왕의 예로 손호를 대했다. 그리하여 동오는 모두 대진에게 무릎을 꿇었다.

진주 사마염은 술잔을 높이 들고 너무나 기쁜 나머지 눈물을 흘리며 말했다.

"이 모두가 양호의 공이다. 그가 죽어 없는 것이 안타깝구나!"

한편 왕준은 낙양으로 돌아가면서 항복한 오주 손호를 데리고 가 천자를 뵙게 했다. 사마염이 손호를 자리에 앉게 하고 말했다.

"짐은 이 자리를 마련하고 경이 오기를 기다린 지 오래다."

"신 역시 남방에서 이런 자리를 만들어 두고 오랫동안 폐하를 기다렸습니다."

손호는 조금도 수그러들지 않고 그렇게 말했다. 촉의 후주 유선과는 사뭇 다른 기개 있는 당당함이었다. 손호가 그렇게 대답하자 사마염이 껄껄 웃었다.

사마염은 손호를 귀명후歸命侯에 봉하고 그의 아들 손봉과 항복한 대신들을 모두 열후에 봉했다.

이로써 셋으로 나뉘었던 천하는 진주 사마염에게 돌아가 다시 하나로 통일되었다.